PÉRÉGRINATIONS

EN ORIENT.

I

IMPRIMERIE PORTHMANN,
Rue du Hasard-Richelieu, 8.

PÉRÉGRINATIONS
EN ORIENT

OU

VOYAGE

PITTORESQUE, HISTORIQUE ET POLITIQUE

EN EGYPTE, NUBIE, SYRIE, TURQUIE, GRÈCE

PENDANT LES ANNÉES 1837-38-39

PAR

EUSÈBE DE SALLE

Ancien premier interprète de l'armée d'Afrique, Professeur de l'école royale et spéciale des langues orientales vivantes, membre de la Société asiatique, etc., etc.

TOME I

PARIS

PAGNERRE, ÉDITEUR,
RUE DE SEINE, 14 BIS.

L. CURMER, ÉDITEUR,
RUE RICHELIEU, 49.

1840

La question d'Orient est la grande préoccupation de notre époque. L'orage qui s'amoncèle de ce côté depuis si longtemps paraît toucher enfin à sa crise. Deux espèces d'hommes se sont occupés d'interpréter, de diriger cette grande révolution. Les uns travaillent dans l'ombre et avec un caractère officiel; les autres ont reçu mission de leurs études spéciales, de leurs convictions, de leurs sympathies.

En Asie plus qu'ailleurs l'officiel est mensonge, et, par malheur, c'est l'officiel tout seul que connaissent les agents chargés d'instruire les gouvernements d'Europe. Etrangers aux mœurs, à l'administration, au langage, ils portent sur les yeux un voile qui, s'il n'arrête pas absolument la vérité, la tamise, en tout cas rare, tardive et transfigurée.

Presque tous les événements majeurs de l'Orient ont été des surprises pour lesquelles rien n'était prêt en Europe; les tendances qui glissent d'un cours moins bruyant mais continu demeurent à plus forte raison inaperçues.

L'auteur de l'ouvrage qu'on va lire a séjourné plusieurs années en Asie et Afrique. En Algérie, Egypte, Nubie, Syrie, Arabie Pétrée, Asie-Mineure, Constantinople, Grèce, il s'est mêlé d'une vie intime aux populations et à leurs chefs. Il s'était préparé à cette grande exploration par vingt ans de travaux de philologue, d'historien, de naturaliste; il s'était exercé à en rendre le récit attrayant par la composition d'ouvrages d'imagination.

Un grand fait l'a frappé partout : la race musulmane, qui n'a pas su s'amalgamer avec les races conquises, est maintenant serrée, étouffée par leur supériorité numérique et intellectuelle. Ainsi le christianisme a continué l'ancienne lutte des croisades... De l'état pacifique et lent, cette lutte a passé à la guerre ouverte dans plusieurs points, et l'expulsion du Barbare ou la conversion de l'Infidèle en seront le terme inévitable.

L'Europe a toujours coopéré par ses conseils à ce mouvement; la France y a coopéré par ses armées. L'Egypte, la Grèce, Alger ont vu ses drapeaux conquérants et civilisateurs. Avec un nom nouveau, l'ancien rôle de la France continue donc : la chevalerie fut la propagande de nos pères; nous sommes toujours les mêmes hommes, prédicateurs militants et désintéressés de nos doctrines. Qu'on juge si notre rôle est fini dans cet Orient où tant de drames en sont à peine à l'exposition!

Cette part inévitable et prochaine réservée à la France, cette recrudescence des croisades devait vivement préoccuper un ami de toutes les tendances généreuses de son pays. Aussi, tout en observant la terre et les hommes, a-t-il porté avec amour sa rétrospection vers les poétiques annales dont l'Orient fut le théâtre. On peut croire que les derniers venus ne l'ont pas moins ému que les anciens : Bonaparte, Kléber, Junot offrent les rapports les plus piquants avec les Baudouin, les Godefroy, les Maillé. Les réformateurs, guerriers, princes musulmans plus ou moins dignes du titre de grand, expliquent et désenchantent un peu les Soudans et les Atabeks.

Auprès de Bonaparte et de Kléber, un institut de savants remplaçait l'ancien clergé compagnon et conseil des rois et barons des croisades. Ce rapprochement augmente la reconnaissance pour cet ancien clergé et pour le christianisme lui-même. Notre civilisation, même dans ses progrès les plus éminents, n'en est-elle pas une émanation immédiate? L'auteur en a senti la profonde conviction en présence de cette grossière ébauche religieuse et politique appelée l'Islamisme. Le Qoran et ses interprètes ont détruit le gouvernement et la propriété par le despotisme ; la famille par la polygamie !

La vieille immutabilité va donc cesser pour cette lisière de l'Orient qui est en contact avec l'Europe. Ce livre sera comme le dernier portrait de l'empire turc, sera le curieux tableau de son agonie. Après la mort ou la régénération de cet empire, les hommes, les idées, les monuments, la terre, tout y sera changé.

PÉRÉGRINATIONS EN ORIENT.

ÉGYPTE.

ALEXANDRIE.

2 Décembre 1837.

Quatorze jours après notre départ de Marseille une terre basse fut reconnue à l'horizon entre la dernière vague et le premier nuage, puis on distingua la mâture de grands vaisseaux et entre tous les mâts un mât plus haut et plus large que tous les autres; c'était la flotte du pacha, c'était la colonne de Pompée, c'était la terre des Pharaons, de Moïse, des Ptolémées, des Soudans ! La brillante et éphémère conquête de nos pères sous saint Louis, de nos frères sous Bonaparte. Depuis plusieurs jours l'Orient, c'est-à-dire la barbarie, le brigandage et l'hospitalité, le beau ciel, l'histoire classique, les mythes antiques, nous formaient comme un cortége distant; maintenant à chaque pas tout cela va se presser autour de nous.

Le pilote vint à notre bord en tenant à la main la petite canne de rotin par laquelle les Musulmans remplacent la pipe dans un mois où il n'est pas permis de fumer tant que le soleil est sur l'horizon : le croissant qui avait réjoui nos dernières nuits a déjà marqué la première semaine du ramadan. Les vaisseaux des chrétiens sont reçus dans le vieux port tout comme ceux des Musulmans. C'est déjà un grand progrès sur l'ancienne administration turque. Mais ce vieux port, excellent quand on est dans son intérieur, est toujours précédé de sa triple ligne d'écueils ; et entre ces écueils, les passes sont toujours rares, étroites et peu profondes. Un vent trop fort, un peu de houle y causent des sinistres. Mohammed-Aly a toujours pensé qu'une pareille entrée était une arme excellente contre un ennemi qui viendrait attaquer sa flotte ou sa ville. Mais en attendant la guerre, l'arme blesse et inquiète le pacifique commerce ; bien plus elle blesse la main même de son maître. La sortie des passes est aussi périlleuse que l'entrée et les gros vaisseaux du pacha ne peuvent les franchir qu'en étant allégés de de leurs canons ; c'est-à-dire qu'ils ne pourraient courir à la rencontre d'un ennemi placé au-dehors, ni se réfugier immédiatement dans le port au cas que la prudence leur en fît un devoir urgent.

Les plans et devis d'un môle à construire sur la ligne des écueils ; un projet de recreusement des passes, au moyen de pontons à sonnettes, avaient été faits par un des plus habiles ingénieurs de la commission française d'Egypte après longue inspection des lieux. Ce môle eût rendu le port vieux aussi tranquille que l'ancien *Kibotos* grec. Quelques batteries placées à l'entrée des passes les auraient défendues, à l'égal des fameuses batteries d'Alger. Comment se prive-t-on volontairement de pareils avantages, quand on montre son aptitude à comprendre d'autres besoins de la même nature. L'arsenal créé par M. de Cerisy manque d'un chantier de radoub où les grands vaisseaux puissent être mis alternativement à flot et à sec ; on a déjà commencé le tracé d'un bassin à cet usage, mais le fonds sur lequel on a noyé les premières caisses pleines de pierres, n'ayant pas été relevé exactement, les caisses se sont renversées, disjointes, et la lame en éparpille les pierres dans le port, car c'est au milieu même du port que le bassin devait se construire; l'auteur et exécutant de ce beau projet est un Turc tombé comme de raison en disgrâce; on demande un ingénieur Franc pour le remplacer. Le canal Mahmoudié, l'une des merveilles du pays, est aussi l'œuvre d'un Turc qui aurait pu entendre parler de plans et devis de la commission française et qui s'en est passé. Je dirai avec quel succès après mon arrivée au Quaire, car le Mahmoudié, outre l'importante fonction d'arroser la campagne et d'approvisionner d'eau douce la ville et les ports d'Alexandrie, est encore le chemin le plus fréquenté pour atteindre la branche de Rosette, et par conséquent pour transporter dans la Haute et Moyenne Egypte les marchandises et les voyageurs; le morceau que j'ai déjà aperçu sépare le lac Mariout de la colonne de Pompée.

Le lac est d'une étendue qui vous attriste, quand on pense que jadis il était composé d'eau douce et formait au côté méridional de la capitale grecque, un port aussi riche que le port de mer. Ce lac desséché formait la moitié d'une province fertile à la fin du dernier siècle; la mer y fit irruption le 14 avril 1801, journée funeste où l'amiral Keith et le général Hutchinson coupèrent l'isthme qui le séparait de la mer, et du même coup privèrent d'eau les Français bloqués dans Alexandrie et submergèrent la moitié du baheyrèh. Le grand khaznadji turc, Yanib Effendi se hâta de fermer la coupure. Pendant la triste expédition que les Anglais renouvelèrent en 1807 sous le commandement de Fraser, ce général, effrayé par la déroute de Stewart à Rosette et par l'approche de Mohammed-Aly, avec un fort petit corps d'Albanais et Arabes, rompit de nouveau les digues et fit communiquer le Mariout avec Edkou et la mer. Depuis qu'on les a rétablies, l'évaporation a fait un peu baisser le niveau du lac; la nappe amère subsiste, immense, profonde, et détruisant la végétation sur tous ses bords.

La colonne de Pompée est avec l'obélisque le monument le mieux conservé; tous deux sont les premiers et les plus fréquemment visités. Il est impossible même entre onze heures et midi d'apercevoir le nom de Dioclétien sur la plinthe de la base de la colonne. Les compatriotes de Pococke ont couvert de leurs noms le fût et jusqu'au chapiteau. De temps en temps un équipage anglais débarque une échelle de corde qu'on fixe sur la colonne au moyen d'une ficelle élevée par un cerf-volant, l'échelle reste en permanence pendant trois ou quatre jours, et moyennant un pour-boire donné aux matelots qui font sentinelle avec des pots de peinture, chacun peut monter et s'inscrire sur l'album colossal.

L'obélisque étant terminé en pointe a été à l'abri de ces profanations, mais sur trois faces les hyérogliphes ne sont guère plus visibles que l'inscription dioclétienne. Les alternatives d'humidité et de sécheresse, de chaleur et de froid, l'érosion des sels font écailler chaque jour quelque parcelle de granit, la face N. est la seule qui résiste, l'angle N. E. est le seul dont l'arête se maintienne vive et pure, encore près du sol, cette face et cette arête sont-elles un peu dégradées; l'aiguille qui est renversée est délitée sur toutes les faces visibles. Le pacha d'Egypte avait accordé l'un des deux monolithes à la France, l'autre à l'Angleterre; Champollion ayant vu les obélisques de Luxor incomparablement mieux conservés conseilla de les préférer aux aiguilles de Cléopâtre, malgré la difficulté beaucoup plus grande de leur transport. Les obélisques de Luxor avaient déjà été donnés par le pacha à M. Barker, consul général d'Angleterre à qui il fallut les retirer, et donner en échange ceux d'Alexandrie. L'adresse moelleuse de M. Mimaut réussit à cette difficile négociation : les Anglais, après avoir évalué plus haut que R. Wilson et lord Cavan les frais d'embarquement de ces pierres, et sans doute aussi avoir considéré l'état de dégradation de toutes deux, ont renoncé à en prendre possession. Pareil exemple avait déjà été donné par le consul français que je viens de nommer : son amabilité et ses talents ont ici laissé de beaux souvenirs ; sa mort récente a excité beaucoup de regrets; M. Mimaut, entre autres présents qu'il reçut du pacha, montrait avec fierté de grosses colonnes de granit, provenant selon toute apparence de la grande rue du quartier Sérapion. Pour les transporter du lieu des fouilles au bas de la rue des Consulats il en coûta des talaris par centaines, mais là les dépenses s'arrêtèrent et les colonnes aussi. Un groupe de granit, représentant deux divinités égyptiennes, était un peu moins lourd, aussi a-t-il cheminé plus loin, il est gisant sur le port de l'arsenal. Ces trois débris resteront sans doute aux places où on les a abandonnés, comme tant d'autres fragments épars dans les divers quartiers turcs et arabes. Dans le quartier franc, les architectes osent parfois arranger des fragments antiques dans de modernes constructions, heureux quand ils n'en font qu'une borne ou seuil de porte, mais par Vitruve ! comment supporter l'association d'une statue, d'une colonne ou d'un sphinx antiques avec le bois et le plâtras dont on fabrique ici et les hôtels et les palais ! Les décombres des villes grecque, romaine et sarrasine, sont la carrière inépuisable d'où l'on extrait et pierres et briques. L'inventaire d'Amrou suppose une ville autrement étendue que l'enceinte de Touloun, encore immense quoique diminuée de moitié : quatre mille palais et bains publics; quatre cents cirques ; quatre cents citernes ; douze mille jardins ; quarante mille juifs payant tribut, etc.

Les pierres extraites des fouilles sont tendres et retaillées sur place en petits fragments; les recoupes font une mauvaise chaux que l'on éteint avec de l'eau saumâtre ou salée. Les fondations que l'on devrait asseoir sur pilotis, puisque le sol de la ville moderne n'est que l'heptastade ensablé, on les assoit hardiment sur le sable creusé jusqu'au niveau de la mer; le bois qu'on ne met pas droit dans la terre, on le couche dans les murs après chaque mètre de maçonnerie. C'est l'imitation grossière d'un procédé qui lui-même était un vandalisme; quand les Sarrasins s'emparèrent d'Alexandrie, ils trouvèrent sur l'Eunoste ou Port-Vieux une immense provision de fûts de colonnes antiques que les Romains y avaient entassés pour les exporter; on lia ces colonnes par un massif de maçonnerie pour en faire une cale d'embarquement. Plusieurs fûts renversés sur les limites de la ville, furent, soit alors, soit au ixe siècle, lors de la grande réparation de Touloun, employés pour réparer les brèches ou bâtir les nouveaux murs de la ville. Les ouvriers bizantins continuaient la tradition de leurs aïeux qui avaient posé des colonnes horizontalement pour qu'elles soutinssent un pan de mur dont le bélier viendrait à entamer le bas.

Les madriers et les planches couchés dans les murs ne soutiendront pas les maisons aussi longtemps que les colonnes ont soutenu les remparts. Ce sera vraiment dommage pour quelques-unes, charmantes fantaisies où le type moresque n'est pas entièrement effacé, ce sera moins regrettable pour des hôtels à lignes droites, à colonnades doriques, à pilastres toscans, pauvres et pesantes singeries de l'Europe qui, dans tous leurs détails d'exécution, sentent la décadence arabe et turque, car on n'y peut trouver ni un mur d'aplomb, ni un angle d'équerre, ni un arceau de compas.

L'architecture des jardins n'est guère meilleure. Les

natifs sont restés fidèles au potager ; les Francs s'élancent vers le parterre à compartiments ; le luxe de la nature console de la pauvreté de l'art. Ici, la végétation est continue, les arbres des pays froids perdent à peine leurs feuilles pendant le mois de janvier ; tout le reste est luxuriant de feuilles, de fleurs et de fruits, les treillages qui entourent le classique jet d'eau, sont couverts de liserons bleus à feuilles d'ignames *convolvulus caherensis*, de jolis *cucumis* à fruits rouges et à fleurs jaunes ; les bananiers, comme en un autre paradis, abaissent leurs feuilles immenses pour vêtir les jardiniers demi-nus. Les dattiers, plus bas ici qu'à Alger parce qu'ils sont plantés en ligne et régulièrement cultivés pour leur fruit, forment non pas une cathédrale de verdure, mais de charmants cloîtres surbaissés, avec arcades ogives et colonnettes sarrasines ; le chapiteau est exactement celui que les artistes ont tant admiré à Edfou, les palmes pour feuillages ; et pour caulicaules, les régimes tout chargés de dattes jaunes, rouges ou violettes.

Les princes, les ministres, et à leur exemple beaucoup de particuliers riches laissent leurs jardins ouverts au public ; quelques promeneurs y sont en manteau, quoique le thermomètre marque 16° à l'ombre. Les soirées sont humides, et le matin il souffle une espèce de vent de sud (merisy) qui est un peu froid. Ce petit hiver et la mode ont transporté au Qaire une moitié d'Alexandrie, le pacha y est établi, plusieurs ministres et tous les consuls généraux l'ont accompagné. Heureuses les nations qui ont une double représentation, ou dont les intérêts sont confiés à des subalternes, leurs affaires commerciales ne seront pas interrompues par ce déplacement de la cour. Mohammed-Aly est un vieillard si vert et si actif, que toutes les affaires de quelque importance sont traitées directement par lui ; les ministres assument peu sur eux-mêmes ; la journée est donc bien courte, la volonté bien raide, le mécontentement bien terrible pour une existence si forte, si occupée; grand sera l'embarras pour un agent diplomatique ayant à rider ce front quasi royal par quelque réclamation sévère relative à la douane ou aux appointements arriérés d'un Franc engagé au service, et cela immédiatement après avoir épanoui ce front par quelque insinuation de haute politique, la perspective d'une alliance, la promesse d'une diversion, le radoub de quelque grand vaisseau. L'embarras sera plus grand encore si quelque débris curieux, quelque antiquité précieuse a ce jour même tenté le caprice, ensorcelé l'imagination du diplomate : la politique, le commerce, l'intérêt du lésé, l'intérêt artiste, il faudra que quelque chose souffre, que quelque chose soit sacrifié. Les Anglais n'ont pas été les premiers à sentir l'avantage de cette division du travail, mais ils ont les premiers porté remède à un mal dont d'autres nations souffriront longtemps encore. Ils ont un simple consul qui tient à jour et en régime serré, les affaires du commerce et des particuliers; plus un consul-général chargé d'affaires, qui peut à son aise dormir et fumer sur le divan de la politique, et s'il lui plaît, semer de colosses, de monolythes et de sphinx, toutes ses promenades de Thèbes, du Fayoum et des oasis, à sa frégate ou à son paquebot à vapeur.

Bélon, qui écrivait sous François Ier, craignait les redites en ayant à décrire Alexandrie; Volney et la commission française n'ont pas été arrêtés par cette crainte, mais l'ont aggravée pour leurs successeurs: l'impression d'Alexandrie comme première ville musulmane rencontrée par un Européen, est un tableau parfait que j'avais déjà défloré en entrant à Alger; les descriptions topographiques et archéologiques de la commission sont fort exactes. Je me bornerai à en extraire les dates des principaux événements: Marca,

Momemphis et Rhacotis étaient trois bourgs voisins à l'époque de l'invasion de Cambyse, l'an 525 A. C. Alexandrie fut fondée au S. E. de Rhacotis par Alexandre-le-Grand, conquérant de l'Egypte en 332; les Romains et les empereurs d'Occident gardèrent Alexandrie jusqu'en 364 de l'ère chrétienne, sauf deux interruptions causées par une conquête passagère de Zénobie et par une guerre civile qui força Dioclétien de l'assiéger. Sous les empereurs d'Orient, Alexandrie fut agitée par les schismes d'Arius, de Nestorius et d'Eutichès; ce dernier finit par s'introniser dans le patriarcat, il fait encore le fonds de la croyance des Cophtes. Les Perses de Kosroès s'emparèrent d'Alexandrie à la suite de l'invasion de la Syrie et de l'Egypte. Héraclius, qui réussit à les chasser, vit arriver un ennemi plus terrible dans les Arabes commandés par Amrou. Les Alexandrins se défendirent vigoureusement pendant un siège de quatorze mois quoiqu'ils ne reçussent par mer aucun secours.

L'incendie de la fameuse bibliothèque est un événement contesté. Il est fort probable, au moins, que les bains publics chauffés six mois avec les livres de la bibliothèque sont une hyperbole de l'Arabe Abdallatif, auteur de ce tardif récit. L'incendie d'un quartier d'Alexandrie (bruchion), pendant le siège qu'y soutint Jules César, avait dévoré la première et la plus grande des bibliothèques. La bibliothèque de Pergame, donnée par Antoine à Cléopâtre, avait suivi le sort du Sérapion démoli par Théophile. Orose, qui visita, au cinquième siècle, Alexandrie, et une autre bibliothèque décrit ses rayons comme vides. Le dilemme d'Omar n'en est pas moins dans l'esprit du personnage et du temps, et il peut fort bien avoir été prononcé à propos de quelques manuscrits, comme à propos d'une grande bibliothèque. Vers l'an 1167, Saladin, alors simple général du sultan de Damas, fut assiégé dans Alexandrie par le roi de Jérusalem

Amaury. Les croisés la prirent et la pillèrent en 1202 et 1367. Selim la prit sur les Mamelouks en 1517. Bonaparte débarqué au marabout le 1er juillet 1798, fut maître d'Alexandrie en trois heures. Les Français, visitant les forts de la marine, trouvèrent les chambres pleines d'épées et d'armures chrétiennes, oubliées là depuis la capitulation de saint Louis.

La maison consulaire de France était sur le port neuf. Démaillet, qui l'occupa longtemps, y avait fait des observations géologiques sur l'accroissement rapide des atterrissements. Ceux-ci avaient gagné quarante pas de 1692 à 1718. Ce consul est le même qui, sous l'anagrame de *Téliamed*, rêva une singulière cosmogonie à laquelle M. Geoffroy Saint-Hilaire, inspiré sans doute par les mêmes lieux, a donné une formule plus scientifique et une plus grande réputation.

En 1807, la trahison d'un Turc, appelé Aminagha, livra Alexandrie, sans coup férir, aux Anglais de l'amiral Lewis et du général Fraser. Un Arnaute, qui s'était déjà emparé du pachalic de l'Égypte, chassa les Anglais, et reprit Alexandrie en une seule campagne. Cet Arnaute était Mohammed-Aly.

LE CANAL MAHMOUDIÉ.

Atfèh, 25 décembre.

Vainqueur des Wahabi après les Mamelouks, maître du Soudan après le Hedjaz, Mohammed-Aly, déjà regardé avec admiration par l'Europe, avec inquiétude par la Turquie, détourna un moment sa pensée de la mer Rouge et du haut Nil, pour la porter vers la Méditerranée. C'est par là que devaient s'écouler les produits de ses états agrandis; par là que devaient arriver des trésors capables de solder ses tributs de grand vassal; capables de défrayer ses lointaines expéditions, d'en préparer de plus prochaines et de plus brillantes. Les bouches du Nil, réduites à deux, et, ce qui est pire, barrées par des sables et des boues qui s'accroissent annuellement, ne peuvent recevoir que des barques pour lesquelles, même le passage des boghas, n'est pas toujours sans danger. Damiette languit, Rosette n'est qu'un amas de ruines; un seul port, Alexandrie, est vraiment accessible aux vaisseaux de l'Europe. Cet avantage rend encore aujourd'hui, ou plutôt aujourd'hui plus que jamais, Alexandrie la capitale commerciale de l'Égypte. Cependant la ville des khalifes fatimites, toujours importante par sa population, par sa position et par ses souvenirs, le Qaire maintient son rang de capitale politique. Veiller à la rapidité, à la sûreté des relations entre les deux cités, fut toujours le premier devoir des souverains du pays. Bien plus, Alexandrie, placée sur une langue de terre, entourée d'eau salée, a besoin de communication permanente avec le Nil pour désaltérer ses habitants et approvisionner ses vaisseaux.

Un canal fut creusé par Dinocrate en même temps que l'heptastade était bâti et que les murs de la ville se carraient selon la figure de la chlamyde macédonienne. C'est ce même canal qui depuis, toujours engorgé par les vases du Nil, a toujours été creusé pour la soif des Alexandrins, pour les besoins du commerce et de l'agriculture. De grands ministres, des kalifes, des souverains mamelouks, des sultans ottomans ont mêlé leurs noms à ces travaux, tantôt avec la reconnaissance, plus souvent avec l'exécration des habitants, car les travaux se sont faits par des corvées où tout le monde sentit le bâton ou la lanière de peau d'hippopotame (courbach). Ces mauvais traitements, unis aux effluves marécageuses, ont fait perdre la vie à des milliers d'hommes. Makrizy, Aboulfeda, le médecin français Belon, ont vu le canal, à diverses époques, couvert de barques et alimentant, sur ses bords, une riche végétation. D'autres voyageurs l'ont vu moins prospère avec des eaux presque taries, croissant à peine pendant l'inondation la plus haute, et laissant dépérir les villages, les prairies et les jardins de ses bords. C'est à peu près en cet état que Bonaparte le rencontra. Le Nil n'entrait au canal qu'au *Wafa* (maximum de la crue). L'imbibition d'une terre desséchée, les pertes par les crevasses latérales, le peu d'élévation de la prise de Ramaniéh au-dessus du niveau de la mer, ralentissaient la marche des eaux vers Alexandrie, au point qu'elles n'y arrivaient qu'en trente-six jours, et ne donnaient au canal qu'un fond de trois pieds trois pouces. La navigation n'y durait que vingt ou vingt-cinq jours. Une centaine de barques transportait 3,600 ardebs de blé du Nil à Alexandrie. Quatre ou cinq dgermes sorties du boghaz de Rosette auraient suffi pour un pareil mouvement. Les choses empirèrent encore après que Janib-Effendy eut rétabli la chaussée rompue par les Anglais. Les atterrissements avaient presque comblé le canal quand Mohammed-Aly voulut une fois pour toutes le mettre à l'abri de ces rapides et incessantes dégradations. Il n'avait pas encore demandé des ingénieurs à l'Europe : il avait près de lui un Turc de grande réputation qu'il investit de toute sa confiance. Hadji-Hassan étudia le canal, ses rapports avec le terrain, avec la mer, avec le régime du Nil, et médita une réforme radicale, une reconstruction plus sûre, plus économique.

De très anciens habitants de l'Egypte prétendent que la main des Fellahs et des couffes en feuilles de dattier furent les seuls instruments employés pour creuser et transporter la terre. Ils ont concédé qu'on pouvait y joindre tout au plus les bâtons et courbach qui, de temps immémorial, jouent dans les travaux publics de ces pays un rôle plus important que les brouettes, les tombereaux et les pioches. Mais il est juste d'observer que les mains qui remuaient la terre avec ou sans pioches recevaient un honnête salaire en argent, ce qui est un progrès immense sur les anciennes corvées et les oignons du temps des Pharaons, des Soudans et des Mamelouks.

L'ancien canal venait faire fossé à la ville, à droite de la porte de Rosette. De là il se dirigeait vers le vieux port en longeant le rempart. Hadji-Hassan établit plus loin cette communication. Je commence la description par cette extrémité maritime, la première que l'on rencontre. L'eau douce du Nil ne se mêle pas immédiatement à l'eau de la mer. Un pont à trois arches, fermées de vannes, les sépare. Ces arches sont basses et si étroites, qu'elles admettraient à peine une felouque de la plus petite dimension. Ainsi, l'idée d'une circulation des marchandises de la mer au canal ou du canal à la mer sans rompre charge, n'est pas entrée dans la tête de l'ingénieur. L'eau douce, dans sa plus grande hauteur, passe par dessus les vannes, et fait cascade et aigade vers le port. Dans les autres temps, les vaisseaux vont s'approvisionner aux fontaines de l'arsenal. En ce moment, le niveau du canal est à plus de deux mètres au-dessous des laisses des plus hautes eaux. Il est encore supérieur à la mer de plus d'un mètre et demi. Pour descendre jusqu'à la cange, on chemine comme on peut, avec ses ânes et ses chameaux, le long d'une berge fort raide, que les boues enlevées au canal ont élevé en continuation des francs bords. La cange est une barque de dix à vingt tonneaux, gréée d'une voile latine et d'un polacre. A la poupe est une chambre trop basse pour s'y tenir debout. Un reïs et trois hommes en forment l'équipage ordinaire. Cela suffit pour marcher à la voile. Quand le vent manque, il faut quatre ou cinq hommes de plus pour hâler à la cordelle. Lorsqu'il s'agit de transporter des marchandises légères, paille, coton, etc., on rapproche deux canges à la manière des doubles pyrogues de certaines îles de la mer du Sud. Parfois les polacres sont laissés à l'avant, d'autres fois un seul grand mât établi au milieu des deux barques porte la voile latine. Plus souvent on meut la flottille par le seul secours du hallage.

Les bords du canal sont généralement nus plutôt par l'apathie de l'agriculteur que par la faute du terrain. Les endroits où le canal longe le Mariout et le lac d'Edkou sont les seuls où l'eau douce ne puisse combattre l'influence meurtrière du sel marin. Partout ailleurs la végétation pourrait être riche et abondante. Belon et les historiens arabes, cités plus haut, en ont laissé d'éclatants témoignages. Plus d'un Fellah l'a prouvé encore aujourd'hui par les acacias (*labkh*) ou les sycomores, à l'ombre desquels il surveille le bœuf ou le buffle qui tourne son puits à roue (*saqiè*). Les Européens d'Alexandrie l'ont prouvé par la verdure dont ils ont entouré leurs *villas*; le pacha lui-même par les magnifiques allées qui précèdent Atfèh. Ce qui surprend plus péniblement que la nudité, c'est le tracé singulier de ce canal, qui n'a en réalité qu'un seul bief entre deux bâtardeaux éclusés, traversant un pays plat et un terrain peu précieux. En pareil cas, nos ingénieurs se rapprochent le plus possible de la ligne droite. Hadji-Hassan, au contraire, a pour cette ligne la plus implacable inimitié. Le Mahmoudié est un zigzag continu. Les angles des tournants sont si raides, qu'une barque de quelques pieds, plus longue qu'une cange, ne pourrait les doubler. Jamais rivière sinueuse, jamais méandre tortueux ne s'est éloigné avec plus de regret, avec plus de lenteur de ses bords enchantés. Et cependant, nous venons de le voir, les bords du Mahmoudié sont peu enchantés, sont peu regrettables. La ressemblance dont je fais un reproche est justement celle dont l'ingénieur turc attendait louange et succès. Il fallait à tout prix éviter la rupture des bords du canal nouveau, à tout prix diminuer son envasement. C'est toujours par là qu'avait périclité le canal ancien. Hassan, qui apparemment avait remarqué que les rivières ne s'envasent jamais et ne rompent jamais leurs bords, chercha à donner le plus possible à sa rivière artificielle les allures serpentines d'une rivière naturelle. Malgré cette belle physique, l'économie a diminué les zigzags aux lieux mêmes où ils étaient, ce semble, plus nécessaires. Le long du lac d'Edkou et du Mariout, les remblais sont soutenus entre deux murs doublés de distance en distance de contreforts et d'accoules. Les pierres de ces murs venaient du mokattam et coûtaient fort cher; on a diminué la dépense en faisant suivre aux murs une ligne presque droite. C'est sans doute par la même considération que la tête du canal, qui était jadis au-dessus de *Fouah*, fut descendue à *Atféh*. Mais le régime du Nil, avec ses niveaux variables, dérangea l'œuvre d'Hadji-Hassan, encore plus que la rapidité et les troubles de ses eaux. Le niveau du canal que nous avions laissé supérieur à la mer, nous le trouvâmes supérieur aussi au Nil, duquel un pont à vannes le sépare comme à Alexandrie. Les vannes levées, l'eau du canal se fut perdue vers le fleuve, et cependant le Nil baissera encore jusqu'au solstice d'été; la chaleur, qui diminuera l'eau du fleuve, aura le temps d'évaporer celle du canal. Le premier printemps après le Mahmoudié fini, on s'aperçut de ce vice énorme d'une prise d'eau située trop bas dans le fleuve, et l'on se hâta d'en établir une autre devant *Fouah*. Celle-ci étant insuffisante, on alla chercher jusqu'à Damanhour un reste de l'eau employée aux irrigations, et dont la prise initiale est au village de Nichabèh, c'est-à-dire fort près de l'angle supérieur du Delta.

Avec ces remèdes, le canal a, il est vrai, un chômage beaucoup moins long que jadis, mais la rareté de l'eau pendant les deux tiers de l'année et la mauvaise coupe toujours, empêchent la navigation par grandes barques. La communication directe avec le Nil est tout aussi négligée que la communication avec le port d'Alexandrie. Les ponts d'Atféh sont presque aussi petits que ceux de la douane. Il n'y a de grands que les poulies, les roues et cabestans avec lesquels on manœuvre les vannes. Ils seraient capables de remuer les monolithes des Pharaons. Un Turc moderne qui aurait passé deux mois en Europe eût remplacé ce grossier et gigantesque appareil par une demi-douzaine de crics.

Je me trompe peut-être en disant que les canges ne pénètrent pas dans le Nil. On cite quelques exceptions à cette règle. Le pacha, une fois ou deux, a fait transporter, sur les épaules de ses sujets, une cange dorée qu'il voulait absolument emmener à Schoubra. A son exemple, M. Mimaut fit déplacer, de la même façon, la cange qui devait le transporter au Qaire. Ces miracles, renouvelés de Mahomet II et de Cléopâtre, ne donnent pas une bien haute idée du volume des navires au profit desquels on les opéra. Le miracle inverse, c'est-à-dire le passage d'une *dahabié* ou d'une *maasch* du Nil dans le Mahmoudié, serait impossible. Ces grandes barques seraient trop pesantes pour les épaules, trop longues et trop profondes pour la fabrique du canal.

Le pacha a fait construire à Atféh plusieurs magasins pour entreposer les cotons et les blés. L'un d'eux est remarquable par sa vaste étendue et par les cent colonnes qui y soutiennent la retombée des coupoles. Ce magasin, affecté au coton, était vide ; d'autres affectés au blé se remplissaient sous nos yeux, non pas comme on devrait s'y attendre, avec les blés rouges venant du Nil, mais avec du froment blanc importé par Alexandrie et le Mahmoudié, de la Crimée et de la Bessarabie. Le Nil a été fort mauvais cette année. La Moyenne et la Basse-Égypte souffrent d'une disette agravée par les monopoles et les accaparements. Le pacha, qui permet la libre entrée des grains à Alexandrie, la défend toujours à Damiette, à Rosette et au Qaire. La prohibition au profit des greniers du monde est une idée de l'économie politique d'hier. Elle prouve l'attention du pacha aux exemples de l'Europe. Le privilége dont jouissent les Alexandrins n'est probablement qu'une cajolerie adressée aux représentants que l'Europe y entretient. Ils mangent ainsi du pain meilleur qu'ils paient moins cher ; de plus, ils sont témoins d'un commencement de progrès, d'un pas vers la liberté commerciale. Cette année, l'occasion a été belle pour faire faire à cette liberté un pas de plus. Les apaltateurs, les favoris du pacha, les accapareurs étouffaient les plaintes des campagnes manquant de pain, des villes ne mangeant qu'un pain mêlé de fèves et de maïs. Un économiste anglais, qui visite l'Égypte en ce moment, le docteur Bowring, a rendu à l'Égypte et à Mohammed-Aly le service de lui découvrir le mal, de lui conseiller le remède. Le pacha est toujours disposé à redresser les torts, à réparer les maux qu'il connaît, à admettre les améliorations qu'on lui fait comprendre, surtout quand cette justice, quand ce progrès peuvent avoir quelque retentissement en Europe. C'est une habile et louable ambition. Mais Mohammed-Aly, avec les bénéfices de sa position de souverain, en subit aussi les charges ; il est entouré de flatteurs de toute nation, qui fardent la vérité, qui paralysent la justice, qui allanguissent le progrès ; il a plus près de lui des Turcs qui ont le mauvais goût de faire déjà de la nationalité, et qui, avec quelques études européennes bien superficielles, bien pauvres, croient déjà pouvoir se passer de l'Europe, de ses conseils, de ses contrôles, de tout, excepté de ses échos louangeurs.

LE NIL.

Le Qaire, 6 janvier 1838.

Pour bien juger le paysage deltaïque, pour savourer son originalité, il faut le découvrir pour la première fois, non pas comme nous avons eu le malheur de le faire avec un ciel gris et une petite pluie, convenables seulement aux forêts et aux montagnes des pays froids, mais avec des accessoires plus conséquents, plus harmoniques, et tels que le ciel nous les rendit enfin après une nuit de navigation. Alors seulement notre œil européen put comprendre une campagne si différente des modèles offerts par notre pays, plus différents encore des types imposés à notre goût par les traditions des artistes. Le paysage de grand style n'allait jamais sans un fond de montagnes, sans un second plan de fabriques et de bois, sans un premier plan de rochers et de torrents, le tout assombri d'une atmosphère vaporeuse et demi-nocturne. Telle fut la longue école hollandaise, tels les imitateurs français jusques et compris Michalon. Claude Lorrain, qui s'était inspiré dans l'Italie méridionale, fit des paysages lumineux qui ont été plus admirés que goûtés, puisqu'ils ont fait école si tard! L'azur était banni du ciel, la mer, même dans les hauts-fonds, était vert glauque, le vert d'herbe s'appelait épinard. Le jaune, le rouge fauve des forêts ou des taillis brûlés par l'été n'étaient admis qu'à la condition indispensable qu'ils seraient recouverts du crêpe automnal. Tout cela était proscrit sous la dénomination de *dur* et de *cru*. Je sais bien que, dans un second plan, l'atmosphère lui donne toujours un peu de mollesse, un peu de coction. Mais enfin la mer, le ciel, les herbes, les arbres, peuvent être rencontrés à quelques pieds par l'œil du peintre. Je doute que, même dans nos climats, ils aient les teintes convenues qu'on leur donnait. J'affirme qu'ici ils ne les ont pas, et je ne suis pas le premier à le dire, de plus clairvoyants l'ont aperçu avant moi et ont osé l'exprimer avec leurs pinceaux.

Cette seconde partie de leur mérite me frappe encore plus que la première ; car ils avaient étudié avec les types européens : cette éducation devait, jusqu'à un certain point, leur faire regarder comme inimitables pour l'art ou au moins comme dangereuses pour l'artiste, les harmonies nouvelles qu'ils rencontraient. Voyageurs, ils ont commencé à se croire induits au mensonge : ils ont pu être certains, en tous cas, que leurs compatriotes les traiteraient de menteurs. Je n'ai pas oublié les cris qu'excitèrent les premiers paysages de M. Gudin, fait dessinateur par l'Europe, et peintre par les Antilles. Un autre artiste que, par un pressentiment secret, je regardai avidement pendant que le public passait dédaigneux à côté de son œuvre, a, depuis, trouvé une justice sur laquelle je puis maintenant renchérir. J'ai vu cette campagne du bas Nil, ces rizières submergées, ces jardins couverts d'herbes colossales, ces pans de murs blanchis à la chaux, à moitié envahis par des fleurs grimpantes ; ces dattiers renversés, ces bananiers aux feuilles de velours. Un minaret furtif entre deux massifs de verdure et un rideau de ciel, quelques hérons isolés, quelques volées de bizets, vous dédommagent d'un second plan inaperçu et d'un fond impossible dans cette terre qu'Amrou, aussi grand artiste que grand général, appelait avec raison un lac de verdure.

Cet applatissement du terrain donne une physionomie assez uniforme au paysage qui longe depuis Rosette jusqu'à Abou-Néchabé ou Santsaf. Du milieu du Nil, l'uniformité peut aller jusqu'à la monotonie : les premiers plans perdent par la distance leurs détails luxuriants. Dans cette ligne de terre entre ciel et eau, les berges qui tracent souvent leur profil dans le ciel y découpent à plus forte raison celui des animaux qui s'y meuvent, celui des arbres et des fabriques qui y sont fixés. Les huttes des fellahs ne sont ni belles ni riches, on le sait ; mais un groupe de ces constructions brunes fait merveilleusement valoir le kiosque ou la mosquée qu'elles entourent, sans compter que les plantations de dattiers encadrent chaque village d'une colonnade avec hémycicle. La scène est religieuse lorsque le soleil levant ou couchant y mêle ses rayons horizontaux. Aux autres moments de la journée, au clair de la lune, il faut avoir vu la perpétuité du programme pour le trouver fastidieux, s'être blasé sur la mélancolie et la pompe pour remarquer la maigreur de la colonnade et l'absence d'entablement, pour remarquer que l'oiseau inévitablement perché sur les branches basses du dattier n'est pas toujours l'épervier de l'ancienne Egypte, mais plus souvent une ignoble corneille ou la chouette représentée dans la même position au frontispice des *Ruines* de Volney.

On a le temps de rechercher ces taches, car la navigation du Nil est d'une désespérante lenteur. Le gréement et les manœuvres des barques qui le sillonnent sont d'une grossièreté antique. Les voiles immenses et trouvant toujours du vent puisqu'elles le serrent au plus près, vous font parfois chavirer. Le *leban* (cordelle) avec lequel les mariniers vous hâlent est fait en *lif* ou fibres extérieures de dattier qui, courtes et sèches, se rompent deux ou trois fois par jour. Alors le vent vous affale sur une rive, où heureusement il n'y a ni rochers ni cailloux. Il faut une assez longue manœuvre pour vous dégager de la vase : les hommes sont souvent obligés de se mettre à l'eau jusqu'aux épaules pour pousser la barque. C'est alors qu'on peut constater l'exactitude d'une comparaison empruntée par Champollion à Duboys-Aimé. Ces corps bruns, mieux modelés qu'on ne l'eût supposé d'après leurs mollets, sortent de l'eau comme autant de statues de bronze enlevées à la fosse du fondeur. Au premier tournant du fleuve, le vent est debout, les hommes sont fatigués, on les embarque et on les repose pendant qu'on se laisse affaler de nouveau vers la rive opposée, où ils mettront pied à terre pour tirer la cordelle. Jugez du chemin qu'on peut faire en touchant ainsi alternativement aux deux rives, baisant celle-ci, mordant celle-là, trop heureux encore quand la voilure ne donne pas l'accolade au courant! Je ne parle pas du temps que vous fait perdre l'équipage en s'arrêtant aux villages sous prétexte d'acheter des provisions, et en réalité pour aller voir des parents, des amis, des épouses. Notre reïs, qui jurait toujours par la vie du prophète, aime la polygamie autant que lui. Entre Rosette et Boulaq, il n'a pas moins de six ménages échelonnés sur la route. Un jour que le vent était bon, il fit ses quatre repas toujours en lieux divers, mais toujours en famille.

Pour se désennuyer, on peut aller à la terre comme l'équipage : si le spectacle de la misère des fellahs vous afflige, si la saleté des marchés vous rebute, vous pouvez vous distraire en examinant la curieuse construction des pigeonniers ovoïdes et bosselés comme des pommes de pin ou des ananas, la fabrique plus curieuse encore des magasins du pacha, qui n'a pas mis partout des colonnes aussi solides et aussi nombreuses qu'à son magasin d'Atfèh, mais qui partout a reproduit le thème favori de l'architecture turque, la coupole; partout, même là où, faute de pierre ou de bois, il fallait faire des voûtes avec des roseaux et de la boue. La porte de ces magasins est naïvement scellée avec un peu d'argile sur lequel un officier a appliqué, en guise de cachet, sa main blanchie dans du lait de chaux. Un passe-temps préférable pour un naturaliste consiste à étudier l'ornitologie avec sa vue, son fusil ou sa lunette. Le Nil offre, sous ce rapport, une richesse à laquelle on ne peut croire qu'après l'avoir vue!

Enfin, à Santsaf, un incident fait cesser l'uniformité : le terrain offre un pli à votre droite ; ce n'est plus la berge d'un canal exhaussée par des boues séculaires. Le pli est long et se perd à l'horizon. Le lendemain matin, quand même vous auriez passé la nuit sur le rivage, vous voyez que ce pli se rapproche du Nil ; vous distinguez sa couleur rousse ; c'est la chaîne lybique toute saupoudrée des sables de Barca. A Abou-Néchabèh, cette chaîne s'est encore plus rapprochée, et le sable l'a tellement débordée qu'il envahit toute la campagne.... Quelques sycomores surpris attendent la mort dont le sable a prononcé l'arrêt ; un village tout entier, celui de Beni-Selameh, est envahi dans ses rues et jusque sur la toiture de ses huttes.

Quelques lieues plus haut le combat du désert et de la rive est encore plus engagé et plus dramatique. Ouardan est un charmant bourg tout parsemé de santons, de mosquées et de minarets, séparé du Nil par des pelouses plus vertes que celles des jardins anglais ; non-seulement ce premier plan est adossé aux collines, mais les accidents du terrain descendent jusqu'au voisinage de fabriques et tous, saillies et enfoncements, sont couverts de magnifiques futaies. D'un peu loin on s'étonne que les ondulations de la base ne se répètent pas en parallèle, au sommet de la forêt : on distingue quelques dattiers aussi haut que des cocotiers, et au même niveau supérieur d'autres qui sortent à peine de terre. L'énigme est expliquée dès qu'on se trouve en face du village, les bosselures du terrain sont des dunes de sable roux.. Le désert se verse immédiatement dans le Nil, il étreint ses bords, étouffe leurs richesses; Tiphon va triompher d'Osiris qu'il a saisi à la gorge.

Ouardan a une autre célébrité plus durable que sa verdure; c'est de là qu'on découvre les pyramides par un temps parfaitement serein: on en est pourtant à huit grandes lieues. Le sud étant un peu brumeux au moment où nous atteignions ce point, il nous fallut le secours de la lunette pour les chercher, et nous ne les distingâmes franchement qu'à la hauteur d'Aschmoun. Elles vous apparaissent de là, trois fois plus hautes que la chaîne lybienne. On se demande d'abord comment une chaîne à profil si doux élance tout-à-coup au ciel deux pitons plus élevés que n'en offre aucune montagne granitique.

Quand on a accepté l'idée d'une œuvre de l'art on veut corriger la définition qu'on entend et l'on dit obélisque au lieu de pyramide. Le monument se présente sur une face qui paraît plus haute que large, soit que la base véritable soit cachée par le terrain intermédiaire, soit que, malgré la saison froide, l'air du pays commence un de ses jeux trompeurs. Tout-à-coup le Nil tournant à gauche, les pyramides doublent de largeur en vous présentant deux de leurs faces. Alors leur masse vous frappe; alors vous cherchez quelque comparaison digne du sujet, et malheureusement le sujet a été défloré par beaucoup de prédécesseurs dont les rapprochements vous paraissent toujours insuffisants. Le moins connu est celui d'un auteur arabe, continuateur de la métaphore qui appela Ventre de la vache la pointe méridionale du Delta. Les deux grandes constructions de Chœops et Kephren se présentent toujours groupées. L'Arabe a supposé que la plaine qui environne le Qaire fut le ventre d'une vache gigantesque renversée un pied au Mokattam et l'autre à la chaîne lybique. Les pyramides représenteraient les mammelles.

Montagnes, mammelles, pics, dunes, avec des aspects divers, elles vous poursuivent toujours, dès ce moment, à travers les sinuosités du fleuve ; mais leur apparence est modifiée par le volume des objets de comparaison. Elles décroissent quoiqu'on se rapproche d'elles. A la vérité, on a près de soi des touffes de verdure au lieu de frêles bouquets, des forêts de noirs sycomores, d'acacias impénétrables, au lieu de dattiers et de gommiers chauves ; au lieu de huttes, des palais ; au lieu de villages, une capitale ! Cependant la civilisation, dont les pyramides sont un des débris, fut si prodigieuse ; elles-mêmes ont excité tant d'admiration, ont piqué la curiosité de tant de races, exercé la sagacité de tant de savants ! Tout ce passé forme comme un cortége plus bruyant, plus attachant que tout ce que le moyen-âge et les temps modernes ont pu amasser auprès d'elles !

C'est ainsi qu'un Américain instruit, touchant le sol de l'Europe et entendant pour la première fois le chant du rossignol, est plus ému par le souvenir de toute la poésie dont le rossignol a été l'objet que par la mélodie même que son oreille perçoit, mais n'a pas encore eu le temps d'apprécier ! Il nous sera donc impossible de détacher nos regards des pyramides. *Baten-el-Baqar* avec ses préparatifs de barrage, Schoubra avec ses jardins grecs, le Qaire avec sa citadelle de Saladin, sa forêt de minarets, ses bazars arabes, ses palais turcs, nous trouveront indifférents et aveugles. Du haut du plateau lybique, les pyramides nous fascinent comme d'immenses dragons ; subjugués par le charme, nous n'aurons de repos que nous ne nous soyons approchés d'elles, que nous n'ayons été absorbés par leurs bouches de marbre, que nous n'ayons circulé dans leurs entrailles de granit !

LES PYRAMIDES.
15 Janvier.

Au temps où les Bédouins du désert de Syrie venaient tuer les voyageurs jusque sous les murs de la citadelle et du Qaire, et sous les yeux mêmes des beys, les Bédouins de la chaîne lybique étaient aussi fameux par leur audace à détrousser les curieux qui allaient visiter les pyramides. Il fallait être rançonné de quelque façon, ou par les escortes ou par les enfants du désert. Maintenant les choses sont bien changées. Le prince *Pukler Muskau*, de retour du Soudan, a pu faire au pacha compliment sur la bonne police qui règne dans ces régions, où déjà les touristes ne trouvent d'autres obstacles que ceux de la nature, d'autres dangers que ceux du climat; le pacha est un homme trop logique pour ne pas exercer tout près de lui un peu de cette sollicitude qu'il a étendue si loin.

Les camarades qui faisaient ces réflexions en sortant de l'hôtel hospitalier de Varin-Bey, à Gizèh, étaient armés de fusils; non par crainte des Bédouins, mais en souvenirs des richesses ornithologiques du Nil. De Gizèh à la montagne, la promenade est longue, surtout dans cette saison où les eaux n'étant pas totalement retirées de la plaine, on est obligé de faire un grand coude au sud en se dirigeant vers Saqara par la principale chaussée, à droite et à gauche de laquelle le gibier est, dit-on, fort abondant. Autour de Gizèh la plaine est fameuse par sa fertilité et surtout par la bonne qualité des dattes qu'on y récolte. Les régimes étant cueillis depuis plus longtemps qu'à Alexandrie, on a fait aussi une autre partie de la toilette des dattiers; on a émondé toutes les palmes horizontales : l'arbre est maintenant réduit au plumet vertical. Le printemps développera une nouvelle quantité de feuilles, et la sève qu'auraient détournée les anciennes se portera avec avantage sur les grappes à fruit. Cette maigreur permet de constater cent fois de plus le goût particulier des grands oiseaux pour percher sur les palmes ; et un de nos compagnons, consul estimé dans tout l'Orient, après avoir été longtemps un des plus aimables Parisiens, reprit avec à-propos notre plaisanterie du frontispice de Volney. Le dernier dattier du haut duquel un hibou nous salua était vraiment la préface des *Ruines:* les pyramides apparaissent au sortir de la forêt.

Mais l'atmosphère qui les entoure est décidément un cabinet d'illusions : à deux lieues, en ligne directe, notre œil reconnaît tous les détails, il compte les assises plus minces que des briques empilées ; il suit la dentelure irrégulière des arêtes, le revêtement luisant du sommet de la pyramide de *Kephren,* la plate-forme terminale de celle de *Chéops.* Il voit surgir à leur côté le monument de *Mykerinus* comme une petite taupinière. La seule immensité qui nous frappe dans tout cela, c'est celle de la plaine, celle du firmament ! Les domestiques nous invitèrent à mettre pied à terre ; les âniers ôtèrent leurs caleçons et nous chargèrent sur leurs épaules pour nous faire traverser un petit canal qui nous barrait la route. Je fis d'abord quelques façons pour abandonner mon âne, ayant entendu dire que les ânes d'Egypte passaient fort bien les gués et au besoin nageaient à merveille. Un excellent condisciple, M. Perron, que j'ai trouvé ici professeur (aujourd'hui directeur) de l'École de médecine, m'engagea à me fier à l'ânier plus qu'à l'âne. Pendant que j'étais au milieu de l'eau, sur de noires épaules, je pus me convaincre de la prudence du conseil. Mon âne nageait effectivement, mais à la manière des poissons. Il avait disparu sous l'eau dans une fondrière d'où l'on eut quelque peine à le retirer. Au bout d'une heure de chemin à travers des champs d'orge, de trèfle et de lupin, un canal plus large et plus profond arrêta encore notre caravane.

Cette fois, il n'aurait pas suffi d'un ânier nu jusqu'à la ceinture. Il fallait se déshabiller tout-à-fait et se mettre à deux pour nous porter sur les épaules; ou plutôt à trois, car un troisième devait soutenir en second rang. La difficulté avait été prévue par les fellahs du voisinage. Une demi-douzaine étaient en sentinelle au bord du canal; ils furent dépouillés en un clin-d'œil, et lancèrent un des leurs en guise de nilomètre. Il n'eut jamais de l'eau au-dessus des épaules, mais ses mouvements nous prouvaient qu'une couche de vase aussi profonde que l'eau mettait en danger la liberté de ses jambes. L'observation fut faite par le consul qui, ayant pris du quinquina la veille, craignait avec raison que le bain frais ne lui rendît une fièvre dont il avait souffert plus d'un an. Nous continuâmes sa réflexion chagrine : où est donc cette chaussée sur laquelle les canaux se passent avec des ponts? Combien de temps nous faudra-t-il encore pour atteindre ce Saqara où l'on n'es plus qu'à deux heures de distance des pyramides? Saqara était à notre gauche perdu dans l'horizon. La chaussée était invisible; nous l'avions abandonnée presque au sortir des plantations de Gizèh. La vue des pyramides nous avait distrait de notre plan de voyage, les domestiques, les âniers et les fellahs, race fort obéissante de sa nature, n'avaient pas dérangé notre préoccupation.

Que faire? Il était déjà tard pour reprendre la chaussée. Retourner coucher à Gizèh et recommencer le lendemain avec moins de distraction? Demain, après demain, nous avons d'autres engagements ; et dans huit jours le consul doit partir pour la France. Il le savait et le sentait mieux que nous, car après un regard jeté au monument duquel nous étions si près, il monta tout le premier à califourchon sur deux têtes arabes, fit une traversée silencieuse dont il se dédommagea par un grand éclat de rire aussitôt qu'il fut déposé à terre. A notre tour chacun se tut et rit, et dès que nos gens furent passés, nous nous lançâmes au galop vers la montagne lybique. Aussitôt qu'on a atteint le sable, on laisse les montures et l'on gravit à pied le flanc du rocher sur lequel les pyramides sont assises. Nous allions vite, pressés de jouir du changement de décoration.

Effectivement, au niveau de la base et à vingt pas de distance, ce n'était plus des assises de briques, mais des assises de ces grès cubes parfaits ou allongés dont Paris est pavé. Il fallut toucher les pierres pour nous convaincre que la plupart a quinze pieds de long et a une largeur et une épaisseur correspondantes. En multipliant ces dimensions par la quantité de pierres dont le dénombrement nous paraissait vraiment difficile, nous entrevoyons des résultats prodigieux. Mais cette lente perspective offerte par le calcul, la vue immédiate, le sentiment intime n'en jouissaient pas. En présence de ce chef-d'œuvre du travail et peut-être de la vanité humaine, nous nous prenions à penser comme d'autres l'ont fait dans l'intérieur de Saint-Pierre de Rome : Y aurait-il une mesure de grandeur, passé laquelle l'homme ne saurait s'élever avec vraisemblance? Un terme au-delà duquel tous ses efforts seraient perdus, ou constateraient tout au plus son impuissance? Un terme où réel seulement pour sa peine et pour son effroi, l'espace serait un mensonge pour les jouissances de son œil? Et nous nous fîmes une réponse affirmative en approchant de la pyramide de Mykerinus qui nous parut immense ou plutôt dont la grandeur était intelligible pour nous (1); nous nous la fîmes surtout, lorsque arrivés sur la plate-forme de la grande pyramide après une longue et pénible ascension, nous mesurâmes en frémissant ce pré-

---

(1) Elle n'a que 170 pieds de haut, la grande en a 450.

cipice où roula naguère un Anglais. Ces pierres taillées et empilées dont la masse n'avait pas suffisamment étonné notre âme, la consternaient maintenant plus que nous ne l'avions désiré, plus que nous n'avions osé l'attendre. Le moindre des effets poursuivis par l'architecte était seul obtenu et seulement du lieu d'où peu de spectateurs visitent la ruine, et d'où jadis aucun spectateur ne pouvait visiter le monument. Car sans doute le respect ne permettait pas de gravir au sommet, quand même le revêtement poli l'eût permis. Le contraire raconté des habitants de Busiris, par Pline, n'a eu lieu qu'à une époque où les pyramides avaient déjà été violées par le scepticisme grec, par la curiosité romaine; époque où déjà le sarcophage royal devait être vide puisqu'on s'amusait à compter les échos de la grande chambre (1).

Auprès de la seconde pyramide, un descendant des anciens Busirites, car il est du village d'Abousir, m'offrit pour quelques piastres de grimper jusqu'à la pointe pardessus le revêtement que le soleil faisait reluire comme un marbre poli. A ce moment même, un bruit d'abord sourd et devenant bientôt plus éclatant nous fit lever la tête. De ce revêtement qui paraît si bien conservé, un fragment énorme venait de se détacher et roulait en rebondissant sur les degrés de l'apothème. Si de pareils accidents avaient déjà commencé du temps de Pline, le danger de l'ascension était plus grand que sa difficulté. Mais quelle durée ne peut-on pas assigner à une ruine déjà si ancienne! à une horloge qui compte le temps avec de pareils grains de sable; et de ces grains, possède encore une telle collection!

Il me semble que les voyageurs et les savants qui ont décrit l'aspect extérieur des pyramides n'ont pas assez in-

---

(1) **Plutarque.**

sisté sur cette physionomie de ruine qu'offrent toutes leurs faces. Quand même les anciens ne nous auraient pas parlé de revêtements en pierre ou en granit ; quand même nous ne saurions pas que tout le moyen-âge sarrazin a exploité ces revêtements pour en faire de la chaux, pour en bâtir des édifices. Quand même le revêtement du sommet de la seconde pyramide, celui de la base de la troisième ne seraient pas encore subsistants pour appuyer nos inductions, l'inégalité des assises, les déchirements de leur profil, l'aspect rugueux et irrégulier de l'ensemble, suffiraient pour nous faire affirmer que tout ce désordre a dû porter autrefois quelque chose de régulier et de symétrique ; que tous ces ulcères saignants et sanieux ne sont que le dessous d'une solide et magnifique enveloppe lentement soulevée par le temps, violemment arrachée par la barbarie. Les travaux récents faits à la base de la grande pyramide sous l'entrée de la galerie, ont amplement confirmé cette conjecture.

Le rocher qui fut applani comme point de départ des assises est définitivement découvert sur une assez large étendue de terrain, ainsi qu'un dallage qui précédait la première assise, et probablement portait un socle ou stylobate. On a pu, de nouveau, constater le soin minutieux avec lequel les pierres étaient appareillées et enclavées de façon à rendre l'extérieur inattaquable aux hommes et aux éléments. Dieu merci, l'accusation de grossièreté, l'idée de pierres entassées sans ordre, est encore bien loin des savants si le peuple la répète encore. Notre vanité gauloise trouverait son compte à ce que les Druides, au lieu de lever une grosse pierre brute, ou d'en assembler deux ou trois, eussent bâti des masses si savamment orientées ; creusé le granit en couloirs, en chambres, en galeries, en sarcophages ou en cuves d'ablution ; l'eussent taillé et appareillé comme ne sait plus le faire l'industrie moderne ! Le tort le plus réel qu'aient eu les prêtres de Thèbes et de Memphis, en travaillant pour une postérité si reculée, c'est de ne pas avoir assez pensé à l'altération de ses langues, au changement de ses idées. De ne pas avoir écrit plus lisiblement le mot de ces colossales énigmes qui devaient parvenir jusqu'à elle, et que son impatience et son dépit risquaient d'interpréter par le mépris ! Les Égyptiens sont les pères véritables de l'astronomie des Grecs, de leur géométrie, de leur architecture, de leur philosophie. Avec de pareils titres, l'hypothèse la plus magnifique, sur un de leurs plus grands monuments, sera toujours la plus vraisemblable.

Qu'on serait heureux d'y reconnaître l'œuvre de savants qui auraient ainsi fabriqué le calendrier le plus complet, le plus exact, le plus durable ! Quoi de plus simple, dans une organisation sociale si bien tissue, que de mêler la royauté, la religion, le respect des tombeaux à toute cette science !

Aussi, avec quelle émotion n'ai-je pas rêvé au fond de cette galerie inclinée à vingt-neuf degrés, que jadis, à cette même place, avant de s'endormir pour toujours dans son cercueil de granit, un prêtre, un Pharaon peut-être, avait observé les étoiles du pôle pivotant autour de l'étoile immobile ! En sortant, l'agencement des grandes pierres de la porte m'a chagriné. Démaillet a prouvé que la galerie était bouchée ; d'autres ont trouvé trace de grandes dalles de granit coulées obliquement en manière de herse. Il n'est guère possible de douter que le revêtement extérieur était sans ouverture ; ces clôtures auraient-elles été appliquées après que la science eût fini ses découvertes ? après la mort des rois ou des prêtres savants ? Faible ressource contre les doutes qui m'ont assailli et presque fait regretter que les Pyramides fussent si loin de la rivière. Cela seul a sauvé celle que le pacha voulait démolir pour les travaux du barrage du Nil.

On cria beaucoup à la seule pensée de ce sacrilége. Qu'on se rassure, cette carrière où Saladin et tant d'autres ont déjà beaucoup trop puisé est trop éloignée et plus dispendieuse que le Mokattam. Aidé maintenant du chemin de fer de Toura, le Mokattam sera seul exploité. Mais quand on songe au nombre et à la hauteur des problèmes scientifiques que la fabrique d'une pyramide renferme, n'est-il pas désirable que cette fabrique soit étudiée même en sacrifiant une pyramide.

Pendant que les maçons auraient extrait la pierre, les architectes, les antiquaires européens, toujours domiciliés dans les environs, auraient relevé jour par jour les plans, coupes et élévations; auraient retrouvé tous les couloirs, toutes les chambres, tous les puits, décrit leurs directions, reconnu leurs attenances, signalé la pose et la taille de leurs pierres. Au bout de ces observations et des conclusions qu'elles auraient motivées, si la seconde pyramide avait péri, la première eût subsisté avec une valeur double, et l'on n'eût plus risqué, comme on risque encore chaque jour, de l'endommager elle-même, et les monuments voisins, par des recherches qui ne procèdent que par hypothèses et tâtonnements.

Un antiquaire italien, Caviglia, a eu la permission de creuser le dos du Sphinx dans la persuasion qu'il y trouverait une chambre. Il a été plus heureux en fouillant sur la ligne qui unit le Sphinx à la seconde pyramide. Là il a découvert une série de puits très-profonds, contenant tous des sarcophages en granit ou en basalte. L'un de ces puits est si large et si compliqué, qu'il mérite une description particulière. A trente pieds de profondeur d'un puits de plus de quarante pieds carrés d'ouverture, on a ménagé, dans le roc vif, une chambre carrée avec une toiture courbe; ce grand monolithe, adhérent par sa base, contient plusieurs sarcophages. Autour de ce grand puits, règne un mur de six ou huit pieds d'épaisseur, lequel est également détaché à l'extérieur, en sorte que la chambre monolithe avait une enceinte composée d'un rempart et de deux fossés très-profonds. Quelques petites chambres sont ménagées dans l'épaisseur même du rempart et renferment des sarcophages. L'un d'eux, extrait et emballé dans une caisse ferrée, va prendre le chemin du Musée britannique. Les fouilles dirigées par Caviglia étaient payées par les guinées du colonel Ways, qui a fini par éconduire l'Italien, et l'a remplacé par un jeune architecte anglais appelé M. Andrews. Caviglia est parti furieux, après avoir lancé une protestation où il se prétend volé de toute façon par les Anglais. Nous avions entendu retentir cette querelle jusqu'à Alexandrie.

Son remplaçant est un beau jeune homme que nous vîmes courir lestement sur les échelles de corde et sur les madriers en tronc de palmier. Nous l'avions reconnu pour Européen à son costume turc d'une propreté, d'une coquetterie invraisemblable; à son teint blanc, sur lequel le hâle du pays n'a pu mordre, et tout cela avant de retrouver son accent britannique dans l'arabe, le français, l'italien qu'il échangea avec nous.

Le vice-consul anglais du Qaire se trouvait là le même jour. Il nous fit les honneurs d'un petit établissement colonial formé par le colonel Ways dans les cryptes du rocher qui descend des pyramides vers la plaine. Ces chambres sépulcrales reçoivent d'amples libations de thé, d'ale et de porto; elles s'enfument au feu des plumpudding, des beefsteaks et des roastbeef. L'aubergiste Hill y va bientôt établir une succursale de ses hôtels d'Alexandrie, du Qaire et de Suez. Nous y vîmes embrochées des bécassines, des vanneaux et d'autres pièces de gibiers, ce qui nous fit enfin penser à nos fusils jusque-là négligés pour des objets plus importants.

On se remit en route vers Gizé, ou plutôt Saqara, car nous n'avions plus le temps de prendre le chemin le plus direct. Le long de la chaussée nous retrouvâmes des canaux que nous n'avions plus le souci de passer à gué ou à la nage, mais qui offraient autant et plus que les canaux du matin, une variété et une abondance d'oiseaux capables maintenant de tenter l'ambition des chasseurs; du haut de cette chaussée le *sport* est d'une simplicité fabuleuse: il ne vous dérange pas un instant de votre route, ce serait impossible. Perron toujours fumant sa pipe, la passait de temps en temps à son says qui lui donnait son fusil en échange, il faisait feu à droite, feu à gauche en prenant à peine la précaution d'arrêter son âne ; et les says et les âniers couraient ramasser au bord du désert, la perdrix mordorée comme le sable, au bord des prairies le vanneau vert foncé comme leurs joncs et leurs *bersim* (luzerne), tandis que ce chasseur rechargeait, d'autres prenaient les devants et continuaient la petite guerre.

MŒURS DU QAIRE.

2 Juin.

Ma tâche sera courte : je ne prendrai le sujet qu'au point où Lane le laissa. On publie en ce moment à Paris une nouvelle édition des *Mille et une Nuits*, illustrée : elle est plus complète, plus naïve que celle de Galland ; il y a abondance d'images fantastiques ; on eût mieux fait de copier une édition anglaise dont Lane a dessiné et composé la plupart des figures, et traduit le texte de l'Arabe. Les *Mille et une Nuits* sont les mœurs islamiques en action et particulièrement les mœurs égyptiennes : on ne pouvait prendre de meilleure préparation à leur observation, à leur peinture directe. Lane a vécu cinq ou six ans au Qaire, enturbané, buvant de l'eau, fréquentant les mosquées, faisant ses quatre prières à l'appel des mueddins, luttant contre le *baouab* (portier commissaire de police) de son quartier qui voulait le marier à toutes les jeunes veuves, contre les *gellabin* (marchands d'esclaves) qui voulaient absolument peupler son harem d'une circassienne, d'une abyssinienne et d'une négresse; trio sans lequel un riche et bon Musulman ne saurait vivre'. C'est dans les intervalles d'une vie ainsi occupée que M. Lane composa un livre inimitable sur les mœurs égyptiennes.

La vocation qui fait réussir dans la philologie orientale, consiste en grande partie dans une affinité première d'organisation qui fait que certaines natures privilégiées se retrouvent en Asie comme si elles y avaient toujours vécu (1). Les écrivains arabes, soit qu'ils aient écrit des contes fantastiques, soit l'histoire, soit la biographie, ont été indifférents à la critique, naïfs, crédules, minutieux; Lane, malgré son éducation anglaise, s'est trouvé *privilégié* de la même façon. Les mœurs islamiques, égyptiennes et surtout les mœurs qairottes n'ont pu soustraire aucune molécule à l'investigation de son microscope. Appliqué à son œil ce microscope a compté tous les plis du schinthian, toutes les passequilles d'or attachées aux tresses de la petite maîtresse à la démarche ondulante; braqué par sa foi robuste il a vu Nelson, Wellington, Napoléon, Walter Scott défiler dans la petite tache d'encre, charmée par les magiciens, héritiers des rivaux de Moïse et d'Aaron.

LA LANGUE ARABE.

Avec un pareil caractère, il devait avoir peu de foi dans la régénération de l'Egypte au moyen des idées européen-

---

(1) Ch. Lenormant, *Cours d'Histoire ancienne.*

nes. En négligeant ce côté tout nouveau des mœurs, il l'a peut-être regardé comme encore bien moins avancé qu'on ne le dit, et comme ayant fort peu de chance de s'acclimater. Sous ce rapport au moins, Lane me semblerait avoir repris sa critique et sa sagacité de chrétien. J'avais connu à Paris plusieurs Turcs, Arabes et Arméniens envoyés par le pacha pour faire leur éducation, je les ai retrouvés au Qaire ayant oublié le français, et en tout cas recommandant à leurs connaissances de ne pas leur parler français en public; ils avaient peur d'être lapidés par la populace. Les préjugés musulmans oubliés et foulés aux pieds à Paris, ont été repris avec les habits larges.

La première fournée avait moyennement vingt-cinq ans; il était trop tard pour effacer le pli oriental. Les fournées ultérieures sont arrivées plus jeunes, mais on les a laissées à peine trois ans. Trois ans suffisent-ils pour apprendre une langue et toutes les sciences d'Europe? surtout pour des individus qui ont le malheur de n'être pas table rase; l'embarras a été bien autrement grand quand ces élèves sont passés aux fonctions de maîtres. C'était l'augmentation et la continuation des embarras de l'enseignement par les maîtres européens : ceux-ci enseignent en français, en italien, une science, la médecine, les mathématiques. Un interprète qui sait assez mal le français et qui ignore tout-à-fait ces sciences, traduit comme il peut la phrase du professeur; quand le professeur est un Arabe, il sait un peu plus de la science qu'il doit enseigner; mais il a la prétention et l'obligation de parler l'arabe littéral, le *nahou*, et les auditeurs qui sont des *fellahs* comprennent cet arabe encore moins que la science.

L'enseignement par les livres a de pires inconvénients : les traducteurs sont des *scheikh* qui sont un peu de l'avis du kalife omar. Les idiômes populaires arabes sont de fait séparés de la vieille souche Qoreïchite ; mais les oulema, musulmans et chrétiens protestent contre ce fait par le langage officiel des livres, des prédications et du haut enseignement ; là ils prétendent conserver les traditions littéraires de l'âge d'or. Ils réussissent comme de raison selon la portée de leur intelligence, le degré de leur savoir et les habitudes d'un goût modifié à leur insu par la langue vulgaire qu'il leur faut bien pratiquer dans toutes les relations de la vie quotidienne. Les modèles n'étant pas uniques, chaque auteur prédicateur ou professeur a ses prédilections particulières : qui le *Qoran;* qui le *hamaza;* qui les *moallaqa;* qui *hariri*, etc.; cette anarchie, ce chaos, ces plagiats d'une langue morte fort souvent mal comprise, ne peuvent faire une langue très vivante et très intelligible, surtout quand elle sert à masquer ou à éluder le sens plutôt qu'à le préciser et le mettre en relief.

Puisqu'on aime tant l'arabe littéral, on avait une belle occasion de s'y plonger à cœur-joie, en traduisant des ouvrages de chimie, de médecine, d'algèbre. Toutes ces sciences ont été manipulées, quelques-unes créées de toutes pièces par les Arabes des plus beaux siècles littéraires. Mais il fallait d'abord connaître l'existence de ces grands génies, secondement trouver leurs ouvrages, troisièmement les comprendre : tout cela était également difficile, également impossible. Au lieu de reconstruire la synonymie chimique, pathologique et algébrique par de longues élucubrations, on a tout bonnement transcrit en caractères arabes les technologies européennes convenablement assaisonnées de *nahouy* ou de turc; ce qui a fait un *charabiat* comparable à celui de la technologie maritime, où le turc, l'albanais et l'italien se marient heureusement. *Alesta tira mola*, pare à virer ! *jouria baraba*, tirez tous ensemble; *bastoun countra bastoun*, boute hors de grand foc;

cour bastoun, martingale. Sur le haut Nil et mieux encore sur la mer Rouge, la technologie maritime n'était pas tellement déchue qu'il ne fût possible de la refaire avec des mots arabes.

Il est vrai que Mohammed-Aly, alors préoccupé du pachalic turc, avait conservé du goût pour sa langue turque, langue bien moins fixée que l'arabe le plus vulgaire, et dont trois cents ans d'occupation n'ont pas fait accepter vingt mots aux Syriens et aux Egyptiens. Les *théories* militaires et les commandements se font aussi dans la langue du sultan à qui l'on fait la guerre. Les flatteurs européens du pacha, qui ont parlé si haut d'un empire arabe, ne l'ont pas encore fait penser à commander ses armées en langue nationale. Est-il possible, lorsqu'on considère ces épaisses ténèbres qui aveuglent les grands et les petits, ces emprunts faits à l'étranger avec tant de répugnance et de parcimonie, falsifiés et anéantis sitôt par l'orgueil et les préjugés ! quand on voit les maîtres s'obstiner à parler aux élèves une langue inintelligible pour les maîtres eux-mêmes ! quand on voit les ministres de la religion craindre de déconsidérer la parole de Dieu par la langue du peuple ! quand on voit les masses si abruties, le dépôt de la science compromis aux mains d'une poignée de clercs si pédants, si présomptueux, si entêtés, si stupides ! est-il possible, après le dégoût, de se défendre d'un autre sentiment causé par un véritable retour sur nous-mêmes ?

N'est-ce pas, en effet, dans un état absolument pareil que se trouvait l'Europe au moyen-âge ? La grande unité romaine brisée en cent petits états ; la langue latine fractionnée, dégénérée en autant de dialectes repoussés, méprisés d'une poignée de clercs qui s'obstinaient à faire durer le latin dans les livres, les actes officiels, la lithurgie de l'Eglise, et jusque dans les sermons. Quelques esprits distingués ne pouvant échapper totalement à ce travers, composant dans ce latin barbare de longs poèmes voués à l'oubli, et, à leurs moments de loisir, écrivant dans les idiomes vulgaires d'autres poésies qui devaient être immortelles, bien plus, qui devaient élever ces patois au rang de langues vivantes ! l'inquiète curiosité, l'indifférence routinière qui accueillait, qui marchandait les importations des pays plus éclairés : Constantinople qui devait plus tard envoyer les Lascaris et la Gaza ; et, ce qui a été plus touchant dans la question actuelle, l'Espagne sarrasine, d'où sortaient déjà l'école de Salerne, l'école de Montpellier, précurseurs de Roger Bacon, de Gérard de Crémone et de tous les arabisants !

Alors la pitié va jusqu'à la sympathie ; les Barbares redeviennent des frères ; on désire, on espère pour eux le progrès dont eux-mêmes furent jadis les modèles, les promoteurs. On se prend à supputer le temps que durera leur réveil, à calculer les moyens les plus capables de le hâter. Ici, il me semble que la continuation du rapprochement historique est la méthode la plus certaine pour formuler l'avenir de la nationalité et de la langue arabe. De même qu'il s'est fait une France, une Espagne, une Italie, la Syrie, l'Egypte, les pays maugrebins, deviendront, deviennent en ce moment même des centres politiques. Un jour ces pays seront aussi des centres littéraires : ils le seront à la condition d'avoir une langue nationale commune aux peuples et aux lettres. Ceux-ci subiront l'arabe vulgaire au Qaire ; ils imposeront le français à Alger.

Le voyage dans l'Orient actuel est donc une étude pratique des périodes les plus ténébreuses de notre moyen-âge. La rétrospection peut aller même jusqu'au monde primitif ; car la vie pastorale, les tribus errantes avec leur hospitalité, leurs guerres, leurs brigandages, se retrouvent encore aux lieux parcourus par Abraham, aux déserts où Moïse alla chercher la brune Séphora. On comprend ces physionomies avares et ascétiques des premiers temps de la peinture européenne en voyant des populations qui n'ont que deux sujets de discours : Dieu, l'argent : *Allah, felous!* mais surtout Allah! S'il plaît à Dieu, ce qui plaît à Dieu, Dieu est grand, servant de réponse à tout. Quelle heure est-il? Quelle est telle distance? Vos enfants n'ont pas de pain. Toujours Allah! Dieu terrible et fatal, n'ayant encore révélé à la créature ni la sympathie ni la liberté, Allah dispensant de prévision et de prévoyance, tenant lieu de bien-être et de savoir!

Le voyage est également profitable à d'autres études de moindre importance, et tout d'abord à la pratique des langues usuelles. Celui qui a travaillé longues années avec le seul secours des livres éprouve un mécompte cruel en reconnaissant que les idiomes parlés, fort divers entre eux, diffèrent encore plus profondément de la langue écrite. La prononciation grossière, à Alexandrie et à Beyrout, ample et solennelle dans le Hejaz, est au Caire d'une mignardise qui confond sous un son unique cinq lettres de la nature de l'*h*. Un jour vient, cependant, où les acquisitions du cabinet servent même pour la pratique des idiomes. Ce jour arrive pour tout homme doué de volonté; il peut être hâté par la jeunesse et le commerce actif, exclusif même, avec les habitants du pays. Forskaël, au bout de quinze mois de séjour, fut capable de servir d'interprète à l'orientaliste Von Haven. Celui-ci était vieux et avait continué à feuilleter des livres. Le botaniste était jeune, et, quoique dépourvu d'études orientales préliminaires, il s'était lancé dans la triture en vivant toujours parmi les Fellahs et Bédouins, qui lui servaient de guides dans ses excursions. Champollion, plus savant que Von Haven, et non moins isolé des natifs, ne comprenait pas encore très-nettement son *saïs* après deux ans de séjour en Egypte.

Champollion avait pourtant fort bonne mémoire, mais il avait aussi beaucoup d'idées, et rien ne gêne les études de mots comme les idées, et surtout les idées incessamment tendues vers une grande spéculation. La contre-partie de l'argument est formée par les drogmans levantins qui parlent huit ou dix langues sans avoir jamais quitté leur pays Trois mois de relation avec quelques Anglais leur ont suffi pour apprendre l'anglais; quatre ou cinq affaires traitées dans un consulat, dans une ambassade leur ont fait *emparer* le français et l'italien ; leur mère était Grecque leur père Syrien, leur nourrice Arménienne, un Turc était patron et visiteur de leur maison. Ils déchiffrent et écrivent trois ou quatre de ces langues, ils babillent dans toutes, mais que disent-ils? Que font-ils de l'instrument? Ont-ils lu quelques livres? Ils n'en ont pas le temps. Ont-ils arrangé dans leur tête quelques notions d'histoire, de géographie, d'économie politique ou commerciale? Ils savent que la France protège la Terre-Sainte et paie mal les drogmans; que l'Autriche protège moins la Terre-Sainte et ne paie pas du tout les drogmans; que l'Angleterre est indifférente à la Terre-Sainte, et paie fort bien les drogmans; que la Russie est ennemie de la Terre-Sainte, et paie encore mieux les drogmans. Au delà de ces notions ils savent peu de chose, leur intelligence est un porte-voix qui répète des sons et qui les retient ; jugement, imagination, notions positives, méthodes, technologie scientifique, leur cerveau est vide de tout cela; une seule case, une seule faculté, la mémoire non distraite a grandi et monopolisé tout le reste. Ces langues ne sont pas sues littérairement puisque le drogman ignore même l'alphabet du plus grand nombre; des autres, il a appris ce qu'il en a pratiqué : le dictionnaire des intérêts vulgaires. Deux ou trois cents mots et une cinquantaine de phrases répétées en huit langues voilà le cercle de sa causerie.

L'affinité des idiômes usuels avec leurs souches antiques ajoute un certain prix aux études philologiques qu'on peut faire dans l'Orient. La valeur individuelle des maîtres est plus sujette à contestation. Ceux même, qui la vantent le plus après en avoir usé ; qui appuient du témoignage d'un scheikh vivant leur opinion sur telle glose, sur telle lecture, infirment le moment d'après cet éloge et ce témoignage, en disant : Il n'y a plus d'arabisant depuis la mort du scheikh Attar. Je crois qu'il y a encore au Qaire, mais là seulement, cinq ou six hommes capables de rivaliser avec les plus grands arabisants d'Europe. Mais ceux-ci ont déjà beaucoup plus de livres à leur disposition, et ils ont sur leurs rivaux un autre avantage beaucoup plus précieux : ils appliquent leurs études à des idées, à des synthèses historiques et non pas à un vain culte de mots.

La prétention d'écrire la langue ancienne implique la prétention de la goûter à l'égal des anciens. Avant sa révolution religieuse et politique, Mahomet opéra une révolution d'artiste. Les premières surates du Qoran furent jugées supérieures, par leur élégance, aux poèmes suspendus à la porte de la Caaba par les lauréats de l'oukadz. Ce n'était pas seulement l'enthousiasme de ses disciples ; c'étaient ses rivaux les poètes, c'étaient ses ennemis, ses persiffleurs qui lui rendaient d'abord justice sur ce point seulement ; c'étaient son persécuteur le plus acharné, Omar, que le beau langage du Qoran convertit en son plus ardent prosélyte. Mahomet était le premier qui, dans son pays, eut traité en prose le haut style jusqu'alors monopolisé par le rithme. Il respectait la tradition en conservant la rime ; il innovait par l'abondance, par la variété, par le tour de la phrase ; et cette innovation était populaire; elle relevait le langage courant, entendu et pratiqué par tout le monde. Elle ennoblissait l'instrument en même temps qu'elle rendait son usage plus précis, plus facile; à peu près comme Jean-Jacques Rousseau, Bernardin et Chateaubriant ont brisé l'aristocratie stérile, la portée vague des alexandrins ont mêlé dans une prose qui n'est plus vile, les choses utiles et familières du langage parlé, avec la pompe et les images de la poésie.

MAHOMET, SOCIALISTE.

15 Juin.

La société musulmane telle que le Qoran l'a faite mérite de graves reproches. Mahomet ne comprit pas assez le christianisme pour lui faire des emprunts plus nombreux et plus intelligents. Il donna la préférence au mosaïsme et au magisme, qu'il comprenait mieux, et sur lesquels il se mit jusqu'à un certain point en progrès. La Perse était divisée en castes; Moïse avait fait une caste privilégiée des enfants de Levi. Mahomet ne laissa aucune porte ouverte au privilège héréditaire. Assez d'exemples fameux ont prouvé que des classes les plus infimes on peut encore arriver aux fonctions les plus éminentes. D'un autre côté, le turban vert, que l'on voit porter par des âniers, des mendiants et des baladins, aussi bien que par les imams et par les schérifs de la Mecque, vous rassure contre la descendance royale et pontificale du sang de Mahomet.

Pour achever d'introduire l'égalité dans une pareille association, il ne restait guère qu'à supprimer le turban, et le nizam de Mohammed-Aly vient de le faire. D'autres progrès seront plus tardifs et plus difficiles : j'en ai indiqué la cause; je vais la développer.

Après l'ascendant de la conquête, une des causes les plus actives de la propagation de l'islamisme, fut la prodigieuse ressemblance que les chrétiens ariens y trouvèrent avec leur propre croyance, qui était un déisme pur. La conscience put se tranquilliser entre ces deux valeurs en apparence si égales : la volupté vint en aide à la force. L'islamisme permettait la polygamie. Ce vieux péché de l'Asie témoigne de l'égarement perpétuel de ses législateurs. Ils n'ont pas vu, qu'en apparence favorable au développement de la famille et de la population, la polygamie sape en réalité la population et la famille. Ce ne sont pas, en effet, les enfants qui naissent, mais ceux qui deviennent hommes qui forment un peuple; et le moyen de faire grandir des enfants là où la sollicitude et la fortune du père est partagée entre plusieurs ménages! là où la tendresse maternelle est distraite par la jalousie d'épouse, écrasée par les rivalités de marâtre! Quelles chances une pareille famille offre-t-elle à la constitution de la propriété! Quel faisceau des enfants si affaiblis par leur nombre, par leurs zizanies, par leur misère peuvent-ils opposer à la cupidité des collatéraux, à la prévarication des magistrats? Un peuple privé de ces deux fondements, de toute association humaine, la famille, la propriété est dévolue au despotisme pur. Le despotisme est, *à priori*, le moins mauvais de tous ses gouvernements possibles. L'histoire prouve qu'il n'en a jamais eu d'autres.

Peut-être est-ce par cet oubli de l'intérêt et de la dignité individuelle que l'on peut expliquer la douceur qui, en tous les temps aussi, a accompagné dans l'Orient l'exercice de l'esclavage. Aujourd'hui, comme dans les temps anciens, l'esclave entre de prime-abord dans la famille, et, à la seconde génération, dans la société. Après que la table des maîtres est desservie, on dresse une table pour les esclaves de la maison : les domestiques à gages ne mangent qu'en troisième lieu. Les enfants des esclaves, par le maître, sont assimilés aux enfants du maître par les épouses légitimes. On se prend à déplorer la blancheur et la fierté des chrétiens d'Amérique, qui ont établi des préjugés de peau, flétrissant et déshéritant l'esclave jusqu'à la centième génération.

MAZDAK,
OU OWEN AU SIXIÈME SIÈCLE.

17 Juin.

La propriété nulle ou appartenant exclusivement à l'état, représenté par un despote roi ou grand-visir, dans les deux cas appelé père. Les sujets traités d'enfants et formant une seule famille par la dissolution des familles individuelles et l'annulation du mariage; les rangs, les places, le travail, divisés selon les capacités, ou, ce qui revient au même, selon les caprices du hasard ou du maître... Voilà un état social qui offre d'assez singulières ressemblances avec une utopie qui occupa un instant la France, et qui paraît devoir agiter plus longtemps l'Angleterre. Les Saint-Simoniens ont interprété l'égalité, le traitement de chacun selon ses mérites, et ils ont entrevu la constitution des castes comme le dernier terme de cet argument. L'hérédité de ces castes eût été un moyen aussi certain et plus expéditif que les tâtonnements du mérite individuel. Les penseurs les plus hardis manifestaient une estime prononcée pour cette idée, au moins dans le passé de l'histoire.

Owen, qui va plus lentement dans la spéculation, parce qu'il s'est jeté plus résolument dans la pratique, n'a pas encore touché à cette partie délicate du problème, mais il partage l'horreur saint-simonienne pour la propriété et pour le mariage, deux priviléges contraires à l'égalité, et causes perpétuelles de toutes les discordes et de tous les malheurs des hommes. Plus hardiment que le saint-simonisme, aussi, il a proscrit la religion. La Trinité de la propriété, du mariage et de la religion sont le vrai et unique Satan d'ignorance, de superstition et d'hypocrisie. Il nie la responsabilité de l'individu : l'homme ne s'est pas fait, tout lui vient du dehors; tout est fatal en lui, sentiment, convictions, actes. C'est la conséquence logique de la philosophie de la sensation (1). Owen est épicurien, il croit l'homme né pour être heureux, dans cette vie, au moyen des sens; il proteste contre l'ame, et ne s'embarrasse pas du reste.

Il faut répéter, pour la millième fois : Rien de neuf sous le soleil. Ces produits de la grande fermentation du dix-huitième siècle semblent copiés mot à mot dans le catéchisme d'un réformateur qui bouleversa la Perse à la fin des Sassanides, dans le sixième siècle de Jésus-Christ. Kosrou ou Kosroës Kobab régnait depuis dix ans, lorsque la Perse fut désolée par une famine. Ce malheur rendit plus saillants les vices de l'organisation sociale du pays. Les castes inférieures étaient doublement frappées et par le fléau et par l'abandon des castes supérieures. Le Mobed des Mobed, ou grand-prêtre de la religion de Zoroastre, en prit texte pour commencer des prédications contre la richesse des grands, leur ingratitude, leur injustice, leur barbarie. Ce thème ayant eu le plus grand succès par l'évidence des accusations, le pontife proposa résolument des remèdes, en commençant par affirmer l'égalité des hommes, en montrant comme leur devoir la fraternité et le partage égal de tous les biens de ce monde. Dieu seul était propriétaire de tous les êtres animés et inanimés. Il était impie de se mettre à sa place et de réclamer ou d'usurper la propriété absolue de quelque chose qui devait être à l'usage commun et dont tous les hommes avaient le droit égal d'être usufruitiers. Les femmes qui, en définitive,

---

(1) *Revue britannique*, mai 1840.

étaient la propriété exclusive des riches, étaient un bien monopolisé comme tous les autres, ce monopole aussi devait finir ! L'usurpation de la propriété et de la femme était la plaie la plus grave de la société, la cause la plus ancienne, la plus active de la misère et des querelles des hommes !

Ce réformateur, appelé Mazdak, était né à Estakhar ou Persépolis, à peine connu par deux ou trois passages d'auteurs orientaux, il n'a pas encore été jugé. La *Biographie universelle* en fait simplement un hypocrite. L'hypothèse serait excellente pour un homme qui aurait eu un intérêt personnel dans la révolution qu'il prêchait. Le grand-prêtre était presque l'égal du roi ; il n'aurait monté que d'un grade en renouvelant l'usurpation de Smerdis. Les périls de son entreprise étaient hors de proportion avec ses profits. Le plaisir de faire du bruit n'était pas de ce siècle ; la satisfaction de l'orgueil résultant du triomphe d'un sytème est une perspective plus probable ; mais celle-là n'exclut pas la conviction de la légitimité, de l'utilité du système. La misère du peuple, le scandale de l'opulence et de la dureté des grands étaient des griefs capables d'éveiller la sollicitude d'un homme sympathique où qu'il fût placé. Qu'on se souvienne que, même dans les périodes les plus éclairées de la société, et où l'honneur est une excellente politique en même temps qu'un devoir, les caractères les plus élevés ne sont pas sincères à toutes les régions ; et je vais continuer le récit de ce qui se passa en Perse vers la onzième année du règne de Kobab, l'an 504 de Jésus-Christ.

Mazdak était vêtu de laine grossière, priait beaucoup, se nourrissait de légumes, défendait l'usage des viandes selon les doctrines pythagoriciennes ou plutôt indiennes, remises en vigueur par Manès. Son austérité ajouta à l'effet produit sur le roi par ses doctrines nouvelles, et sans doute aussi par le crédit que leur prédication avait déjà donné au pontife sur le peuple. Un miracle acheva d'entraîner Kobad. Il annonça l'intention d'interroger le feu sacré sur la valeur des doctrines, sur le prédicateur et sur la conduite que lui roi devait tenir. Mazdak, prévenu, sut faire parler l'oracle. Un mobed, caché près du piri, leva tous scrupules de Kobad, qui permit au pontife de procéder à la réalisation des réformes.

Kobad était sans doute un roi faible, car un roi, même le meilleur, doit avant tout tenir à son autorité. Les Grecs l'ont beaucoup noirci parce qu'il avait battu les troupes d'Anastase et affaibli les frontières de l'empire, en prenant Dara, en bâtissant d'autres villes fortes comme Burdah et Gungah. Ces motifs honorables sont appuyés sur toute la vie militaire du roi, qui fut courageux et humain. Au siège d'Amid, il résista presque seul à la terreur des siens et à la force des assiégés ; maître enfin de la place, il fit cesser le carnage. Quand il eut reconquis le trône d'où son frère Jamasp l'avait expulsé, il pardonna à ce frère comme à tous les autres rebelles ; il fit rentrer dans l'obéissance les Arabes ses sujets, qui avaient aidé les attaques des empereurs byzantins ; il appaisa des discordes de ses armées, en leur accordant toute liberté de religion. Il disait un jour à son fils Nouschirwan : « J'ai trouvé en toi toutes les qualités estimables ; mais tu as un tort, tu juges les autres trop sévèrement. Je désire que tu te conduises d'après tes propres opinions ; mais il faut avoir plus favorable idée du caractère et du jugement des autres. Crois-le bien, les grandes entreprises manquent plus souvent par la défiance que par l'extrême confiance de ceux qui les dirigent. » Enfin, on peut croire que là où Kabad voyait un péril immédiat pour son autorité, il ne répugnait pas aux moyens prompts pour y porter remède ; car il fit mettre à mort *Soukra* ou

Soufaray, qui, après avoir gouverné l'empire sous le faible *palasch* (*valens* des historiens latins), disputait encore le trône au nouveau roi. L'histoire prête à Kobad beaucoup de bons mots et d'apophtègmes, à son règne beaucoup de découvertes; il est, presque autant que Nouschirwan, son fils, type de grand homme. Mais, dans cet Orient où tout est immobile et où l'on peut juger du passé par le présent, on s'aperçoit qu'il y a une proportion obligée d'enfantillage et d'absurdité dans le cerveau de tous les hommes de génie, particulièrement quand ces hommes sont investis d'un pouvoir despotique.

Beaucoup de rois auraient aperçu la portée des réformes de Mazdak et pour le roi et pour la nation. Kabad se préoccupa de la justice des griefs et de la sincérité de l'apôtre. La confiance dans sa bonne foi et dans ses talents, appuyée sur sa connaissance personnelle et sur la déclaration de l'oracle, ne se démentit pas pendant toute sa vie. Telle était la logique de ce caractère et de ce temps. Les castes supérieures, c'est-à-dire toutes celles qui avaient des propriétés, furent bientôt en insurrection ouverte contre le pontife et contre le roi. Une espèce de loi agraire avait été publiée pour appeler le peuple à partager les biens de la noblesse, à choisir les femmes de ses gynécées, sans doute aussi à offrir, en retour de politesse, les jeunes femmes sorties des classes populaires. Il n'était pas juste que celles-ci ne missent en commun que le bien d'autrui. Dès-lors, dit Mirkhond, aucun enfant ne put connaître quel était son père, et personne ne put être assuré de conserver ses propriétés. On ajoute que les deux chefs de cette réforme voulurent tout les premiers donner l'exemple de la communauté. Mazdak demanda à Kobad la possession de son épouse favorite, que le roi se disposa à lui accorder en preuve de sa sincérité dans la foi nouvelle. Les prières et les larmes du jeune Nourchirwan, fils de cette épouse, épargnèrent cet affront à sa mère.

Les révoltés s'emparèrent de la personne du roi, qu'ils mirent en prison ; ils élurent à sa place son frère Jamasp. Le peuple, auquel s'étaient joints un petit nombre de nobles amis de Kobad, ou séduits par les théories nouvelles, protégea Mazdak contre Jamasp et son parti. Il resta libre, continua à prêcher, en faisant d'assez inutiles efforts pour discipliner le désordre que de nouvelles conquêtes tendaient chaque jour à grossir.

Le détrônement de Kobad n'eut que les proportions d'une révolution de palais ; une intrigue revira en sa faveur la fortune. Il recevait dans sa prison la visite d'une sœur qui était en même temps son épouse, selon les anciennes coutumes perses. Cette sœur avait été remarquée par l'officier commandant le château, qui, bien que dévoué aux idées de la noblesse, avait laissé paraître quelque penchant pour les idées et les exemples de Mazdak. Kobad, toujours de bon accommodement, ordonna à sa sœur de faire de ses complaisances le prix de la négligence du geolier ; et un jour le roi s'échappa roulé dans un tapis, d'autres disent revêtu des habits de sa sœur, exemple suivi depuis par tant d'autres prisonniers d'État. Un ami de Kobad, appelé Seosès par les historiens grecs, logé dans le voisinage du château, avait préparé des chevaux et une escorte pour favoriser sa fuite.

Il alla chez les Tartares Hayatilithes, qui lui fournirent une armée de trente mille hommes avec laquelle il rentra en Perse. Zermihir, dont il avait su se faire un partisan très-dévoué, quoiqu'il fût fils de Soukra, et ennemi profond de Mazdak, avait préparé les voies pour une restauration. Il avait détaché du parti de Jamasp un certain nombre de nobles auxquels il avait promis la conversion du roi ; pour gage de cette promesse, il fit un massacre de *Zendiks* ou partisans de Mazdak, à la veille même de la rentrée de Kobad. Les Zendiks se vengèrent aussitôt après avoir coopéré à cette rentrée ; et Zermihir paya de sa vie un zèle qui avait outrepassé les instructions de son royal patron.

Quelques auteurs semblent croire que Mazdak s'était réfugié dans l'Inde pendant l'interrègne de Jamasp : il s'était probablement borné à quitter la capitale ; il y rentra et retrouva tout son crédit auprès de Kobad, qui ne pouvait mieux punir et affaiblir les grands qu'en les livrant à un pareil adversaire ! Lui-même vit avec plaisir la propagation de ses idées au-dehors de la Perse, en Arménie, en Arabie. Il détrôna Moundar, fils de Maolsena, gouverneur de l'Arabie, qui en avait persécuté les promoteurs. Il mourut après quarante-trois ans de règne, laissant un testament qui instituait Nourchirwan son héritier.

Celui-ci montra d'abord beaucoup de répugnance à se charger de la couronne. Dans plusieurs assemblées de la noblesse et des prêtres, parmi lesquels il y avait un certain nombre de Zendiks, il parla des dangers de l'Etat, du besoin de courage et de décision pour porter remède aux maux de l'anarchie ; de sa répugnance personnelle pour les moyens violents, pour l'effusion du sang, qui pourtant semblaient inévitables. Ce langage nouveau voulait, d'une part, signifier à Mazdak l'arrivée d'un roi, décidé à régner sans partage ; aux nobles, la demande d'un nouvel effort contre les doctrines subversives. Les expressions détournées étaient le signe d'une certaine défiance bien justifiée par le crédit et la force des *Zendiks*.

La manière froide dont les ouvertures furent reçues fit changer le plan du roi ; il feignit d'entrer tout-à-fait dans les idées de son père ; caressa Mazdak, lui demanda la liste des hommes les plus capables de son parti pour les investir des principales places, demanda la tenue d'une sorte de concile, où ces fortes têtes et Mazdak lui-même viendraient donner leurs idées sur les réformes présentes et futures, leurs enseignements aux nobles récalcitrants et au roi lui-même.

L'assemblée devait se tenir au voisinage de son palais. Quand les zendicks y arrivèrent, des hommes affidés se saisirent d'eux et les précipitèrent dans des fossés et des puits; Mazdak lui-même fut au nombre des victimes de ce guet-à-pens. Ceci est la version de Mirkhond. Elle cadre fort bien avec la grandeur orientale du caractère de Nourchirwan. Elle est bien plus vraisemblable qu'une sorte de concile réel tenu pardevant Kobad, où Nourchirwan, grand théologien, aurait convaincu Mazdak d'hérésie et l'aurait ensuite condamné à mourir percé de flèches. Cette fin est celle de Manès, qui précéda Mazdak de deux siècles, et dont le dualisme avait préparé la révolution religieuse et politique qui se continua, même après la mort de Mazdak.

Les Manichéens avaient été les premiers nommés *zendiks*, c'est-à-dire saducéens. Ce titre injurieux convenait encore mieux aux partisans de Mazdak, qui niait l'âme et la responsabilité en prêchant l'indifférence des actions. La subtilité orientale incorpora le manichéisme avec le mazdakisme qui gagnèrent ensemble les Arabies, l'Asie mineure, la Grèce et jusqu'à la Cyrénaïque.

Les persécutions dirigées par Nourchirwan contre les zendiks, après l'assassinat de Mazdak, ne réhabilitèrent dans sa propre estime, ni la constitution politique de la Perse, ni l'ancienne religion de Zoroastre. Il avait un fils, Nouchizad, héritier présomptif de la couronne, à qui il laissa la liberté de se choisir une religion, et par conséquent de changer radicalement la constitution de la Perse où tout se tenait. Nouchizad profita de cette liberté et se fit chrétien. Ce dénouement d'une longue crise me semble capable d'expliquer la tendance véritable, et de cette crise et de beaucoup d'autres pareilles qui agitèrent l'Orient pendant sept siècles.

Le Messie qui parut en Judée, escorté de miracles et de dogmes nouveaux, eut pour imitateurs un certain nombre de faux prophètes incapables tout à-la-fois de croire à ses miracles, de comprendre toute la portée de ses dogmes, mais assez capables d'enthousiasme pour en vouloir propager ce que leur esprit en avait compris. Tels furent Simon le magicien parmi les juifs, Apollonius de Thyane parmi les Grecs, Manès chez les Perses, et finalement Mahomet parmi les Arabes. Il est impossible de ne pas ranger Mazdak dans la même classe.

L'égalité et la fraternité des hommes, l'une des plus grandes et des plus originales idées du christianisme, frappait particulièrement l'imagination des hommes penseurs et tendres, qui cherchèrent à la faire entrer dans la religion ou la politique, les uns par des syncrétismes avec l'ancien état de choses, les autres par des synthèses neuves. Leur pays n'était-il pas mûr pour l'adoption pure et simple du christianisme, où il y avait tant d'autres choses aussi belles? Sans doute non, puisque plusieurs de ces éditions provinciales et appauvries réussirent dans des lieux mêmes où le christianisme était déjà semé. On peut affirmer en tout cas que les réformateurs, tout les premiers, n'avaient eu qu'une intelligence fort étroite des dogmes qu'ils prétendaient copier, puisqu'ils n'en savaient prendre qu'une partie isolée et inapplicable, sans les autres portions qui doivent lui servir de complément ou de contrepoids.

Jésus annonça l'égalité, la fraternité des hommes, mais en recommandant l'humilité pour soi, la charité pour le prochain. La dignité ne peut donc jamais dégénérer en orgueil, ne peut jamais pousser à attenter à la personne ou à la propriété du prochain. La dignité ainsi comprise est illimitée du côté de l'activité, mais bornée par les limites de l'honnête. Si elle ne produit pas un bonheur parfait dans ce monde, le malheur est petit; ce monde est une épreuve, on achète à ce prix les joies de l'âme en ce monde et dans l'autre. La dignité et l'égalité qu'il faut admettre pour le prochain comme pour soi, ne permettent pas plus d'avoir plus d'une épouse qu'elles ne permettent d'avoir un esclave. C'est d'abord l'égalité et la fraternité de la femme que Jésus a proclamées. Il faut que le mariage soit pour la femme une charge ni plus légère ni plus lourde qu'il ne l'est pour le mari. Ces charges égales, cette aliénation réciproque et éternelle de liberté, sont un sacrifice peut-être, mais le sacrifice est précisément le fait et le droit de la religion, de la famille, de la société chrétienne !

Ainsi formulé, ainsi accepté, le dogme chrétien peut entrer partout. Il n'a pas besoin de passer par les incubations philosophiques et religieuses, il peut sans péril être intronisé dans la politique. Le législateur humain est aussi grand que le législateur divin. Il a vu face à face l'éternel ennemi de l'association humaine et de l'individu, l'égoïsme, le moi, la jouissance; et il ne l'a pas nié ! Il lui a donné un sublime antagoniste auquel seul appartient le droit légal, la légitimité. L'ennemi est toujours assez puissant pour se faire une part immense. L'abnégation, si elle n'y oppose pas une barrière insurmontable est au moins l'invention la plus admirablement imaginée pour discipliner l'égoïsme, autrement dire les sept péchés capitaux. Votre propriété est petite, mais elle est sûre. Votre femme est unique, mais vos enfants sont protégés par deux sollicitudes et deux fortunes. Les utilitaires n'ont pas besoin d'autre démonstration ; les amis de la dignité, de la vertu, de la tendresse, du dévouement, savent tout ce que le cœur pourrait ajouter de plus !

Mais que cette même doctrine de l'égalité soit acceptée partiellement, que ses prédicateurs croient à un bonheur complet physique et universel, qu'ils proclament l'abnégation un mal et un tort qu'ils posent le bonheur et le droit dans la jouissance, ils préludent à des bouleversements sociaux en avançant des monstruosités logiques, en niant le *moi* auquel ils lâchent la bride, en méconnaissant la cupidité qu'ils démusèlent !

Si cet orage crève sur une civilisation à castes comme la Perse des Sassanides, les castes inférieures se ruent sur les supérieures, et les castes se reproduisent en changeant de nom et de couleur ; si, sur une civilisation ruinée par l'indifférence religieuse et par le culte de l'argent, les riches forment aussi une caste que les pauvres remplaceront en faisant provisoirement d'autres pauvres, et ultérieurement des castes sous la dénomination de capacités. Si chez un peuple sans castes, pauvre, enthousiaste, actif comme l'Arabe, la propagande ira chercher au loin des frères pour les combattre et les convertir, des femmes et des trésors pour augmenter ses jouissances et sa famille ; et dès que la fièvre conquérante sera refroidie, le peuple s'apercevra qu'il n'a ni trésors, ni famille, ni liberté. Il n'a que l'égalité, l'abjection sous un despote.

L'égalité sous un despote militaire ; les castes, sous un despote mage ou philosophe ! Rétrocessions vers les ébauches antiques et primitives de la société ! Voilà ce que procurent ces travertissements de la pensée chrétienne opérés par des intelligences troubles qui ne pouvaient pas encore la comprendre ou qui ne savent plus la comprendre en totalité !

LE PACHA D'ÉGYPTE.

20 Juin.

« Mais après tant de messies incomplets qui essayèrent vainement d'acclimater dans la terre classique du despotisme les plantes exotiques et chrétiennes de la justice, de la liberté, de l'égalité, nos yeux vont enfin se reposer sur un homme véritablement prédestiné. Guerrier conquérant et législateur comme son premier et illustre homonyme, il complète la mission de celui-ci en développant la raison, en favorisant le bien-être de ses peuples. La science européenne a déjà formé parmi eux une pépinière de jeunes maîtres qui rendront en un demi-siècle l'Egypte et la Syrie égales à l'Europe pour l'instruction. Les prévisions de Dieu ont secondé celles de sa sollicitude; son œuvre sera continuée par des enfants nombreux et déjà dignes de lui. Un tel pays avec une telle dynastie n'aura rien à envier aux états chrétiens les plus avancés ! »

Les journaux européens qui dans la correspondance d'Orient ont reproduit cent fois ce cantique ont aussi annoncé que Mohammed-Aly avait doté l'Egypte d'une chambre des députés, et l'on a vu des touristes arrivant à Alexandrie demander sérieusement à voir cette chambre. Les cicérone embarrassés leur ont proposé de leur montrer de préférence l'hôtel des Conseillers-d'Etat... Les touristes se trouvaient justement munis de lettre de recommandation pour la plupart de ces éminents fonctionnaires, presque tous consuls sans solde des puissances du second ordre, autorisés pour cette raison à faire le commerce et sachant fort bien préparer par un article de journal la concession d'une riche apalte où d'une forte partie de coton. Les conseils politiques se donnent à Boghoz-Bey ou à son Altesse par-dessus le marché. Le pacha a quelques-uns de ces hommes plus directement à sa solde, mais comme leur style sent un peu le comptoir, ils se bornent le plus souvent à fournir les faits matériels et les statistiques. Les idées et la rhétorique sont ajoutées par une petite escouade de publicistes européens attachés au ministre de l'instruction publique avec le titre de conseillers de l'université.

Mohammed-Aly est véritablement un homme sagace, car il a vu que le journal était la plus puissante machine gouvernementale, surtout pour qui avait besoin de l'Europe. Le chemin de fer, la machine à vapeur, l'agriculture, l'instruction publique, ont leur mérite, il leur rend justice par de fréquentes allusions dans toute conversation avec les voyageurs et les consuls; mais le journal dont il fait semblant de se servir pour son pays, il le manœuvre avec une colossale habileté vis-à-vis de l'opinion européenne. Apaltes, coton, talaris, nichams, colosses, sarcophages, obélisques, il n'épargne rien pour se faire dans le journal de Paris, de Londres, de Marseille, de Liverpool, de Livourne, de Trieste, une place large et brillante. Sans le grossissement, sans les transfigurations de ce prisme, il aurait été obligé de fermer l'Egypte aux curieux ou de réaliser une idée à laquelle il a pensé plus d'une fois, la démolition systématique de tous les monuments qui rapportent il est vrai un peu d'or, mais avec la compensation la plus dangereuse, la connaissance de la vérité sur son administration intérieure.

Les touristes dont nous parlions tout-à-l'heure ont une crédulité qui résiste aux rues d'Alexandrie, à la navigation du Mahmoudié. Ils reprennent confiance en voyant à Boulaq un bel et grand édifice appelé l'Ecole polytechnique, bien qu'on leur dise que les élèves y complètent leur éducation en trois ou quatre ans depuis les premiers éléments de la lecture. Mais lorsqu'après un voyage à Thèbes, ils se sont aperçus que le pacha est propriétaire universel, que le fellah ne possède rien, pas même ses enfants, qu'il mutile sans pouvoir les soustraire au nizam; que la quantité de terre cultivée diminue tous les ans faute de bras; que la population de l'Égypte est descendue au chiffre d'un million et demi, y compris une capitale qui a 250 mille habitants; quand il apprend par ses propres yeux ou par le rapport d'autres voyageurs que la population syrienne a diminué dans la même proportion; que la solde des troupes et de tous les fonctionnaires est toujours arriérée de dix mois; que le pacha qui a forcé les oulèma à trouver dans le Coran des textes favorables à la dissection des cadavres, laisse ces mêmes oulèma condamner à mort les filles séduites, et son lieutenant et petit-fils Abbas-Pacha donner tranquillement l'ordre de les noyer dans le Nil, cousues toutes nues dans des sacs de cuir, avec un chat qui les égratigne pendant l'agonie; alors le voyageur fait amende honorable de sa crédulité par quelque cri d'horreur pareil à la brochure du docteur Holroyd (1).

Le pacha n'est que partiellement responsable de ce mécompte, les flatteries qu'il paie et reçoit, sont une des charges de sa position quasi-royale: il s'en sert pour courtiser l'opinion publique qui en Europe est la loi suprême. Mais on ne peut en conscience lui faire un crime de laisser vides quelques-unes des cases du programme civilisateur. Il la remplit bien au-delà de ce qu'il l'estime et il l'estime encore plus qu'il ne le comprend. Mohammed-Aly est un Turc qui n'a pas cessé de croire le gouvernement turc une chose excellente et la position de sultan la chose la plus désirable du monde; pour arriver à ce but il lui a fallu une armée et des flottes, et il a appelé des instructeurs et des ingénieurs; pour payer cette armée et ces vaisseaux, il lui a fallu

---

(1) *Egypt and Mohammed-Aly-Pacha in* 1837.

de l'argent, et il s'est fait marchand et agriculteur universel de son pachalic. Chez un Turc cette logique nette soutenue d'une volonté persévérante suffit pour signaler un grand homme ; mais qu'on n'oublie pas ce que j'ai dit déjà des grands hommes de l'Orient. Turc plus habile que ses frères, Mohammed-Aly connaît en perfection un art dans lequel les Turcs excellent, la séduction des hommes. Ami bruyant des importations européennes, il a eu le crédit de se faire prendre par les osmanlis pour un conservateur du dogme et des usages islamiques; il a respecté le costume turc dont le sacrifice fut une si périlleuse complication de la réforme de Mahmoud, et le peuple d'Asie mineure, la populace de Constantinople, regardent Mohammed-Aly comme le palladium des vieilles routines, du vieux despotisme et du vieux Qoran, tandis que les journaux d'Europe en font un philantrope et un libéral, tandis que les touristes viennent le saluer Napoléon et presque Washington.

Quelle que soit la thèse qu'un homme viendra soutenir près de lui; que sa mission soit facile ou difficile, agréable ou dure, serviable ou désobligeante, il sortira toujours personnellement content du pacha. Que celui qui veut voir la vérité en Egypte et la dire en Europe, n'aille pas trois fois à l'audience de S. A. Plébéien, libéral, radical, il est ami du peuple et prêt à dénoncer ses misères, mais il est aussi accessible à la reconnaissance des bons procédés, des égards. Son savoir, ses talents ont été méconnus dans son pays et reçoivent de l'œil pénétrant de ce barbare une appréciation plus juste, une estime plus haute. Avec le grand-seigneur, avec l'homme posé, on n'a pas la gaucherie de vanter ses mérites, ses talents; on l'entoure d'hommages, on le fait voyager gratis avec vingt rations par jour, avec des barques, des mulets, des chameaux, des palefreniers, de cawas en nombre illimité, avec des honneurs princiers; des coups de canon, des étapes de palais. Pour les savants officiels on a le traitement mixte, les compliments, les rations, les cawas : on y ajoute la demande d'un mémoire sur sa spécialité que le Turc appelle tout bonnement un *dada* favori. Les cartons de Bogoz-Bey seraient encombrés depuis longtemps, si la recette d'Amrou n'était de temps à autre employée pour les vider; dans les quinze dernières années on y a déposé plus de vingt mémoires sur l'extinction radicale de la peste, autant sur la conservation des antiquités, sur la canalisation de l'isthme de Suez, sur le barrage du Nil, la fabrique du natron, de l'alun, la démolition et la conservation des pyramides, l'abolition de l'esclavage, la liberté du commerce de la soie, du coton, du blé, etc.

Accoutumé à manipuler les hommes et conservant peu d'illusion sur leur dignité, le pacha sait que chacun porte une papille nerveuse ; il s'évertue à la découvrir et à la chatouiller. Dans ses audiences, il est plein d'enjouement et de bonhomie ; il régale les Anglais, les Français, les Autrichiens, de mille anecdotes circassiennes que ses femmes lui ont apprises. Il est au courant de tous les mouvements de ces montagnards hardis et turbulents, ennemis de la Russie. Quand un consul ou un voyageur moscovite arrive, le pacha se montre également au fait des mœurs algériennes et des derniers mouvements d'Abd-al-Kader. A tout le monde il conte la naïveté de Mourad-Bey et d'Ibrahim-Bey, ses prédécesseurs, qui prenaient l'expédition française pour l'arrivée d'un consul appuyé d'une frégate pour demander réparation des torts commerciaux faits à d'obscurs marchands de draps. Quand ils surent qu'Alexandrie était prise, ils offrirent d'acheter cent pièces de drap ; deux cents quand Bonaparte fut à Damanhour.

On ne peut jamais s'imaginer qu'un homme si conteur,

si expansif, si plein d'effusion, puisse avoir une arrière-pensée. Il ranimera vingt fois la conversation que la froideur d'un intermédiaire et le français d'Artim-Bey a laissé tomber ; il vous accablera de protestations, de questions, d'instances, avant de vous avoir laissé partir. Sa main droite tient très-gracieusement la pipe à bout d'ambre et à jarretière de diamants ; sa main gauche caresse paternellement sa barbe blanche ; son œil noir pétille d'esprit et de vivacité derrière ses gros sourcils. Tout cet ensemble s'étale non sans dignité sur les coussins qui lui servent de trône. Parfois un résultat bruyant de la digestion, exhalé avec une bouffée de tabac, vient vous avertir que vous êtes en Orient, où la politesse a des *hyatus* comme la logique et l'instruction.

Les gens qui connaissent parfaitement le pacha assurent qu'il déteste les cruautés inutiles. S'il lisait l'histoire de Nourchirwan, il sourirait à la ressemblance des moyens qu'il employa pour se débarrasser de Mazdak et de ses partisans, avec une certaine fête à laquelle un certain pacha d'Egypte invita les mamelucks successeurs de Mourad et d'Ibrahim-Bey. Quand Abbas-Pacha fait noyer des femmes avec un chat, les spectateurs disent : Si le grand pacha savait... il ferait supprimer le chat. D'autres ajoutent plus timidement : Pourquoi M. Bowring n'a-t-il pas ajouté cette particularité à ses mémoires sur la destruction de l'esclavage ? Il aurait supprimé la noyade elle-même ; ou aurait exigé au moins que la grossesse fût constatée, que l'enfant innocent du tort de sa mère ne fût pas sacrifié avec elle ! Ces exécutions sont rares et même révoquées en doute, quant à la circonstance du chat ; et les humanitaires n'adressent leurs mémoires qu'après avoir visité le pays avec des mihmandars qui ont fardé la vérité et avec des cajoleries qui sont fort embarrassantes pour dénoncer les abus. Le pacha averti y mettrait fin. Les processions des corporations religieuses ont été débarrassées des mangeurs de serpents et des mangeurs de verre ; les baladins et les lutteurs n'y sont tolérés qu'à la condition de ne plus se faire des blessures réelles. Mahomet fut ennemi des sacrifices humains ; mais, dès que le temps eut altéré ses traditions, les illuminés de son pays ne purent apprendre sans jalousie le courage des Indous, qui se mutilaient pendant leur *pougia*, qui faisaient un long et pénible voyage à Jaghernaut pour se faire écraser sous le chariot de l'idole. Naguère encore, lorsque les Bédouins avaient le privilége d'escorter le *mahmel*, litière royale et sacrée de Schegereteddor, qui accompagne la caravane de la Mecque, on a vu dans la plaine qui sépare le Qaire du lac des Pélerins, plus d'un fidèle croyant se faire fouler aux pieds par le dromadaire chargé de ce *mahmel* ou du tapis de la *caaba*. Les *nizamy* qui forment maintenant l'escorte du mahmel ont l'ordre d'empêcher ces folies. Une autre du même genre dure encore. Un certain jour, un scheikh passe à cheval sur une couche très-serrée d'hommes rangés par terre. Plusieurs prétendent avoir senti le pas du coursier plus léger que la plume : les pieds du cheval ne touchent pas tout le monde. Quelques autres se relèvent furieux, agités, oppressés, agonisants : le pied du cheval, que le cavalier ne dirige pas toujours à son gré, s'est égaré sur une poitrine, a enfoncé, brisé une côte. La superstition a son hypothèse prête pour cet événement. L'individu est *melbous*, possédé du démon : le démon sort sous forme de sang.

Messieurs les faiseurs de rapports, un peu moins de sollicitude pour les pyramides qui se conservent toutes seules, et un peu plus d'attention et de pitié pour les pauvres filles qu'on noie et pour les *melbous* qu'on écrase ! Le rationalisme et la pitié sont encore plus à l'usage d'un législateur que d'un musulman ; et Mohammed-Aly est un législateur et un musulman rationaliste. Il veut bien laisser à l'arbre religieux ses branches à fruit ; qu'il ose en élaguer les branches gourmandes, les dangereuses épines, les parasites hideux !

Le pacha, malgré ses occupations, a trouvé le temps de penser au jardinage. Turc assez arriéré pour l'architecture de ses palais, il copie les jardins turcs-grecs du sérail de Constantinople. Schoubra offre des cailloutis, des pièces d'eau monstres, des cascades garnies de rocailles, de coquillages et de figures fantastiques. Ibrahim-Pacha pousse plus loin que son père la douce passion de l'agriculture et de la botanique. Il a couvert les environs du Qaire d'oliviers qui, continuellement arrosés, donnent une huile détestable et rare, mais des fruits énormes et très-bons à confire ; il a couvert l'île de Roudha d'un superbe jardin anglais qui serait plus boisé et plus sombre dans un pays plus septentrional, mais où le soleil d'Egypte et l'eau du Nil font végéter magnifiquement toutes les plantes des Tropiques.

LE NIZAM.

22 Juin.

L'organisation de l'armée, première et perpétuelle sollicitude du pacha, devait être le fond et le modèle de toutes les réformes. La hiérarchie militaire s'est étendue à tout ; les assimilations civiles, religieuses, maritimes, savantes, ont toutes été calquées sur les grades de l'armée. Les titres, insignes ont été identiques. On reconnaît là les traditions napoléoniennes des premiers conseillers du pacha, Boyer, Sèves (Soliman-Pacha), Livron. Les préséances impériales faisaient un cardinal maréchal de France, un archevêque général de division, un évêque général de brigade, un grand-vicaire colonel, un curé capitaine. L'armorial de l'empire avait un signe particulier, un franc quartier spécial pour les barons tirés de l'armée, pour les comtes tirés du Conseil-d'Etat, de l'Institut, des conseils-généraux, etc. Nous allons retrouver ces analogies habilement reproduites, cette ingénieuse et commode unité contr'éprouvée avec bonheur.

Les grades militaires sont les mêmes que les nôtres, sauf de très-légères différences. L'adjudant-major, sakolagassi, est intermédiaire entre capitaine et commandant, et l'inspecteur-général et le major-général sont des grades permanents au lieu d'être des commissions temporaires. Le grand uniforme de toutes les fonctions civiles ou militaires est une veste rouge galonnée d'or. On porte habituellement des habits plus simples et dont les couleurs sont plus modestes. Le signe du grade, le *nicham*, est invariable et se porte sur la poitrine à droite. Je vais expliquer en quoi il consiste : l'infanterie de ligne porte le croissant et l'étoile ; le sous-lieutenant, lieutenant et capitaine les portent en argent, de dimensions différentes ; l'adjudant le porte or et argent ; le commandant, ou *Bimbachi*, tout or ; le lieutenant-colonel, ou *qaim-maqam*, or avec quelques diamants ; le colonel, ou bey, tout diamants. Le général de brigade, qui s'appelle aussi bey ou *mirliva*, porte deux étoiles dans le croissant ; le mirmiran, ou général de division, trois étoiles. C'est ici que commence le titre de pacha. Les titres supérieurs ont le même nicham. Soliman-Pacha, qui est major-général, porte comme les mirmirans trois étoiles dans un croissant. Bey correspond à l'ancien titre de brigadier, qui voulait dire tantôt colonel, tantôt général de brigade.

Diamants, or, argent, voilà donc la matière qui différencie les grades. La figure distingue les spécialités. L'artillerie a deux canons dans un croissant au lieu d'étoile; la cavalerie a deux sabres croisés. L'imagination a pu se donner carrière dans les autres armes et dans les fonctions civiles. La marine a l'ancre; les fabriques ont une presse; les scribes des bureaux ont un livre sur lequel est posée la plume; les médecins ont le caducée sans ailes; les vétérinaires une tête de bœuf; les agriculteurs un mouton avec des charrues; les ingénieurs le compas et l'équerre, comme des franc-maçons.

Le privilége qui se glisse partout est venu fausser en maints endroits cette discipline. Des gens sans attributions spéciales et sans grade certain se sont fait donner des nichams où l'on peut croire que la matière n'est pas restée inférieure au grade réel ou prétendu. Souvent aussi un grade certain a reçu un nicham plus riche. Un bimbachi a eu quelques diamants; un qaimaqam a eu son nicham couvert de diamants comme un bey. Alors le nicham s'est confondu avec ce que l'on appelle décorations en Europe; il a favorisé la synonymie que les employés européens font semblant d'établir entre ces deux mots. Un bon barchich n'est pas sans influence dans ces graves négociations. L'administration s'en rapporte à l'orfèvre pour le choix et le nombre des diamants. Pour un ami, il les mettra gros et nombreux; pour un indifférent, il les semera imperceptibles et rares. Le directeur du haras de Schoubra, qui manie la plume aussi résolument que la cravache, n'a jamais voulu arborer son nicham de qaimaqam, parce que l'orfèvre, à qui il avait oublié de faire visite, s'était contenté de mettre deux diamants pour les yeux du bœuf et autant pour les naseaux; encore étaient-ils complètement éteints par l'or rouge dont on a l'habitude d'encadrer ces pierres au lieu d'argent. Un dentiste, que le pacha fit bey, un oculiste qu'il fit bey-mirliva, un forgeron anglais, créé bey-colonel, eurent aussi querelle avec l'orfèvre, qui, au lieu de leur donner des nichams militaires, avait tenu à faire des armes parlantes avec un œil, une machoire et une tenaille.

CAMPAGNE DES FRANÇAIS DANS LA BASSE-ÉGYPTE.

23 Juin.

Les journaux qui parlent tant du pacha d'Egypte parlent encore plus souvent d'Abd-al-Kader, en criant bien haut contre la lenteur de notre colonisation, la perpétuelle remise en question de notre conquête. Si les Égyptiens ne sont pas des Arabes, ils sont au moins des musulmans comme les peuples que nous avons tant de peine à contenir le long de l'Atlas : j'ai relu les campagnes de Bonaparte et de Kléber pour m'expliquer dans le passé le présent de l'Afrique française. Je laisse comme épisodes de mes voyages de Nubie et de Syrie la campagne de Desaix et de Saint-Jean-d'Acre.

Le 1er juillet 1798, Bonaparte débarqua au marabout et s'empara d'Alexandrie. Trois jours après, il se dirigea vers le Qaire par la route de Damanhour, tandis que la division Kléber, commandée par Dugua, partait de Rosette, et remontait le Nil avec une flottille commandée par Perée et Andréossy. Les deux corps se réunirent à Rahmanié. Les Mamelouks, qui avaient déjà eu un engagement avec l'avant-garde commandée par Desaix, revinrent attaquer à Chebreïs, pendant que la flottille des beys attaquait vivement la flottille française. Mourad-Bey, qui, de son quartier-général de Gizèh, s'occupait à quelques persécutions contre les Francs du Qaire, s'avança vers Embabèh en apprenant l'échec de Chebreïs. Embabèh est un bourg au bord du Nil, ayant derrière lui la plaine, terminée par la chaine Lybique et les Pyramides, que les soldats français voyaient pour la première fois, et qui ajoutèrent un beau nom à une belle victoire.

Mourad se retira vers la Haute-Égypte; Ibrahim-Bey abandonna le Qaire et se dirigea sur Belbeïs. La populace commença par faire justice de tous ces petits tyrans en brûlant les palais des beys, et continua par piller les quartiers francs, en signe d'exaspération contre les étrangers qui passaient le Nil et occupaient Boulaq. La vue des premiers plumets tricolores fit tout rentrer dans le devoir, et Dupuy, entrant la nuit avec un petit détachement, dont les tambours battaient pour guider les soldats dans l'ombre et les rues tortueuses, y trouva le silence et la solitude. Le général en chef, qui déjà s'exerçait à régner, fit sa proclamation, organisa un diwan pour administrer le pays, et irradia son armée dans le Delta pour en achever l'occupation. Desaix élevait à Terty, au-dessus de Gizèh, un camp retranché qui commandait le Nil et observait les Mamelouks de Mourad.

La population commençait déjà à prendre part à la résistance, car des Fellahs, mêlés aux Arabes, disputèrent Khanca à Regnier et à Leclerc. D'autres races dessinaient aussi leur caractère : des Bédouins vinrent offrir aux généraux français de les aider à charger les Mamelouks et les pèlerins moyennant une part dans le pillage. Bonaparte, accouru à Salahièh pour refouler Ibrahim-Bey dans le désert, apprit à son retour le désastre d'Aboukir. Brueys, ayant reçu à l'ancre le choc de Nelson, avait perdu la vie et la flotte.

Le combat de Salahièh est du 11 août. Bonaparte, qui y prit part, ne put pas être le 12 dans la chambre de la grande pyramide à écouter les imans et mouphtis, diseurs de bonne aventure, qui lui prédisaient un trône. Cette anecdote, acceptée par madame de Staël, est une des mille prophéties arrangées après l'événement par les désœuvrés et les enthousiastes. Bonaparte se contentait de se prédire le trône à lui-même, et s'exerçait à s'y asseoir en donnant de grandes fêtes, en organisant l'institut et faisant des discours un peu empreints, comme ses proclamations, de la crudité et de la boursoufflure de l'époque. Les Fellahs continuèrent leurs insurrections partielles partout où ils pouvaient être appuyés par les Bédouins ou par les difficultés du terrain. Ces mouvements finirent par gagner le Qaire, qui s'insurgea en masse le 21 octobre, pendant que le général en chef était allé à Roudah avec Cafarelli. L'institut soutint un siége dans son palais de Cassim-Bey, celui-là même dont les jardins sont presque sous mes fenêtres, et que mon hôte Perron convoite pour y établir l'école de botanique de son grand hôpital de *Qasrelainy*.

Le général Dupuy est tué dans les rues; on poursuit une émeute qui se réfugie et se défend dans la grande mosquée d'Elazhar. Du haut des minarets les mueddins appellent à la guerre sainte. C'est leur manière de sonner le tocsin. Les Arabes bédouins accourus pour piller rencontrent un convoi de malades de la division Régnier qu'ils égorgent. Bonaparte accouru avec ses guides ne peut pénétrer ni par le vieux Qaire ni par Cassim-Bey; il est obligé de faire le tour par Boulaq.

La nuit mit fin au combat, mais non aux préparatifs. Au point du jour, Alexandre Dumas, Lannes et Vaux, battent les dehors de la ville où les Bédouins n'étaient plus : ils étaient entrés. Sulkoski, revenant après eux, est tué à la porte El-Nan. Aussitôt que quelques batteries de la citadelle et du mokattam eurent appris aux insurgés qu'on pouvait écraser et incendier leur ville, le général leur fit offrir un pardon qu'ils refusèrent. Le bombardement recommença, particulièrement dirigé sur Elazhar, et fit enfin venir à récipiscence.

Les Français, tout en établissant un système régulier de

fortifications qui pût maitriser la ville, égayèrent leur occupation par des fêtes, l'utilisèrent par des journaux et des industries. Le Qaire eut un grand jardin de Tivoli, une *Décade philosophique*, un *Courrier d'Égypte*. Champy fabriqua de la poudre; Conté fit des moulins; une compagnie commerciale spécula sur les produits du pays, multiplia les relations déjà ouvertes avec la mer Rouge, par les avances que Bonaparte faisait au schérif de la Mecque. Suèz était occupé le 8 novembre par le général Bon, ayant Eugène Beauharnais pour aide-de-camp.

Bonaparte rechercha aussi l'alliance des Turcs, au profit desquels il faisait semblant d'avoir chassé les Mameloucks. Il envoya au sultan un plénipotentiaire chargé de plaider ce thème si souvent et si largement repris depuis ce temps-là, la nécessité de *l'intégrité* de l'empire turc, menacé par les Russes et les Autrichiens. Sélim III fit, selon la coutume turque, mettre le plénipotentiaire en prison, et selon la logique, répondit par un manifeste où il accusa les Français de mauvaise foi, leur demanda quelles garanties offrait une nation qui foulait aux pieds sa religion et érigeait le désordre et l'anarchie en théorie sociale? Bonaparte répliqua par l'expédition de Saint-Jean-d'Acre.

C'est pendant son absence que les déserts de Barka lancèrent un enthousiaste qui occupa très sérieusement les troupes de l'Occident et du Delta. Cet homme, surnommé l'Ange ou le Messie, avait communiqué son courage à une armée considérable. Il se disait invulnérable, et était toujours nu, selon l'usage des fous ou des prédestinés musulmans. Une balle française finit par l'étendre raide mort, et dissipa non seulement son armée, mais les Mameloucks de Mourad qui redescendaient du Said pour la joindre.

Les flottes anglo-turques finirent par opérer un débarquement à Aboukir, où nous avions une revanche à prendre, et où Bonaparte et sa petite armée la prirent glorieuse. Mais elle ne rendait pas une flotte ; l'isolement dans une terre lointaine, sans secours et presque sans nouvelle de la mère-patrie, avait fait entrer un peu de nostalgie dans le cœur de tous les Français avec le bulletin naval d'Aboukir. Ce mal, qui empirait même par les victoires, commença à exhaler un soupir dans la proclamation de Bonaparte à Rozette. Le général parlait du prochain retour dans la patrie, retour qu'il se hâta de réaliser pour lui-même.

Kléber, son successeur, donna encore cette grande consolation dans sa première proclamation, et quatre mois après se crut sur le point de la réaliser par une capitulation dont la violation infâme rendit aux soldats et aux généraux la patience, le courage et les plus grands triomphes, car la journée d'Héliopolis est la plus belle de toute l'expédition d'Egypte ! Jamais les Français en nombre comparativement si inférieur n'avaient battu un ennemi si nombreux, qui les enveloppait sur presque tous les côtés et aux portes d'une capitale révoltée.

Cette seconde insurrection dura un mois : Kléber finit par en avoir raison, en même temps que ses généraux reprenaient la Basse-Egypte et rejetaient les Anglais dans la mer à Suèz. Kléber, resté en Egypte malgré lui, s'attacha à l'idée d'une occupation définitive. Il ne regrettait pas la France, où la première place était prise ; les soldats comptaient sur des secours infaillibles, maintenant que leur ancien général était chef du gouvernement français. Leur nouveau général se montra administrateur aussi habile que grand guerrier. Les contributions remplirent les caisses. Mourad-Bey, qui avait appris à estimer les Français, s'allia avec eux contre les Turcs. Des Cophtes, des Grecs, des Nègres furent organisés en troupes auxiliaires. Cette ère nouvelle fut tranchée par le poignard d'un assassin. Le grand-visir, humilié à Héliopolis, avait mis à prix la tête de son vainqueur, un fanatique vint de Syrie pour gagner la prime. La mosquée Elazhar l'hébergea et l'endoctrina.

L'ancienneté donnait le commandement à Menou, et le premier consul, qui apparemment ne voulait plus de journées d'Héliopolis, le maintint dans ce poste. Une série de fautes fit perdre au général sa considération, même aux yeux de ses soldats. Les ennemis, effrayés encore par l'ombre de Kléber, ne firent que des attaques circonspectes ; mais l'armée décimée par la peste, par des escarmouches continuelles, décimée surtout par ce souvenir poignant de la patrie vers laquelle Fourier recommençait déjà à tourner les yeux dans l'oraison funèbre de Kléber ; l'armée, après quatorze mois de lutte contre ces malheurs et contre son général, finit par obtenir encore d'honorables capitulations. Hutchinson avait mis quatre-vingt jours pour aller d'Aboukir à Embabeh. Le contingent anglo-indien, qui avait fait la même diligence, quoiqu'il ne rencontrât pas d'ennemis, arriva au Qaire, déjà évacué par Belliard.

Ainsi, dans un pays plat, où les communications sont facilitées par des canaux et par un grand fleuve, une armée commandée par un Bonaparte, par un Kléber, a trouvé une résistance continue, des insurrections de paysans, de bourgs, et d'une capitale tout entière. Cependant la fellah égyptienne est une des races les plus douces de toutes celles qui ont adopté l'islamisme. Qu'y a-t-il de surprenant que l'Arabe maugrebin, que le Kabyle, plus fiers, plus turbulents, et occupant un pays montagneux, privés de routes et de rivières navigables, aient opposé une résistance centuple ? Les natifs, qui apprennent rapidement certains mots du dictionnaire des vainqueurs, apprêtent toujours leurs armes quand ils entendent disputer sur les mots *armée d'occupation* et *colonie, occupation restreinte, occupation générale*. Les natifs savent fort bien que les mots de patrie sur les bulletins, sur les proclamations, dans les discours d'apparat, signalent une maladie à laquelle est sujet le Français tendre et causeur, maladie qui leur est un plus grand auxiliaire que la peste et la fièvre.

La mer libre, des côtes étendues et voisines de la France, rendent ce mal moins fréquent, j'en conviens; mais pendant combien de jours de suite a-t-on voulu profiter sérieusement de ces avantages? il faut plus de temps pour réparer une impression fâcheuse que pour en répandre une bonne. Une série d'actes qui prouvent la justice de Desaix et la force de Kléber amènent nécessairement le désenchantement des anges *El-Mahdy*, l'alliance de Mourad-Bey et l'offre des Bédouins qui coopèrent à l'extermination des rebelles et finissent par tomber eux-mêmes à la merci de votre force et de votre civilisation. Quand même la guerre devrait être perpétuelle; quand même son bruit devrait seul troubler la paix qui amollit l'Europe, le sang français ne coulerait pas sans profit ni pour l'instruction ni pour la gloire d'une nation puissante, avant tout par des traditions guerrières non interrompues. Les Espagnols, aux seizième et dix-septième siècle, étaient le peuple le plus fier et le plus guerrier : ils le devaient aux trois mille sept cents batailles livrées aux Maures.

L'INCENDIE DU QAIRE.

26 Juin.

Jeudi dernier, vers les quatre heures de l'après-midi, les mueddins, montés sur deux ou trois minarets perdus au milieu du quartier franc, aperçurent une fumée assez forte qui sortait d'une maison de *Darb-el-Geneiné*. Après avoir annoncé à leurs frères la prière de l'asr, ils dénoncèrent le feu à leurs voisins. On courut à la maison qui fumait... Avant d'avoir pu réunir quelques porteurs d'eau, abattu quelques *malqafs*, sacrifié quelques *moucharabiès*, des flammes très-hautes s'élancèrent des terrasses de la maison, et, poussées par un vent du nord-ouest, gagnèrent plusieurs maisons voisines. Les consuls allèrent à cheval chez les autorités turques, qui s'aperçurent alors, pour la première fois, qu'il n'y avait au Qaire ni pompes ni pompiers. Une autre négligence, plus grave et plus difficile à réparer, a été signalée après quatre jours d'agonie, car l'incendie dure encore à l'heure où j'écris. Le Qaire, en cette saison, est placé, sous le rapport des incendies, précisément dans la même situation qu'une ville du nord dont toutes les fontaines, tous les réservoirs d'eau seraient gelés. Le canal est sec; les puits n'ont d'eau que celle qui y filtre du Nil, et en ce moment le Nil est réduit à ses eaux les plus basses. Les citernes, remplies au temps de l'inondation, sont presque épuisées par les besoins domestiques, et si on les vide aujourd'hui pour éteindre un feu, demain, aujourd'hui même, on risque la soif, danger plus terrible que celui du feu pour une population sortie des déserts.

Un œil européen, la première fois qu'il se promène sur une ville orientale, y fait bien d'autres observations plus effrayantes : des rues étroites et rarement ouvertes à plus d'une extrémité; des impasses innombrables qui réunissent tous les quartiers comme en un seul pâté; des maisons bâties en encorbellement au point de se toucher par leurs étages supérieurs, et se touchant par des balcons de bois, par ces alcôves en treillis qu'on appelle *moucharabiè*; des terrasses plates et fort imparfaitement couvertes de mortier ou de stuc, des cheminées de cuisines formées de quatre

(1) Le *malqaf* est un grand vasistas pratiqué au toit ou à la terrasse de la maison.

montants de bois reliés carrément par des planchettes et des roseaux, et stuquées fort peu à l'extérieur et nullement à l'intérieur. Ajoutez à tout cela que les terrasses sont la véritable cour de la maison, la décharge de tous les appartements; toujours encombrées de cages à poules, de nattes, de matelas de coton, et vous comprendrez la fréquence et la rapidité des incendies de Constantinople. En Égypte, les Turcs se sont rassurés en voyant, dans les appartements, des pavés en pierre que le feu des pipes ne peut brûler comme les parquets de bois; dans le climat, des hivers pendant lesquels le feu est peu nécessaire. Ils ont d'ailleurs entendu dire que les incendies étaient rares : maintenant ils ont pu apprendre que, lorsqu'il y en a, ils sont aussi rapides et aussi terribles qu'à Constantinople. Plus de deux cent cinquante maisons ont été consumées! Dieu sait quel sera le chiffre total !

La première nuit, l'épaisse fumée qui obscurcissait le ciel au-dessus de ma maison, les flammes que j'entendais déjà pétiller, les pas précipités des voisins qui déménageaient, mais surtout les ululations des femmes de l'Orient, capables de briser un courage surhumain, communiquèrent à mon âme un peu de cette terreur égoïste qui ajoute tant d'horreurs privées à toutes les calamités publiques. Soudain un roulement de coups de marteau ébranla ma porte. C'était la propriétaire de la maison, veuve à désespoir biblique, qui venait comme pour achever de me démoraliser par une confidence. Un petit trésor était enfoui dans une cachette: il fallait l'aider à le déterrer dans le double fonds d'un plancher, et à le transporter en lieu sûr. Le feu était donc bien près, mais alors il fallait aussi penser à mes meubles et à mes livres, à mes manuscrits, à mon pécule, puisque, dans ce pays sans confiance, chacun est son propre banquier. Et si la fouille était longue, le trésor lourd, le lieu d'asile éloigné... une nouvelle réflexion de la veuve me donna de la marge pour penser à moi et à mes effets : deux hommes plus avancés dans sa confiance arrivèrent. Elle m'avait prié de l'aider; elle me suppliait maintenant de ne pas entrer dans l'appartement où ils allaient opérer avec elle. Je ne trouvai pas de retraite plus éloignée que la terrasse. J'y montai pour prouver ma discrétion; je précipitai mes pas pour juger par mes yeux de l'état de l'incendie.

Quinze ou vingt maisons, dont quelques-unes fort grandes et fort élevées, formaient un bûcher à plusieurs étages. Du côté du vent, le feu se courbait vif et clair sur l'azur d'un ciel éternellement étoilé; sous le vent, le ciel était souillé d'une flamme rougeâtre et d'une fumée fauve au milieu de laquelle pétillaient de sinistres étoiles. C'étaient des clous incandescents, des flammèches, des tisons lancés avec force et allant propager l'incendie sur le bois des terrasses et des *moucharabiè*, devenus en ce moment des brûlots infaillibles, des allumettes avant-postes. De temps en temps, un grondement sourd, et accompagné de commotions, l'obscurcissement des flammes, l'aspect plus sombre de la fumée, annonçaient qu'une muraille, qu'une maison venaient de s'écrouler; le foyer assoupi sous les décombres se réveillait un peu plus loin avec plus de vivacité, se propageait en quatre ou cinq endroits nouveaux, et toujours dans la direction du vent. Alors la haute structure de la maison d'un banquier arménien, la fabrique demi-turque de l'hôtel d'un bey cophte, s'illuminaient subitement, trahissaient le jeu des flammes, en laissaient suivre les progrès de seconde en seconde. Le feu éclatant en gerbes au bord des terrasses, ruisselait en ondes claires le long des façades toutes découpées de boiseries. Après ces embrassements préliminaires, il pénétrait jusqu'aux œuvres vives, et ressortait par les fenêtres, par la toiture, épais, rouge, sombre, poudreux comme un vainqueur qui, maître de la place, projette, par dessus la brèche, sa figure sanglante et son panache noir.

Le spectacle était curieux autant que terrible, car je m'oubliai sur la terrasse. Les domestiques me rappelèrent au soin de mes intérêts, en m'avertissant que le feu gagnait la maison immédiatement voisine de la nôtre. Ils avaient déménagé la plus grande partie de mes effets précieux. Je sortis avec les derniers paquets. Mais le moyen de penser au sommeil dans une nuit pareille. Il était trois heures et demie; l'aube ne pouvait tarder à poindre; le jour me permettrait de constater avec précision les ravages du feu. Peut-être étaient-ils moindres que je ne me l'étais figuré pendant le drame nocturne; peut-être aurions-nous moins de malheurs à déplorer, moins d'affligés à plaindre, à consoler. De l'autre côté de la rue, une maison abandonnée et ouverte me permit de gagner un autre observatoire. Je distinguai de là ce que je n'avais pas aperçu de chez moi : quelques êtres vivants s'agitaient au milieu de l'incendie. Sur la lisière, des milliers de chauve-souris, des centaines de hiboux et d'orfraies voltigeaient, inquiets, étonnés, et comme cherchant leur domicile, qu'eux aussi venaient de perdre. Au milieu même des flammes, quelques êtres plus hardis, quelques figures humaines passaient et repassaient. Elles étaient vêtues à l'orientale, de longues robes, de petites coiffures; j'entendais parfois leurs voix qui étaient moins orientales que leurs habits, car tandis que, hors du feu, aux fenêtres, aux terrasses tous les autres Lévantins hurlaient de désespoir en se tordant les bras, ceux-ci poussaient des accents résolus, s'encourageaient par des exclamations d'espérance comme des âmes prêtes à s'échapper du Purgatoire et entrevoyant déjà le ciel.

Le jour parut enfin, et soit illusion d'optique et combat

de deux clartés dont la plus grande efface toujours la moindre : soit tombée du vent qui laissait le feu stationnaire dans une sphère où le bois était presque entièrement dévoré, l'incendie me parut arrêté. Mais combien le champ en avait été plus vaste que je n'avais supposé. Un cercle immense de ruines fumantes était tracé dans le quartier Franc. Par-ci, par-là, quelques édifices avaient été épargnés. Le plus grand, le moins endommagé de tous, était le couvent de la Terre-Sainte. C'était sur sa terrasse, sur ses coupoles que j'avais vu s'agiter les figures en robes ; c'étaient les Franciscains ; je les reconnaissais maintenant. Je les voyais encore actifs, militants, calmes au milieu du danger, guidant des travailleurs maltais ; saisissant eux-mêmes, au besoin, la hache du charpentier, le sceau du jardinier, l'outre du *sacca*. Je remarquais surtout la belle voix, la belle tête, la physionomie ouverte, le corps vigoureux du père *Leonardo*, homme magnifique qui, créé pour les joies de l'amour, pour les gloires de la guerre, vit heureux et serein dans l'obscurité du cloître. Les Musulmans peuvent crier au miracle ; les bons pères leur ont donné un exemple incompris et inimité dans le pays. Dieu les a protégés, comme il protège encore souvent les hommes de piété, de courage et d'intelligence.

Ce miracle, ils l'ont reproduit encore trois jours et trois nuits de suite, car, avec l'incurie turque, avec la confusion arabe, un peu de vent a toujours rallumé l'incendie. De nouvelles rues ont été entamées. Le lac de fumée, de cendres et de ruines a envahi les îlots d'abord épargnés. Le troisième jour, le feu s'est approché de l'apalte, qui est pleine d'eau-de-vie et d'esprit de vin. Il s'est approché du palais du basch-aga, espèce de préfet de police ; et comme pour stimuler davantage l'apathie turque, il s'est déclaré en même temps bien loin, mais cette fois au milieu d'un quartier tout-à-fait musulman, auprès d'une des mosquées les plus révérées, auprès d'Elazhar. Alors on s'est souvenu que, depuis plus de six mois, quatre pompes étaient emmagasinées à Boulaq, d'où on les a transportées à dos de chameau. Jusque-là l'eau n'arrivait au feu que par les *saccas* qui, chargés d'une outre pesante, devaient marcher péniblement parmi les flammes et les décombres, et ne pouvaient, en tout cas, lancer l'eau aux points éloignés et inaccessibles. Cependant, bien dirigés et surtout bien payés, les *saccas* ont rendu service à quelques Européens, qui ont, comme les Franciscains, fait tête à l'orage, et disputé pied à pied leur propriété. On cite le docteur Gand qui, la bourse à la main, payant comptant un *kheirié* pour chaque outre d'eau, a réuni, en un clin-d'œil, plus de *saccas* que Habib-Effendi avec ses ordres et le basch-aga avec ses bâtons.

Les pompes, promenées avec ostentation, pouvaient produire un effet moral. Elles faisaient croire à la sollicitude des autorités. La conduite des soldats campés dans les rues devait promptement dissiper cette illusion. Sous prétexte d'observer le feu ou de démolir pour arrêter ses ravages, les soldats se faisaient ouvrir les maisons, et, au besoin, en enfonçaient la porte d'un coup de pioche. Les effets oubliés, abandonnés, ou non encore déménagés, étaient au pillage. Les propriétaires présents étaient insultés quand ils se contentaient de prier ou de crier. Avec la morale européenne sur l'inviolabilité du domicile, avec un fusil, des pistolets, ou seulement une bonne canne, quelques-uns ont fait respecter leurs personnes et leurs propriétés. Des Européens, vêtus à la turque, ont été plus heureux, car ils ont montré encore plus de mépris pour cette canaille soi-disant militaire : ils ont racheté leur maison du pillage pour quelques paras donnés aux soldats en haillons, pour une bouteille de vin donnée à un bimbachi sans bas, à un capitaine sans souliers Dans les rues, les sergents et les caporaux font la traite d'ordre mineur. Ils prélèvent la dîme dans les paquets qui circulent mal clos. Ils fouillent dans la blouse du Fellah qui passe, un fagot de bois sur la tête : quelques coups de courbach vengent leur désappointement quand la blouse ne contient pas un peu de ferraille, un morceau de cuivre, un fourneau de pipe. L'Européen qui passe désarmé risque de perdre sa montre ou son chapeau, sans compter quelques coups de pierre qui lui arrivent par derrière, et qui, lorsqu'il se retourne, sont expliqués avec de grands éclats de rire, comme fragments détachés des murs en ruines.

Voilà la protection turque, voilà l'affection musulmane envers des étrangers venus sur la foi des traités pour leur porter la science, l'industrie, le commerce ; pour leur faire prendre rang parmi les nations policées, pour les initier au bienfait de la civilisation ! Je rapporte les faits certains et vus de tout le monde. Que serait-ce si je notais les suppositions, les conjectures, les bruits accrédités parmi les Francs, exagérés sans doute par leur douleur, par leur colère ; si je redisais les ricanneries infernales surprises dans les épanchements de Musulmans haut-placés, et qui se récriaient sur la justice de Dieu qui éteignait le feu d'Elazhar en attisant celui du *Mousky* (1) ; les sottes plaisanteries d'un petit Néron qui trouve que le Mouski était bien mal bâti ! et qui certes ne le rebâtira pas plus régulièrement ! si je vous répétais les accusations de brûlots jetés à dessein par des sicaires et même par les agents immédiats de la police du pays, les chaouichs, les nizamis ou soldats disciplinés ! Éloignons de nos esprits ces hypothèses improbables ;

---

(1) Le Quartier franc.

imitons plutôt l'optimisme complaisant de certains conseillers européens qui ne désespèrent pas du progrès en Egypte, parce qu'ils ont pu déménager leur *harem* abyssinien ; détournons nos yeux de ces tristes tableaux pour en contempler un plus consolant.

Le jardin Rosetti, ainsi nommé peut-être à cause de sa ressemblance avec les beaux paysages qui environnent la bouche occidentale du Nil, est placé à l'ouest du quartier franc. Il a servi de refuge à un grand nombre d'incendiés ; les négociants, les boutiquiers, y ont transporté leurs marchandises ; marchands, rentiers, fonctionnaires, tous y ont transporté leurs meubles et leurs familles. Peu-à-peu les carrés de verdure ont été recouverts de tapis et de nattes ; les jujubiers lotos ont appuyé des divans ; un piano s'est dressé auprès d'odorants arbustes ; une table s'est abritée sous une treille ou sous des bananiers ; le tronc d'un palmier a servi de colonne centrale à une tente.

Les Grecs catholiques parlent d'y célébrer aujourd'hui même le service divin, car leur petite église a brûlé, moins heureuse ou moins bien défendue que le couvent de Jérusalem. Je viens de traverser ce jardin pour y chercher quelques amis : il n'y a ni la gaîté bruyante des Parisiens ni les grandes cuisines des foires en plein vent de Saint-Germain ou de Saint-Cloud ; mais quelle végétation et quel ciel ! On les remarque davantage à présent que tant de gracieuses figures les animent. De belles jeunes femmes qui ne pensent plus à voiler sous le *habara* leur élégant déshabillé levantin, allaitent leurs enfants. Leurs frères, leurs maris, vêtus à la longue, fument assis sur leurs coussins, sur leurs tapis. Des esclaves noires marchandent les provisions, apprêtent le repas, puisent au ruisseau d'eau courante. On se résigne, on se console, on s'arrange. Le domicile ne sera troublé ni par le froid ni par la pluie ; la terre est hospitalière comme le ciel ; les arbres l'ombragent, les cassies, les jasmins, la parfument. Demain, s'il plaît à Dieu, le feu sera éteint, on retrouvera sa maison intacte, on en louera, on en rebâtira une autre ; on reprendra les affaires, la vie douce et insoucieuse du Levant.

Hélas ! tout le monde n'a pas ici cette morale. Tout ce qui marche est vêtu à l'européenne. Cette race inquiète et curieuse répugne aux divans, aux tapis, aux longues pipes, à la longanimité, à l'espérance : elle n'a pas tout-à-fait tort. Qui sait combien d'incendies, à Constantinople et au Qaire, n'ont pas commencé par le feu imprudemment jeté par la pipe d'un fumeur ! combien de cités de l'Orient n'ont-elles pas été frappées de décadence et de mort après quelque grand fléau tel qu'une peste ou un incendie !

2 Juillet.

Passant au Mouski quelques jours après, je rencontrai la foule faisant cercle autour d'un cadavre ; un pauvre fellah, de seize ans tout au plus, gisait la gorge largement ouverte et encore saignante. Ses traits, marqués au plus haut degré du sceau caractéristique de la vieille race égyptienne, me rappelèrent le masque de la plupart des sphynx de pierre et notamment celui du plus colossal de tous, qui semble veiller encore entre les deux grandes pyramides. Tous les détails s'y trouvaient, et surtout cette sérénité que l'on a interprétée comme l'expression la plus haute de l'intelligence et de la dignité humaine. Ne serait-elle pas plutôt due au hasard de la configuration particulière des traits égyptiens, puisqu'ici elle se reproduit en n'ayant pour cause que la quiétude de la mort !

Ce n'est pas que je croie à la scélératesse qui semble devoir s'induire de la fin tragique de l'adolescent : un écriteau placé sur sa poitrine le déclare condamné à mort pour avoir volontairement propagé l'incendie. La justice turque est aussi effrayante dans ses précipitations que sa police dans ses imprévoyances. Un aide-de-camp du pacha, accouru d'Alexandrie pour aider Habib-Effendi, a cru devoir donner satisfaction à l'opinion publique ; et, après avoir fait arrêter un nombre à-peu-près égal de Maltais et d'Arabes soupçonnés de pillage ou d'incendie, il a tout-à-coup fait exécuter une demi-douzaine de ces derniers aux points les plus fréquentés de la ville. J'ai entendu conter, dans les entretiens de la foule, que ce fellah, la plus jeune de toutes les victimes, avait été surpris jouant, avec des camarades plus enfants que lui, il les menaçait d'un papier qu'il faisait semblant d'allumer à un tison enfoui dans les ruines. Dieu sait si des charges plus sérieuses ont pesé contre les autres suppliciés ! Mais déjà les démarches du consul anglais ont fait remettre en liberté la plupart des Maltais. Le reste ne tardera pas à sortir des prisons, où on laissera languir plus longtemps les fellahs, âmes viles qu'aucune autorité ne défend, qu'aucune miséricorde ne réclame ; approvisionnement de sang que la politique veut être en mesure de verser, comme une sorte de compensation pour l'eau que l'administration n'a pas su répandre à temps sur l'incendie.

20 Juillet.

Après huit grands jours d'alertes, on fut bien assuré que le feu était définitivement circonscrit ; les décombres continuèrent à fumer pendant plus d'un mois. Le jour même de notre départ, la main approchée de plusieurs murs voisins du grand couvent y sentait encore une chaleur semblable à celle des parois d'un four. La terre glaise qui forme la plus grande partie du mortier employé à lier les briques et le bois dans la fabrique des maisons du Qaire fournit dans l'écroulement une poudre pesante qui amortit subitement la flamme du bois sans empêcher une combustion plus lente. Ce fait, qui explique la tardive extinction des cendres, fut aussi la cause modératrice de la fureur première du feu. Sans lui, le Qaire, bâti d'éléments si inflammables, de bois si secs, eût été entièrement dévoré par un incendie attisé par des vents violents et combattu par si peu d'eau. Trois cent cinquante ou quatre cents maisons seulement furent détruites. La nôtre fut épargnée au moins par le feu; les pillards, ayant fait irruption avant que le déménagement fût fini, brisèrent quelques meubles, enlevèrent quelques livres et plusieurs manuscrits arabes achetés depuis mon arrivée au Qaire. Nous en reprîmes possession après dix jours passés chez un Grec de Constantinople qui nous avait offert une généreuse hospitalité.

Nous trouvâmes à notre ancienne demeure une physionomie nouvelle et peu agréable. Dénudée au midi et au couchant, elle recevait en plein les vents chauds qui, dans la saison du *Khamasin*, soufflent toujours de ces côtés. A l'espèce ordinaire des moustiques s'était jointe une espèce nouvelle plus petite, et dont les gazes moustiquaires garantissent plus difficilement. Celle-ci, nommée *yakoul-yaskot* (mange-sans-bruit), arrive d'ordinaire au commencement de la crue du Nil. La chaleur est tellement forte le jour que le travail est difficile, tellement forte la nuit que le sommeil est impossible dans les appartements; il faut coucher en plein air sur les terrasses, au risque des rhumatismes et des ophtalmies. Quelques jours après, les moussons de nord-ouest viennent rafraîchir l'air, mais aussi contrarient la navigation descendante. Le temps était donc arrivé de nous embarquer, et je donnai à l'un des cawas consulaires l'ordre d'aller à Boulaq faire marché d'un *Dahabiè* destiné à nous transporter à Damiette.

Dahabiè veut dire doré ou rapide. La première signification est plus vraie que la seconde; car les ornements de la chambre sont mêlés de quelques dorures, tandis que la marche du bateau est des plus lentes, soit qu'on le hale à la cordelle, soit qu'on déploie ses deux voiles latines. Plus de la moitié de la journée se passe à le remettre à flot après qu'il a échoué sur des bancs de sable : cependant le Nil a déjà crû de quelques pouces ; ses eaux sont troubles et jaunes.

Quand les mariniers se jettent à la mer pour vous désengraver, le reïs se contente de relever les manches de son immense robe de laine bleue, ornée de broderies rouges. Cette préparation au travail suffit à sa fainéantise. Tout est singulier dans l'Orient jusqu'à la manière de comprendre les convenances des états. J'ai vu au Qaire des professeurs de l'école de médecine faisant leurs leçons en veste et le sabre au côté ; ici, les matelots montent sur les vergues en robe, tiennent la barre du gouvernail en simarre.

La nuit, au lieu de profiter du vent ou du courant, on s'amarre au rivage avec un piquet. Grâces à ces lenteurs, on a le temps de reconnaître les rives, de poursuivre les tourterelles et les ramiers, et presque de compter non-seulement les villages, mais les innombrables pigeonniers qui en débordent les maisons et découpent sur l'azur du ciel leurs ovoïdes bosselés.

Le troisième jour, après avoir dépassé le village de Zeft, nous aperçûmes des roues d'irrigation puisant immédiatement dans la rivière sans intermédiaire de chapelets. Ces roues à aubes s'appellent *tabout*, par opposition aux autres qu'on nomme *saqiè*. Leur emploi est une preuve que le niveau du fleuve n'est sujet qu'à de légères variations. Ici commence vraiment la plus Basse-Égypte avec ses rizières pleines de grenouilles et de hérons blancs, avec ses marécages couverts de roseaux où abondent les sangliers, les fouines et les ichneumons.

Le fleuve lui-même a changé d'aspect, ses bords qui jusqu'ici étaient secs, abruptes, déchirés en falaises de sable et d'argile, descendent maintenant vers l'eau en pente douce, nourrissent une végétation abondante d'arbustes, de grands joncs, de roseaux dont les touffes terminales seront peut-être humectées pendant les jours de la plus haute crue, mais dont les racines n'ont jamais été dénudées et calcinées par le soleil au temps de l'étiage. Si l'œil cherche vainement le fameux papyrus parmi ces herbes, il salue avec plaisir de petits nénufars bleus et blancs qui émaillent l'eau stagnante des canaux et des rizières; l'eau n'a plus qu'un mouvement insensible, et la lenteur de son écoulement élargit beaucoup le lit du fleuve. Avec le luxe de la végétation, l'abondance et la profondeur de son eau, le Nil offre une ampleur de rive en rive qu'on avait été attristé de ne pas lui trouver près du Qaire, où le sable, les îlots, les bas-fonds étaient plus apparents que l'eau, et cependant, ce que l'on aperçoit ici n'est qu'un des deux bras diminué encore par une multitude de canaux et de machines fonctionnant nuit et jour: l'arrosement doit être perpétuel comme la production de cette terre.

A Almansoura, à Farascour, nous avons trouvé le rivage couvert de pastèques, plus loin les champs jaunissaient de maïs, qu'un garde surveillait du haut d'un dais à deux étages, tout-à-fait pareil au petit observatoire des gardes vignes corses; les mélongènes, les tomates, les bamiers, les concombres de toute grandeur, les calebasses, les oranges, les oignons, les porreaux, si regrettés des Hébreux, affluent au marché, pendant que le riz germe et que le cotonnier et le mûrier préparent leur seconde récolte. Les provisions de bouche s'embarquent en quantité pour Tanta, ville située au centre du Delta et célèbre par ses saints musulmans autant que par son commerce et sa foire, les bateaux qui s'y rendent sont gaiement pavoisés de drapeaux verts à lisérés rouges.

24 Juillet.

Enfin, le 24 vers les dix heures du matin, nous arrivâmes à Damiette, ville assez grande et de meilleure mine qu'Alexandrie et le Qaire : la brique nue de ses maisons paraît plus solide et plus riche que le mortier blanchi à la chaux ; la boiserie, coquettement découpée comme partout, s'arborise au milieu des briques rouges ou brunes ; les étages, au nombre de trois et de quatre, s'avancent en encorbellement : il ne manquerait que des toits pointus pour rappeler tout-à-fait les villes européennes du moyen-âge. Certains quartiers de Londres où les maisons n'ont pas de toit apparent et ont des portions de façade bombée ressemblent encore aujourd'hui aux plus jolis hôtels de Rosette et de Damiette. Le rapprochement est plus complet pour Damiette qui, assise le long du magnifique demi-cercle d'une rivière, y touche par la tête des rues et par la dentelure irrégulière de bâtisses au lieu d'être alignée le long d'un quai.

J'étais porteur d'une lettre pour l'agent consulaire français Serour ; en arivant chez lui j'appris qu'il faisait quarantaine contre le choléra, et ma lettre ne fut lue par son chancelier drogman, qu'après avoir été passée au chlore ; la chambre dans laquelle je fus reçu n'avait aucun meuble que le poêle purificateur, c'était la limite que l'étranger contaminé ne devait pas dépasser ; les quarantenaires paraissaient et parlementaient de l'autre côté, au bas d'un escalier conduisant aux appartements ; l'agent y parut après son drogman, et s'excusa moitié italien levantin, moitié en arabe, de ne pouvoir répondre aux recommandations de son collègue du Qaire. Damiette et ses environs étaient depuis plusieurs semaines ravagés par le choléra et je devais savoir que cette maladie est encore plus contagieuse que la peste. Les intendances sanitaires de Livourne et même celle de Marseille l'avaient ainsi reconnu et décidé; il m'offrit au surplus de faire chercher en ville un logement où je pourrais attendre la commodité du bogaz et des capitaines en charge pour la Syrie.

Je me souvins alors que l'instructeur d'un régiment de lanciers m'avait aussi remis une lettre pour un de ses amis le colonel Bolognini, directeur de l'école d'infanterie; je me fis indiquer cette école, c'était de l'autre côté de l'eau, dans le Delta, un grand établissement turc classiquement badigeonné. Le colonel n'avait ni chlore ni pincettes, il prit la lettre sans précaution, se moqua beaucoup de l'hospitalité du vice-consul et de sa foi contagioniste, et nous offrit un appartement dont nous prîmes possession sans nous faire prier. Pendant un déjeuner plantureux où figurèrent des pastèques merveilleuses de taille et de goût, je fus invité à la chasse pour le lendemain et à la promenade en bateau pour le jour même.

Le vent de nord nous força à employer les rames pour atteindre l'extrémité de la ville. L'eau du fleuve était encore claire ou plutôt de ce beau vert glauque rendu plus vert par les conferves dont le Nil se couvre un peu avant le trouble jaune, premier symptôme de sa crue; ce trouble jaune ne se manifesta que le lendemain; il avait mis cinq jours pour arriver du Qaire, ce qui confirme les calculs de Girard qui donne au Nil une vitesse moyenne d'une demi-lieue à l'heure.

Après deux heures de navigation, nous abordâmes au

débarcadère du palais consulaire de Grèce qui fait l'extrême limite au midi de Damiette. Le titre de palais lui convient pour sa gracieuse construction, pour le luxe de ses immenses salons et surtout pour la belle vue dont on y jouit sur trois côtés; au midi et au levant, la campagne va se rallier au lac Menzaléh et à la mer qui est presque aussi éloignée; au couchant le Delta appelé *Zeitoun* se perd dans l'horison; partout les rizières étendent une nappe de la plus riche verdure parsemée de bouquets de palmiers; les jardins de la ville et des villa de son voisinage offrent ces fourrées d'arbres, d'arbustes, de bananiers, de treilles, de jasmins, de cassis reliés de lizerons, de calebasses, de gourdes, richesse qui confond le potager, le verger et le parc, mais où le rustique est rehaussé par l'exubérant.

Assis à l'ombre d'un citronnier couvert de fleurs, de fruits et d'insectes bourdonnants, je considérais des régimes de bananes longs de plus d'un mètre, et des régimes de dattes, qui loin encore de leur maturité pendent déjà le long des écailles du tronc, à leur maturité complète le plus léger pesera vingt livres et on en peut compter dix-huit ou vingt sur le même arbre; après avoir connu de pareilles richesses, les Hébreux devaient être difficiles même en présence des grappes de raisin de la terre promise.

Derrière le consulat grec, un grand château carré pareil à celui que nous aperçûmes à Farascour, est un débris de la Damiette relevée après Bibars. La ville moderne s'est avancée vers l'Occident sur le sable abandonné par un coude du fleuve. Au Boghaz au contraire, l'eau douce gagne toujours à l'Orient, et c'est sur le Delta que la terre augmente : le boghaz qui est aujourd'hui de dix lieues plus au sud que la bouche Sebennitique du temps d'Hérodote, est probablement de quatre ou cinq lieues plus à l'est.

Nous trouvâmes chez le consul grec le directeur de l'intendance sanitaire, qui est aussi Grec de nation; il nous parla en souriant de la quarantaine de M. Serour, et nous tranquillisa en nous assurant que le choléra de Damielte ne nous ferait pas faire quarantaine à Beyrout ou à Jaffa : votre agent, ajouta-t-il, comprend à sa façon les précautions sanitaires, vous en aurez plus d'une preuve avant votre départ. En rentrant à l'Ecole-Militaire nous trouvâmes le chancelier drogman de M. Serour, qui venait de sa part nous inviter à dîner pour le lendemain.

Je devais me préparer à ce dîner par la chasse. Le colonel et le chancelier drogman m'y accompagnèrent. Parcourant les rizières de la rive droite en tirant vers le Menzalèh, nous rencontrâmes abondance de bêchots, plusieurs bécassines dorées et quelques compagnies de *diouk*. Trois semaines plus tôt, ce bel oiseau bleu à casque et à pattes rouge de corail, infestait les rizières alors préparées pour recevoir la semence. En suivant les laboureurs, on pouvait faire un feu roulant sur des volées serrées et passant à petite portée.

Le lac Menzalèh donne un grand revenu au pacha; sa pêche s'afferme très-cher. On sale les muges qu'elle produit, et de leurs œufs on fait la boutargue. Les laisses occidentales du lac sont dessalées au moyen des eaux du Nil, qu'on y fait arriver par des canaux et des *tabout*. Elles servent alors à faire des rizières. Mais quand l'inondation a été médiocre, la saison de l'étiage voit ressaisir par la mer ce que l'industrie humaine lui avait arraché. La salure recommençant à dominer dans une terre, le riz perd bientôt sa couleur vert tendre pour prendre une teinte jaune, avant-coureur de sa mort prochaine. Alors les joncs, les plantes salées couvrent l'ancienne rizière, qui se dessèche faute d'irrigation; les nénufars maigrissent, mais ne cessent pas de donner des feuilles et des fleurs.

La chasse nous avait mis en pratique avec l'agent consulaire, puisque son drogman communiquait avec lui et nous. La pratique se compléta au dîner. M. Serour nous donna la main, nous servit un excellent dîner, mit sur sa table du très beau linge que nous touchâmes. Quand nous fûmes partis il se lava les mains, fit mettre le linge à la lessive, relégua dans un galetas les chaises où nous nous étions assis, reprit sa quarantaine comme la veille, et dormit fort tranquille ainsi que toute sa famille. A l'école militaire, au contraire, la nuit fut très agitée, mais non pas du moins par des accidents cholériques. Madame Bolognini, accouchée d'une jolie petite fille, put recevoir nos félicitations et nos remerciements de très bonne heure, et nous partîmes avant le jour, croyant nous rendre à bord du vaisseau où M. Serour avait nolisé notre passage.

Le vaisseau était un trois mâts, le plus grand qui eût été construit aux chantiers de Damiette. Il était sorti sans mâture à la dernière inondation. On avait achevé de le gréer dans la rade. Maintenant la rade est séparée du port par le Boghaz, et le Boghaz ne se passe qu'avec un vent de sud. Le reïs nous engagea à attendre ce vent dans le village d'*Esbèh*, échelle maritime de Damiette. L'agent consulaire avait donné l'ordre qu'on mit à notre disposition une petite maison qu'il y possède, mais un cholérique y était dans ce moment même à l'agonie ! Nos domestiques avaient pensé à dresser notre tente, mais le reïs à la grande simarre avait oublié de nous en rendre le pieu central. Il fallut se contenter d'une masure que nous fîmes nettoyer autant que possible, et où nous installâmes cuisines, malles, lits-de-camp avec les précieuses et indispensables moustiquaires.

Esbèh est à deux grandes lieues de Damiette et à plus d'une lieue et demie du Boghaz : quand le Boghaz est bon son pilote avertit les patrons chargés d'apporter aux vaisseaux de la rade marchandises ou passagers. Avec la négligence du pays, souvent ces patrons sont à Damiette au lieu d'être à Esbèh, et il n'y a pas de télégraphe qui puisse communiquer les bulletins qui intéresseraient tant ces deux résidences! On a pris le parti d'admettre que même avec les vents et la mer les plus favorables, le Boghaz n'était praticable que le matin. Les explications de notre reïs, plus ambiguës que le Boghaz, nous donnèrent l'idée de nous adresser au pilote. Nous apprîmes alors que pour plusieurs jours encore la mer serait inaccessible pour nous, le reïs n'avait pas achevé de charger son navire. Nous avions si bien adopté la morale de notre position, que nous montrâmes très peu de ressentiment pour la fausse déclaration qui nous avait fait trop tôt quitter Damiette. Nous ne voulûmes pas y retourner, trouvant un certain plaisir aux privations et aux contrariétés que nous devions rencontrer bien pires dans la suite, et dont l'apprentissage était ainsi commencé déjà. La chasse, ou plutôt l'étude topographique, botanique et zoologique de l'Esbèh et des environs était une distraction trop heureuse pour ne pas la saisir avidement, au moins pendant les deux premiers jours.

En vertu de la loi que j'ai notée plus haut sur le régime du fleuve, la végétation doit durer davantage et être plus riche sur la rive droite; le sable et la plage commencer plus tôt sur la gauche. Des deux côtés les soudes et tamarisc forment le fonds de la végétation spontanée. Les rizières descendent sur la rive droite, jusqu'aux approches du fort rond; un fort pareil assis de l'autre côté est censé défendre la bouche du fleuve, qui est bien mieux défendue par la barre de sable. Un fort carré plus ancien et plus grand s'élève en arrière à un quart de lieue de l'Esbèh.

Les progrès incessants de la barre qui recule l'embouchure du Nil ont motivé la construction des fortins ronds qui sont déjà trop loin de la mer. Les petits canaux qui entourent les rizières offrent des libellules et des phalènes moins jolies et moins nombreuses que celles de Rosette : les fleurs y sont plus rares. Sur la plage les touffes de kali et de tragus fourmillent de lézards roux ou verts. Au bord de l'eau sont rassemblés des petrels, des courlis, des caravanes, des aigles de mer, des balbuzards et des pélicans.

Le troisième jour je m'aperçus que l'air marécageux et peut-être mes courses au soleil, avec l'humidité aux pieds, avaient réveillé une indisposition dont j'avais eu quelques attaques au Qaire, la dyssenterie. Je dus ouvrir mes malles pour y chercher des médicaments. J'y trouvai aussi un remède pour le mal de l'ame, car la promenade m'était à présent interdite, et elle n'avait pas tout-à-fait neutralisé l'ennui. L'Egypte et la Syrie ont été plusieurs fois le théâtre des exploits de la nation française. Les souvenirs de la gloire nourrissent la science qui les enregistre, stimulent le courage qui les admire, distraient et consolent le voyageur au milieu de ses tribulations. Quelques notes du grand ouvrage de la commission française étaient mêlées à mes manuscrits, et en fait de livres si je n'avais ni Joinville ni Jacques de Vitry, j'avais un volume dépareillé de l'*Histoire des Croisades*.

L'auteur, voué à la défense des idées religieuses, et comme émigré et comme rédacteur de *la Quotidienne*, n'a pas cependant échappé au doute du XVIIIe siècle. Montlosier, enrôlé sous les mêmes bannières, offre la même singularité dans ses livres philosophiques d'ailleurs assez faibles. Il paraît qu'il n'est donné à personne de se soustraire complètement à l'influence de son temps. Cette arrière-pensée de Michaud refroidit souvent l'amour dont, comme auteur et comme chrétien, il devait être épris pour son sujet. Le blâme, le doute, la moquerie, bien qu'enveloppés de formules adroites et spirituelles, attestent et refroidissent le récit. La phrase est allanguie par les lieux communs redondants de la littérature de l'empire : chaque alinéa commence par quelque répétition comparable aux *verum enim vero* de la rhétorique cicéronienne. Aussi le récit est-il évité plutôt que fait ; au contraire, les aperçus d'ensemble, les résumés généralisateurs sont traités magistralement et presque toujours également bien écrits et bien pensés. C'était le genre de prédilection de l'école philosophique. Par là seulement Michaud est supérieur à Josèphe, qu'il rappelle par tous les autres côtés, l'hésitation entre deux civilisations disparates, une bonhomie où l'ironie se mêle à la finesse et l'amour des longues harangues.

CROISADES A DAMIETTE.

Une expédition fut faite contre Damiette par Roger II, roi de Pouille et de Sicile, qui prit la ville et ne put la garder. Amaury, roi de Jérusalem, l'assiégea en l'année 1169, au moment où la dynastie des fatémites allait s'éteindre dans la personne de Adhed, le quatorzième khalife du sang de Obeidh-Allah-Mahdy.

Schirkou, visir de ce khalifat, était mort d'une indigestion et avait été remplacé par son neveu Salaheddin ou Saladin. Adhed et l'Egypte étaient alors de fait vassal et fief de Noureddin, sultan de Syrie. Saladin, tout en reconnaissant provisoirement l'autorité de ce suzerain éloigné dont il s'appelait l'esclave ou le mameluck, jetait les fondements de sa propre indépendance en paralysant dans son palais son souverain immédiat. Les Nègres de la garde particulière de celui-ci avaient essayé de se soulever : ils furent exterminés. Saladin profita de cet événement pour s'arroger l'inspection du palais. Il en confia la garde à Bohaeddin Karakousch, eunuque blanc, en sorte qu'il ne s'y fît plus rien que par son ordre.

Ce fut Saladin qui fit lever le siége de Damiette à Amaury. Quarante-huit ans après (en 1218), une armée chrétienne commandée par Jean de Brienne, roi de Jérusalem, par le duc d'Autriche et par Guillaume, comte de Hollande, vint débarquer sur la rive droite du Boghaz. Le village où nous sommes arrêtés maintenant, l'Esbèh, est un débris de la Thamiatis ou Dimiat des historiens de ce temps-là. Vers le fleuve, la ville était défendue par un double rempart; et du côté de la terre par une triple muraille. Une chaîne tendue de la ville à une grosse tour qui était de l'autre côté du fleuve vers le point occupé aujourd'hui par la douane et le lazaret, fermait ou ouvrait la passe aux bâtiments.

Ce fut contre cette tour que se dirigèrent les premiers efforts des croisés. Des vaisseaux chargés de machines de guerre, d'échelles, de tours, de ponts-levis, s'en approchèrent sans succès... le feu, les traits lancés par la garnison brûlèrent machines et vaisseaux, et noyèrent les guerriers dans le fleuve. Alors on fit passer des barques légères à l'occident de la tour pour venir attaquer par derrière un pont de bateaux qui était soutenu par la chaîne. Aussitôt qu'on fut parvenu à le rompre, la tour fut attaquée par une machine construite par un prêtre de l'église de Cologne, nommé Olivier. C'était une volumineuse tour de bois, du haut de laquelle un tablier s'abattant, devait permettre l'abordage des murailles comme on l'avait pratiqué au premier siége de Jérusalem. Un vaisseau étant insuffisant pour porter une pareille masse, on en avait lié deux ensemble par des câbles et des solives, à peu près comme on le fait encore aujourd'hui sur le Nil pour le transport des marchandises volumineuses telles que le coton. L'attaque de la tour par cette nouvelle machine commença comme la première attaque : le feu grégeois l'enveloppa de flammes que les chrétiens parvinrent cependant à éteindre. Le porte-drapeau du duc d'Autriche qui, un des premiers s'était élancé sur le tablier rabattu tomba dans le Nil, mais d'autres chevaliers et de nombreux soldats s'élancèrent à leur tour et refoulèrent les assiégés aux étages inférieurs de la forteresse. Ils essayèrent de s'y défendre en incendiant les planchers mais ils finirent par capituler.

Le frère de Saladin, Malékadel expirait au Qaire au moment où la nouvelle de cette victoire y parvint. Les croisés ne profitèrent pas de l'abattement occasionné par cette mort pour presser l'attaque de la ville. Un grand nombre de chevaliers se retirèrent avec leurs contingents : les chefs jaloux les uns des autres ne voulaient pas obéir ou ne pouvaient pas commander. Les ducs et les comtes croyaient compenser l'infériorité de leurs titres, par le nombre de leurs troupes plus considérables que celles du roi de Jérusalem. Celui-ci pouvait augmenter les droits de son titre par ceux de sa bravoure et de son expérience guerrière, mais ces droits sont encore plus blessants pour l'amour-propre des rivaux. Le pape, qui alors pouvait faire des rois, pouvait aussi faire des chefs, il envoya deux légats investis de pleins pouvoirs à ce sujet. Un d'eux, Robert de Courçon avait la mission de réchauffer dans le cœur des croisés l'ardeur qu'il leur avait inspirée en Europe en prêchant la croisade. Le cardinal Pélasge apportait des trésors et mieux que des trésors, un caractère résolu, un esprit orné de toutes les lumières du temps sans en excepter les connaissances militaires. Il amenait un contingent de troupes italiennes qui lui obéissaient comme général.

Michaud lui reproche d'avoir manqué d'humilité chrétienne, d'avoir employé les foudres de Rome à faire prévaloir des opinions personnelles, à assurer les triomphes de son orgueil. Mais Pélasge voulait avant tout qu'une armée eût un général, une discipline, une action et un but. Si les rois, les ducs et les comtes ne savaient pas prendre l'autorité absolue, chercher l'ennemi, emporter la ville, il fallait changer cet état de choses par tous les moyens possibles, même en lui donnant un cardinal pour chef après qu'elle avait eu un moine pour ingénieur. Quatre siècles plus tard un autre cardinal habile, altier et despote comme Pélasge, sut dans l'occasion endosser la cuirasse et commander des armées. Belgrade, assiégée par les Turcs en 1456, ne dut-elle pas son salut au moine Capistran autant qu'au roi Huniade.

En même temps que les deux cardinaux, étaient arrivés à Damiette des troupes de diverses provinces de France et d'Italie. Les princes musulmans divisés entre eux pour le partage de la grande succession de Saladin et de Malek-Adel se rallièrent un moment, et jetèrent les yeux vers l'Égypte menacée. Le khalife de Bagdad, maintenant sans rival, sans anti-pape, prêcha une sorte de croisade contre les chrétiens en sa qualité de pape des infidèles, comme l'appelle naïvement Jacques de Vitry. Les seize fils de Malek-Adel accouraient du Yemen et de la Syrie; la famille de Saladin, presqu'aussi nombreuse, s'ébranlait aussi. Le sultan de Damas, Coradin ou Melik-Moadham, faisait démanteler Jérusalem, la citadelle du mont Thabor, et tous les points fortifiés qui pouvaient appuyer les chrétiens sur les côtes. Le sultan du Qaire vint attendre tous ces renforts dans un camp voisin de Damiette.

L'armée croisée, qui l'observait de l'autre côté du fleuve, aperçut un jour un grand désordre dans ce camp : les soldats abandonnaient leurs tentes; ils fuyaient vers le midi;

le sultan lui-même était parmi les fuyards. C'est son exemple qui avait causé la terreur panique. Mais de sa part la fuite était prudence : une conspiration venait de menacer ses jours. Un de ces aventuriers turbulents que les montagnes de la Chaldée et de la Bactriane envoyèrent toujours aux cours asiatiques, le chef d'une troupes de Kourdes, toujours prêts à servir leurs souverains dans un combat, à les trahir dans un complot, Emadeddin avait voulu renverser Melik-Kamel du trône, et mettre à sa place un autre fils de Malek-Adel. L'armée chrétienne profita de ce désordre pour passer le Nil et prendre position à l'est et autour de la ville. Elle y fut bientôt attaquée par Melik-Kamel, qui revint après avoir fait justice des conspirateurs, et avoir reçu les renforts de ses frères Mohadham, prince de Damas, et Melik-Elaschraf, sultan de Mésopotamie et d'Alep.

Des combats acharnés eurent lieu au bord du fleuve et aux approches d'un pont construit par les croisés au-dessus de la grosse tour. Les camps des deux armées furent alternativement envahis, pendant que les Génois et Pisans, montés sur leurs vaisseaux, essayaient d'escalader les remparts. Comme les Sarrasins résistèrent dans la place et dans la campagne, les mécontentements des chrétiens recommencèrent ; l'infanterie et la cavalerie s'accusèrent réciproquement d'avoir fait manquer le succès de cette journée. Le reproche était plus fondé de la part de l'infanterie, qui, depuis le siège de Ptolémaïs, avait appris son importance ; ralliée autour du carroccio Lombard, elle avait résisté aux charges des Mameloucks de Saladin.

C'est alors que François d'Assises arriva dans le camp des chrétiens. Livré aux exercices de piété dès sa jeunesse, François fut frappé de cette parole adressée par Jésus à ses disciples : Ne portez ni or, ni argent, ni autre monnaie, ni sacs pour le voyage, ni sandales, ni bâtons ; et il se voua à la pauvreté des apôtres, parcourut les villes et les campagnes en invitant le peuple à la pénitence. Plusieurs fois il fut, avec ses disciples, en butte aux railleries de la multitude, mais tous s'en faisaient gloire devant Dieu, et quand on leur demandait qui ils étaient, nous sommes, disaient-ils, de pauvres pénitents venus d'Assises. François ne se contenta pas de prêcher les croisés, il se jeta volontairement dans le camp sarrasin, où il fut épargné et conduit au soudan, qu'il osa prêcher et solliciter de se faire chrétien. Melik-Kamel, sans l'écouter, ne put manquer d'admirer les convictions qui lui donnaient un tel courage, et le renvoya sans lui faire aucun mal ni aucun affront. François regagna l'Italie, où il alla fonder les frères Mineurs.

Après dix-sept mois de siége, Damiette était en proie à la famine et à la maladie. L'émir qui y commandait avait fait murer la porte pour montrer sa résolution d'une résistance indéfinie. Le sultan de Damas proposa alors une capitulation trop tardive pour qu'elle dut être acceptée. L'armée sarrasine n'avait plus de communications possibles avec la ville, et les soldats manquaient aux remparts pour repousser les attaques des chrétiens. Robert de Courçon était mort, mais Pélasge vivait et commandait encore ses troupes italiennes. A leur tête, il pénétra le premier dans l'enceinte des murailles; Jean de Brienne et les autres chefs donnèrent un assaut facile, démolirent les portes pour faire entrer l'armée : c'était inutile; des soixante-dix mille Sarrasins enfermés dans Damiette, il ne restait que trois ou quatre mille malades, presqu'aussi haves que les cadavres qui gisaient partout.

Pélasge ouvrit l'avis de profiter de la victoire et du boulevart dont on était enfin maître pour marcher sur le Qaire : Jean de Brienne s'y opposa en rappelant qu'on était en Orient pour délivrer Jérusalem et non Thèbes, Babylone et Memphis. Pélasge, qui savait aussi bien sa théologie, savait de plus que c'était en écrasant dans Babylone la tête du principal ennemi de la foi que l'on pourrait plus sûrement reprendre et garder la cité sainte.

Il était plus facile de se blesser de cette leçon de politique que d'y répondre; le roi quitta l'armée pendant plusieurs mois. Il fallut les sollicitations du cardinal et du pape lui-même pour le décider à venir reprendre son commandement. Mais le plan de campagne eut toujours tort à ses yeux, et, au lieu de marcher sur le Qaire, que les croisés appelaient encore Babylone, il se contenta d'aller jusqu'à Mansourah, ville nouvelle qui venait de s'élever au milieu du camp des Égyptiens. Il s'y arrêta à écouter les propositions de paix dont les infidèles le leurrèrent pour gagner du temps, en attendant la crue du Nil, leur fidèle et puissant auxiliaire. Une fois que les canaux de la Basse-Égypte furent pleins, la flotte musulmane, qui n'avait pu remonter le Boghaz, défendu par les croisés, pénétra par les canaux, et vint brûler les vaisseaux chrétiens ancrés devant Mansourah. L'armée, privée de cette ressource, observée et harcelée de tous côtés par des ennemis innombrables, ayant un ennemi pire dans les maladies et dans une terre inconnue, fut rapidement démoralisée, et dut encore son salut à Pélasge, qui négocia une capitulation honorable, et obtint la restitution de la vraie Croix, prise par Saladin à la bataille de Tibériade.

Pélasge, accusé de tous les malheurs de l'expédition, trouva grace devant le pape. Michaud, qui a été moins indulgent, reconnaît pourtant que le roi de Jérusalem, le duc de Bavière, et un grand nombre de barons, étaient ses ennemis personnels, et ne désiraient que faiblement le succès d'une entreprise qu'ils avaient désapprouvée. Il fallait se refuser à l'exécution, si on désapprouvait le plan de la campagne. Une fois qu'on avait consenti à y coopérer, il fallait agir avec ensemble, vigueur et rapidité, et non pas se préparer par l'inaction un triomphe d'amour-propre qui devait être un désastre pour la religion et pour la patrie!

Les Francs étaient restés dix ans en Égypte; ils avaient eu le temps d'y observer le Nil (1), la terre et leurs phénomènes naturels. Une bonne relation de leur campagne eut pu servir de leçon à d'autres qui seraient venus après eux: Mais les idées se communiquaient si difficilement alors, les guerriers étaient si dédaigneux de la science des clercs, qu'un quart de siècle après Jean de Brienne, une armée française, commandée par Louis IX, recommença la même campagne avec les mêmes fautes et les mêmes malheurs.

Le vendredi d'après la Trinité, l'an 1249, les mueddins de la cathédrale de Damiette, redevenue la grande mosquée, mais conservant encore la grosse cloche de Jean de Brienne, sonnèrent un tocsin qui annonçait l'approche de la flotte chrétienne. Le roi de France, à l'ancre à un quart de lieue du rivage, reconnaissait l'armée musulmane. Le visir Fakhreddin était campé sur la pointe septentrionale de la rive droite du Nil. Les Français, qui voyaient pour la première fois les infidèles, considéraient avec étonnement leurs vêtements brillants, leur musique guerrière de cors recourbés et de grosses timballes. Le lendemain matin, les vaisseaux se rapprochèrent du Delta, et des bateaux plats, capables d'accoster la plage, reçurent les troupes de débarquement. La bataille s'engagea dès qu'on fut à portée de l'arc et de la fronde. On combattit dans l'eau, car les Égyptiens s'y avancèrent pour s'opposer aux Français, qui

(1) Selon Olivier l'écolatre, les croisés étaient si mal renseignés sur les limites habituelles de l'inondation qu'un jour « les tentes nagèrent dans le fleuve, les provisions furent perdues, les poissons du Nil et ceux de la mer venaient sans rien craindre se glisser dans les lits. On prit avec les mains les nouvelles provisions dont on aurait bien voulu manquer. »

s'étaient élancés de leurs bateaux avant d'avoir atteint le sable. Le roi tout le premier s'était mis dans la mer jusqu'aux épaules, et toute l'armée avait suivi son exemple, aux cris redoublés de Montjoie! Saint-Denis! Joinville, connétable de Champagne et historien de la croisade; Baudouin de Reims, le comte de Jaffa, de la famille de Brienne, furent des premiers à mettre leurs troupes en ordre de bataille, et à recevoir les charges de la cavalerie musulmane. Le roi, qui s'était agenouillé pour remercier Dieu, se releva pour le servir en se jetant dans la mêlée.

La flotte musulmane était sortie du Boghaz pour livrer bataille aux vaisseaux français; mais vaisseaux et soldats sarrasins furent battus et dispersés. La reine Marguerite et la duchesse d'Anjou, restées à l'écart sur un navire avec quelques prêtres, purent croire que le ciel avait exaucé les prières qu'elles lui avaient adressées en suivant de leurs yeux ce grand et terrible spectacle. La rive gauche tout entière, et une partie de la droite, furent prises avec les camps qui y étaient assis. Le désordre fut tel, que Fakhreddin s'enfuit avec l'armée, et que la garnison de la ville, craignant un siége ou une surprise, égorgea les chrétiens, brûla les principaux édifices, et s'enfuit à son tour. Le lendemain matin, les Français, qui avaient aperçu les flammes toute la nuit, entrèrent dans la ville (le 4 juin), et profitèrent d'un butin assez considérable en éteignant le feu.

On touchait à la Pentecôte, époque où commence la crue du Nil, et l'on avait entendu dire vaguement que c'était la crue du Nil qui avait fait manquer l'expédition de Pélasge et de Jean de Brienne. On voulut attendre l'arrivée du comte de Poitiers, frère du roi, qui devait amener l'arrière ban du royaume. Un autre frère du roi, le comte d'Artois, imprudent par sa bravoure et plus encore par son orgueil, encourageait, par son exemple, l'indiscipline, toujours fréquente dans les armées où les grands vassaux commandaient leurs contingents en personne. Le camp établi autour de la ville commença à être inquiété par les cavaliers bédouins et karismiens qui venaient la nuit du côté du Désert. Le Nil même n'était pas une barrière aux attaques des Égyptiens, qui le passaient à la nage pour venir surprendre quelques soldats isolés, et gagner la prime d'un besant d'or offerte par le Soudan pour chaque tête de chrétien. On voyait flotter sur l'eau une de ces belles pastèques si succulentes et si communes dans cette saison ; on s'approchait, on se mettait à l'eau pour la saisir, on était soi-même saisi et poignardé ou noyé. La pastèque, creusée et forée de trous en manière de heaume à visière, cachait la tête d'un Égyptien, dont le corps était sous l'eau (1).

Enfin, au bout de deux mois, le comte de Poitiers arriva, et l'on ouvrit l'avis d'aller attaquer Alexandrie. Le comte d'Artois, qui avait déjà proposé une pointe sur le Qaire, reprit cette proposition de plus belle et la fit adopter, maintenant qu'elle était réellement impraticable. La crue du Nil, qu'on avait regardé comme un obstacle sérieux au mois de juin, ne devient gênante pour une armée qu'au mois d'août, c'est alors seulement qu'elle est rapide et forte. Le jeune prince, à qui son impétuosité avait d'abord donné raison contre tous, eut maintenant le malheur d'avoir tort avec tous. A la vérité, le plan fut exécuté avec tant de lenteur, que le Nil eut le temps de décroître. Mais l'armée fut exposée à ses effluves pendant le temps où elles sont le plus pernicieuses. L'automne est en Égypte, et surtout dans le Delta, la saison la plus chaude et la plus humide. C'est aussi

---

(1) Pendant l'occupation de Jean de Brienne, les croisés avaient été obligés de tendre des filets le long des rives et des fossés pour saisir les Sarrasins qui s'approchaient en plongeant.

l'époque des ophtalmies, de la dyssenterie, des fièvres et de la peste.

Vers le commencement de décembre, le camp français était à Farascour. Soixante mille hommes avaient remonté le long du Nil, de conserve avec la flotte. La reine et les dames étaient restées à Damiette avec une garnison commandée par Olivier de Thermes. La flotte sarrasine avait remonté jusqu'à Mansourah, où le sultan rendait le dernier soupir.

Negmeddin, fils de *Melik-Kamel*, et petit-fils de Malek-Adel, était fort malade à Farascour, lorsqu'il apprit la déroute de son visir et l'abandon de Damiette. Il eut la force de faire punir de mort les principaux officiers coupables de ce désordre; il épargna Fakhreddin qui, selon la coutume, était plus maître qu'un roi bien portant, à plus forte raison qu'un sultan à l'agonie. La sultane Validé *Schegeret-Eddor* (1) cacha la mort du sultan, et envoya des courriers à son fils Almoadam Touranchah, qui était alors en Mésopotamie. Fakhreddin continua à avoir le commandement des troupes, et le visirat sous la régence de cette femme habile.

La chevalerie était à la mode, même chez les musulmans, et Fakhreddin avait été reçu chevalier par Frédéric II, quand cet empereur fit son pèlerinage à Jérusalem, et un traité avec Melik-Kamel. Les armoiries étaient à la mode chez les Sarrasins encore plus que chez les croisés, et le visir écartelait son écu des armes de l'empereur d'Allemagne et de celles des soudans de Damas et du Qaire. La Validé administrait les affaires; tout se passait extérieurement comme à l'ordinaire. On dressait le pavillon du sultan; les tables étaient servies; les émirs faisaient leurs fonctions

---

(1) L'arbre aux perles.

accoutumées; le sultan était censé malade et ne pouvait voir personne. Les papiers officiels étaient toujours revêtus du cachet ou du paraphe de Melek--Saleh; Negmeddin avait eu la précaution de préparer dix mille blancs-seings avant sa mort. Cependant, les scribes reconnurent quelques formes différentes dans les firmans, et la vérité finit par être découverte. Alors *Schegeret-Eddor* fit proclamer Almoadam, qui avait eu le temps de s'avancer vers l'Égypte.

Les croisés atteignirent, sans résistance sérieuse, Charmezah et puis *Aschmoun-Tenah*. Là est la tête d'un canal qui se dirige obliquement vers le nord du lac Menzaleh : de l'autre côté, les Égyptiens étaient retranchés et en force. Ils élargissaient la bouche du canal que les Français tâchaient de combler, au lieu de faire un détour pour construire un pont ou trouver un gué. Au bout d'un mois, les gués devaient être communs, car le niveau du fleuve était baissé de beaucoup. Cependant, on paya cinq cents besans d'or le premier qui fut indiqué par un homme du pays. Le comte d'Artois se hâta de passer avec l'avant-garde, composée des hospitaliers, des templiers et des Anglais. Le premier corps sarrasin qu'il rencontre est mis en déroute et poursuivi jusque dans le camp, où la panique se propage. Fakhreddin, surpris au bain et à sa toilette, s'élance à cheval, demi-nu et la barbe à moitié peinte; entouré d'ennemis, il meurt bravement avant d'avoir pu coucher dans la tente du roi des Français. Il avait souvent dit et écrit cette fanfaronnade pour amuser la sultane, dont, ce semble, la tente royale avait eu plus de charmes pour lui.

Robert, enivré de sa victoire, poursuivit les fuyards jusqu'à Mansourah, et sépara l'avant-garde de l'armée par un espace de plus de deux lieues, ce qui n'eût été que peu dangereux si l'armée avait passé rapidement les gués. Mais, pendant qu'elle traversait avec peine le canal d'Aschmoun, les Égyptiens reconnurent combien étaient peu nombreux les chrétiens devant lesquels ils venaient de fuir. Les Mameloucks se rallièrent sous leur chef Bibars-Bondoucdar, reprirent Mansourah dont ils fermèrent les portes, et commencèrent à assommer à coups de masses de fer les Français et Anglais occupés au pillage. Les corps français qui venaient d'Aschmoun couraient vers Mansourah soit pour continuer la victoire, soit pour secourir les assiégés, et l'armée musulmane, ralliée sur leurs flancs, les attaquait dans toutes les directions, et les isolait les uns des autres. Louis IX eut beau retenir les soldats par ses ordres, les encourager par son exemple, lui-même fut entouré, et avec le seul secours de son épée, se débarrassa de six Sarrasins. Le grand-maître des hospitaliers, resté seul au milieu des siens, fut fait prisonnier dans Mansourah. Le grand-maître des templiers se sauva par miracle; le comte de Salisbury, et Robert de Vair, moururent auprès de la bannière d'Angleterre. Robert, comte d'Artois, succomba après avoir vendu chèrement sa vie. Pendant ce temps, le sire de Joinville, avec cinq cavaliers, défendaient un pont attaqué par tout un corps d'armée musulman; le comte de Soissons, qui frappait à ses côtés, trouva le temps de lui dire entre deux coups d'estoc : « Sénéchal, laissons crier et braire cette canaille, et, par la greffe Dieu, parlerons-nous encore, vous et moi, de cette journée, en chambre, devant les dames. » La chambre était le journal d'alors.

L'avantage de cette journée finit par être pour les chrétiens; ils gardèrent le camp musulman que l'avant-garde avait enlevé. Mais les vaincus de fait avaient fait des pertes moindres; ils étaient moins démoralisés que les vainqueurs, contre lesquels ils reprirent l'offensive dans la même nuit. C'est au milieu de ces escarmouches et des saintes occupations du mercredi des Cendres, que l'on fabriqua un pont sur le canal pour faire arriver l'infanterie, restée de l'autre côté avec le duc de Bourgogne.

Bibars qui remplaçait avec avantage le grand-visir, avait fait promener la cuirasse fleurdelysée de Robert en répandant le bruit de la mort du roi ; cette nouvelle envoyée au Qaire par les pigeons dès longtemps employés dans l'Orient comme messagers, avait changé en joie la terreur répandue par la nouvelle de la surprise de Manzourah, terreur qui avait fait fuir beaucoup de familles vers la Haute-Egypte.

Le premier vendredi de carême, Bibars attaqua le camp chrétien avec toute son armée et y causa un trouble tel, que le comte de Poitiers fut un instant prisonnier ; chéri du peuple il fut délivré par le peuple de l'armée, les ouvriers, les vivandiers, les femmes elles-mêmes se précipitèrent sur ses traces, et mirent en fuite les Musulmans. Partout on eut le même bonheur ; mais cette seconde victoire n'avait point gagné de terrain et avait fait perdre beaucoup de braves guerriers ; les maladies des camps, les fièvres et le scorbut, plus affreux qu'elles, augmentèrent leurs ravages dans cette atmosphère souillée par la putréfaction de tant de cadavres ; alors Joinville, assistant à la messe, fut obligé de soutenir son aumônier qui « acheva le sacrement et parchanta la messe, mais oncques plus ne chanta. » Alors aussi, on vit les valets revêtir l'armure de leurs maîtres malades ou morts, et repousser les Sarrasins comme de braves et de nobles chevaliers.

Le scorbut est la preuve que l'armée souffrait de la disette et la mauvaise qualité des vivres, autant que du mauvais air. La disette devint plus affreuse quand les communications que la flotte entretenait avec Damiette, furent totalement interrompues. Almoadam qui était arrivé avait fait transporter à dos de chameau, des bateaux démontés qu'il avait fait remonter à Mehallet. Cette flottille arrêta les convois maritimes des Francs et finit par être maîtresse de tout le cours du Nil; alors commencèrent les pourparlers pour l'évacuation de l'Egypte bientôt suivis de la retraite vers Damiette.

La flottille égyptienne seconda l'armée, les Bédouins et les Karismiens, pour inquiéter les Chrétiens chaque jour plus faibles et plus abattus; les vaisseaux qu'ils avaient conservés, furent contrariés par le vent et retenus à Mehallet où les Sarrasins firent pleuvoir sur eux tant de feux grégeois, qu'il sembla à Joinville, que toutes les étoiles tombaient.

Sur la terre, l'armée n'était pas plus heureuse. Le roi avait refusé de s'embarquer pour continuer à se montrer à ses soldats et à partager leurs grands périls. La fatigue et la maladie lui causèrent un évanouissement pendant lequel la ville fut prise par les Sarrasins malgré la vigoureuse défense de Sergines et de Châtillon; un émir nommé Djemal-Eddin fit le roi prisonnier et malgré son titre et sa souffrance lui mit des chaînes aux pieds et aux mains; les deux frères du roi furent pris aussi par les infidèles; Joinville, blessé et malade fut fait prisonnier à bord d'un des vaisseaux; la reine en apprenant ces malheurs à Damiette, accoucha prématurément d'un prince qui fut nommé Jehan Tristan.

Pendant que Louis IX était conduit à Mansourah et que l'on traitait de sa rançon, le palais du sultan vainqueur était agité par une de ces révolutions domestiques qui dans les annales de l'Orient compliquent les jours de gloire, comme les jours de malheurs. Schegeret Eddor, encore jeune, belle et toujours ambitieuse, ne pouvait s'accommoder du rôle secondaire qu'elle jouait depuis le règne du fils de son mari. Almoadam avait amené ses créatures; en avait choisi qui faisaient ombrage à la milice turbulente des

Mamelouks; leur chef Bondoucdar, sachant par expérience que les conspirations courtes sont les plus sures, frappa le sultan au milieu d'un festin. Il se réfugia dans une tour de bois qu'on incendia pour l'obliger à sortir; il se jeta au Nil dans l'espoir d'atteindre l'autre rive, neuf Mamelouks l'y poursuivirent et l'achevèrent à coups de poignards, en vue de la galère qui portait Joinville (2 mai 1259). Le trône et la sultane devaient être le prix du plus hardi acteur dans ce drame, Bibars avait des droits qui furent ajournés par une préférence de la sultane, ou plutôt par son ambition. Elle se fit reconnaître pour souveraine malgré les préjugés orientaux contre son sexe et conféra une lieutenance à un beau turcoman nommé Ez Eddin; plus tard, celui-ci parvint à se faire reconnaître pour sultan sous le nom de Moëz, avec le titre de tuteur d'un petit-fils de Saladin nommé Melikelaschraf. Il osa donner des rivales à la terrible Schegeret Eddor; celle-ci en fit étrangler une par ses eunuques, mais d'autres la firent mourir elle-même à coups de *qoubqab* ou galoche de bains.

Quand le traité de rançon et de paix ont eu un commencement d'exécution par le paiement de quatre cent mille besans d'or, le roi de France fut remis à une galère génoise, et les chevaliers restés à bord des vaisseaux égyptiens furent traités avec les égards d'hôtes et amis. Joinville qui jeunait depuis si longtemps, fut régalé d'œufs peints de diverses couleurs et de beignets ou plutôt de crêpes, telles que les pâtissiers de toute l'Égypte en accommodent encore aujourd'hui sous le nom de *foutir*.

Ce fut deux ans après cet événement que les Mamloucks coulèrent des vaisseaux à l'entrée du Boghaz et brûlèrent la Damiette qui en était trop voisine. Ils voulaient diminuer la facilité du débarquement et les tentations de la conquête. La Damiette nouvelle, appelée d'abord Menschyèh, s'éleva par degrés, deux lieues plus au sud près de l'endroit où on la voit aujourd'hui.

Cette croisade, illustre par ses premiers succès, par la piété, par la bravoure, par la sainte résignation du roi qui la commandait, avait été conçue avec quelque chose de la sollicitude qui préside aujourd'hui aux conquêtes et à l'organisation des armées ; on avait pensé à coloniser, on avait porté des instruments de toute espèce, on avait amené des artisans, des laboureurs ; on ne s'était pas, comme dans les autres croisades, fié aux ressources du pays ; on avait fait de grands approvisionnements; Joinville admirait à Chypre des montagnes de grains et des forteresses de tonneaux.

L'insuccès de la campagne tint, non pas comme on le répète, au débordement du Nil qui facilite le marche d'une armée ayant des vaisseaux et des barques, mais au manque total de connaissances du pays. Un canal à passer n'aurait pas arrêté si longtemps si on avait été sûr de n'en plus trouver un second, un troisième, un quatrième; cette incertitude empêchait les hommes prudents d'émettre un avis, de s'opposer aux prétentions, à la désobéissance des hommes légers et turbulents. Les Sarrasins n'étaient pas plus braves et n'étaient guère plus nombreux que les Chrétiens ; ils fabriquaient et manœuvraient mieux le feu grégeois, c'était à peu près leur seul avantage. Les mangoneaux et balistes des croisés lançaient aussi des pierres et des traits enflammés. L'islamisme était dans une décadence rapide depuis Saladin et Malek-Adel; l'Occident était en progrès depuis son contact avec l'Orient, et surtout avec Constantinople. La décadence des uns, le progrès des autres, se rencontraient sur un niveau à peu près commun.

Le Boghaz (1) étant praticable, et le chargement de

(1) Boghaz paraît n'être que la corruption de l'italien *boccas* ces bou-

notre navire complet, nous nous embarquâmes sur un *char-tour* ou grand bateau vers les sept heures du matin. Après le village d'*Esbèh*, la rivière se détourne au N. E. poussée par l'éperon de sable qui prolonge l'extrémité du Delta entre l'eau douce et l'eau salée ; cet éperon se continuant sous le mélange des deux eaux, forme la barre de sable et de boue, qui jalonnée par de forts brisants, s'étend à plus d'une lieue en mer; comme elle est aussi large que longue, l'espace semé de brisants occupe au moins une lieue carrée.

Leur ressac creuse par-ci par-là des passes que les pilotes sondent chaque jour, et le long desquelles le *chartour* et de plus grandes barques s'aventurent. Nous entendîmes et ressentîmes distinctement plusieurs chocs de notre quille sur un fonds heureusement assez mou. La sonde mesurait de quatre à huit pieds d'eau : le minimum était plus que notre tirant en eau tranquille : c'était l'agitation de la mer qui nous faisait talonner.

Pendant le débordement du Nil, la barre est toujours un peu entamée, et le niveau de l'eau un peu plus élevé. Telle est la puissance du courant que les navires qui ont besoin d'eau douce ne prennent pas la peine d'entrer en rivière; ils peuvent en puiser en pleine mer devant l'embouchure; maintenant au contraire l'eau du Nil était saumâtre à plus d'une demi-lieue entre les deux rives ; et il y a trois semaines, les habitants de Damiette devaient envoyer jusqu'à Farascour pour avoir de l'eau potable.

Un peu de vent et de grands coups d'aviron nous firent gagner une mer plus haute et plus tranquille où était mouillé le navire, qui leva l'ancre vers le milieu du jour. La terre ne semble pas s'enfuir, selon l'éternelle phrase de *Télémaque*. La terre d'Egypte a si peu de hauteur sur la

---

chers. On peut toutefois le rattacher à la racine *bagas* ou *badgas, ad fluxum dimisit aquas.*

mer, que les premières bordées suffisent pour faire disparaître terre, palmiers et minarets. Le reste de la journée fut employé à ajuster une grande tente en prolongement de la dunette. Sous un beau ciel et surtout en été, cette place était préférable à la chambre. Nous la partageâmes avec une famille syrienne dont le chef était le neveu du patriarche d'Alep, Botros Jaroué, et le fils du malheureux Jaroué, marquis de Sostegno, qui périt victime de son zèle imprudent deux jours avant la prise d'Alger. Il était interprète de l'armée française, et je l'ai mis en scène dans *Aly-le-Renard*.

Le lendemain nos relations s'étendirent aux autres habitants du navire, c'est-à-dire à l'équipage. Les matelots étaient au nombre de vingt-trois, commandés par un reïs de Damiette et par un lieutenant du Sahid. Celui-ci avait les traits du Sésostris d'Ebsamboul, le teint chocolat, la compréhension vive, l'action prompte, le ton déférent, la science pratique. Le reïs, brun comme un provençal, était présomptueux, phraseur, paresseux. Tous deux étaient illettrés, et ne pouvaient faire leurs comptes qu'à l'aide d'un *kateb* ou subrécargue ceint d'un énorme écritoire en bronze argenté. Ils n'étaient guère plus habiles à observer la boussole, vieille machine de rebut portant, en caractères du temps de Louis XIII, l'adresse d'un fabriquant de Marseille. Je mis à leur disposition une de mes petites boussoles portatives qu'ils firent semblant de comprendre mieux quand je leur eus traduit en arabe les huit points principaux du rumb.

Un passage de Jacques de Vitry prouve clairement que l'aimant était connu et appliqué à la navigation par les Orientaux bien avant le XIVe siècle. C'est une des nombreuses importations que l'Europe a dues aux croisades. Maintenant les Orientaux sont tombés dans des ténèbres si épaisses, qu'ils ne sont même plus capables de comprendre leurs anciens disciples.

Le vaisseau, quoique le plus grand et le plus magnifiquement gréé de Damiette, n'avait ni flammes ni girouettes, en sorte qu'il fallait souvent recourir à un mouchoir pour orienter les voiles ou tenir la barre selon la direction du vent. La nuit, nos officiers étaient évidemment plus à leur aise, la grande Ourse et Cassiopé formaient une boussole plus intelligible. Le vent, plus frais et plus régulier, donnait une marche qu'ils se croyaient capables d'évaluer à l'estime. Au surplus, le loc était oublié comme les girouettes. Quand j'en demandai nouvelle, on me parla de ce petit morceau de bois attaché à une longue ficelle comme d'un pur jouet d'enfant; on me dit même dédaigneusement son nom italien de *barchita*. Le premier piton de montagnes qu'on ne tarderait pas à apercevoir devait donner le point plus précisément que tous les calculs de marche au loc et à la boussole. Cette prétention se vérifia de la manière suivante : le 2 août au point du jour, une montagne avait été reconnue pour le Carmel de Saint-Jean-d'Acre, et vers le midi une autre montagne à double cîme, reconnue pour le Liban de Saïde; le lendemain matin, après avoir bien marché la nuit avec le *barrani* et le *scherch*, c'est-à-dire les vents de nord-est et de nord-ouest, on aperçut une autre double cîme qui pour le coup était bien le mont Liban de Saïde, et qui changeait la double cîme première en une corne du Carmel au-dessus de Tantoura.

J'acceptai sans critique la statitisque suivante que me fournit le subrécargue du navire. Les voyages, principalement de Damiette à Beyrout ou Lataquié, sont au nombre de trois ou quatre par an. Dans celui-ci le chargement se compose de mille deux cents fardes de riz, payant 14,400 piastres égyptiennes de nolis, de quatre cents fardes de sel, payant

3,600 piastres de nolis, vingt fardes de poisson salé, payant 200 piastres de nolis, toiles de lin pour un nolis de 500 piastres, passagers pour un nolis de 600 piastres. Total, 19,300 piastres de nolis, ou environ 5,000 fr. Moyenne du revenu des trois ou quatre voyages, 17,500 fr., sur lesquels l'équipage et les frais d'ancrage payés, il doit rester aux armateurs un bénéfice proportionné au taux de l'intérêt qui, dans ce pays, est d'environ vingt-cinq pour cent par an. Le navire, malgré ses grandes dimensions, n'a coûté à construire que 30,000 fr. Il est en sapin de Caramanie, comme la plupart des vaisseaux de guerre de Mohammed-Aly.

SYRIE.

4 Août.

Après avoir longé le Mont-Liban, dont la hauteur paraît prodigieuse, parce qu'il monte presque à plomb sur la mer de Saïde, on reconnaît un promontoire cultivé en oliviers et vignes, comme une colline de Provence ou de Languedoc ; mais les nopals, les palmiers, les caroubiers, ajoutent quelque chose de plus méridional à la physionomie de cette terre. Un jeune bois de pins qui domine les mûriers des villa, relie le promontoire à la végétation alpestre de la montagne, dont il est le dernier chaînon. Une fois le cap doublé, on aperçoit Beyrout se développant sur la base du promontoire, se courbant autour de son port au fond d'une grande et belle rade. Voilà la Syrie ! Les croisés siciliens, espagnols, provençaux, purent en la voyant se croire encore chez eux, retrouver un beau pays, une patrie, en obéissant à la religion, en poursuivant la gloire ! Hélas, ma destinée est moins heureuse ! des contrariétés, des ennuis, voilà les seuls périls qui m'attendent ; une fiscalité vernie de philantropie servie par des demi-savants, voilà les seuls ennemis à combattre. On entre à Beyrout par un lazaret. Mais comme l'esprit de Dieu doit soutenir le pèlerin qui touche à sa terre privilégiée, je le supplie de m'inspirer la patience et la résignation, courages les plus méritants de tous, puisqu'ils s'exercent lentement et dans l'ombre ! Malgré les espérances que nous avait prodiguées l'intendant sanitaire de Damiette, une quarantaine de douze jours fut prononcée contre notre navire, non à cause du choléra, avec lequel nous avions été en pratique, mais à cause de la peste qui n'existait plus à Alexandrie depuis trente-six jours. Il fallait quarante jours de date a la cessation officielle du fléau pour faire cesser les précautions contre Alexandrie et les villes en relation possible avec elle. Ces précautions, fort rigoureusement exécutées, n'avaient pas empêché Beyrout d'avoir une peste assez forte. Les derniers débris avaient été enlevés de la ville et renfermés, chose singulière, dans ce même lazaret, prison mixte où l'on confondait les simples prévenus et les convaincus, moyen infaillible pour rendre les premiers semblables aux seconds, si le rapprochement a les dangers qu'on lui suppose. Ces pestiférés achevant de guérir ou de mourir étaient séparés de nous par une barrière en bois près de laquelle nous allions nous promener, parce que c'était l'endroit le plus pittoresque. On y jouissait de la vue orientale de la baie, on reconnaissait l'endroit où la jolie petite rivière de Beyrout vient se jeter dans la mer; on devinait l'embouchure de la rivière du Chien parmi ses broussailles de chênes verts et ses rochers couverts de sculptures et d'inscriptions antiques.

Le soir, assis devant la porte de nos cellules pour y respirer le frais, nous avions le spectacle des *Zikres* formés par les soldats égyptiens nos co-quarantenaires: dix, quinze, vingt hommes rangés en cercle, se balancent en chantant : « Il n'y a pas d'autre Dieu que Dieu. » Au bout d'un certain temps de cet exercice, l'exaltation se manifeste par un mouvement redoublé, par des chants plus forts, les dévots deviennent hurleurs, ronfleurs, tourneurs, walseurs comme leurs fameux modèles de Péra ou de *Qasr elainy*.

Les employés de l'intendance ayant par malheur remarqué que dans les moments les plus dramatiques de l'extase, les soldats des diverses quarantaines se touchaient au mépris des lois sanitaires, firent défendre les zikres, qui abrégeaient tant les soirées pour les acteurs et pour les spectateurs. Plusieurs de ces soldats étaient employés comme factionnaires dans l'enceinte des pestiférés ; l'un d'eux fut trouvé mort dans sa caserne après une maladie de deux ou trois jours : on commençait à murmurer que la peste avait été transportée par lui du camp des pestiférés dans les loges des autres quarantenaires. Le médecin en chef du lazaret tranquillisa tout le monde en déclarant, sur une inspection fort distante et fort superficielle du cadavre, que le soldat était mort d'une apoplexie causée par l'insolation, ou par une trop forte exaltation dans les zikres.

Un aimable et bon camarade de l'armée d'Afrique, M. Deval, consul de France à Beyrout, vint nous voir et nous donna quelques nouvelles du dehors : la révolte des Druzes, qui avait causé de si sérieuses inquiétudes au pacha d'Égypte, et de si longues fatigues à Ibrahim son fils, venait enfin d'être comprimée par une victoire éclatante. Les vaisseaux de guerre en station dans la baie s'étaient pavoisés de signaux et tiraient encore des salves pour annoncer cet heureux événement. Cela rétablirait-il la liberté, la sécurité des communications entre Beyrout et Damas ? Non, pas tout de suite, car les Druzes n'étaient pas entièrement écrasés ; un corps de plus de six cents hommes errait encore dans le *Hauran* et les autres corps dispersés devant les troupes égyptiennes infestaient les routes comme brigands.

M. Deval fit aussi visite à un Anglais, notre voisin de chambre, à qui il nous fit le plaisir de nous présenter, à la distance exigée par la différence de nos quarantaines respectives. Cet Anglais, fils de l'ancien consul général à Alep et Alexandrie, M. Barker, venait de Chypre sur sa propre barque et devait faire une quarantaine de dix-huit jours, non que sa patente fût brute, mais parce que les lois sanitaires entre l'Égypte et la Turquie servaient comme tous les autres prétextes, d'initiative ou de représailles aux hostilités échangées entre le suzerain humilié et le vassal révolté. La science des lois sanitaires a été acceptée pour se farder à l'européenne, pour se faire vanter dans les journaux de Paris et de Londres, la question d'y croire est renvoyée au temps où on la comprendra. Les intérêts matériels des particuliers que l'on lèze sont plus aisés à comprendre, mais on en prend souci à-peu-près comme d'intérêts plus délicats et plus nobles.

La veuve du soldat mort d'apoplexie ou de peste, est là près de nous qui pleure, se désole, s'arrache les cheveux, se frappe la poitrine, avant de se séparer du cadavre de son mari. On va l'embarquer ce soir pour Alexandrie, où au bout de quelques jours elle entendra autour d'elle *les zugarit* (cris de joie) d'une nouvelle noce, de la sienne propre. L'Égypte est dépeuplée, et il ne faut pas laisser inactives des femmes jeunes et capables d'accroître la population, pas plus qu'il ne faut laisser des champs en friche. Un autre soldat sera trouvé pour faire convoler la veuve, on ne prendra seulement pas le temps de s'assurer si elle est grosse de son premier époux. Qu'importe la paternité à de pauvres fellah[1], à des soldats qui n'ont que leur solde; l'enfant d'où qu'il vienne, en sera-t-il moins à la charge du pacha? Aura-t-il un nom plus beau, plus profitable en étant fils d'Aly ou fils de Mohammed. Il n'y a pas plus de noms propres de famille en Orient qu'il n'y a d'état civil. D'ailleurs un long deuil est un luxe permis seulement aux riches!

Ce beau catéchisme nous a été débité par le soldat de notre garde sanitaire qui l'aura accepté à force de l'avoir entendu redire ; il n'a certes pas assez d'esprit pour l'avoir inventé!

M. Charles Barker est allié à une famille française d'Alep pour qui nous avions des lettres. Il nous offrit de commencer notre visite à la Syrie septentrionale par Suédié où son père a créé de beaux établissements agricoles. La franchise, l'expansion et l'hospitalité levantine, j'allais presque dire créole, se font jour même à travers l'éducation européenne. Affligés par l'impossibilité de visiter Damas, nous avions trouvé une compensation dans la perspective de voir Antioche et Alep. Nous entrions presque en jouissance immédiate par les détails que nos voisins nous donnaient sur ces pays, par les facilités qu'ils apprêtaient pour notre visite. Nous sortions dans deux jours et nous avions le temps d'aller à Baalbek. Eux-mêmes avaient encore dix jours de quarantaine : ils viendraient nous attendre à Tripoli avec leur barque qui nous porterait ensuite à Suédié.

Malgré le charme que la liberté devait ajouter à nos premières impressions, la ville de Beyrout répondit fort mal à l'opinion que nous nous en étions formés de loin. Toutes les villes de l'Orient se ressemblent sous ce rapport. Elles sont bien situées, encadrées d'un beau ciel, d'une terre luxuriante ; à l'intérieur, le travail de l'homme trahit une industrie grossière, une hygiène mal entendue. Les rues de Beyrout, raides, tortueuses et étroites, sont pavées, à la manière des anciennes voies romaines, de gros quartiers de pierres de liais. Le trottoir, ménagé des deux côtés, est trop étroit pour la circulation des piétons obligés plus d'une fois de descendre dans la voie moyenne qui, en temps de pluie, est un vrai torrent, et en tout temps est embarrassée d'ânes, de chameaux et de mulets. Les abords de la ville par le port sont sales et ruinés. Les châteaux délabrés reposent comme les embarcadères sur une couche irrégulière de colonnes antiques dont les premiers barbares trouvèrent l'approvisionnement, et sur lesquelles on a construit et reconstruit des murs que le temps et les vagues ébranlent sans cesse. Les minarets des mosquées sont carrés au lieu d'être ronds comme ceux d'Égypte. La galerie terminale où se place le mueddin est protégée par une grande toiture de bois à rebords très-saillants qui rappelle quelque peu l'architecture chinoise. Le chant des mueddins, que nous entendions de fort près à l'auberge du piémontais Batista, nous parut plus fleuri et plus élégant que celui du Qaire. Il n'en est pas de même de la langue du peuple, accusée avec raison, par les Arabes, de réunir tous les vices de prononciation. Ces vices choquent davantage une oreille accoutumée à l'arabe mignard de la Moyenne-Égypte. L'affluence des étrangers y a mêlé, comme à Alexandrie, une marquetterie grossière de mots de la langue franque.

Trois jours nous suffirent pour visiter les environs de la ville, en commençant par le Sanouber, joli bois de pins planté par un des premiers pachas égyptiens, selon les nouvelles instructions de Mohammed-Aly et d'Ibrahim, tous deux également épris des conquêtes et des plantations. Le sable qu'on y foule est d'un jaune rougeâtre, pareil à celui que les torrents mêlent quelquefois aux eaux de la rivière du Chien. L'imagination des Phéniciens de Beryte et de Biblos attribuait cette cruentation au sang d'Adonis dont on célébrait alors les fêtes. L'embouchure de la rivière du Chien, l'ancien Adonis, est à moitié chemin du joli village maronite d'Antoura. Le nom moderne de cette rivière provient des figures d'animaux sculptés sur le calcaire par des rois perses, maîtres de l'Égypte et imitateurs de ses monuments.

Aux approches d'Antoura se trouvent le collége catholique, tenu par de savants et bons lazaristes, et la résidence de l'évêque délégué du pape auprès des divers clergés syriens. Ces fonctions délicates étaient remplies en ce moment par Mgr de Fazio, jeune prélat dont j'avais admiré à Alexandrie l'éloquence italienne, et dont le bon français, l'esprit fin et gai me charmèrent en dînant avec lui chez le consul français.

La chancellerie de ce consul fournit tous les ans une quinzaine de mille francs pour l'entretien du collége lazariste, où moyennant une fort mince pension les jeunes gens reçoivent une instruction aussi complète qu'on puisse la désirer dans le pays : l'arabe littéral et vulgaire, le français et l'italien, la géographie, l'histoire, le calcul.

La colline de San-Dimitri, d'où l'on découvre toute la vallée du premier ruisseau, nous rappela un des plus illustres et des plus récents voyageurs français; nous eûmes la curiosité bien naturelle de voir la maison de campagne que M. de Lamartine a immortalisée par son admiration d'artiste et par sa douleur de père. La négligence des propriétaires actuels l'avait cruellement métamorphosée. La route, qui de là mène à la porte la plus élevée de la ville, s'embranche avec la route de Damas par la montagne. Celle-là était couverte de druzes au vaste turban, à la taille athlétique, de paysannes druzes et chrétiennes à la face nue et au front armé du tantour, ou grande corne de ferblanc ou d'argent. Je trou-

Batista occupé à expédier mes effets à la bombarde arabe qui devait nous porter à Tripoli, et en attendant que le coucher du soleil donnât le signal du départ, je parcourus quelques journaux et des statistiques commerciales que le chancelier du consulat, M. Jorelle, avait obligeamment mis à ma disposition.

Une nuit suffit pour atteindre Tripoli. L'antique et triple

colonie des Tyriens, Sydoniens et Aradiens a disparu du bord de la mer. A sa place s'élèvent quelques tours carrées, œuvre des Croisés remaniée par les Sarrasins et par les Turcs. Le faubourg le plus occidental pouvait s'étendre jusqu'à l'endroit occupé aujourd'hui par l'échelle maritime ou *Mina*. Quelques colonnes de granit égyptien et de basalte syrien sont employées, comme à Beyrout dans les débarcadères et dans les fondements des châteaux. La ville moderne de Tripoli est enfoncée dans les terres d'une grande lieue.

La plaine qui la sépare de *Mina* est sillonnée en tous sens par des canaux d'irrigation. Malgré cette richesse, les jardins et les champs cultivés forment une surface moins étendue que celle des marécages en friche. La sécurité manque pour l'agriculture au voisinage de toutes les autorités turques; et de plus, le mauvais air décime la population par les fièvres intermittentes. En Syrie, il faut choisir entre la sécheresse et la fièvre. Partout où il y a de l'eau la fièvre règne, sur la montagne comme en plaine. Le médecin français de l'émir Béchir a vu régner les fièvres quotidiennes et tierces à Deir-el-Qamar depuis la construction de l'aqueduc qui y amène l'eau. Dès qu'on sut à Tripoli qu'il était arrivé un Franc qui se connaissait un peu en médecine et qui portait du quinquina, on fit queue chez lui pour demander des conseils et des remèdes.

Nous étions d'abord descendus au couvent des lazaristes où était logée la famille de M. Perthier, ainsi que M. Méchain, élève consul, gérant le consulat. Ce local ne pouvant nous recevoir, nous fûmes accommodés au couvent de Terre-Sainte, où le consul prit la peine de nous conduire et de nous présenter lui-même. Le couvent avait un joli petit jardin planté d'orangers, de pêchers et de figuiers, luxe fort commun dans la ville. Les rues elles-mêmes, plus droites et plus propres que celles de Beyrout, sont décorées de verdure, soit par les terrasses des maisons qui projettent au dehors des lianes de pampre, de jasmin et de convulvulus; soit par de nombreux aqueducs coupant la rue par un arceau où l'humidité entretient une chevelure de fougères, de ronces et de salicaires. Plusieurs ponts jetés sur la rivière qui traverse la ville sont couverts de maisons basses et percées à jour, d'où l'on découvre l'eau multipliant ses cascades le long des rochers et nourrissant la belle végétation de ses rives.

Le paradis terrestre de l'Orient est toujours semblable à celui que Mahomet a rêvé pour ses élus: de la verdure et de l'eau. Les Tripolitains, si fiers de leur rivière, de leurs ponts et des cafés qui les couvrent, ont osé comparer leur cité à Damas pour le luxe de ses eaux et de son paysage.

La décoration intérieure des appartements et des cours encore si dispendieuse et si renommée de Damas et Alep, trouve également ici des amateurs empressés de la reproduire; en nous promenant dans la ville avec M. Méchain, nous fûmes plus d'une fois accostés par des propriétaires qui, la main au turban, engageaient respectueusement le consul et sa compagnie à venir visiter des appartements fraîchement décorés par des artistes damaskins et parfois aussi par des artistes compatriotes; les fenêtres grandes et petites, garnies de verres de couleurs étaient percées en profusion sur tous les côtés; on s'asseyait sur des divans moelleux et bas; on écoutait gazouiller mille petits jets d'eau; on savourait la fumée du tabac dans les longues pipes turques ou dans le narguilé persan; on respirait le parfum d'arbustes odorants que les courants d'air vous apportaient de la terrasse voisine; mais il fallait surtout, pour plaire au propriétaire, compter au plafond les miniatures qui diapraient le fonds d'or et de lazulite.

Les célèbres beautés grecques et arméniennes de Damas,

ont aussi des rivales ici. Nous vîmes presque toutes celles qu'a vantées M. de Lamartine; nous en vîmes d'autres qui ne nous obligeaient pas à transposer notre admiration d'un lustre, ni à la fixer sur la toilette. Parmi les beautés parées d'habits simples et de jeunesse, une des plus merveilleuses était entrée dans la propre famille jadis si riche en belles femmes, à la vérité elle venait de dehors; madame Katchellis est née à Latakié, elle joint à des traits grecs fort réguliers, une taille majestueuse qui permet des formes étoffées sans nuire à l'élégance, ses cheveux sont châtains-clair, particularité rare, mais ses yeux sont noirs; les blondes à l'œil bleu céleste ne se trouvent qu'au nord de l'Europe. Son teint n'a pas cette délicatesse, admirée avec raison chez tant d'autres levantines et qu'on a comparé ou à la base des pétales de la rose blanche, ou bien à un albâtre mince derrière lequel brûlerait un feu doux; mais le teint de madame Katchellis résout le problème, ce semble, impossible d'harmonier ses yeux avec sa chevelure. Avec ce port et ces traits de reine, elle était timide, immobile et taciturne comme une nouvelle mariée de l'Orient; elle avait quatorze ou quinze ans tout au plus; heureux les voyageurs qui auront à transposer notre portrait d'un lustre; ils trouveront Galatée animée et descendue de son piédestal.

Avec deux ou trois lustres de plus, les belles qui a Tripoli ne renoncent pas plus à l'admiration, que leurs sœurs de Paris et de Londres, se laissent surprendre dès huit heures du matin dans des toilettes fabuleuses; les sourcils peints, les joues fardées, les épaules inondées de tresses de faux cheveux, la tête cuirassée de diamants constellés en croix chrétienne, en nicham turc, en épis tremblottants, le col surchargé de sept ou huit colliers de grains d'or, de séquins d'or, de doublons d'or ruisselant de la poitrine jusqu'aux genoux, et cliquetant à chaque geste des bras, à chaque inclinaison du cou, mais surtout à chaque enjambée prise du haut de babouches d'un palme, véritable cothurne romain, pardessus lequel les vastes pantalons retombent, et les robes à queue traînent à terre, le tout faisant ressembler la dame, tantôt à une haquenée enharnachée de grelots sonores, et caparaçonnée de draperies, tantôt à un acteur du théâtre antique.

Le drogman Bambino, frère d'une des plus jolies febricitantes guéries par la quinine, fit marché avec des moukres qui nous fournirent chevaux et mulets pour le voyage de Baalbek ; lui-même, au jour indiqué pour le départ, se trouva à cheval dès l'aurore avec son consul, et notre cavalcade gagna le beau cimetière turc, puis le château qui commande la ville et la vallée.

La route d'Ahden suit quelque temps la crête de la colline, la vue plonge de là sur les sinuosités de la rivière au fond d'un vallon déchiré, mais tout couvert de verdure; les orangers, les peupliers, les vignes sauvages s'y mêlent avec les roseaux. Un joli marabout habité par des derviches qui tiennent café, plusieurs autres cafés laïques bâtis le long des bords du ruisseau, sont le rendez-vous des oisifs qui aiment le murmure et la fraîcheur des eaux; le platane qui est un fils naturel de cette terre, est ici superbe, il remonte tous les torrents qui descendent de la montagne, diminuant graduellement sa taille, en sorte que dans les régions maigres et froides il se réduit à l'état de buisson. Des ponts et des aqueducs, la plupart vieux et moussus coupent la rivière de distance en distance, l'un d'eux nous servit à changer de rive, et dès-lors nous attaquâmes les collines de la rive droite jusqu'à la rencontre d'un plateau cultivé en oliviers et mûriers, premier grand pallier de l'escalier que nous avions à gravir.

C'est là que le consul nous fit ses adieux et ses souhaits

d'heureux voyage. Après trois jours de société presque continue, son absence laissait un vide en nos cœurs ; les services qu'il nous avait rendus n'étaient pas seulement l'exercice de ses fonctions officielles, ils étaient de plus le développement d'un caractère heureux, d'un esprit liant et cultivé. M. Mechain ayant partagé sa seconde éducation entre Paris et les échelles du Levant, avait emprunté à la jeune France son besoin de savoir et de conviction, le respect de soi-même manifesté par le goût de la toilette, en attendant des manifestations plus intimes et plus graves ; la bonhomie des échelles l'avait garanti de la fatuité, des airs dédaigneux, de la charlatanerie précoce, de la gentilhommerie déguisée en anglomanie. Son souvenir raccourcit les trois monotones lieues de plateau que nous eûmes à traverser avant d'atteindre un ruisseau tout bordé de lauriers roses, près duquel nos guides nous firent faire la halte du repos et du déjeuner.

A dater de là, on est dans la vraie montagne, les sentiers par lesquels passent mulets et chevaux semblent ne pouvoir livrer passage à des chèvres, parfois ils sont entaillés dans le rocher comme de grossières marches d'escalier, ce qui est peu dangereux quand on monte, mais paraît effrayant à la descente. La végétation devient peu à peu alpestre, les asphodèles, les myrthes, les caroubiers, ont fait place aux chênes verts, aux genévriers sabines, aux cyprès étalés. Aux régions les plus hautes paraissent les prunelliers et les épines-vinettes dont le nom linnéen *berberis* a été emprunté à la langue arabe. Après sept heures de marche et trois heures de repos, nous atteignîmes le village d'Ahden bâti sur le penchant de la plus haute crête qui s'aperçoive de Tripoli et de sa rade.

Une lettre du consul, rédigée en arabe par Bambino, nous procura l'hospitalité chez le *cheikh Botros*, véritable baron féodal entouré de fils et de gendres, de serviteurs et de domestiques de divers rangs, beau vieillard plein de dignité et de politesse, qui nous parla beaucoup de M. de Lamartine et du prince de Joinville, nous raconta mille particularités intéressantes de leur séjour à Ahden, et finit par nous dire à l'oreille que sans doute le prince était venu visiter son futur royaume.

Tous les chrétiens catholiques du mont Liban sont persuadés qu'avant peu la Syrie sera occupée par une puissance européenne; cette espérance prochaine a déjà cinq cents ans de date.

Le prince qui n'était alors que lieutenant de vaisseau, fut empêché par son supérieur le capitaine de la corvette, de poursuivre sa course jusqu'à Balbek; pour concilier les exigences de l'obéissance militaire avec celles de la curiosité, il monta jusque sur la plus haute cime du Liban après les cèdres, et de là à l'aide d'une lunette il reconnut Baalbek ou au moins compta les six colonnes du grand temple. Il fut garçon d'honneur, ou comme cela s'appelle dans le pays, parrain d'une des filles du scheikh qui fut mariée pendant son séjour à Ahden. La pauvre jeune femme mourut en couches neuf mois après; son enfant a survécu, et l'on nous désigna le père parmi les géans qui entouraient le patriarche.

Ce gendre qui avait les fonctions de secrétaire reçut l'ordre d'apprêter pour notre retour une lettre à M. Barker de Suédié. L'ancien consul-général avait été l'hôte du cheikh Botros, lorsque les relations de la Turquie et de l'Angleterre furent suspendues après la bataille de Navarin. Le mont Liban était alors un asile inviolable; la Turquie reconnaissait et respectait l'indépendance de ses princes, grands et petits. Les choses ont beaucoup changé sous la suzeraineté égyptienne.

Ibrahim-Pacha, qui croit avoir acquis le droit d'abattre les vieux arbres parce qu'il en fait planter de petits, a coupé les plus beaux noyers d'Ahden pour en fabriquer des bois de fusil : il a même fait compter les cèdres du Liban ; il oserait les décimer si les arsenaux turcs en avaient besoin. Les chrétiens maronites, grecs et syriens, qui, plusieurs fois par an, vont célébrer la messe à l'ombre de ces arbres vénérés, seraient tentés, en cas d'un pareil sacrilége, de se soulever comme les Druzes.

Le cheikh nous apprit, à propos de ceux-ci, que le corps de six cents hommes avait été serré de si près qu'il avait dû se dissoudre ; et, comme nous risquions d'en rencontrer les débris sur notre chemin, il nous conseilla de prendre une escorte de ses paysans armés : elle était prête avant le jour et servit d'éclaireur à notre cavalcade.

LES CÈDRES DU LIBAN.

Ses traînards les plus causeurs nous expliquèrent que le nom de Liban, ou, comme ils disent, *Lebanon*, appartient spécialement au contrefort qui court E. O., et sur lequel est appuyé le village d'Ahden. C'est aussi dans un vallon de ce contrefort-là que se trouvent les cèdres, à trois heures environ de distance ; on les aperçoit d'un col assez élevé que l'on passe une heure après être parti du village. C'est de là que M. de Lamartine les vit, la neige l'ayant empêché d'en approcher. En avançant, on les perd de vue en suivant les zigzags et les descentes d'autres collines plus basses. Tout ce terrain est aride, dépourvu de grands arbres et même de broussailles : l'épine vinette et une caryophillée épineuse à jolies fleurs rosés et à calice blanc persistant sont à-peu-près les seuls végétaux qu'on rencontre. Enfin, on revoit le bouquet vert foncé du haut d'une colline d'où l'on découvre aussi à droite un vallon profondément déchiré, couvert de jolis villages, de prairies et de vignes. Les premiers qu'on distingue sont Mechaary, Boukafra, Bazoud, Archâ. Leurs jardins ont quelques cyprès et beaucoup de peupliers blancs.

Les cèdres sont clair-semés sur trois ou quatre mammelons qui peuvent avoir un quart de lieue carrée de surface. Quand on y arrive de l'ouest, on rencontre d'abord ou plutôt on laisse à gauche quatre ou cinq arbres vieux, rabougris, qui semblent faire sentinelle en avant du groupe principal. Les guides vous font arriver à l'ombre des cinq ou six cèdres les plus anciens : ils ont des troncs énormes et irréguliers que Burckardt a dessinés. L'un d'eux, courbé demi-circulairement, forme la moitié d'une enceinte achevée en pierre et où loge une sorte d'ermite, basané comme un Éthiopien, vêtu d'une camisole de laine blanche et d'un burnous bedouin. Il porte des croix en drap rouge sur sa tête et sur sa poitrine : il est silencieux et attend vos aumônes sans faire le cicerone ni le mendiant. Contre trois ou quatre des plus gros troncs on a arrangé en grosses pierres les autels où se dit la messe. Ce lieu, saint pour les chrétiens, est saint aussi pour les Musulmans, qui y viennent en pèlerinage et prennent l'habitude d'y inscrire leurs noms comme les visiteurs européens. Nous cherchâmes vainement les noms d'Ibrahim-Pacha et du prince de Joinville que d'autres voyageurs y ont lus. M. de Lamartine, qui eut le plaisir de voir à distance les cèdres pittoresquement chargés de neige, a son nom inscrit en fort grandes lettres sur une plaie de six pieds carrés. Le nom de Geramb est écrit au-dessous en lettres encore plus grandes; celui de Puckler Muskau est entaillé sur un autre arbre, et plus modestement, sans doute, parce qu'il l'aura écrit lui-même.

La plupart des voyageurs paraissent s'être exclusivement

occupés de ce groupe de cèdres séculaires; ils en ont donné le chiffre comme s'ils étaient les seuls, ou si les autres étaient imperceptibles ou insignifiants. Toutefois, de Brèves a l'air de croire que ceux-ci peuvent quelquefois occuper les curieux, puisqu'il prend la peine de réfuter le préjugé qui faisait supposer qu'on ne pouvait les compter. Il note ensuite les vingt-quatre vieux mais pleins de vie et de verdure. Avant lui, Furer, en 1565, en avait compté vingt-cinq. Rauwolf, en 1575, n'en trouve que vingt-quatre : et il ajoute qu'il n'en aperçut pas de jeunes. Radziwill en 1583, Biddulph au commencement du seizième siècle comme de Brèves, Lithgow en 1512, reproduisent le compte de vingt-quatre. En 1630, Fermanel n'en trouve que vingt-deux, plus un tombé depuis peu, après avoir eu son tronc brûlé par les bergers. Roger, en 1634, vingt-deux debout, plus deux tombés à terre sans feuilles, sans fruit, et néanmoins sans corruption. Darvieux, en 1660, donne le chiffre de vingt-trois; Laroque, en 1688, les réduit à vingt; Maundrell, en 1696, à seize ; Pococke, en 1738, à quinze. Trois autres auront péri dans le dernier siècle, car Lindsay, qui a pris la peine de colliger cette statistique, n'en a compté que douze en 1837.

Pour expliquer les incertitudes de chiffres à des distances assez rapprochées, pendant lesquelles un arbre noueux, musculeux et contordu, un laocoon végétal, n'aurait certes pas eu le temps de croître, disons que les troncs de la plupart des vieux cèdres ne sont pas parfaitement définis. Il en est tel qu'on peut compter pour un arbre unique ou pour deux, trois arbres soudés par un long rapprochement, comme les fameux platanes de Buyukdèrè, ou le chêne de Cento-Cavalli au mont Etna. Mais je dois ajouter que le groupe principal de ces nestors n'est pas le groupe unique. A l'ouest et au nord du bouquet, on en trouve plusieurs qui ont déjà figure de vieillards, et sur l'écorce desquels des noms de voyageurs forment de longues dynasties.

Ceux-là ressemblent parfaitement au cèdre du Jardin-des-Plantes et par la taille et par le port ; la tige principale bifurquée, trifurquée à dix pieds de terre, les gros rameaux tortillards et subdivisés à leur tour, portant des masses irrégulièrement étagées comme des nuages de verdure. Cette ressemblance ne donne pas un âge très-avancé, car il n'y a pas encore un siècle que Bernard de Jussieu porta dans son chapeau la plantule qui a fait depuis le cèdre du jardin royal. Aussi j'incline à croire qu'ils étaient imperceptibles ou virtuellement renfermés dans le cône de l'un des quinze vieux cèdres lors de la visite de Pococke ou de Maundrell. Les arbres beaucoup plus jeunes abondent maintenant, puisque le dénombrement d'Ibrahim-Pacha dépasse quatre cents. Jusqu'à l'âge approximatif de quarante ans, les cèdres ont le port du sapin, mais avec les branches latérales moins courbées. Vers cinquante ans, ces branches latérales sont parfaitement horizontales : jusqu'alors la plupart ont monté sur deux ou trois tiges principales ; plus tard ces tiges se couronnent, et le port laocoonien commence.

Cette physiologie, que l'on peut induire en un quart-d'heure de promenade et par la comparaison de l'arbre à ses âges divers, m'a inspiré des doutes sur l'authenticité du *laryx* comme l'espèce identique célébrée par les psaumes et les cantiques juifs. Pour que trente mille ouvriers de cette nation fussent occupés, sous leur chef Adoniram, à l'abattage et à l'écarrissage des cèdres ; pour que les Phéniciens, alliés de Salomon et propriétaires des forêts du Liban, y fissent des coupes proportionnées aux besoins de leurs édifices et de leurs vaisseaux, il fallait d'abord que ces forêts fussent immenses, secondement que le bois de cèdre convînt aux deux architectures. Si la presque totalité du mont

Liban eût été couverte de laryx, comment en resterait-il si peu aujourd'hui ?

Le grand bouquet visité par les voyageurs n'est pas le seul qui existe, je le sais. Au nord d'Ahden, dans un vallon éloigné d'une lieue environ, on a découvert un autre groupe d'une douzaine tout au plus. De l'autre côté de la vallée, sur laquelle donnent les fenêtres grecques de la maison de Botros, j'ai découvert un treizième cèdre isolé, vieux et rabougri comme ses frères du versant septentrional du *Lébanon*. Un arbre, produit spontané du pays, aurait persisté dans une plus grande étendue de terrain, aurait gagné de proche en proche, lorsque le germe n'était pas complètement anéanti par l'industrie, par la barbarie humaine. Des chênes jalonnent encore par toute la France les débris des vieilles forêts druidiques. En Syrie, le cèdre ne se trouve qu'en un seul point, car il ne faut pas se fier aux descriptions de quelques voyageurs peu botanistes, qui ont pris pour de jeunes cèdres ou des cèdres nains, le genévrier sabine ou un cyprès dont nous nous occuperons bientôt.

En admettant l'identité du cèdre antique et du cèdre moderne, à quel âge pouvait-on trouver dans son tronc ou dans ses rameaux les madriers de cinquante pieds de longueur et de rectitude parfaite dont on avait besoin pour former les planchers ou les combles des grands édifices, palais ou temples. Cette longueur de cinquante pieds peut s'induire raisonnablement des descriptions du temple de Salomon ; je l'affirme d'après un témoignage plus positif. J'ai vu et mesuré à Bethléem les poutres de la basilique de Sainte-Hélène. Tout le monde a pu mesurer à Rome les grandes solives de Saint-Paul extrà-muros avant l'incendie qui les consuma. Ces deux édifices étaient plus petits que le temple de Salomon et la tradition a toujours dit que leur toiture était en madriers de cèdre. Or, j'ai déjà remarqué que la tige du larix ou cèdre moderne n'atteint jamais trente ou quarante pieds sans se couronner; et une fois cet accident survenu, l'arbre peut fournir de grosses et courtes pièces à débiter en planches, mais non pas des solives de grande longueur.

Le cèdre antique devait donc être un arbre filant plus droit et plus haut (1), un arbre plus sympathique au climat de la Syrie que ni la hache de l'homme, ni les dents de la chèvre ne pourront réduire à quatre cent treize individus bien comptés, et parqués dans une ou deux lieues carrées de terrain. Cet arbre, il suffit donc d'ouvrir les yeux pour l'apercevoir en Syrie, j'ai cru le retrouver dans le cyprès étalé *capressus expansa*, qui vient partout dans la montagne, dans la plaine, dans la vallée, spontané ou cultivé.

Les croisés qui importèrent tant de choses de Syrie, transplantèrent cet arbre en Provence avec le mûrier. Depuis deux cents ans il est devenu fameux dans le Languedoc, sous le nom d'arbre de Montpellier. Si le cèdre moderne se fût trouvé en Syrie pendant les premières croisades, il eût été importé comme le cyprès étalé. Il n'y sera arrivé qu'un peu plus tard et s'y sera mal acclimaté. Cette époque me paraît pouvoir être rapportée à la fin du douzième siècle, lorsque Saladin, maître de Jérusalem et diminuant tous les jours les possessions des Francs a pu se livrer à la plantation, goût favori de tous les grands rois comme celui de la bâtisse et des conquêtes. Saladin était maître de la Karamanie, patrie véritable du laryx. Coraucès y en a trouvé de vastes forêts, dans lesquelles on put prendre les graines ou les plants essayés dans divers points de la Syrie. Les plus vieux du fameux bouquet où nous sommes maintenant

---

(1) Ezéchiel dit, c. XXVII, v. 5 : « Ils ont pris les cèdres du Liban pour faire les mâts de leurs vaisseaux. »

arrêtés, peuvent être âgés de six cents ans, et s'il est triste de les déshériter de la descendance des cèdres de Salomon, on peut trouver une certaine consolation à penser qu'un autre grand roi de l'Orient les sema, les planta peut-être de sa main.

Reste une difficulté plus grande aux yeux des philologues qu'aux yeux des critiques véritables. Le nom arabe du cèdre du Liban est encore le nom du cèdre antique *arz*. En hébreu, en syriaque *arz* ou avec l'article *alarz*, *larz* ont fourni le nom *laryx* des botanistes devenus ainsi éditeurs responsables de l'opinion commune. Le cyprès étalé au contraire s'appelle au Mont-Liban *Cherbin*. Cela ne ressemble ni à cèdre ni à laryx, j'en conviens. Mais que de synonymies falsifiées par le peuple même sans le secours des savants! Le loup a pris en Allemagne le nom jadis affecté au renard, car évidemment Wolf est la corruption du *vulpes* latin ou sanskrit. Un érable a usurpé en Europe le nom de sycomore, nom descriptif d'un arbre magnifique d'Égypte et Syrie, qui est à la fois figuier par son fruit, mûrier par sa feuille. Lorsque cent ans après Saladin, le beau groupe de cèdres sera devenu le but de la visite des curieux, les souvenirs religieux de Salomon et du Mont-Liban auront pu faire propager à ce groupe la dénomination d'*arz*, jusqu'alors employée pour désigner le cyprès étalé. Seulement on aura dit *arz* du contrefort *lébanon* pour les distinguer des *arz* répandus partout. Lorsque la religion aura converti la visite en pèlerinage, aura dressé des autels contre les troncs vieillis, le nom le plus vieux, le plus respectable, aura été réservé pour des arbres plus beaux et plus rares que les autres, pour lesquels on aura alors trouvé un nom nouveau.

La ressemblance extrême de tous les conifères résineux favorise la confusion des noms. On l'a vu par les appellations de cèdre nain prodigués à des genévriers, on en peut trouver une nouvelle preuve dans une synonymie donnée par Sprengel qui a traduit *Cherbin* par *pinus cedrus*. Sprengel s'est trompé en rapprochant le cèdre du pin, mais en prenant le cherbin pour le cèdre antique, il a racheté sa distraction de botaniste par une curieuse sagacité d'érudit. La version des septante qui a traduit *arz* par *kedros* fut faite par des juifs alexandrins qui voyaient arriver journellement dans les chantiers, des bois de l'Asie-Mineure et de la Syrie, confondus sous le nom de *arz*. Les planches et les billots appartenaient aux pins et au laryx, les pièces de mâture provenaient des sapins et cyprès étalés. Le voyage de Corancès a levé tous les doutes à ce sujet. Il prouve même que Strabon a pu désigner le cèdre moderne par *Kedros* en disant que Marc-Antoine avait cédé les grandes forêts de la Cylicie à Cléopâtre qui en tirait des cèdres pour l'entretien de ses flottes. Mais ici également Kedros a pu désigner le cyprès étalé qui était alors comme aujourd'hui extrêmement commun dans l'Asie-Mineure.

C'est au cyprès étalé que se rapporte une curieuse tradition des Grecs du moyen-âge. Cet arbre était sacré pour eux : il avait fourni, croyaient-ils, le fruit défendu et le bois de la croix. Adam malade demanda de l'huile sainte pour se guérir. L'ange la refusa à Seth son fils; mais il lui remit trois grains que Seth mit sous la langue de son père en l'enterrant, il en naquit trois arbres. Les Anglais rapportent au peuplier tremble, *aspen leaf*, l'arbre qui fournit la croix. Il n'y a point d'arbre pareil aux environs de Jérusalem.

Partis des cèdres vers midi, nous atteignîmes à une heure et demie le sommet de la montagne, axe principal de la chaîne selon les cartes géographiques et selon la vérité. De ce point culminant nous apercevions la baie de Tripoli à l'ouest et Baalbek à l'est. De là aussi on comprend clairement les anciennes divisions de Liban, anti-Liban et Célosyrie, on suit comme sur un plan topographique cette longue plaine qui part de la bifurcation de la montagne, et s'étend jusqu'à Sour avec la rivière *Qasmia* l'ancien Leontos. Au nord, le contre-fort qui unit le Liban et l'anti-Liban porte la source de l'Oronte, et un col par où la vallée de cette rivière communique avec le *Beka* ou Célosyrie; l'anti-Liban que l'on a en face et dont on suit les dentelures découpées sur le ciel, paraît plus haut que le Liban, surtout au sud-est dans la direction de Damas.

Avant de commencer une longue et périlleuse descente, nous reconnûmes sur la crête de la montagne plusieurs amas de neige dont quelques-uns avaient plus d'un arpent d'étendue. A notre retour, quelques jours après nous trouvâmes les plus petits un peu diminués par la fonte. Dans les premiers jours de septembre ils sont ordinairement achevés; en sorte que ces petits glaciers ne deviennent jamais neiges perpétuelles. Il s'en faut de bien peu, car souvent au milieu de septembre, la neige recouvre le Liban et force les habitants d'Ahden à commencer leurs préparatifs d'émigration vers un village voisin de Tripoli. Les creux de la montagne où la neige se conserve regardent à l'est et comme le rocher s'abaisse vers l'est et le sud, le soleil les frappe continuellement depuis le matin jusqu'à trois heures au moins. Il paraît que des nuits très-froides retardent l'effet de la chaleur.

Les sentiers par lesquels on descend vers le *Beka* sont aussi pénibles pour les piétons que pour les bêtes de somme. Le calcaire marneux de la montagne se délite en petites noix qui roulent sous les pieds et font perdre à chaque instant l'équilibre. J'avais mis pied à terre pour soulager mon cheval, et j'avais quelque peine à me soutenir debout avec l'aide de ma canne. Resté en arrière pour observer quelques plantes, je vis tout-à-coup un des mulets chargés du bagage éprouver un sort pire que le mien. Ayant manqué des deux pieds gauches au bord d'un précipice de vingt toises, il roula le long de la pente abrupte, tantôt les jambes en l'air, tantôt la croupe en haut, frappant de ses flancs et rebondissant le long du rocher comme une avalanche, jusqu'à ce qu'il eût atteint le torrent desséché qui était au fond, et dans lequel il demeura sans mouvement.

Nous le crûmes tous mort. Les muletiers désolés appellent au secours les hommes de l'escorte et nos domestiques. On court détacher la charge du pauvre animal : c'est tout ce qu'on espère sauver. Mais, au grand étonnement de tout le monde, le mulet se relève sur ses quatre pieds, et fait quelques pas qui prouvent qu'aucun os n'était rompu. Un qafas, ou caisse en nervures de palme, et un matelas fortement assujétis aux parois de sa poitrine, avaient protégé tout le corps par leur élasticité. Les fractures furent pour nos ustensiles de cuisine, dont par bonheur nous avions un second assortiment en tôle et ferblanc. Mon meilleur fusil, quoique noyé dans le matelas, eut la sous-garde faussée; un baromètre avec lequel je comptais, au retour, relever la hauteur du Liban, fut brisé. Les thermomètres et boussoles étaient heureusement dans les malles. Le mulet voltigeur but plus avidement que ses frères à la fontaine qui va mêler ses eaux au qasmia : l'émotion avait augmenté sa soif.

Après le ruisseau et les prairies que cette source alimente, les collines qui relient la montagne à la plaine nourrissent une végétation assez maigre d'yeuses, de poiriers et azeroliers sauvages auxquels se mêlent quelques gros genévriers. Plus loin tous ces arbres se renforcent sans devenir précisément des futaies, mais se serrent assez pour que les sentiers y soient peu distincts. Nos guides en avaient si peu l'habitude, qu'ils nous firent changer plusieurs fois de direction, incertains, se contredisant, rencontrant un rempart de rochers fourrés d'impénétrables broussailles au bout du défilé, par lequel ils avaient juré le moment d'avant que nous allions enfin découvrir la plaine et le village de *Deir-el-Ahmar*.

La nuit nous surprit au milieu de ces hésitations, et le croissant de la lune, âgée à peine de quatre jours, était fort mince et fort voisin du couchant. Quand il eut disparu derrière les hautes collines, notre position devint inquiétante plus encore par le mauvais état de la route que par les dangers dont nous avait entretenus le Scheikh-Botros. J'étais mieux armé que les gens de mon escorte, et j'essayai de marcher en tête avec un fanal que je fis allumer. Cette lumière, fort peu utile à moi-même, était fort incommode pour les autres, à qui elle révélait les casse-cous dont ils étaient entourés, sans les éclairer assez pour les éviter. Le sentier était tracé ou plutôt nous le tracions au milieu de gros éclats de rocher calcaire, de buissons, de racines, de troncs d'arbre couchés par le vent, abattus par les bûcherons. Il nous sembla même que les faux pas des chevaux et mulets se multipliaient au voisinage du fanal. Les principaux de notre escorte avaient témoigné une autre crainte : aperçu de loin, le fanal pouvait appeler l'attention de quelques hommes suspects; ils prétendaient avoir reconnu leurs éclaireurs dans plusieurs paysans armés, dont effectivement la mine sinistre nous avait frappés vers la tombée du jour. Je leur demandai durement si de braves chrétiens devaient se cacher en présence d'un péril. Ils me répondirent que la prudence n'était pas une lâcheté, et je permis alors d'éteindre le fanal, m'en remettant à l'instinct de mon cheval pour deviner la bonne route.

Les ténèbres, à peine rendues complètes, se dissipèrent soudain par la détonation de plusieurs mousquets. Entre les noires masses des arbres, vers lesquels je m'avançais, je distinguai plusieurs hommes s'agitant et poussant des cris. Je ne sais comment, malgré vingt trébuchements de son cheval, l'un de nous se trouva tout-à-coup transporté au milieu d'eux, la bride entre les dents et un pistolet à chaque main. Il chercha vainement les brigands. Il reconnut nos hommes. Silence, dit l'un d'eux, nous sommes près de *Deir-el-Ahmar*; vous allez entendre aboyer les chiens. Des aboiements encore éloignés, mais reconnaissables, retentirent avant la fin de sa phrase. Ils les avaient entendus déjà : c'était pour les encourager qu'ils avaient fait une décharge.

Le défilé s'élargissait et se déboisait; au bout de quelques minutes de marche, nous nous trouvâmes en plaine; la lueur vague des étoiles, arrivant de tous les points du ciel, éclairait mieux la terre, libre de rochers et de broussailles. Nous distinguâmes enfin une fort petite lumière, que l'œil identifiait à la région où l'oreille rapportait les aboiements. C'était *Deir-el-Ahmar*. Nous y arrivâmes à huit heures. Je commandai qu'on me menât au couvent. Le nom de *Deir* m'avait fait compter, sinon sur un couvent de Terre-Sainte, au moins sur un couvent maronite. Il y avait existé jadis : le malheur des temps l'avait ruiné. Il fallut aller demander l'hospitalité à un scheikh arabe.

Nous fûmes reçus avec cordialité; on nous offrit du pain d'orge et quelques épis de maïs; des œufs, des poules, on n'en put trouver. On craignait sans doute que nous ne voulussions les payer avec un firman égyptien. L'enceinte en pisé, qui servait de grange à la ferme, reçut nos hommes et nos bêtes de somme. Un petit vestibule, protégé par un toit de fagots, nous parut excellent pour étendre nos lits.

Nous fîmes connaissance avec nos hôtes tout en dévorant un frugal souper. Le scheikh était près de nous, mais étranger à tout ce qui se passait. Quoique jeune encore, il était tombé dans l'enfance. Sa femme unique était régente jusqu'à la majorité de son fils. La loi salique éprouve dans l'Orient plus d'exceptions qu'on ne le croit d'ordinaire. La régente était digne de la confiance de sa famille et de ses suzerains. Elle nous fit avec aplomb toutes les questions d'usage, si nous avions des enfants, si nous étions riches, si nous étions ingénieurs au service des rois Francs ou au service du pacha d'Egypte, pour lever la carte du pays en attendant la conquête; si nous pouvions lui donner du sucre anglais pour faire du keuhl ou collyre. Nous ne pûmes lui offrir qu'un demi-pain de sucre de Livourne, dont le scheikh, assis sur ses talons, croqua soudain un fragment, qui parut le réjouir davantage que son tabac. Quelques *kheyrié* ou pièces d'or égyptiennes furent reçues le lendemain matin sans aucune des oppositions de l'ancienne et fameuse hospitalité arabe.

La plaine que nous traversâmes, en trois heures, offre une curiosité botanique qui est un peu l'antithèse du cèdre. Ce n'est pas l'hyssope, mais l'abricotier primitif, qui n'est guère plus grand. J'eus toutes les peines du monde à la reconnaître avec sa taille d'un pied et demi, ses feuilles linéaires comme celle du genêt. La plaine en est couverte et ressemble à une bruyère de l'Armorique, mais sans fleurs jaunes ni pourpres. Le fruit, alors en pleine maturité, levait tous les doutes. Il était du volume d'une petite noisette, et d'un goût fort austère. Il y a quatre mille ans que l'horticulture de Damas s'empara de ce végétal nain pour en faire le bel arbre et le beau fruit que nous connaissons.

A droite de notre route, je distinguai une colonne isolée et négligée par la plupart des voyageurs, empressés comme nous d'atteindre Baalbek. Baalbek! dont les masses blanchissent là bas! dont six belles colonnes encore unies par leur architrave, jaunissent au soleil par dessus la verdure des noyers et des mûriers. Hélas! il faut bien contenir son admiration, réprimer sa curiosité; nous avons eu trop peur d'être sans abri, nous sommes trop heureux de trouver un logement décent, pour ne pas remercier d'abord l'obligeante sollicitude qui nous l'a offert, pour ne pas honorer de notre première attention un homme éminent par sa bonté autant que par son saint caractère.

L'évêque catholique grec de Baalbek fut notre providence, il nous procura des vivres frais et du vin; il nous donna de précieux renseignements, nous parla avec effusion de quelques Français qui nous avaient précédés. M. de Caraman qui avait fait son portrait au crayon, M. de Lamartine, qui lui avait écrit dernièrement pour lui donner avis d'une munificence royale. Le prélat, vêtu de sa robe violette et coiffé de sa colasse grecque, était venu nous recevoir à l'escalier. Il nous introduisit dans son appartement, composé d'une pièce unique et fort petite : son lit, sa table, sa bibliothèque, tout y était réuni, jusqu'au hachoir à tabac, jusqu'à un petit buffet où la vaisselle d'étain était rangée. Une écuelle en argent était le seul luxe dépareillé, au milieu de cette simplicité, de cette humilité antiques.

Une chambre blanchie à la chaux avait été consacrée par lui aux hôtes que Dieu lui enverrait. La terrasse qui séparait ces deux corps du logis épiscopal servait de cuisine. Nos gens y dressèrent leurs fourneaux, pendant qu'une bonne vieille femme apprêtait quelques légumes pour l'un des quatre carêmes de l'évêque.

Que de curés de village en Europe, que de vicaires de paroisse ont une existence princière en comparaison d'un prélat ainsi logé et doté de 1,000 piastres turques, ou 250 fr. par an ! En revanche, quels prêtres, quels pontifes n'envieraient les bénédictions que cet homme reçoit de ses ouailles et de ses hôtes. Au bout de trois jours, quand nous allions le quitter, nous eûmes peine à lui faire accepter quelques aumônes pour les pauvres de son diocèse, pour l'achèvement de son église, dont il était lui-même l'architecte.

BAALBEK.

Trois jours, c'est bien peu pour observer une ruine immense comme Baalbek. Le rendez-vous donné par M. Barker ne permettait pas un séjour plus long. Après le chagrin de rencontrer des choses vulgaires, il n'est pire chagrin pour le voyageur que de découvrir des nouveautés attrayantes qu'il ne peut honorer d'une suffisante attention. Je croyais ne trouver ici que les ruines bien connues et cent fois décrites du temple d'Héliopolis. Mon œil s'en rappelait les dessins, ma mémoire évoquait la description de Volney; j'entendais le cri solennel du hibou sur une colonne grecque. Peu s'en fallait que je n'attendisse au milieu de ces ruines classiques, le congrès qui a si plaisamment rattaché au sabéisme la filiation de tous les cultes, et surtout celui du Christ mythe du Soleil ! Arrivé haletant au sommet de cette montagne de ruines, je me trouve face à face d'une grande ligne de casemates à arceaux ogives qui me font délirer une origine phénicienne ou juive pour l'architecture gothique. Mon œil continuant ses recherches, reconnaît des machicoulis, des barbacanes, et je respire enfin en me reposant au porche d'une mosquée musulmane. Furieux de la distraction des descripteurs et de l'aisance avec laquelle les dessinateurs (1) avaient élagué ces anachronismes, je redescends dans les fossés, et au bord des glacis je fais en une demi-heure le tour de l'édifice. Quatre immenses inscriptions en neskhy du temps des soudans, m'apprennent que Baalbek a été arrangé en citadelle sarrasine par les Atabek, par les Aïoubites, et plus tard réparée, embellie, visitée par les sultans et rois leurs successeurs.

Quatre jours n'auraient pas suffi pour dessiner ces inscriptions que les touristes peuvent maintenant enlever en quelques minutes avec le Daguerréotype. La seule que j'eusse ébauchée a été perdue dans le petit naufrage que j'éprouvai plus tard à Syra. C'était la copie de la plus officielle des quatre inscriptions, gravée sur une dalle calcaire au milieu d'un cadre ménagé dans la tour du coin sud-ouest, à soixante pieds de hauteur. Le soleil, que j'avais droit sur ma tête, et ses rayons réfléchis par la pierre que je dévorais avec ma lunette d'approche, me donnèrent des étourdissements dont je souffris plus d'une semaine.

En comparant mes notes avec celles de mes prédécesseurs, et surtout avec les dessins déjà un peu anciens, je vois que la destruction, quoique lente, fait des progrès continus dans ces admirables ruines. Wood a dessiné neuf colonnes, debout au grand temple, je n'en ai compté que six. Le petit temple a été endommagé dans la même proportion. La voûte du rez-de-chaussée, ou plutôt la plate-forme autour de laquelle sont rangées les niches à pilliers, ou exèdres, a été percé en plusieurs points pour faire des

(1) Voyez surtout les planches de Wood.

silos à grains ou pour donner jour à des magasins turcs établis en dessous. Toutes les colonnes ont été sapées à leur base pour chercher des crampons ou peut-être des trésors. Quelques architectes turcs et un nouveau tremblement de terre peuvent renverser ce qui reste de Baalbek; cette crainte seule peut donner de l'intérêt à l'inventaire suivant :

L'enceinte de la ville antique subsiste tout entière. Elle est carrée, fermée par des murs assez minces et flanqués de tours de distance en distance. Elle monte un peu à l'est et au midi sur la colline, premier degré de l'anti-Liban. Dans cette enceinte et à son voisinage, on aperçoit plusieurs ruines infimes de divers âges, des colonnes antiques, des églises du moyen-âge, des mosquées; plus près de la grande ruine que nous décrirons tout à l'heure, et au bord du torrent, s'élève un petit temple romain octogone assez bien conservé. Chaque côté, façade et corniche, s'enfonce en arc concave.

La grande ruine a été évidemment entourée d'eau : les Sarrasins, devancés probablement par les Byzantins, avaient accommodé à l'idée exclusive de forteresse un édifice qui, dans les premiers temps, remplissait le double but de forteresse et de temple, comme les temples de Babylone, de Palmyre et même de Jérusalem. Ce qu'il y avait de plus précieux, les livres religieux, les archives de l'état, l'or, l'argent, les bijoux, étaient conservés dans des asiles capables de soutenir un siège. Volney a très bien développé cette idée d'Ammien Marcellin. C'est ici probablement qu'il en trouva les preuves décisives. Le temple-forteresse avait un fossé profond et approvisionné d'eau par la source voisine. Deux arceaux encore debout marquent la hauteur de ce fossé vers le milieu de la façade orientale. Ces arceaux, creusés à leur partie supérieure d'une gouttière correspondante à un trou qui perce la façade sous le milieu de la colonnade, recevaient un fort conduit en plomb qui devait approvisionner d'eau l'intérieur.

L'édifice exactement orienté avait sa face principale à l'est, un pont jeté sur le fossé, un pont-levis peut-être, rattachait le sol extérieur à une colonnade comblée plus tard et convertie en un mur. Les colonnes manquent, mais leurs dimensions et leur dessin devaient se raccorder aux deux pilastres encore visibles aux deux coins des massifs des ailes; les douze bases des colonnes sont encore en place, deux d'entre elles ont de petites inscriptions votives, portant que les dédicateurs avait préparé des chapitaux aux colonnes pour la prospérité d'Antonin Pie et de sa mère Julia; ceci confirme le passage du bizantin Malala qui parle du temple d'Héliopolis, merveille du monde, bâtie par ce même empereur; le massif des ailes a un soubassement qui descend de vingt pieds au moins au-dessous de la base des colonnes, il devait être visible dans le fossé, car il a des cordons et une base taillée en biseau.

Après ces ailes qui flanquent les colonnes, commencent d'autres ailes qui sont en retraite d'une quarantaine de pieds. Celles-ci sont percées d'une voûte longue et à plein-ceintre, la première assise des voussoirs de la voûte de droite est irrégulière en dehors, les pierres n'en sont pas finies, une d'elles formant la première clé de la voûte porte une inscription en grosses lettres romaines *divisio cidon*. L'ouverture postérieure de ce couloir bas et sombre et très visible quoique murée; les faces nord et sud sont les plus longues, car la forme générale de l'édifice est un carré long; une porte est encore parfaitement reconnaissable quoique murée au milieu du grand massif de la face nord, son seuil n'est que dégrossi au pic comme si la porte n'eût jamais été pratiquée.

Vers la droite, le mur s'enfonce montrant d'un côté l'issue postérieure du couloir voûté, et de l'autre, le commencement de ces assises cyclopéennes qui ont tant embarrassé les archéologues. Au coin nord et tournant vers la face ouest, on trouve la plus grande des pierres qui entrent dans leur composition, je l'ai estimée à 65 pieds de longueur sur environ 16 ou 18 de largeur et autant d'épaisseur : ces trois dimensions peuvent se juger du coin. Cinq autres pierres un peu moindres forment avec la première, une assise de 80 mètres de développement, au-dessus se voit une autre assise qui a des pierres moyennes pendant 7 mètres environ, puis viennent trois pierres de plus de 50 pieds chacune. Au sud de la ville, dans la carrière d'où ces masses furent extraites, on voit encore toute taillée une autre masse encore plus colossale, c'est une pierre de 85 pieds de longueur. Du côté du nord ce soubassement cyclopéen ne porte pas le mur d'enceinte; celui-ci est en retraite et on peut circuler dans l'intervalle des deux; le haut de ce mur d'enceinte a été exhaussé avec de grandes colonnes encore sur leur base et dont on a muré les interstices.

La face ouest n'a pas une ligne parfaitement droite. Elle se courbe et se brise d'abord vers le milieu, où selon toute apparence, fut la porte d'entrée et le pont levis de la forteresse sarrasine; puis vers l'angle ouest-sud où une grosse tour carrée avec les barbacanes et machicoulis, est bâtie de débris recoupés et bizarrement assemblés, corniches architraves, chapiteaux, bases, tambours de colonnes debout, fûts de colonnes couchées, se distinguent pêle-mêle formant autour de la grande inscription arabe comme une gloire terrible, comme un barbare trophée.

La face sud est la plus ruinée, le tracé du mur d'enceinte ne peut s'y suivre, une colonnade écroulée du petit temple et d'autres débris, servent de gradins pour monter de la rivière à l'intérieur ; la rivière se passe sur des ponts de bois appartenant à plusieurs moulins qui mêlent leur tictac aux cris des orfraies, des aigles et des faucons, hôtes actuels des temples du soleil.

Le mieux conservé de ces temples, celui qu'on appelle le petit, a sa nef entière, une enceinte extérieure de colonnes, en formait un périptère. Le côté par lequel nous nous approchons en arrivant des moulins, c'est-à-dire le côté long du parallèllogramme rectangle avait quatorze colonnes, dont quatre seulement sont debout, une cinquième est inclinée sur le mur depuis le dernier tremblement de terre ; le petit côté avait huit colonnes avec un intervalle plus grand entre les deux moyennes, les huit colonnes sont debout à la face ouest ; le côté nord est également conservé, à l'orient était le vestibule avec deux rangées : trois sont debout à la première rangée, quatre à la seconde.

La première rangée fut remplacée et bloquée par un mur pour faire militairement un *réduit* dans la citadelle de Saladin ; on pénètre dans l'intérieur du temple par une petite brèche pratiquée au bas de ce mur ; la grande porte a été endommagée aussi par le dernier tremblement, la clé de son linteau est tombée de quatre pieds ; un aigle tenant une espèce de caducée est sculpté sur cette pierre ; son bec soutient des guirlandes que soulèvent à droite et à gauche deux génies.

Les niches exèdres de l'intérieur ont encore toutes leurs colonnes en place, le temple est maintenant à ciel ouvert, le plafond a disparu ; il en est de même de la seconde rangée que Théodose fit ajouter quand il convertit le temple en église chrétienne ; ces colonnes ont été vues et décrites par plusieurs voyageurs du siècle dernier ; les Turcs les auront brisées et exportées en moellons pour en faire de la chaux.

C'est en avant de la face du petit temple que se trouve la petite mosquée avec un minaret écroulé ; les barbacanes et casemates ogives doublent l'intérieur de la face ouest.

Entre le petit et le grand temple on voit la base et les restes de grands arceaux appartenant sans doute aux appartements d'un rez-de-chaussée descendant jusqu'au niveau des stylobates ou soubassements. Le grand temple était parallèle au petit, et longeait par son côté long la face nord de l'édifice; il ne reste de ce temple que les six colonnes visibles de fort loin par quelque côté qu'on arrive. La base de plusieurs autres a laissé des traces reconnaissables, et il me semble que les fragments de fûts debout sur leurs bases que nous avons déjà aperçus en regardant par son extérieur le mur de la face nord, doivent être rapportés à des colonnes de ce même grand temple spolié au profit de la citadelle.

Les colonnes du grand et du petit temple sont ordinairement de trois pièces ; celles que j'ai mesurées appartenaient au petit, la pièce inférieure avait 20 pieds, les deux supérieures, chacune 10; la base et le chapiteau faisaient ensemble 10 autres pieds, total 50 ; les colonnes du grand temple étaient au moins de 10 pieds plus hautes : leur base datait d'ailleurs d'un soubassement beaucoup plus élevé que celui du petit temple.

Les deux temples laissaient entre eux une sorte de rue d'où la vue les embrassait à-la-fois, elle trouvait de tous côtés variétés, bigarrure et non balancement ou parallellisme; aujourd'hui l'architecture exige la symétrie, non seulement dans l'édifice lui-même, mais dans ses pendants, dans ses voisins, c'est une idée toute moderne et que les architectes de tous les pays, de tous les âges, paraissent avoir fui à plaisir. Les mosquées du Qaire, les ruines de Thèbes, celles du forum de Rome, celles du Parthénon me l'ont prouvé surabondamment.

En se retournant vers l'orient le spectateur voyait à droite un peu au-delà de la place où s'est dressée la mosquée, un temple qui devait être de style égyptien par ses dimensions et sa fabrique, comme il l'était par la matière de ses énormes colonnes; le granit rose impropre à faire de la chaux a été plus épargné que le travertin jaune ou le calcaire gris.

A gauche, vis-à-vis le temple égyptien, règne ce demi-cercle de niches à colonnes et frontons que l'on regarde habituellement comme des chapelles et que quelques-uns ont voulu rapporter à des chaires de professeurs : des enseignements si voisins se seraient gênés mutuellement. Ces *exèdres* de proportions lourdes qui rappellent Mansard, sont surchargés d'ornements comme l'intérieur du petit temple et les soffites qui règnent entre sa nef et les colonnades. Le soffite le mieux conservé est celui qui accompagne la colonnade encore complète de la face nord du petit temple, il est tout ciselé de rosaces et de caissons, tout bossué de génies, de héros et de déesses.

Ganimède, Diane, etc., sont représentés de taille naturelle mais seulement en buste sortant d'un médaillon. Circonstance inouïe dans les ornements du siècle de Trajan et qui me fait rejeter l'hypothèse qui attribue les plans et dessins de ce temple à Apollodore de Damas, architecte favori de Trajan et mis à mort par Adrien.

Cette mort a servi aussi à expliquer l'abandon du grand temple. Mais la ruine explique mieux, ce semble, l'état actuel de ce grand temple que le non achèvement, infirmé d'ailleurs par le passage de *Malala*. Antonin ne poursuivait pas sur l'œuvre d'Apollodore ou d'un autre, sa haine contre l'auteur immolé. Il fit une merveille de cet édifice d'Helliopolis, qu'au loin on croyait un temple unique et qui était complexe comme tous les édifices proclamés des merveilles; complexe comme Karnac, comme Saint-Pierre de Rome. Il y avait un Vatican, une sacristie de Pie VI et probablement aussi un château Saint-Ange. Comment Antonin aurait-il estimé la merveille complète, lorsque la sacristie seule était finie, c'est-à-dire le petit temple, et que la basilique de Saint-Pierre, c'est-à-dire le grand temple, n'était bâtie qu'à moitié!

Par les mêmes raisons, je ne vais pas chercher dans les grandes pierres des assises cyclopéennes, des matériaux préparés pour les colonnes du grand temple. J'ai déjà dit que les colonnes debout ne sont pas monolithes; j'ajoute qu'elles sont d'une espèce de marbre jaune percillé comme du travertin, tandis que les pierres brutes et colossales sont en calcaire gris plus compact.

En définitive, ce n'est pas la couche romaine de l'édifice qui excite plus d'admiration, ce n'est pas elle qui nourrit l'étonnement le plus inépuisable, la plus longue perplexité. La couche romaine est d'une époque antonine un peu dégénérée. Elle sera de tel architecte, de tel empereur, peu importe. Mais la base sur laquelle on a assis ces édifices coquets, la base qui supportait un édifice plus grand, un édifice plus homogène; ce cadre que ni les Grecs ni les Romains n'ont pu changer, ce cadre qui bravera les siècles, les Turcs et les tremblements de terre; ne nous demandons pas quel architecte, mais seulement quel peuple l'a posé? Des voyageurs poètes ont pensé aux géants célèbres par leurs amours avec les anges. On a traité de poètes aussi, les critiques qui ont, comme Richardson, mis en avant le nom de Salomon.

Quoique les Arabes fassent de Salomon ce que les Persans font de Roustam, et ce que les païens firent d'Hercule, ce n'est pas une raison pour prendre la *Bible* pour les *Mille et une Nuits*. Les fondements du temple de Salomon encore visibles au coin de la vallée de Josaphat, ceux du palais de David visibles encore à la base de la moderne citadelle de Jérusalem, sont d'une fabrique fort ressemblante à celle des fondements de Baalbek : même assemblage, même goût pour des pierres colossales quand on les trouve à portée. L'influence égyptienne s'étend bien plus loin, à Palmyre ; et l'Egypte fut l'éducatrice des Hébreux.

La Phénicie qui envoyait tant de charpentiers à Jérusalem avec les *arz* du Liban y aurait-elle envoyé aussi des maçons? Je ne m'y oppose pas : les Phéniciens sont des Kouschites émigrés des mers Erythrées et façonnés par la civilisation chamiste de l'Egypte, dont ils ont été sur les mers Erythrées comme sur la Méditerranée les courtiers commerciaux. Si les maçons phéniciens ont pu aider à bâtir le temple de Jérusalem, ils ont pu bâtir aussi la base d'Héliopolis ou plutôt de Baalbek comme ils appelaient déjà de leur temps la ville du Soleil. Mais où est l'empêchement que les Juifs et les Phéniciens aient travaillé ensemble à cette ville ; les uns à un temple de Jehova, les autres à des temples de Baal, tous deux à des palais, à des magasins et à des comptoirs? Les richesses des Hébreux sous Salomon avaient la même origine que celles des Phéniciens, le commerce de l'Inde. Les flottes d'Esiongaber exploitaient une portion de ce commerce par la Mer rouge ; une portion plus considérable venait par les caravanes à travers la Mésopotamie.

Pline (1) est à-peu-près le seul, parmi les auteurs antiques, qui ait parlé d'Héliopolis ; mais des témoignages plus nombreux mettent hors de doute l'origine juive de Palmyre et même d'Hamath-Epiphanie ; et toutes deux

---

(1) Baalbek est désigné mais non décrit dans Josué, les Juges, les Paralipomènes, sous les noms de Baal-Gad, Baal-Hammon, Baal-Hermon.

sont évidemment des stations de la ligne commerciale dont Héliopolis est le centre. De là le mouvement se partageait entre Tyr et la Galilée. Si le pacifique Salomon n'a pas gardé toutes les conquêtes de son père David, et celles-ci avaient dépassé Damas, avaient levé des tribus jusqu'au bord de l'Euphrate ; il aura, en roi sage et ami de la prospérité de son peuple, conclu des traités d'alliance avec ses voisins. La fédération, demi-royale, demi-républicaine, aura possédé et embelli en commun Hama, Palmyre et Baalbek. Un peu plus tard, Baalbek, admirablement située au nœud de la Célosyrie, avec l'Oronte, aura pu devenir la capitale de ce groupe de villes anséatiques.

Le dimanche, après avoir entendu la messe grecque et l'allocution arabe de l'évêque, nous regagnâmes *Deirelahmar*. Nos yeux, moins préoccupés de Baalbek, purent regarder un peu plus attentivement la campagne semée de citernes antiques et de débris de colonnes. La colonne debout, de laquelle nous n'avions pas eu le temps de nous approcher, fut visitée et mesurée par la proportion de son ombre avec un homme. Elle a cinq pieds de diamètre et environ soixante-trois pieds de hauteur totale, dont voici les aliquotes : le dé et la base ont sept pieds et demi ; le fût est bâti d'assises hautes de deux pieds huit pouces, au nombre de quinze ; le chapiteau forme deux assises de plus. A l'est, vers une élévation de dix pieds, se détache en relief sur le fût un petit cartouche qui a dû porter une inscription. Quelques lettres romaines d'une inscription plus grande se reconnaissent encore au-dessous du cartouche. La colonne est en pierre calcaire grise, d'un travail bizantin ; le chapiteau est corinthien, grossièrement ébauché ; les achantes n'ont qu'une feuille très-entière et recourbée au bout comme les feuilles des chapiteaux du Divan de Joseph ou de l'Arc de Gallien. Cinq milles plus haut et cinq milles plus bas dans la vallée, il y a deux autres colonnes pareilles ; c'étaient probablement des bornes miliaires.

Nous n'eûmes pas la curiosité d'aller voir à Kerak la tombe de Noé, qui a trente-huit pas de longueur, dimension convenable aux géants, architectes primitifs de Baalbek, et dont un consul anglais a sérieusement recherché les os. Nous remarquâmes le lac Yemouny, un peu à gauche de notre route ; la sécheresse extérieure de la saison et de l'année avait presque entièrement tari ses eaux.

La chaleur était assez forte même au haut de la montagne, auprès des glaciers, où nous mîmes le vin rafraîchir pendant notre repas. A midi, le thermomètre Réaumur marquait 14 1|2 ; au soleil, il montait à 26, et l'atmosphère avait un bouillonnement très-sensible.

Comme nous évitâmes et la forêt où nous nous étions égarés et le détour motivé par la visite aux cèdres, nous pûmes jeter un coup-d'œil sur la jolie vallée de Bechira et le couvent de Kanoubin avec son église creusée dans le roc. Le supérieur de Kanoubin commande à vingt ou vingt-cinq autres couvents maronites mineurs.

A Ahden, il y a un évêque maronite dont la cathédrale a des cloches : dix autres églises plus petites n'annoncent leurs offices que par des *naqous* ou règles de bois sonore emmanchées en forme de T, et sur lesquelles on frappe avec un petit maillet.

31 Août.

M. Charles Barker nous attendait à Tripoli ; nous devions embarquer dans la soirée. Le président du couvent, notre digne hôte, Padre Giovanni Maria Colombi da Foligno, nous accompagna jusqu'à la porte de la ville : nous retrouvâmes M. Méchain et son drogman chez le consul de Grèce, domicilié à Mina. Sa dame nous fit les honneurs d'un souper composé d'une grande variété de fruits et de sucreries. Le thé coulait en place de vin.

Le chancelier du consulat grec, fanariote, parlant correctement le français, avait moins d'habitude de la pensée et de la logique française. Sa phrase était irréprochable, mais elle s'adaptait avec peine à la demande qui l'avait motivée : plus souvent sa réponse était une proposition incidente, une question nouvelle rompant le fil des idées qui s'évoluaient.

Cette singularité, observable dans la conversation de tous les Levantins, même longtemps après qu'ils se sont rendus maîtres de nos idiômes, trahit une différence dans le raisonnement des deux pays, comparable à certaines différences des procédés de l'architecture ; les propositions sont rapprochées et liées comme les pierres ici avec une juxta-position exacte, avec des engrenages coïncidents, des surfaces dressées, là avec un écarrissage grossier, avec des vides que des flots de ciment ne sauraient remplir. Je voudrais pouvoir ajouter que le mur cyclopéen, formé de gros blocs mal taillés, est plus solide et plus d'aplomb que la muraille de pierres plus petites et mieux ajustées. Je ne le puis en conscience. L'aberration qui me frappe dans la parole de ces étrangers, je la retrouve dans leurs langues maternelles, dans leurs livres, dans leurs écrits ; bien plus, je la retrouve en Occident chez le peuple illettré ou peu lettré, ce qui me la fait regarder comme compagne d'une éducation incomplète, ce qui me la fait expliquer par les ambages de la pensée plutôt que de la langue.

Le consul grec parlait arabe absolument comme son chancelier parlait français. Il était déjà tard quand nous crûmes convenable de le quitter. Notre reïs n'était pas prêt à mettre à la voile, le vent de terre ne devait s'élever qu'après minuit : le thé éloignait le besoin du sommeil ; la plupart de nos compagnons fumaient tranquillement sur des tapis rendus plus moelleux par le sable de la plage. Blotti au fond du bateau, je cherchais, à la lueur d'un fanal, à mettre en ordre quelques notes relatives à l'histoire de Tripoli.

Le ver-à-soie, introduit par Justinien dans les plus riches provinces de son empire, fit mêler la culture du mûrier à celle de l'olivier, de la vigne et de la canne à sucre. Le travail de la soie fut un progrès pour l'industrie des villes, comme l'éducation du ver et de son arbre nourricier l'était pour l'agriculture. Les anciennes traditions de la teinture phénicienne purent s'appliquer à des tissus plus précieux que la laine, le coton et le lin. Tripoli, qui a conservé jusqu'aujourd'hui ses mûriers et ses métiers à soie, tenta la cupidité de tous les conquérants successeurs de Bizance.

Avant la première croisade, les Egyptiens avaient pris cette ville sur les Turcs vainqueurs des Sarrasins. Un émir qui y commandait, attaqua l'armée de Godefroy, marchant vers Jérusalem après le siège d'Antioche. Défait dans une bataille sanglante, il ne conserva son autorité qu'en payant un tribut considérable, et s'engageant à rendre toutes les places aux croisés aussitôt qu'ils se seraient rendus maîtres de Jérusalem. Le secours du khalife égyptien lui permit plus tard d'oublier cette promesse, et le siège de Tripoli fut commencé par Raymond, comte de Saint-Gilles et de Toulouse, et terminé par son fils Bertrand, arrivé d'Europe avec une flotte.

Les services du père, illustré comme compagnon de Godefroy et mort devant cette place, ceux du fils qui avait aidé à l'emporter, firent ériger en comté le territoire de Tripoli, qui devint l'apanage de cette famille. Les limites de ce comté étaient au midi, le fleuve Adonis, au nord la ville de *Marqab*.

Les croisés usèrent du droit des vainqueurs en massacrant la garnison : ils payèrent un autre tribut à la barbarie de leur temps, en méprisant l'industrie du pays et livrant aux flammes une bibliothèque que les écrivains orientaux portent à plus de cent mille volumes, et qui était riche non-seulement en manuscrits arabes, mais en livres de la Perse, de l'Egypte et de la Grèce. Rien ne manqua à cette triste revanche de l'incendie des livres d'Alexandrie, pas même le dilemme d'un Omar chrétien.

Lorsqu'après la bataille de Tiberiade, Saladin vint mettre le siège devant Tyr et devant Tripoli, ces deux villes furent défendues par le héros espagnol qui n'a été désigné que par le nom du chevalier aux armes vertes. Tripoli reçut, par mer, le secours d'une flotte envoyée par Guillaume, roi de Sicile, et commandée par ce Marguerit, surnommé le roi de la mer et le nouveau Neptune. Déjà le comté de Tripoli était passé aux mains de Bohémond, prince d'Antioche; Raymond II, de Saint-Gilles, avait été assassiné par les émissaires du vieux de la montagne. Ces troubles n'avaient pas tout-à-fait paralysé l'industrie manufacturière du pays, car Joinville passant par là acheta des camelots que la reine Marguerite admira comme riche étoffe, après les avoir pris d'abord pour de saintes reliques.

Seize ans plus tard, Bibars-Bondoucdar, allant prendre Antioche, s'arrêta devant Tripoli pour une négociation. Afin d'examiner par lui-même les moyens de défense de la place, il s'était mêlé, sous un déguisement, au cortége de ses propres ambassadeurs. Ceux-ci, qui connaissaient déjà les préséances européennes, ne voulaient traiter Bohémond que de comte. Bohémond s'emportait en exigeant le titre de prince. La question fut jugée séance tenante par le signe fait par un hérault d'armes qui, rentré dans le camp, et redevenu le sultan du Qaire et de Damas, disait, en riant de l'aventure : Voici le moment où Dieu maudira le prince et le comte. Le moment arriva bientôt ; Bibars, maître d'Antioche, écrivit au comte et prince de Tripoli pour lui décrire, avec une cruelle complaisance, toutes les profanations, toutes les horreurs qui avaient accompagné la ruine de sa capitale ; en même temps, il faisait ravager, par ses Mameloucks, le territoire de Tripoli.

La place même est encore protégée par les traités, par ses murailles et par la réputation guerrière des défenseurs qu'elle reçoit à chaque instant d'Europe. Mais tous ces secours finissent par devenir impuissants contre les armes du second sultan mamelouck. Qalaoun, dont le tremblement de terre semble se rendre le complice, s'empare du port de Latakié au moment où les tours qui le défendaient viennent de s'écrouler. Le château de Margat a été obligé de capituler malgré la belle défense des hospitaliers. Celui de Telima n'a pu être sauvé par le courage furieux du sire de Barthelemi. Le fort de Karac, et presque tous ceux du voisinage de Tripoli, sont au pouvoir des Egyptiens. Les Francs, acculés et terrifiés dans Ptolémaïs, ont conclu des traités honteux, par lesquels ils doivent dénoncer jusqu'aux apprêts d'une croisade nouvelle. Les templiers, déjà façonnés à la perfidie envers leurs frères comme au mépris de toutes les morales, ont essayé de surprendre Tripoli qui, assiégée enfin par une armée formidable, pourvue de puissantes machines, est prise après trente-cinq jours de siége.

De là date la destruction de la Tripoli maritime, lentement et incomplètement relevée sous le nom de Mina. Les Egyptiens démantèlent toutes les places où peuvent se renfermer les Francs établis en Syrie, comblent les ports où les flottes d'Europe trouvaient accès et sûreté. Le goût des Mameloucks est antipathique à la guerre maritime. Bibars l'avait déjà manifesté en comblant le boghaz de Damiette, après la malheureuse expédition de Saint-Louis.

Au contraire, Chypre, par sa position, devait être une puissance de mer, surtout depuis que les chevaliers de Saint-Jean avaient pris l'île de Rhodes. A la fin du quatorzième siècle, Pierre de Lusignan ayant recruté une petite armée en Europe, et ayant réuni ses vaisseaux à ceux des Vénitiens et des hospitaliers, surprit et brûla Alexandrie, et plus tard ravagea toute la côte de Syrie, Belinas, Tartouse, Latakié et Tripoli, déjà rebâtie à la place où elle existe aujourd'hui. Le sultan demanda la paix et la signa avec des conditions consolantes pour les chrétiens. Le roi de Chypre et les hospitaliers prélevaient la moitié des droits perçus sur les marchandises des ports et des principales villes de Syrie. Alexandrie elle-même était leur tributaire. Les hospitaliers reprirent la maison de Saint-Jean qu'ils occupaient à Jérusalem : les églises des lieux saints purent être réparées ; les pèlerins purent circuler moyennant un léger tribut.

1er Septembre.

Au lieu d'atteindre Tartouse, ville célèbre dans les croisades, et remplie de monuments de divers âges, nous avons été forcés, par le vent contraire, de relâcher à l'île de Road ou Roudas. Elle est à moitié couverte par une ville de quinze cents habitants, presque tous Turcs. Il y a à peine deux ou trois familles chrétiennes. La marine est ici l'occupation de tout le monde : le port a toujours des navires à l'ancre, le chantier des navires en construction. Les reïs et matelots qui naviguent relèguent leurs femmes et leurs sœurs dans un château qui domine la ville. Les portes en sont sévèrement fermées la nuit. L'arceau de pierre qui forme ces portes offre, des deux côtés, la silhouette grossière d'un lion attaché à un pieu par une chaîne, comme on le voit sur la principale porte de la citadelle du Qaire. Malgré cela, la fabrique de ce château ne remonte pas aux Aïoubites.

Des pirates de toutes nations s'étaient emparés de l'île, et de là inquiétaient les villes voisines et leurs navires marchands. Les Syriens se plaignirent au sultan de Constantinople, qui envoya garnison dans l'île, expulsa les pirates, et fit bâtir le château. Un ancien capitaine turc, protégé de Sidney-Smith, pensionné par l'Angleterre, et qui était à Navarin à bord de la flotte anglaise, nous apprit cette particularité, qui me paraît n'être que le souvenir défiguré d'un fait constaté par Aboulféda. En 1303, un parti considérable de Francs s'était fortifié dans l'île. Saïf-Eddin-Assandemor, qui gouvernait alors la Syrie, obtint une flotte du gouvernement égyptien, et s'empara de l'île après un combat sanglant. Les Francs furent tous tués ou faits prisonniers; leurs murailles furent rasées; leurs richesses devinrent la proie des guerriers égyptiens. Le capitaine joignit à son récit une autre tradition du pays un peu moins certaine, et relative à un mur cyclopéen qui entoure l'île. Un roi du continent, Dokianous-el-Gebbar, construisit ces fortifications pour garder ses trésors et sa fille. L'un des noms turcs du pays est encore le château de la fille.

Ce mur, que j'ai examiné dans toute sa circonférence, est vraiment digne d'architectes géants. Ses pierres ont moyennement douze ou quinze pieds carrés, quelques-unes vingt. La carrière d'où on les a extraites est l'île même. On les taillait le long du rocher qui forme sa charpente et qui dessinait sa circonférence. Intérieurement, des hypogées résultaient de la perte de substance; au-dehors, c'est-à-dire au bord de l'eau, dans l'eau même on rangeait les gros blocs, qui formaient tout à-la-fois jetée contre les flots et remparts contre les ennemis. Entre ce mur et les hypogées, des pavés à compartiment paraissent avoir supporté les piliers ou les murs de magasins ou casemates. Dans plusieurs points, cet intervalle, envahi dans les gros temps par la mer, forme comme un canal circulaire.

Sur le quai du port, j'ai reconnu plusieurs autels votifs de trois pieds de haut sur dix-huit pouces de diamètre, quelques-uns en lave poreuse, d'autres en lave compacte ou basalte antique. L'un d'eux portait, me dit-on, un chiffre. Je fis ôter les câbles qui le cachaient. Par malheur, ce chiffre est à moitié engagé dans un mur. C'est une inscription grecque un peu effacée que j'ai relevée.

Vers trois heures, nous avons accepté une collation chez un reïs turc, ami de notre cicerone. Au soleil couchant, nous soupons sous la tente des charpentiers. Des pêcheurs sont venus nous offrir les éponges que nous leur avions vu prendre en passant près de leurs barques. C'est la richesse de ces parages. Les éponges sont divisées en trois qualités. La plus grossière vaut ici de quarante-cinq à cinquante piastres l'oque; la deuxième, de cent à cent cinq; la troisième, de cent trente-cinq à cent cinquante. Les plongeurs sont presque tous Grecs de religion et même de nation. Plusieurs, que nous avons observés la montre à la main, nous ont semblé rester sous l'eau plus d'une minute.

En faisant le tour de l'île, j'ai rencontré quelques palmiers et beaucoup d'aloës. Cette plante grasse ne se trouve qu'ici et sur la côte voisine. Elle ressemble beaucoup à l'aloës de Soccatra, île située à l'entrée de la mer Rouge. C'est de cette région éloignée et bouleversée jadis par des volcans, que la tradition la plus antique fait venir les Phéniciens. L'aloës, utile à quelqu'une de leurs industries, aurait-il été transporté par eux?

A une période encore antique, mais plus certaine de l'histoire, nous voyons l'île occupée par une colonie de Sidoniens, qui, bientôt trop ample pour la dimension de son terrain, va contribuer à bâtir la ville de Tripoli. Si le mur circulaire n'est pas de cette haute antiquité, les ouvriers qui l'ont fait avaient conservé les traditions phéniciennes de taille et d'assemblage des gros blocs, telle que nous les avons constatées à Baalbek.

2 Septembre.

Malgré une nuit magnifique et une petite brise favorable, les marins ont dormi toute la nuit dans le port. En nous réveillant au bruit de l'appareillage, nous apercevons, au nord, deux énormes montagnes couvertes de nuages; c'est le Cassius, le Rossus, les deux sentinelles d'Antioche. A une région plus basse et moins azurée, nous distinguons la colline de Latakié, et bientôt après notre œil peut analyser sa verdure, composée d'oliviers, figuiers, vignes, et par-ci par-là de quelques dattiers dont le fruit ne mûrit jamais. L'édifice le plus apparent de la ville se détache à mi-côte, c'est la mosquée du scheikh El-Mogreby, avec ses coupoles blanches et son haut minaret.

Le fort qui protége l'entrée du port a des fondements tout feutrés de colonnes, rouges, noires, blanches, en basalte, en granit, en marbre, posées droites, horizontales, obliques, sortant du mur comme des canons. L'échelle du débarcadère a une construction à peu près pareille. Lataquié comme Tripoli a une ville haute et une échelle en ruine. La distance de l'une à l'autre n'est que d'un mille; la route est pittoresque mais peu commode. Nous fûmes reçus au consulat anglais par un fort bel homme, qui est le frère de la belle Mme Katcheflis. Il nous donna un très bon repas sans vin. L'Orient offre maintenant cette singularité que les chrétiens y sont plus abstèmes que les musulmans. Pendant la soirée nous eûmes un cercle de dames, toutes vêtues à l'orientale, et accompagnées de serviteurs qui dressèrent leur narguilé. Un parent du consul anglais improvisa des vers arabes sur tous les mètres à la mode, il en écrivit, il en modula sur les airs favoris du Qaire, qui donne le ton littéraire et artiste à tout l'Orient arabe. La méloppée était accompagnée par le gargouillement des narguilés, que le barde comparait poétiquement au murmure d'un ruisseau. Les dames fument toutes aussitôt qu'elles sont mariées. Cette habitude, si commode pour le silence, est précisément interdite aux jeunes personnes, toujours plus réservées que les dames.

Ici l'exception nous fut signalée par une charmante demoiselle qui porte un nom français, et qui a dans sa tournure comme dans ses traits, heureusement mêlé les grâces de la France méridionale à la beauté classique de l'Orient : les plus beaux yeux noirs, une chaude pâleur, un pied furtif, une main de cire, une taille svelte, sans laquelle le costume levantin paraît toujours lourd. Mademoiselle Lanusse, fille d'un consul général de France, et parente de l'illustre général mort à Alexandrie, a appris le français dans sa famille. Mais soit timidité, soit coquetterie, elle ne voulut parler qu'Arabe. C'était le moyen de le rendre harmonieux à nos oreilles. Ceux de nous qui ne pouvaient goûter la naïveté de sa pensée, la justesse précoce de sa raison, purent croire au moins qu'ils entendaient une bouche andalouse adoucissant la fierté de la langue castillane.

A dix heures, nous regagnâmes le port : le reïs, fidèle à ses habitudes, avait oublié sa patente de santé, afin d'avoir un prétexte pour ne mettre à la voile qu'au jour.

Le vent est mauvais et alterne avec des calmes. Après avoir battu la côte toute la journée, nous jetons l'ancre dans une petite baie derrière le cap et en face du village de *Basit*. Il est un peu tard pour aller chercher des provisions, d'ailleurs le caractère des habitants commande la réserve. Il y a quelques années, une frégate anglaise mouillée dans cette baie envoya une embarcation pour faire de l'eau. Les Ansariens s'imaginant qu'on venait attaquer le pays, tombèrent sur les matelots, dont plusieurs furent blessés et un tué. Les Anglais revinrent avec une chaloupe armée et firent feu sur la population agglomérée sur la plage. La mitraille couvrit de cadavres l'endroit ou maintenant sont allumés plusieurs feux de palikars grecs.

Nous avons retrouvé ici des pêcheurs d'éponge qui, semblables aux héros d'Homère leurs aïeux, dépeçaient des chevreaux dont ils jetaient ensuite les quartiers sur les tisons enflammés. Nous en achetons quelques-uns, qu'à notre tour nous grillons dans un grand feu de bois vert.

4 Septembre.

La chaîne septentrionale du Liban, qui commence à Tripoli et se termine au mont Cassius, porte le nom générique d'*Aqa*. C'est aussi le nom spécial d'un de ses pics les plus élevés. La montagne que nous cotoyons maintenant découpe ses rochers dans la mer même, et nous en longeons toutes les pointes, toutes les criques, à portée de pistolet. Le spectacle est amusant tant que nous allons à la rame pendant le calme, mais beaucoup moins lorsque le vent fraîchit et que la mer devient grosse. Vers deux heures, nous nous réfugions au milieu d'un archipel de rochers qui dessine une petite anse. Un peu de bon vent suffirait pour gagner l'Oronte, dont les eaux savonneuses blanchissent au loin la rade. Le vent est trop fort, la mer est trop rude, les Arabes poltrons jettent un grapin et une ancre. Il est quatre heures, et nous n'avons ni bu ni mangé; plus d'eau douce, plus de provisions, personne n'avait compté sur une si longue traversée. A force de chercher, on retrouve un peu de pain dur, des piments et des ognons que nous dévorons gaiement....

Le reïs, réconcilié enfin avec le vent par la peur des rochers, envoie un matelot lever par son flottant la grande ancre, dont le câble vient de se casser. La corde du flottant aussi se rompt. La seconde ancre, levée plus heureusement, est bientôt mouillée de nouveau dans une crique sablonneuse; c'est toujours moins mal qu'au milieu des rochers. Mais quoi, une barque moins grande que la nôtre passe devant nous, le vent en poupe, toutes voiles dehors, cinglant vers l'Oronte comme pour railler notre circonspection! Nos reproches aguerrissent le reïs, qui s'élance enfin au large pour aller droit à la rivière. Le Boghaz est affreux, plein de gros brisans et de hautes vagues; mais vingt hommes qui y font sentinelle ont reconnu le pavillon de M. Barker et nous font signe d'approcher.

Nous y sommes engagés: le Boghaz de Damiette était un canal charmant en comparaison de celui-ci. La barque talonne, pose en plein sur sa quille; les vagues semblent prêtes à la submerger: les hommes l'ont saisie et affaiblissent les secousses, ils la soulèvent et la poussent en se plaignant de son poids. M. Barker donne le signal de l'alléger en la débarrassant des passagers; les femmes prennent ce signal pour un cri de détresse, et s'élancent sur les épaules des marins, demi-vêtues, sans souliers, éperdues. Les vagues déferlent sur les hommes et sur leur fardeau. Cependant après un moment d'angoisse, bateau et passagers sont passés, les uns à terre, l'autre dans l'eau douce et tranquille. Un peu après la barre, mais bien avant le petit *Mina*, on débarque les effets, et la charité, moins monopolisée pour soi, se réveille un peu pour le prochain. Où est le bateau qui a servi de guide à notre marche, de stimulant à notre amour-propre? Mon Dieu, sauvez au moins la vie de son malheureux équipage. Le bateau, trop chargé de voiles, a été jeté à gauche du Boghaz, et se brise sous nos yeux sur les rochers du Rossus !

Nous montâmes à cheval et cheminâmes en silence vers Suèdié, navrés de la catastrophe dont nous venions d'être témoins, employant la terreur et la pitié qu'elle avait soulevé dans nos cœurs, par moments à remercier Dieu de la fortune meilleure qu'il nous avait accordée, mais plus souvent à frémir de notre imprudence.

Nous arrivâmes à la nuit tombante à la résidence de M. Barker, à plus de deux milles du Boghaz. L'ancien consul général et sa famille étaient absents, moins Mme Barker mère, qui nous fit un très bon accueil et nous servit un très bon souper levantin, c'est-à-dire que le riz y abondait et que l'eau y était délicieuse.

5 Septembre.

Réveillé de bonne heure par le chant des coqs et le babil des moineaux, des grives et des merles, j'ouvris la fenêtre de ma chambre et me trouvai sur un grand balcon qui entoure la maison, et à la façade principale appuie une grande tonnelle couverte de plantes grimpantes. Cette maison, vrai chalet suisse, gracieux, propre, avec un escalier extérieur, est noyée au milieu d'un lac de verdure; au loin, utiles plantations de mûriers; plus près, vergers où les fruits d'Europe sont mêlés aux orangers et à d'autres arbres exotiques que le maître a acclimatés à grands frais. Je reconnais l'orange mandarine que Malte a enlevée à Kanton, le coing de la Chine, trois fois plus volumineux et plus parfumé que celui de Sidon ; le neflier du Japon, à la feuille grise et gauffrée.

Tout-à-coup le joyeux aboiement des chiens et un piétinement de chevaux m'annoncèrent l'arrivée de nos hôtes.

M. Barker père, vieillard robuste, descendit lestement de cheval et donna la main à sa fille, mistriss Peach. M. Edouard Barker, vice-consul anglais d'Antioche, reçut à son tour nos salutations. Après quelques questions sur l'Europe et l'Egypte, M. Barker se mit à me parler horticulture. C'est la dernière passion des Anglais. Il attendait prochainement le prince Pukler-Muskau, illustre amateur de jardinage, campé pour le moment au milieu des pistachiers d'Alep. Faisant trêve ensuite à ses préoccupations favorites par sollicitude pour la curiosité des voyageurs, il me recommanda d'aller visiter les ruines de la Séleucie grecque et romaine qu'il m'indiqua du doigt à l'autre corne de la baie, sous le mont Rossus, ou comme il se nommait dans l'antiquité *Pierius*.

Vers midi, pendant que tout le monde faisait la sieste, les chevaux et les guides étaient prêts. Après une heure et demie de marche, je rencontrai une vaste fabrique composée d'arceaux et de galeries qui paraissent avoir appartenu à des amphithéâtres. Une riche végétation d'arbustes parmi lesquels je remarquai pour la première fois les styrax, dérobait la plus grande partie des ruines. La ville de Seleucus venait jusqu'ici et se développait ensuite à mi-côte jusqu'aux cryptes dont la montagne est percée.

Le port de mer était un Cothon ou bassin artificiel dont l'enceinte en fer à cheval est encore très-reconnaissable. La courbe touchait à la ville : la mer y communiquait par un chenal que l'on suit encore au nord-ouest. La surface de ce port me parut égale au tiers du port de Marseille ou à la moitié du Pyrée. Il est encore assez profond pour former un marais couvert de joncs. Aux portions les moins basses on cultive du jardinage et surtout la racine tubéreuse de l'*arum colocassia*. Les pierres du quai ont bravé le temps par leur masse. Leur assemblage me rappela le mur circulaire de Road et me confirma davantage dans l'idée que la maçonnerie phénicienne, la plus antique de la Syrie, en fut aussi la plus estimée, et que les traditions s'en maintinrent malgré les changements de nom et des peuples et des gouvernements.

La ville arrivait en pente vers le port d'où un grand faubourg s'étendait en plaine jusqu'à l'amphithéâtre. Un mur d'enceinte, un reste de tour qui aura été remanié à l'époque byzantine, offre une de ces colonnes braquées en guise de canon que la naïve imagination de nos guides nous signala comme un canon antique et pétrifié. Ce débris est au niveau de l'hémicycle calcaire qui était naturellement percé de cryptes que la main de l'homme agrandit et orna pour en faire des tombeaux. Cette ville haute et dominée par la montagne risquait, en temps de pluie, de verser sur la ville basse et le port des torrents fort incommodes. La boue, le sable, le gravier, entraînés par les eaux, pouvaient combler le Cothon après avoir dégradé les rues. La sollicitude des architectes para à cet inconvénient.

En haut de la montagne et enceignant la ville antique règne un aqueduc gigantesque, tantôt creusé à ciel ouvert, tantôt foré sous le roc. Tout n'y a pas été fait de main d'homme: un gros mamelon calcaire était fendu profondément en plusieurs endroits. Les intervalles pleins furent percés; les fentes rendues plus profondes. Cet aqueduc se continuait jusqu'à la mer, un peu à droite du chenal. Les paysans syriens le désignent sous le nom de *Djeris*.

Six villes de l'Asie-Mineure et de Syrie ont porté le nom de Séleucie. Celle-ci doit avoir été fondée en même temps qu'Antioche. C'était son échelle maritime. La bouche de 'Oronte n'a jamais pu être assez large pour former un port véritable. Le port Saint-Siméon des croisades et de la principauté d'Antioche devait être le Cothon et non pas la rade foraine que notre barque traversa hier. La lettre ironique, rapportée par Ibn Ferat et décrivant la conquête d'Antioche par Bibars dit textuellement : Si tu avais vu tes vaisseaux pris dans le *port* de *Swediè* par tes propres vaisseaux.

Lorsque le colonel Chesney releva le terrain qui sépare Swediè de l'Euphrate, il jeta les yeux sur le Cothon antique de Séleucie comme pouvant être recreusé à peu de frais, uni par un canal à l'Oronte dont la canalisation est fort aisée au moins jusqu'au lac. De là une route carossable de dix ou douze lieues lierait la Méditerranée à l'Euphrate, au Tigre et au golfe Persique.

En rentrant dans le salon, à mon retour de la petite excursion, je trouvai mistriss B. assise sur son divan près d'un natif Syrien chrétien. Ils tenaient à eux deux une Bible suspendue à une grosse clé par un mouchoir fin. Mistriss B. ne se rappelait pas avoir reçu un bijou qu'un Aleppin affirmait lui avoir remis. Le Syrien disait une prière, puis prononçait alternativement les noms de la dame et de l'Aleppin. La Bible pivota au nom de la dame déclarée par là en erreur. Elle se leva à l'instant, et ayant fait des recherches plus exactes, finit par trouver le bijou. M. B., présent à la scène, nous parla beaucoup de la magie égyptienne que Lane a décrite avec complaisance. Il nous assura que lord Prudhoe et M. de Laborde avaient acheté assez cher l'initiation au *Darb-el-Mandil*, qui donne la faculté de faire paraître tous les objets désirés dans le miroir d'une goutte d'encre. La divination ou jugement de Dieu par la Bible s'appelle *Darb-el-Kitab* : le consul-général d'Autriche y croit et l'emploie, non pas dans sa chancellerie, mais dans son ménage. Cela me rappela qu'un consul français, M. Rousseau, lorsqu'il était inquiet ou irrésolu, ouvrait la Bible et tirait un augure des premières paroles écrites à droite en tête de la page. Un jour il se pronostica ainsi le salut de son propre fils qui, dans une maladie grave, avait été condamné par les médecins.

Après vingt ou trente ans de séjour en Orient, ces choses-là s'entendent et se disent sérieusement. La puissance de l'exemple est si grande qu'il n'est permis à personne d'y échapper quand l'exemple est général. M. Barker, élevé en Angleterre dans un siècle sceptique, doué d'un esprit ingénieux, d'une imagination vive, initié aux sciences physiques, à l'histoire de l'esprit humain et de ses préjugés, n'avait pas échappé à cette singulière contagion. Sa causerie pleine d'anecdotes, de dissertations ingénieuses, parfumée d'aristocratie européenne et du haut patronage des anciens consulats d'Orient, nous donna plus d'une fois l'idée de Franklin, diplomate et bonhomme, physicien et crédule, coopérant à l'admirable rapport sur le mesmerisme, et puis racontant sérieusement à Cabanis que les éperons de l'aile du Kamichi dont on a enterré le cadavre se convertissaient en une véritable plante qui végète à la façon du jonc épineux.

M. B. possède deux autres résidences plus belles que celle-ci : l'une, *Beit-Yas*, distante de quinze milles dans la montagne au nord, est fraîche comme l'Europe ; l'autre, *Yuderbeg*, à trois milles d'ici, est dans un vallon fort chaud, car les citroniers y bravent l'hiver malgré leur sève non interrompue, tandis que l'hiver les tue à Suédié. La richesse de ce vallon provient d'un cours d'eau assez fort pour tourner des moulins et arroser des jardins. Tous les villages du voisinage sont habités par des Arméniens d'une race très-blonde. Nous visitâmes celui de Goulouk qui a plus de cent maisons. Toutes les femmes portent des pantalons étroits. Les femmes mariées fixent leur turban au moyen de jugulaires recouvertes de petites pièces de monnaie qui figurent une sorte de casque d'écailles. La montagne est couverte de lauriers nobles dont la baie donne par expression une huile qui brûle avec une odeur très-fétide. Les collines non boisées ainsi que les champs incultes sont tout hérissés de réglisse sauvage.

Le soir à dîner, nous n'aperçûmes pas plus de vin sur la table que la veille, le vin est pour rien ici à deux pas de Chypre et du mont Liban, mais l'ancien consul général au fait de toutes les nouveautés d'Angleterre et d'Amérique, aussi bien que des habitudes d'Asie, était affilié depuis plusieurs années aux sociétés de tempérance ; nos instances furent vaines pour lui faire goûter quelques-uns des vins français et syriens tirés de nos bagages.

Nous fûmes plus heureux auprès d'un autre commensal qui était comme nous son hôte, mais qui aurait mérité d'être Anglais par ses excentricités. M. Martens nous raconta avec son accent allemand qu'il avait été pris fort tard de la manie des voyages et de celle de la peinture, il dessinait fort joliment les fleurs, il en avait dessiné au Qaire et espérait bien aller exploiter la belle flore de Calcuta, de Bombay et de Lahore ; les voyages lui avaient été conseillés par les médecins d'Europe comme remède à une maladie de peau qui le tourmentait depuis longtemps : c'était une espèce de dartre farineuse universelle, contre lesquelles les eaux de Baden avaient été impuissantes. Je lui parlai de celles de Tibériade comme beaucoup plus énergiques, et il promit d'en essayer en se dirigeant vers l'Égypte.

Le précieux répertoire de M. B. charma notre soirée ; toute la Syrie et l'Égypte furent passées en revue dans cette encyclopédie : histoires de chasse et de pêche, tremblements d'Alep et d'Antioche (1), cosmogonie et contagion de la peste, niaiseries de Mourad-Bey qui prenait le roi de

---

(1) Aboulfeda, en parlant du tremblement de terre de l'an 1159, raconte

France ou le directoire pour des fabricants de draps, rivalité des schérifs d'Alep avec les Turcs et leurs pachas, mais surtout impayables détails sur la vie de lady Stanhope à qui M. de Lamartine, malgré tous ses ménagements de style, a rendu une justice complète.

Lady Stanhope était folle! sa folie, complète dans ses dernières années, avait commencé par être volontaire, c'est-à-dire incomplète. Elle avait montré à M. de Lamartine le cheval qui devait conduire le Messie à Jérusalem; à son agonie elle disait à sa négresse et à son médecin : Zecca, as-tu fait seller ma jument baie? celle qui doit me conduire au trône de Jérusalem?... Mes gardes sont-ils prêts à me suivre?.... Donne-moi mon plus bel équipement de guerre?.... Zecca pleurait. Sotte! reprit-elle, tu ne vois pas la gloire divine rayonnant sur mon front!... Je vais m'asseoir bientôt sur le trône de la sainte cité.... (1) Telle est la marche naturelle de toutes les ambitions raisonnables ou folles; d'abord on veut être le ministre du Messie, puis le roi du Messie, puis le Messie lui-même !

Son amour-propre excessif avait été blessé par la perte d'une des plus hautes positions que femme ambitieuse puisse rêver, la royauté du salon de son oncle Pitt, dans un temps où il n'y avait de cour ni à Londres, ni à Windsor! L'excentricité anglaise avait d'abord coloré le dépit de l'orgueil déçu, et lady Stanhope était allée chercher une royauté dans un désert. La chronique a ajouté qu'elle y avait aussi cherché et trouvé d'amples dédommagements à la retenue longtemps imposée par les regards sévères de l'Angleterre, et par la sévérité plus grande de son oncle le premier ministre. L'exem-

---

qu'un maître d'école d'Hamah se trouvait absent au moment du désastre qui fit périr tous ses écoliers. Quand la secousse fut finie, aucun des parents ne se présenta pour s'informer de ces jeunes infortunés.

(1) Malta-Times.

ple de plusieurs femmes, beaux-esprits, et un peu étourdies par la popularité réelle ou apparente de leur nom, autorise à croire que les caprices de tête peuvent mener beaucoup plus loin dans ce genre de travers, que des besoins de cœur ou de corps. Si Lélia a jamais pu faire comprendre quelque chose, il me semble que c'est surtout cette chance de dévergondage féminin avec gravitation vers la folie ; les mécomptes de cette curiosité plus considérables et presque aussi terribles que les mécomptes de l'amour et de l'ambition, doivent tôt ou tard compléter la crise. Selon M. Barker la chronique se serait trompée, surtout sur ce point délicat et mystérieux, non que milady jugeât les convenances de son sexe et de son rang du point de vue de la morale vulgaire ; mais une froideur radicale de cœur lui aurait fait considérer ces caprices comme des passe-temps indignes de sa haute intelligence, comme elle se disait d'abord, de sa haute mission religieuse et politique comme elle se dit plus tard quand le mysticisme fut passé de sa bouche dans son esprit. Les grandes dames, à qui leur conscience fait craindre le soupçon, sont remarquables par la chasteté de leur conversation ; M. de Ségur le nota chez Catherine II. Lady Stanhope avait une conversation d'homme et d'homme ignorant sur certains chapitres. Elle contait un jour qu'elle avait été consultée par un beau jeune homme turc épuisé par des excès, situation extrêmement commune dans un pays de polygamie et de mariages précoces, et qui fait le fonds de la première confidence adressée par tous les grands seigneurs aux Européens qu'ils supposent versés dans l'art de la médecine. Le malade fut guéri par quelques versets de la *Bible* arabe que la reine de Palmyre lui lisait de temps en temps, qu'elle écrivait sur des papiers attachés au cou en guise d'amulettes ; elle citait en preuve de la guérison la grossesse d'une des femmes du Turc, sans penser qu'on pouvait imaginer qu'elle avait aperçu des preuves plus immédiates de son retour à la santé.

Comme aucune contradiction n'avait le droit de nous étonner dans un pareil caractère, nous ne cherchâmes pas à infirmer la conclusion de cette anecdote par la signification d'une autre qu'il y joignit presque tout de suite. Lady Stanhope parlait beaucoup des succès qu'elle obtenait dans le salon de son oncle, où sa beauté disait-elle, était reconnue par tous les goûts : un jour qu'un ambassadeur de Perse se trouvait à un coin du salon, raisonnant sur les idées de beauté qu'on avait dans son pays, les curieux groupés autour de lui demandèrent quelle dame il avait le plus admiré, tous s'attendaient à voir nommer la duchesse de Northumberland, la beauté la plus en vogue à cette époque, l'ambassadeur persan nomma lady Stanhope qui ne pouvait l'entendre, qui était même absente en ce moment.

Tous les détails de la réception des étrangers qui l'ont visitée en Syrie depuis longues années, confirment ces prétentions coquettes. Sitôt qu'elle put craindre les ravages que le temps faisait à sa figure, elle ne parut plus que dans des cabinets mal éclairés, où ses traits ne pouvaient être distingués. L'appareil de mystère et de prophétie dut lui paraître une invention excellente pour colorer ce jeu féminin. Lady Stanhope, à qui l'on ne doit maintenant que la vérité, ne fut jamais jolie, elle était grande et hommasse, avait les traits fort durs et les yeux fort petits. J'appris à Malte la nouvelle de sa mort. Depuis que sa famille l'avait fait interdire et l'avait réduite à une mince pension, elle ne voulait plus s'exposer à recevoir un hôte ; elle est morte dans un château dont elle avait fait murer la porte.

8 Septembre.

Deux routes conduisent à Antioche, la plus courte longe

la rive droite de l'Oronte, nous suivîmes d'abord celle-là à travers une série de collines dont l'une porta jadis le monastère de Saint-Siméon-Stylite. De là nous apercevions à l'orient une montagne plus élevée, sur laquelle serpente comme une muraille ou une série de rochers blanchissant au soleil; au bout de deux heures de marche nous descendîmes vers la rivière que nous passâmes à gué, elle était moins profonde que nous ne l'aurions cru à la densité de ses eaux blanchies, il est vrai, par l'argile qu'elle charrie; en remontant de l'autre côté nous longions des haies pittoresques de styrax, dyeuses, de vignes sauvages, de smilax auxquelles se mêlait une proportion de plus en plus forte de laurier noble. Nous approchions de Daphné, la véritable patrie de cet arbrisseau.

Daphné était le Tibur des rois Séleucides; un faubourg d'Antioche qui en avait pris le nom de *ad Daphnen*: on y jouissait de l'air de la montagne rendu plus frais par des sources abondantes qui formaient mille cascades. Maintenant à peine quelques restes de murs sont reconnaissables sous les broussailles, l'eau jaillit encore et ressaute avec pétulance et fracas le long de sept étages de moulins. Ce hameau s'appelle *Beit-el-ma*; un peu plus loin au haut d'un vallon d'où la vue s'étend jusqu'à la rivière, on rencontre la source de *Daricha*. Sgraïbo, autre fontaine dont l'eau est encore plus renommée, se rencontre un peu plus loin, de beaux chênes et des platanes énormes l'ombragent.

En atteignant le col qui succède à Sgraïbo, notre œil plongea sur la belle plaine d'Antioche; la ville occupe le bas de cette longue muraille et de cette immense montagne que nous avions aperçus de si loin; ses toits rouges sont comme un nœud sur le ruban argenté de la rivière.

Je l'avoue, ce n'est pas le souvenir classique des amours d'Appollon et Daphné, ce n'est pas la gloire des Séleucides ni celles des Césars que mon esprit évoqua en présence de cette cité, jadis la troisième du monde ; je pensai plutôt au titre de chrétien, assumé pour la première fois ici par les disciples de Jésus-Christ, à la constitution de l'Eglise sous son premier pasteur, l'apôtre Pierre; aux oracles payens réduits au silence par le sang des martyrs; je pensai à Théopolis, la cité de Dieu, la fille aînée de Sion, plus honorée par l'hommage des pélerins, que la métropole de Syrie, la reine de l'Orient ne l'avait été par le luxe des Séleucides et des proconsuls.

Que de gloire aussi dans cette régénération chrétienne de l'Antioche des croisades! l'armée de Godefroy, arrivée de l'Asie-Mineure à travers des prodiges de valeur, eût à déployer ici un courage plus difficile que celui des batailles; la persévérance et la discipline au milieu de toutes les horreurs de la faim et de la maladie. Les croisades sont les temps héroïques de notre histoire, et les guerriers de la première surtout sont les plus demi-dieux de tous ces héros. Il est heureux qu'ils aient trouvé un Homère : un historien ne leur eût pas rendu une complète justice. L'envie humaine peut trouver son compte à l'énumération des faiblesses d'autrui : Beaudoin fut ambitieux, Tancrède violent, Boémond entra dans Antioche par une intrigue; l'Hermite Pierre ne put supporter la faim; Godefroy lui-même se mit un jour en colère pour une riche tente qu'on lui disputait ; quels accents, quel élan lyrique l'historien aurait-il à son service pour compenser le tort que ces confessions et de pires font à ses héros? N'est-ce pas pour parer à cet inconvénient que le roman historique est apparu de nos jours? Plus vrai et plus humble que l'histoire, puisqu'il aborde des détails plus nombreux et plus familiers, mais aussi plus haut et plus poétique, puisqu'il imagine et chante quand il trouve insuffisant de raconter !

Antioche reprise sur les Sarrasins par l'empereur grec Nicéphore Phocas, était retombée sous le joug musulman, quand les croisés l'investirent. Accien ou Baghisien, petit-fils du sultan Seljoukide Melek Schah, s'y était enfermé avec une armée d'une trentaine de mille hommes. Les Turcs, répandus aux environs de la ville et parfois coupant les communications des croisés avec Séleucie et le port Saint-Siméon, devinrent de terribles auxiliaires des assiégés. Les Francs ne se rendirent maîtres de la ville qu'au bout de huit mois, encore fallut-il la coopération d'un Arménien renégat nommé Phirous, qui livra la porte et la tour des Trois-Sœurs à Bohémond, si justement surnommé l'Ulysse latin.

Il était temps ; Kerbogha arrivait avec une armée qui investit la place et fit subir aux Francs les horreurs d'un siège : Godefroy fut réduit à manger son dernier cheval. Le vicomte de Melun, que les exploits herculéens de sa hache d'armes avaient fait surnommer charpentier, s'enfuit d'une ville où il ne trouvait à combattre que la faim ; d'autres chevaliers s'évadaient par des cordes tendues le long des remparts. Bohémond fut obligé de livrer aux flammes plusieurs quartiers de la ville pour réveiller les soldats de leur assoupissement. Un prêtre provençal leur rendit tout-à-fait le courage en découvrant dans l'église de Saint-Pierre le fer de la lance du soldat Longinus, qui avait percé le flanc de Jésus sur la croix.

La garnison fit une sortie, et secondée par l'armée chrétienne qui était campée à l'occident de la ville, tomba sur Kerbogha, qu'elle mit en déroute. L'exaltation religieuse et la faim avaient décuplé la valeur de chaque soldat. Le camp des Turcs fournit un butin immense : la tente du chef surpassait en luxe tout ce qu'on avait vu jusqu'alors. Après cette victoire, la citadelle qui avait conservé sa garnison turque se rendit ; beaucoup de Musulmans adoptèrent la religion que Dieu semblait favoriser ; les Grecs se rallièrent à la communion romaine.

A cinquante ans de là, Antioche, capitale d'une principauté chrétienne, offrait un luxe rival de Constantinople qui étonna et séduisit Eléonore de Guienne. Plusieurs grandes dames se trouvèrent réunies à la cour de Raymond de Poitiers, où les Turcs eux-mêmes venaient faire admirer leur galanterie. Daphné était redevenu un lieu de délices. Louis VII, déjà en froid avec son épouse et possédé d'ailleurs du désir sérieux d'arriver à Jérusalem, résista à toutes les propositions de Raymond, à toutes les insinuations, à tous les caprices d'Eléonore.

La politique aurait cependant trouvé son compte à la coopération du roi de France aux projets du comte d'Antioche. Un ennemi plus formidable que Kerbogha était à ses portes. La puissance des Atabèks, fondée par Zengui, fils d'Aksensar, avait pris accroissement et consistance sous Noureddin son fils. Alep, Moussol, Emesse, ses principales places, tenaient en échec tous les états chrétiens fondés par la première croisade. Il convoitait Damas et menaçait jusqu'au littoral maritime, où peu de temps après il vit planter ses tentes pendant qu'il baignait son corps dans la mer comme pour en prendre l'investiture.

Ce fut vingt ans après cette époque qu'Antioche retomba définitivement sous le joug musulman. Bibars, vainqueur de Safed, vainqueur de l'Arménie, de Jaffa, entra presque sans coup-férir dans Antioche terrifiée. Les Sarrasins y firent un tel butin, que selon l'expression d'un de leurs historiens, il n'y eut pas esclave d'un esclave qui n'eût un esclave. Après le pillage, un incendie dévora les maisons et les palais. Il ne resta que les remparts, dont deux ans après un tremblement de terre renversa la plus grande partie

Dans ces soixante-dix ans d'occupation chrétienne, Antioche était devenue le centre d'un grand mouvement commercial. Cette activité avait reflué sur Alep, entrepôt des marchandises de Bagdad. Quand les Musulmans relevèrent les ruines de l'incendie et du tremblement de terre, la prospérité n'y revint pas : les chrétiens de toutes les sectes furent exclus de la ville, et surtout les Arméniens et les Grecs, races marchandes de l'Orient. C'est alors que le port Saint-Siméon, la rade et l'embouchure de l'Oronte, se sont comblés de boue et de sable. Les comptoirs chrétiens n'ont reparu à Antioche qu'au commencement du dix-huitième siècle.

En approchant de la grande route qui traverse les jardins potagers à l'ouest de la ville, nous entendions un bruit comparable au bramement des chameaux. C'était le gémissement d'un nombre immense de puits à roues ou *noria*, qui élèvent les eaux de l'Oronte. De l'autre côté de la rivière, nous aperçûmes les tentes de plusieurs régiments faisant partie de l'armée d'observation d'Ibrahim-Pacha. A une porte de la ville actuelle, ouverte un peu plus bas que l'ancienne porte Saint-Georges, est la fameuse tour des Deux-Sœurs. Nous rejoignîmes nos moukres, qui avaient marché en avant pendant que nous reconnaissions le terrain du haut de la montagne. Ibrahim-Pacha ayant le plus grand besoin de bêtes de somme pour ses transports militaires, avait fait aposter des soldats à toutes les issues pour saisir chameaux, mulets, chevaux. Les nôtres n'avaient pas échappé à cette consigne, mais la forme européenne des malles, et surtout un chapeau d'homme attaché à nu sur un paquet, avait fait suspendre la saisie. Les sentinelles, en voyant nos costumes francs, reconnurent la vérité des déclarations, et nous firent des excuses.

Nous reçûmes l'hospitalité chez le gérant des consulats

de France et d'Angleterre, Giorgi Adib. Il nous céda son principal divan, aussi propre en réalité qu'en apparence, circonstance rare même dans les sophas somptueux du Levant.

La journée du lendemain dimanche compléta l'étude de la ville moderne et des murs anciens. Ceux-ci étaient si solidement bâtis, qu'ils sont encore reconnaissables partout. Ils partaient de la rivière et montaient à mi-côte. Le grand mur qui monte plus haut et se relie au château qui couronne le sommet, aura été commencé par les Turcs et complété par les croisés. Le ciment qui y fut employé a acquis la dureté de la pierre. Des blocs entiers de remparts et de tours ont été renversés par les tremblements de terre, sans que leurs pierres se soient désagrégées.

L'enceinte totale de ces murailles peut être de quatorze milles. Au temps du premier siége de Godefroy, elle était de dix ou douze. Nous reconnûmes les portes décrites par Raymond d'Agiles, Albert d'Aix et Guillaume de Tyr : au nord, vers les marais où campaient Godefroy et ses Lorrains, la porte ducale, au coin nord-est la porte du Chien, puis la porte Saint-Paul, toutes deux grandes et ornées comme des arcs de triomphe. La porte Saint-Georges, au milieu de l'enceinte occidentale, est presque entièrement écroulée, mais les tours qui la flanquaient ont leur base assez bien conservée pour reconnaître qu'elles étaient en prisme à huit pans. Un ravin profond forme de ce côté un fossé enjambé par-ci par-là par de vieux ponts qui soutinrent des ponts-levis ou des aqueducs. Il en est de même à la portion des murs qui monte au-dessus de la porte Saint-Paul. La cinquième porte est la seule qui fasse partie de la ville actuelle, c'est celle qui s'ouvre en face du pont de pierre, on l'appelle aujourd'hui *Bab-Istamboul*, parce qu'elle livre passage aux caravanes arrivant de l'Asie Mineure et de Constantinople.

De l'autre côté de la rivière, le sol, composé de collines stériles et parsemées de tombeaux, offre des points commodes pour jouir de la vue de la rivière, égayée sur tous ses bords par la plus luxuriante végétation. En amont du pont, les maisons de la ville sont, pour la plupart, occupées par des tanneries qui alimentent un bazar rempli de bottines et de babouches. Les jardins nourrissent beaucoup de cannes à sucre qui se débitent fraîches au marché. La rivière surtout vers l'endroit où le lac s'y décharge, donne tous les ans une pêche d'anguilles fort considérable. On en sale plus de cent mille après les inondations de l'hiver et du printemps. Une tortue molle, du genre nommé *trionix*, vit dans l'Oronte comme dans le Nil. Les coquillages qui noircissent tous ses bords sont remarquables par leurs bosselures.

L'antiquité paraît avoir laissé ici la tradition de ses chars à bœufs avec des roues pleines. Le moyen-âge y a laissé les toits des maisons couverts de tuiles et inclinés à plusieurs versants; les mulets portent des bats de bois dits encore à la chevalière. Enfin, comme pour compléter le rendez-vous des industries de tous les temps et de tous les pays, les bœufs caparaçonnés, bâtés, sellés et bridés servent de monture à un cavalier, ou portent des colis sur leur dos comme dans l'Inde.

Dans l'antiquité, la diversité des races et l'activité commerciale concentrèrent à Antioche des monnaies très-variées, dont on retrouve encore aujourd'hui beaucoup d'exemplaires. M. Giorgi-Adib nous en procura quelques-unes de celles que Corancés a signalé comme rares et précieuses : Séleucus-Epiphane d'argent, Séleucus-Nicator, Antiochus-Eusèbe et Antiochus-Philopator, Tigrane, roi des rois coiffé d'une mitre; Médailles phéniciennes offrant têtes de vieillards ou de femmes couronnées de fleurs, tourelées, voilées. Au revers, un navire, une proue, un rameau, une femme sortant d'une proue ; une double corne d'abondance ; diverses figures debout tenant épée de la main droite. Parmi celles-ci sont les monnaies de Marathus, ville phénicienne dont le nom et l'emplacement me semblent correspondre à *Marqab*; monnaies juives avant les rois portant feuille de vigne ou vases ; du temps des rois, épis, et au revers une tente avec le nom du roi; monnaies des empereurs romains, surtout de Néron et d'Agrippine. Quelques monnaies koufiques, avec diverses figures d'hommes et d'animaux : médailles des Perses frappées en Syrie avec caractères inconnus; monnaies parthes avec l'autel du feu ou pyri ; monnaies de Samosate et d'Edesse assez communes à Alep. Celles d'Edesse portent une tête mitrée avec le nom d'Abgar ; avec les noms d'Allomas et de Mannus elles sont fort rares. Enfin, nous vîmes quelques-unes des monnaies des princes croisés, décrites par M. Cousinery.

10 Septembre.

Au lever du soleil, nous avions passé la porte Saint-Paul et ôté nos chapeaux, en signe de respect et d'adieux, aux débris d'une basilique où la tradition veut que l'apôtre ait prêché et que Pierre ait été reconnu premier vicaire de Jésus. Nous avions mis près d'une heure, au pas de nos chevaux, à parcourir la route qui mesure la longueur de l'ancienne ville. Les quatre cinquièmes sont aujourd'hui occupés par des jardins. La ville moderne, quoique grande, ne remplit pas un dixième de la surface totale enceinte par les murs.

La plaine d'Antioche, qui commence presqu'à la porte, s'étend depuis l'Amanus, au nord, jusqu'à la montagne que nous laissons à droite. Elle a quarante milles de longueur sur une largeur moyenne de six ou sept milles. Après le pont de fer, elle prend le nom de plaine des Turcomans : les nomades de ce nom y vivent sous des maisons de paille ou sous des tentes. C'est vers ce point que l'Oronte se détourne brusquement de sa direction au nord, pour se jeter au couchant, justifiant ainsi l'épithète de *Maqloub* renversé, que lui a donné Aboulféda. La route que nous suivons est sur la rive gauche; mais l'Oronte, fort encaissé, ne reluit pas au soleil, n'est même pas jalonné par de la verdure. Notre œil est attristé par un océan de chardons et de chaussetrapes qui alternent, avec la réglisse, véritable lèpre de cette terre. A peine avons-nous pu compter deux ou trois champs de coton.

A onze heures, nous faisons halte, pour déjeuner, à *Djeser-Hadid*, le pont de fer. Ce pont, à arches pointues, porte à cheval une maisonnette demi-citadelle. Une grosse colonne antique, couchée en travers de son abord, semble mise là exprès pour exclure l'idée qu'une charrette y passera jamais, et, en attendant, pour rompre les jambes des chevaux qui glisseront sur son granit poli! Image véritable du gouvernement turc, qui inquiète le présent et ferme la porte à tout avenir de progrès. Ce pont, démoli plusieurs fois par des tremblements de terre, avait jadis neuf arches, et était défendu par quatre tours. L'armée chrétienne, venant d'Artesia, y éprouva une forte résistance; plus tard on se battit souvent pour sa possession. Baudouin premier, roi de Jérusalem, fit réparer ses tours. La porte intermédiaire avait un revêtement de fer d'où venait son nom arabe.

La seconde moitié de notre route fut semblable à la première : la plaine des Turcomans aussi est inculte; la récolte favorite du lieu, ce sont toujours les herbes épineuses. La réglisse sauvage forme souvent de véritables bois taillis. Quand le terrain se releva un peu aux approches de Herem, nous distinguâmes parfaitement, à notre gauche, le beau lac d'Antioche, reluisant au bas de l'amphithéâtre du Taurus. Ce lac, qui reçoit plusieurs petits cours d'eau, se verse dans l'Oronte à quatre milles au nord-est d'Antioche. Les auteurs anciens (Justin, Polybe, Valère-Maxime), ne paraissent pas l'avoir décrit. Peut-être s'est-il formé dans quelqu'une des convulsions qui agitent cette terre. Les écrivains des croisades l'appellent lac Blanc, à cause de la marne argileuse qui trouble ses eaux. Il a environ la surface du lac de Tibériade, mais plus allongé et plus étroit vers le nord. Là se trouvent plusieurs lacs mineurs fort poissonneux, où M. Barker a fait tant de belles parties de pêche.

Certaines cartes conduisent, jusqu'au lac Blanc, un ruisseau dont la source est à Herem. Il n'en est pas ainsi, au moins, dans l'été. Cette source, quoique fort abondante, se perd dans un marais à peu de distance de ce village, où nous sommes maintenant arrêtés pour passer la nuit.

Herem est le *castrum harenc* des croisades. Bohémond et le comte de Saint-Gilles s'en emparèrent pendant le premier siège d'Antioche. Une armée de vingt mille hommes, commandée par les émirs turcs d'Alep, Damas, Césarée, Emesse, vint y chercher refuge après avoir été défaite dans la plaine. Noureddin prit Herem en 1184, pendant que les chrétiens assiégeaient son visir Schirkou dans Belbeys. Le prince d'Antioche et le comte de Tripoli y furent faits prisonniers après avoir perdu beaucoup de soldats.

La ville devait être assez grande pour recevoir tant de monde. Son importance provenait d'un château ou redoute qui est encore parfaitement conservée. L'ouvrage principal est un cône tronqué couronné d'une citadelle bizantine, dont les pierres fondamentales figurent une ou deux tranches de colonne ciselées dans le même bloc. Au dedans, ce sont des ouvrages fort nombreux et fort compliqués, quelques-uns portant la croix grecque. Des fabriques postérieures, croisées ou sarrasines, se distinguent par des pierres plus petites et par des fortifications à arceaux gothiques. Au côté sud de la grande masse, on découvre un escalier ménagé dans le roc vif. Le côté nord est taillé à pic; le reste du pourtour est conique; le tout, revêtu de pierres assez larges, carrées et bien assemblées. Ce massif a été détaché de la montagne par un fossé taillé dans le roc vif, comme l'aqueduc de Séleucie. Du côté du couchant, le fort est précédé d'une demi-lune très-solide, à inclinaison très-raide, et à revêtement semblable à celui du grand cône. Au bas de ces ouvrages, un beau filet d'eau, qui va se mêler à la source principale, a été mis en aqueduc de grandes dalles. Il communique avec les puits intérieurs de la citadelle.

Le flanc de la montagne voisine est criblé de cryptes où des paysans se sont logés. C'étaient sans doute les hypogées tumulaires de la ville antique. Il est impossible de ne pas reconnaître ici l'œuvre de la stratégie et de la maçonnerie romaine. Du haut de cette citadelle, on aperçoit dans la plaine neuf ou dix autres masses de fabrique pareille. Ici cones isolés, là appuyés à la colline, toujours couronnés de remparts où les bataillons disséminés d'une armée d'occupation ont pu braver les incursions inopinées d'un ennemi redoutable seulement par sa cavalerie.

Nous avons dormi délicieusement sous un grand mûrier, qui nous a dispensé de déployer nos tentes. Partis par un ciel parfaitement serein, et n'ayant à l'horizon que juste ce qu'il faut de brume pour réfléchir la gamme chromatique de l'aurore, nous avons vainement cherché cette teinte rose tant célébrée par les poètes de tous les temps. L'aube pâle, le premier phénomène qui suit le fanement de l'azur de la nuit et la disparition des étoiles, est remplacée par une autre aube qui a préoccupé M. Edgar Quinet, sous le nom de lumière meurtrie. Elle est effectivement d'une pâleur safranée et laque qui rappelle les teintes d'une meurtrissure. Ensuite, le safran devient plus intense, il tourne au nakarat comme l'orange presque mûre ; il se rouille ou rougit comme le fer à la forge. Toutes ces nuances n'ont pas la couleur de la rose, au moins de la rose de notre pays. Les roses de l'Orient sont moins délicates ; leur teinte est plus foncée. De là vient l'erreur des poètes, qui ont traduit Homère au lieu de se lever matin. Il est probable que nous avons commis la même erreur au sujet de la pourpre de Tyr. Les murex donnent une liqueur rouge foncée. Les Phéniciens avaient des réactifs capables d'en tirer des violets et des écarlates, et non pas seulement des cramoisis.

Nous avons été distraits de notre esthétique par le glapissement d'un renard que nous avons poursuivi de toute la vitesse de nos chevaux ; notre goût de chasse anglaise s'est exercé bientôt sur un gibier plus attrayant. D'un champ de coton, nous avons vu partir six belles gazelles de la grande espèce, décrite par Russel ; brunes, élégantes, grandes comme le chevreuil d'Europe, et surtout d'une prodigieuse vitesse à la course. En deux sauts, elles ont été hors de portée. L'un de nous a cependant eu le temps de lui envoyer une balle. Quel rêve pour des chasseurs d'Europe, où les osillons même deviennent rares ! Voir six gazelles ; es manquer, les tirer par conséquent ! et demain nous serons à Alep, cette terre promise de la chasse, où le désert a des troupeaux de deux cents gazelles, où les forêts ont offert soixante bécasses à tuer en six heures aux fusils de M. Barker.

Deux heures après cet épisode, nous avions atteint un plateau assez élevé, où nous eûmes le bonheur de rencontrer un chêne vert, accident fort rare, et qui ne se reproduisit pas jusqu'à Alep. Nous profitâmes de ce parasol naturel pour faire la collation matinale. En face de nous, au fond d'un vallon, nous avions les ruines de plusieurs châteaux bâtis par des chevaliers vassaux de la principauté d'Antioche. Chaque fois que nous atteignîmes un point culminant dans cette mer de rochers, nous aperçûmes de tous côtés églises, forteresses, bourgs, villes, œuvres des Bizantins, des Francs, des Sarrasins, maintenant désolées et désertes.

La route passe au beau milieu d'une ruine fort étendue, où l'on reconnaît débris de palais, de maisons particulières, d'églises à trois nefs avec arceaux pesants et bas. La croix grecque se voit partout. Ces ruines s'appellent *Saqiat*. J'ai entrepris un long travail pour rapporter aux noms des villes et bourgs antiques, les noms modernes de toutes les ruines de ce plateau. La synonymie de d'Anville, déjà critiquée par Corancès dans la vallée de l'Oronte, est encore plus contestable ici.

Notre caravane se croisa avec une cavalcade plus brillante. Un bey turc, allant d'Alep porter des ordres au camp d'Antioche, était escorté d'une quarantaine de serviteurs armés de fusils albanais, de lances hautes de dix pieds, et portant sous le fer une grosse touffe de plumes d'autruche, que d'un peu loin nous prenions pour des têtes portées en trophée.

Un peu plus loin, en vue de *Dahna*, que nous laissions à gauche, la route a profité d'un reste de chaussée romaine magnifiquement conservée et faites de grandes pierres irrégulières, mais bien assemblées. Elle a plus d'un mille de longueur. A droite de son origine, et à une distance d'un mille, sont de belles ruines antiques appelées *Tellet-Ekberin*. Les Syriens y ont bâti quelques maisons modernes et des bains turcs. Plus loin, au milieu de la plaine, d'autres ruines sont signalées par deux hautes colonnes.

A une heure et demie, nous atteignîmes *Touamè*, terme de notre étape et la patrie de nos muletiers. Touamè est aussi un bourg antique préservé des ravages du temps et de la guerre par sa solide construction. Le bois manque dans ce plateau, mais la pierre abonde. On tailla dans la montagne les linteaux de porte, les solives et poutres de plancher qu'on ne trouvait pas à tailler dans la forêt. Les muletiers nous installèrent dans leur maison : une portion de l'écurie fut arrangée en chambre à coucher ; la table fut dressée en pleine cour sur une grande meule qui fermait la citerne taillée dans le roc. Plusieurs corps de logis, de fabrique ancienne, étaient autour de cette cour. Des portes basses et carrées, des plafonds faits de dalles de quinze ou vingt pieds de longueur, et par conséquent des chambres de dix ou quinze pieds carrés de surface, voilà l'architecture de ces demeures de la petite propriété romaine ou grecque. On voit à Pompéi des domiciles moins commodes et surtout moins solides que ceux-ci.

Dans une des maisons du village je trouvai un petit fronton décoré avec quelque soin et portant une inscription grecque. Quand j'eus achevé de la copier, mon attention fut appelée par le petit four que l'on chauffait en plein vent. Il est en forme de jarre provençale à laquelle on aurait fait une perte de substance ovale sur le devant. Cette jarre est noyée dans un massif de maçonnerie. Un feu de crottin de chèvres avivé de temps en temps par quelques broussailles sèches cuit les pains plats et minces que les femmes plaquent contre les parois après les avoir étendus sur un petit matelas rond qui garantit leurs mains du feu.

Je trouvai près de ce four un grand bel Ansarien qui se disait beau-frère d'un de nos muletiers et qui me proposa de me conduire à la curiosité du pays, que vont visiter d'ordinaire les voyageurs. C'est la ruine d'une ville de guerre située sur une colline du voisinage. Il me la montrait du doigt à deux milles de la grande citerne du village, taillée dans le roc vif à ciel ouvert, et au fond de laquelle plusieurs femmes lavaient du linge. Je me laissai guider, non sans remarquer deux autres colosses portant, comme lui, le large turban et la casaque rouge blasonnée devant et derrière, qui se dirigeaient vers *Deir-Ennehaman* par des routes moins directes. Les ruines sont fort considérables : les remparts et les tours n'auraient besoin que de peu de réparations pour être remis à l'abri d'un coup de main. Plusieurs maisons de l'intérieur n'ont perdu que la toiture. Plusieurs avaient deux étages. Vers le nord-ouest, il y a une petite église à trois nefs et du patron perpétuel des églises provinciales de ces temps déchus. La croix bizantine est ciselée partout.

Je nommerais volontiers cette cité la *Petra* de cette Syrie pétrée. Seulement, ce désert de pierre calcaire doit avoir été beaucoup plus habité que le désert de grès, voisin de la mer Rouge. Du haut de la colline qui porte *Deir-Ennehaman*, on peut compter plus de quinze amas de ruines, bourgs, monastères, églises, châteaux, citadelles. A l'aide d'une lunette, je retrouvai partout la même apparence pesante et peu ornée, beaucoup de grosses portes à linteau monolythe, beaucoup d'arceaux pesants, fort peu de colonnes.

Le guide me persécutait, depuis une demi-heure, pour me conduire dans l'intérieur d'une maison où il m'assurait qu'il y avait des pierres écrites. Je lui obéis à regret. En pénétrant dans la cour, je trouvai non pas seulement les deux Ansariens que j'avais vu filer à quelque distance de nous; il y avait de plus un autre paysan moins large d'épaules et de turban, mais armé d'un bâton. Mon guide m'expliqua que c'était le berger d'un troupeau de chèvres que nous avions rencontré dans les rues désertes de la ville. Je lui demandai, en riant, si ce berger cherchait, lui aussi, les pierres écrites. Non, dit-il, mais, près des pierres écrites, il y a toujours des trésors et des *afrit* qui les gardent, et ici tout le monde est curieux de trouver les trésors et d'entendre les *afrit*. C'est juste, montrez-moi donc ces précieuses inscriptions qui peuvent nous guider dans la découverte. Il indiqua du doigt un appui de fenêtre où je ne vis que des lignes irrégulières tracées par la main du temps. Je me retirai vers la porte en surveillant les mouvements des trois spectateurs qui se rapprochaient. Avant de partir, je voulus diriger un coup de lunette vers le sommet d'une tour qui dominait le mur le plus bas de la cour. Le pâtre se mit à pousser des cris, à implorer merci en disant qu'il n'était pas le coupable. Le pauvre homme avait pris ma lunette pour une arme à feu dirigée contre lui ; cette terreur me rendait le service de me révéler un complot que j'avais à peine soupçonné, et qui m'engagea à abréger ma visite.

Je perdis mon guide à la première traverse que je pus enfiler et tirai un pistolet en l'air pour assurer ma retraite, convertissant ainsi en certitude la supposition à laquelle je devais mon salut.

Telle est la fortune des voyageurs : imprudents par curiosité, ils s'aventurent seuls au milieu de brigands. La curiosité, soutenue par un secret orgueil, leur a d'abord fait mépriser le danger ; sauvés ensuite par le hasard ou par l'ignorance de l'ennemi, l'orgueil revient pour exagérer le péril passé et rendre son souvenir presque enivrant. Couché la nuit après un repas sobrement arrosé de vin de Chypre, l'imagination arrangea dans un cauchemar toutes les impressions de la soirée. Les Ansariens offrent quelquefois leurs femmes ou leurs sœurs aux voyageurs quand ils n'osent pas prendre leur argent par force. Je rêvai que la sœur d'un de mes colosses me serrait dans ses bras jusqu'à m'étouffer. Il y avait quelque chose de réel dans la sensation Une vache détachée de sa crèche s'était avancée jusqu'à mon lit et m'écrasait la poitrine d'un de ses pieds.

12 Septembre.

Le désert de pierre continue jusqu'en vue d'Alep. A peine on trouve quelques champs cultivés dans les bas-fonds ou sur les plateaux. Trois heures après avoir quitté *Toua-mé*, on découvre au sud-est une petite chaîne de montagnes à profil doux comme celui des dunes de sable. Elles appartiennent au désert qui sépare Alep de Palmyre. A la quatrième heure nous nous sommes arrêtés pour déjeûner derrière des rochers, seul objet qui, ici, donne un peu d'ombre. Près de nous était une ruine, et devant, un immense puits, reste d'une carrière antique. Aucun autre objet n'occupe l'attention sur la route jusqu'à une heure de *Khan-el-Asel*. Du sommet d'une colline élevée on distingue la tour la plus haute du château d'Alep. On la perd ensuite de vue parce que le terrain s'abaisse. Khan-el-Asel est le nom d'une citerne antique où l'on s'arrête pour abreuver les animaux.

Alep, où nous arrivons vers les trois heures, est dans une plaine dominée de tous côtés. Elle mérite bien le nom de *Blanchâtre* que les Orientaux lui donnent. Tout autour, le terrain est gris-bleu de cette marne calcaire qui colore tous les cours d'eau en Syrie. Les toits des maisons sont gris, le môle qui porte le château est gris aussi. Des arbres et des jardins fort touffus marquent le cours de la petite rivière. Le plateau que nous quittons communique avec le bassin d'Alep par des falaises où il y a de fort mauvais pas que ni le gouverneur ni Ibraham-Pacha ne songent à rendre moins dangereux. La stupidité des douaniers nous fait traverser une partie de la ville pour aller à la douane qui, heureusement, est voisine du consulat français. Pendant que les Cawas affranchissaient nos effets de la visite, une famille française, alliée de notre excellent ami M. Plasse, avait traité pour nous d'un logement propre et commode au Kettab, quartier franc d'Alep, maisons de bois improvisées à la suite du dernier tremblement.

13 Septembre.

Pour étudier une grande ville dont on ne peut se procurer le plan, il faut commencer par en faire le tour; il faut l'observer de quelque point culminant, une colline voisine, un fort, un minaret, un clocher; rien de cela ne manque ici. Les villes de l'Orient sont entourées de ces masses de décombres séculaires qui finissent par former des *monte-testaceo* plus hauts que celui de Rome. Autour du Qaire il y a une quarantaine de ces *Koum*. Ils abondent aussi autour d'Alep. Du côté du nord, un faubourg formant presque un tiers de la ville a été surajouté. C'est à son extrémité occidentale qu'est le palais ou fort des anciens pachas. Souvent ils mouraient ou se retiraient sans avoir pénétré dans la ville qui avait des espèces de franchises maintenues par les corporations rivales de janissaires et des schérifs.

Au sud, les remparts sont libres et n'ont que peu de maisons qui les masquent; ils sont partout de grand style: des tours carrées ou à plus de quatre côtés, flanquées de guérites, de *moucharabiè*, de machicoulis ornés de grandes et belles inscriptions. Les portes sont coquettes, aussi bien exécutées et plus ornées que *Babelnaser* et *Babelfoutouh* au Qaire. Il y a des linteaux, des arcades de toutes formes; les pierres y sont découpées en toutes fantaisies: plusieurs offrent ces saillies en cylindre qui sont évidemment l'imitation des colonnes byzantines; mais ici cette tranche de la colonne supposée a été guillochée d'inscriptions. Les beaux monuments du Qaire postérieurs aux

Atoubites sont identiquement de la même fabrique. Saladin a passé par là ; ses éternels lions se voient sur une des portes les plus élégantes au sud de la ville.

J'ai mis deux heures et demie à faire le tour d'Alep : il en faut retrancher une demi-heure fort bien employée à causer avec un ingénieur français, M. Chaumette, que j'ai trouvé occupé à relever le plan des environs de la ville. Nous avons assisté ensemble au défilé de vingt-cinq mille hommes, infanterie, cavalerie et artillerie, qui, commandés par Soliman-Pacha, venaient de faire les grandes manœuvres dans le désert au nord. En rentrant après cette longue fatigue, m'a dit M. Chaumette, ces soldats ne trouveront ni soupe ni vin ni ragoût ; du pain et de l'eau, pas autre chose. Quelque jour cette sobriété en fera des soldats remarquables quand les traditions de la discipline seront plus anciennes et leurs officiers plus instruits.

La ville est entourée de déserts de tous côtés, à une lieue de rayon ; au couchant, il n'y a qu'une ligne d'arbres le long de la rivière ; au levant, il y a d'assez grandes plantations de pistachiers et oliviers. Une autre forêt entoure la ville de tous côtés ; c'est une forêt de pierres tumulaires. Par-ci par-là des voiries sont mêlées aux sépultures des hommes ; et là, les corbeaux, les vautours, les buses, les faucons, abondent. Des tourterelles violettes viennent s'abattre fréquemment sur les tombeaux ; on les entend roucouler ici, comme au Qaire, sur les murs de la ville, sur les arbres du voisinage, dans les jardins et jusque sur les fenêtres des maisons habitées.

14 Septembre.

Vers le centre d'Alep, mais plus près du mur oriental, s'élève le château. Avant-hier, en débouchant sur le bassin du haut des falaises, je jugeai ce château quelque chose d'analogue aux redoutes de Herem et de la plaine d'Antioche. Maintenant, cette supposition a pris pour moi le caractère de certitude. Une colline naturelle a été travaillée et régularisée par la main de l'homme. Un glacis de pierres de taille a été mis à l'endroit où le terrain n'avait pas solidité suffisante. Un fossé de plus de vingt pieds a été taillé dans le roc blanc marneux dont la tranche est encore visible vers le palais du gouverneur. Grace à l'obligeance de M. Chaumette, j'ai visité l'intérieur du château.

On y monte par des rampes pavées, dont les dalles ont été rayées et trouées pour faciliter la marche des chevaux. La porte principale est de grand style, masquée dans des temps postérieurs par une application grossière. Quand on arrive sur la plate-forme terminale, on est tout étonné de son étendue. Les remparts enceignent une ville qu'on y eût jamais soupçonnée du dehors. Avant le tremblement, il y avait des rues, des marchés, des casernes, des maisons habitées. Maintenant tout est démoli ; la secousse a mis à nu plusieurs couches de fabriques d'âges divers, quelques-unes fort élégantes, palais, mosquées, magasins. Les remparts plus solides que tout ont le plus résisté. Le périple est presqu'entier, au moins dans sa base : trois ou quatre gros bastions sont intacts. Un grand puits très-profond et intarissable fournit l'eau qui monte par deux sceaux à enroulement inverse.

Ce n'est pas le seul édifice antique : la vue de tout ceci a confirmé mes conjectures du dehors. Une petite cité et une citadelle romaine ont existé là. Il y en a des traces dans les fondements les plus profonds. J'ai trouvé de plus un sarcophage en marbre blanc avec deux génies tenant des guirlandes et d'un travail assez beau Un sarcophage d'un temps postérieur, et en pierre dure, porte une inscription grecque partagée en quatre lignes par l'ornement bizantin. Ces deux pierres sont trop pesantes pour que les Sarrasins se soient amusés à les y transporter. Ils les auront trouvées ici et en auront fait des abreuvoirs ou des auges.

La salle d'armes renferme encore des millions de flèches, des armures, cuissards, brassards, cuirasses et plastrons, que les Sarrasins portèrent bien avant les chevaliers. Il y a aussi des zambourèques ou fauconneaux de l'artillerie primitive, fabriqués d'une tôle de fer ou de cuivre clouée ou soudée en long, puis reliée par des anneaux de fer très-rapprochés. J'ai vu depuis à Malte quelque chose de pareil et de plus singulier. Le tuyau de tôle était relié par une spirale de corde par dessus laquelle on avait étendu un stuc. Cette pièce fut prise par les chevaliers de Saint-Jean dans une expédition de Grèce. Les Turcs, à qui elle appartenait, en avaient fait feu mainte fois.

Du haut du château, l'œil plane sur la ville, et mesure avec affliction la surface des ruines, qui est plus étendue que celle des édifices encore debout. Il remarque avec étonnement plusieurs minarets turcs, c'est-à-dire grêles et droits, qui ont résisté aux secousses multipliées; il admire les grandes proportions de la principale mosquée, qui fut jadis une église grecque avec un beau clocher carré; il compte à peine trois ou quatre dattiers dans les jardins et des coupoles élégantes dans presque toutes les maisons du quartier chrétien du *Jèdeidé*.

Le dernier architecte du château d'Alep fut Saladin : cela est établi par une inscription neskhy placée sur la porte d'entrée. Une réparation paraît avoir été faite par ordre de son neveu Melik-Elaschraf, à la grande tour qui fait face au palais actuel d'Ibrahim-Pacha. Ce fait est transmis à la postérité par une immense inscription de caractère koufique, carré et ponctué, qui, selon les goûts favoris de l'architecture sarrasine, a plutôt l'air d'un ornement, d'une frise à enroulement corinthien. Pococke, chapelain du consulat anglais, et beaucoup d'autres orientalistes, n'y ont pas fait attention. Les lettres hautes de dix pieds sont en marbre noir sur un fond de marbre jaune. La carrière de ce dernier est à quinze lieues à l'est d'Alep, près de Bambyce, l'ancienne Hyerapolis, métropole de la Syrie euphéotésienne, et fameuse par le culte d'Atergatis.

En voulant regagner le Kettab, je m'égare dans les dédales du bazar. Les khans ou caravansérails qui y aboutissent sont remarquables. A l'intérieur, c'est toujours le cloître avec deux étages de colonnades et d'arceaux. La porte est digne du nom de portail par ses ornements. Celle du camp de la douane, une des plus récentes (la fin du dix-huitième siècle), est moins coquette que celle de *Khan-Saboun*. Celle-ci le cède à la porte de *Khan-Wisir*. Beaucoup de maisons particulières en ont reproduit le grand arceau.

Ici l'on voit la transition de l'ancien au moyen sarrasin. La pierre n'est plus découpée profondément : elle est brodée à la surface. Il y a des pilastres engagés et plus de colonnes, du guillochage et plus de fouilles. En m'approchant du Kettab, j'ai longé plusieurs rues dont le ruisseau est couvert de dalles. C'était sans doute l'arrangement primitif et peut-être antique des rues de Beyrout et de plusieurs villes de Syrie. L'incurie barbare a laissé enlever les dalles, et abandonné aux piétons et aux animaux des rues sales et immondes.

15 et 16 septembre.

Pendant que nous étions en goût d'architecture, notre hôte Jousef-Karaly, allié à plusieurs riches familles d'Alep, nous a fait visiter les maisons les plus renommées pour leur élégance. Sa fille aînée, jeune et jolie personne, a épousé le fils de M. Sader, ancien drogman d'Angleterre. Ce bon vieillard, encore coiffé du kalpac, insigne de ses fonctions, nous a reçus dans une grande cour en carré long, pavée en marbre, avec des compartiments où la mosaïque forme des arabesques dignes du temps des soudans. D'autres carrés sont plantés en arbustes élégants ou en herbes toujours fleuries. Le bassin, ou fesquié, occupe sa place dans ces marbres, et se rattache, par quelqu'autre petit jeu d'eau, à la fontaine attenante au corps de logis sous un arceau ouvert. C'est la pensée sarrasine primitive : le marbre, l'eau, le jardin, le grand air. Un divan occupe l'arceau. On y reçoit les hôtes, on y peut dormir au frais la nuit et le jour.

Voici maintenant la modification grecque syrienne telle que nous l'avons observée plus prononcée et plus riche dans plusieurs maisons du Djedéidè : la façade où se trouve l'iwan ou vestibule à arceau est un peu plus haute que la façade opposée, à-peu-près comme le chevet d'un lit somptueux. Les deux autres façades sont symétriques. Sur les quatre côtés il y a une série d'ouvertures au rez-de-chaussée et au premier étage, un peu petites eu égard à la surface du mur. Le cadre rétablit la juste proportion. Ce cadre est formé par des linteaux très-ornés, par des arceaux dont les voussoirs sont découpés en rose, en œillet, en étoile. Plus haut, règne une corniche dessinant une grosse chicorée, une dentelle, une guirlande de fleurs, profondément fouillées dans la pierre. La sculpture a ainsi travaillé les frises, les grandes corniches, les gargouilles pour les eaux pluviales. Ce style que je recommande à tous les voyageurs d'aller voir, surtout dans la maison de *yousef-Karaly*, bâtie par l'aïeul de notre hôte, est une vraie consolation pour les yeux affligés par la grossièreté turque.

Sans doute c'est une décadence de l'ancienne pensée sarrasine, mais c'est encore ravissant pour sa grace et son exécution. C'est quelque chose qui tient du gothique passant à la renaissance, avec un commencement de Louis XV,

Evidemment le cadre doré des tableaux et glaces apportés à Alep par les Français du dernier siècle, a plus d'une fois inspiré les artistes syriens. C'est un *rococo* mixte dont on raffolerait à Paris si on l'y connaissait. C'est le cadre le plus harmonique à la toilette des femmes levantines, aux robes détroussées, aux pantoufles à paillettes, aux têtes chargées de fleurs, aux figures fardées, aux teints bruns, que l'on regrette parfois de ne pas voir adoucir par la poudre.

Presque toutes les maisons riches ont une chapelle occupant tout un côté de la grande cour. Son plafond est au toit. Les jours du premier étage sont adoucis par des rideaux; ceux du rez-de-chaussée sont masqués. Le plafond est à très-petits caissons bleu, pourpre et or tout parsemé de dessins, d'arabesques, d'oiseaux, de fleurs, de caprices géométriques; le tout trop mignon pour qu'on puisse en jouir de si loin. L'œil analyse mieux les miniatures prodiguées aussi aux niches ogives dont la concavité figure comme l'empreinte d'une pomme de pin, sorte de rocaille fort employée dans les portails et dans certains chapiteaux sarrasins du Qaire, et par malheur négligée par les importateurs de l'architecture dite gothique. Des draperies, des festons, des glands de soie, des verroteries, des œufs d'autruche, sont entremêlées aux lampes qui brûlent sans cesse devant les images de la vierge ou des patrons du logis, Saint-Georges, Saint-Dimitri, Saint-Antoine. En dehors, en plein air, l'iwan lui-même est protégé par un auvent diapré de couleurs et métaux, fleuri et miniaturé comme le riche plafond de la chapelle. Les appartements ordinaires ont souvent des plafonds pareils. En bas, sur une estrade élevée, règnent des divans de riches étoffes.

Chez M. Fatah Allah Koubbé, le salon d'une maison, presque aussi élégante que celle de Karaly, mais plus grande et plus magnifique par sa cour et son jardin, donne une véritable idée du luxe oriental. Ce sont partout des niches pleines de tablettes couvertes de bijoux indiens et chinois en filigranes d'or et d'argent, chargés de pierreries; des *koum koum*, ou fioles à parfum bosselées de ciselures, de rubis et de saphirs, des profusions de tuyaux de pipe à monstrueux bouquins d'ambre citron, de narguilés en argent ciselé, damaskiné et rehaussé de corail. Pendant que vous vous reposez sur le moelleux tapis de Perse, sur les coussins en lampas et damas brochés, la dame du logis vous donne des distractions avec son noble langage, avec sa figure circassienne, ses yeux noirs les plus beaux du pays; sa fille vous offre des dragées, des confitures, du rozolio, du tombeki de Chiraz.

Dans la maison de Gazaly, il faut admirer une grande salle à trois iwans rayonnant d'une coupole; un bain souterrain formé d'une coupole parsemée de verres de couleur et soutenu par des colonnes de marbre.

Yousef Sader, dont la science, et ce qui est plus singulier les traits, m'ont rappelé mon vénérable maître le baron de Sacy, possède dans son hôtel le chef-d'œuvre de tous les plafonds à miniature. La ville de Damas n'offre pas son pareil. Ceux que nous vîmes à Tripoli sont bien loin de cette richesse, de cette perfection. On l'attribue à des ouvriers persans qui ont disparu depuis la commencement du XVIIIe siècle; l'art a déchu à dater de cette époque. La maison Dellal, vantée comme la plus belle du Djédéidé, appartient au plus riche propriétaire : c'est la mieux entretenue, la plus propre; elle a la plus grande cour. Le luxe architectonique y manque tout-a-fait; les escaliers extérieurs sont champêtres et non pas nobles. On n'y voit ni corniches ni linteaux, ni frises comparables à celles de Yousef Karaly.

Quelle différence de la Syrie avec l'Égypte pour les hommes et les choses. Ici l'homme n'est pas encore dégradé ; les arts soupirent, respirent même. La pierre, le bois, les métaux, sont encore travaillés avec adresse, avec goût. Au Qaire tout est mort. L'architecture turque, les arts turcs, le despotisme turc, ont tout étouffé, le génie, l'esprit, le caractère. L'Égypte n'a plus que son climat et son Nil.

La grande activité commerciale d'Alep pendant les deux derniers siècles y attirait un concours d'Européens qui, sans doute, ont contribué pour quelque chose à entretenir le luxe et les arts. Le fils d'une famille française, M. Vincent Germain, est devenu architecte, dessinateur, peintre, numismate, sans sortir de Syrie. Il a d'abord trouvé des bibliothèques, des dessins et des tableaux chez les consuls et les négociants ; plus tard il en a fait venir d'Europe. Mis en rapport avec lui par une lettre de M. Barker, je trouvai un homme de cinquante ans, vêtu à l'européenne, et coiffé d'un tarbouch, sobre de paroles et prodigue de bons procédés. Il me donna beaucoup de médailles koufiques, me montra des vues curieuses d'Antioche, avant les deux derniers tremblements, et finit par me mener visiter le palais d'Ibrahim-Pacha, composé de quatre ou cinq hôtels particuliers raccordés avec intelligence.

Dans la plus grande cour, le goût néo-turc a imposé à l'architecte, qui est M. Germain, une galerie à colonnes et chapiteaux grecs, qui jure un peu avec le style grec sarrasin du reste de l'édifice, et notamment avec de beaux iwans à voûtes ogives et chapiteaux rocailles. Ceux-ci, de même que les bases des colonnettes, sont en bronze doré.

En circulant dans les rues d'Alep, je ne pus m'empêcher de renouveler devant son heureux édile mon admiration pour la belle construction de sa cité. Malgré les convulsions de la terre et la barbarie des autorités, Alep est encore la reine de l'Orient. Les rues de Damas n'offrent que des murs de boue, les maisons du Qaire sont des masures. Ici le pavé est beau et passablement entretenu, les murs extérieurs des maisons sont en belle pierre bien liée, les khans sont solides, propres, élégants, souvent même de grand style. Il est dommage que la rivière Koik soit petite et insuffisante à la soif et aux usines de ses habitants. Les puits sont nombreux et intarissables. On a amené d'une certaine distance au nord-ouest une source assez abondante. Quelques pachas avaient eu la pensée de détourner le *Sèdjour*, un des affluents de l'Euphrate, pour le verser dans le Koik.

Un ingénieur français que j'allai visiter en quittant M. Germain, me donna peu d'espoir que cette amélioration se réalisât jamais. Londres, Marseille et Trieste, me dit-il, font vivre la Syrie depuis que Venise a perdu l'empire de l'Adriatique. Il leur faut des ports pour communiquer avec les grands entrepôts. Alep a eu plusieurs échelles : Suédié est comblé, Alexandrette a des marécages qui donnent la fièvre; les châteaux de Latakié ont rempli sa darse de leurs débris. Alexandrette et Suédié sont à quatre jours de marche d'Alep; Latakié à cinq et six. Les Turcomans, les Ansariens pillent les caravanes, quand nous n'avons pas l'excellente police d'Ibrahim-Pacha, ou plutôt lorsque les armées de ce grand conquérant n'ont pas mis en réquisition toutes les bêtes de somme. Les guerres perpétuelles dont le haut Euphrate est le théâtre ont peu à peu détourné les caravanes de Bagdad vers Damas, par la route du désert. Damas a un grand port, Beyrout, dont il n'est séparé que par deux jours et demi de marche.

Quels négociants auront le courage de relever les ruines d'Alep, de s'exposer à de nouveaux tremblements de terre? Les marchands maronites émigrent vers Damas, vers Beyrout, vers Marseille; les magasiniers aleppins qui jadis avaient le talent de s'enrichir dans les affaires qui ruinaient leurs patrons, abandonnent maintenant leurs comptoirs, se coiffent de kalpaks pour avoir de petits emplois de drogmans; ils se font cuisiniers, domestiques de place, loueurs d'appartements garnis et quelquefois pire; pour moi j'ai liquidé ma maison et je pars demain; il ne restera de négociant franc ici, qu'un Anglais. Les marchands de cette nation sont maintenant les premiers à occuper, les derniers à abandonner un pays; ils ont quelque espoir dans la navigation de l'Euphrate et le rétablissement du port du Suédié; jetez les yeux sur une carte et vous verrez que ce grand événement acheverait la ruine d'Alep. De Biri à Antioche la route est directe et Alep reste à dix lieues au levant et dans le désert. »

Si l'avenir confirme ces sinistres présages, Alep reproduira complétement les phases de Palmyre et de Baalbek devenues ruines illustres après avoir été comptoirs somptueux, mais le voyageur n'y trouvera pas de restes de l'architecture phénicienne, juive ou grecque. Les deux sarcophages du château sont des débris moins anciens que le mole du château lui-même; ces redoutes si nombreuses et si solides doivent remonter aux longues guerres soutenues par les Romains, contre la puissance des Parthes. Les peuplades appelées aujourd'hui kourdes et turcomans peuvent nous donner une idée de la race et des habitudes guerrières de cette nation. Gauthier le chancelier, emploie encore le nom de parthes comme synonyme de turcomans ou de kourdes. *Carrhœ* ou *Haran* où l'armée de Crassus fut détruite par le simoum terrible auxiliaire de ces nomades, est un bourg sur le *Gialat* au voisinage d'*Edesse* ou *Orfa*. Les Romains engagés d'honneur à triompher des barbares après ce cruel échec les combattirent avec des fortunes diverses, jusqu'à Trajan qui prit leur capitale. La plaine d'Antioche et les plaines au nord d'Alep furent les *metidgia* de cette guerre. Les redoutes solides et imprenables qu'ils y répandirent, soutinrent et finirent par faire triompher les légions.

Le pays d'Alep s'appelait Chalybonitis du nom syrien Chalybon qui était celui de sa capitale : sous les rois macédoniens, elle fut appelée Berœa ; sa petite rivière nommée *Chalus* avait été mentionnée par Xénophon. Tombé avec toute la Syrie au pouvoir des Arabes, sous le kalife Omar ; Alep appartint ensuite à divers chefs seljoukides, et devint la capitale des Atabeks sous Nourredin. Le nom antique ne s'était pas perdu même sous l'autorité grecque ; car la langue arabe, sœur jumelle du syriaque, convertit *chalibon* en *haleb*. L'air pur d'Alep est comparé à la douceur du *lait* ; la racine syriaque ou hébraïque *chalib* signifie à peu près la même chose.

Alep n'appartint qu'un instant aux Croisés, Baudouin Dubourg s'en approcha lorsqu'il y vint au secours de Josselin de Courtenai, comte d'Edesse, fait prisonnier par les Turcs. Bientôt après lui-même tomba dans leurs mains et resta à Alep jusqu'à ce que l'émir Ortokide Balac lui permit de se racheter. Raymond de Poitiers, prince d'Antioche, accompagné de l'empereur grec Jean Commène, allèrent mettre le siège devant Alep. Le prince avait prêté serment de fidélité à l'empereur qui, maître de plusieurs places de la Cilicie, ayant campé devant Antioche et lié avec lui par un traité, affichait la prétention de reprendre la Syrie sur les Musulmans et même sur les Latins. La mésintelligence inévitable entre les deux races ne permit que des succès peu durables ; les habitants d'Alep avaient envoyé demander des secours à *Zenguy*, alors occupé devant Edesse ; ces secours permirent à la ville de repousser toutes les attaques, et finirent par expulser les assiégeants. En 1178, Saladin arracha Alep aux faibles successeurs de Nourreddin, fils de Zenguy. Plus tard, les rois d'Arménie et de Georgie, le roi de Chypre, les ordres de Saint-Jean et du Temple, alliés avec Cazan, empereur mogol de la Perse, prirent Alep et Damas qu'ils n'occupèrent que momentanément.

Dès que les émirs et les soudans furent assurés que les croisades ne se renouveleraient plus, ils conclurent des traités de commerce avec les nations marchandes et particulièrement avec les Vénitiens. Cette nation fut la première à entretenir des consuls à Alep : des blasons et des noms fort anciens de Venise sont gravés sur les pierres tumulaires des églises syriennes et latines.

Les Alépins portent tous sur leur figure un certificat d'origine. Le bouton d'Alep est une dartre qui dure deux ans, et laisse une cicatrice ineffaçable; les enfants des étrangers y sont sujets et la portent à la figure comme les enfants des plus anciennes familles du pays ; les négociants, les consuls établis dans le pays en sont attaqués aussi, mais aux membres ou au tronc plus souvent qu'à la face ; on assure qu'il suffit d'un séjour d'une semaine pour être exposé à cette infirmité, on va même jusqu'à dire qu'il suffit d'avoir bu de l'eau du Koik. Cette hypothèse est erronée, car beaucoup d'Alépins ne boivent pas de cette eau ; et de plus, un bouton pareil à celui d'Alep sévit à Bagdag, à Aintab, et même en Candie.

M. Guys, qui représente ici les intérêts commerciaux de la France, est issu d'une ancienne famille consulaire, il doit à cette origine l'avantage de parler et d'écrire l'arabe; Beyrouth où il séjourna longtemps, a rendu autant qu'Alep justice à son urbanité, à son zèle pour tous les intérêts de la civilisation et de la religion chrétienne; ses relations avec Soliman-Pacha ne sont pas une exception à cette règle de conduite, d'abord parce que Soliman-Pacha est une autorité fort considérable dans le pays, et ensuite parce qu'il apprécie mieux que personne le bien que peut faire un homme de cette capacité.

Soliman-Pacha, qui est toujours le général Sève pour ses compatriotes, est né dans un siècle où les croyances religieuses étaient anéanties, il a été élevé au milieu d'une révolution qui a complétement scindé les intérêts civils des intérêts religieux ; sa conscience a pu porter la même distinction dans la civilisation à la régénération de laquelle sa fortune l'appelait. Une activité comme la sienne ne peut s'accommoder d'une coopération partielle, ne peut se contenter d'un rôle secondaire. Sève, instructeur officiel d'un régiment, instructeur secret d'Ibrahim-Pacha et de tous ses généraux turcs, a échappé à vingt tentatives d'assassinat ; son changement de nom n'a pas mis fin à des tentatives pareilles, mais a rompu les entraves qui l'empêchaient de prendre le rang mérité par son courage et son habileté. Ses amis et ses commensaux savent à quoi s'en tenir sur le sérieux de sa religion officielle. Soliman-Pacha est voltairien et déiste comme Sève, la discipline du Qoran lui pèse juste ce que lui pesait jadis celle du vendredi ; elle n'a pu avoir pour lui que la valeur d'une lettre de naturalisation. Sans doute pour bien des gens, c'est encore acheter bien cher l'honneur de commander de grandes armées et de gagner des batailles ; mais en plaignant l'homme ils peuvent comprendre et admirer le soldat.

La première fois que j'allai avec M. Guys, chez Soliman-Pacha, nous le trouvâmes occupé à démontrer aux officiers-généraux et supérieurs, la théorie des grandes manœuvres dont nous avons été souvent spectateurs. Une table était couverte de petits morceaux de bois de diverses couleurs représentant les trois armes, infanterie, cavalerie, artillerie; la leçon finie, il nous introduisit dans son divan, et causa avec nous avec la plus gracieuse expansion ; il traita plusieurs questions relatives à la Turquie et à l'Égypte, à l'administration de la Syrie, à l'oganisation de l'armée, avec une sagacité remarquable, et ce qui nous frappa d'avantage, avec une parfaite mesure d'expression. Ses yeux étaient alors pleins de franchise et de douceur; je le revis un autre jour à table, en présence d'une société nombreuse, animant la gaieté par un répertoire inépuisable de littérature de caserne, l'œil clignotant un moment avec finesse, l'autre moment comprimant des éclairs, et je me rappelai Suwaroff cachant son mérite sous les dehors de la bouffonnerie, se faisant pardonner son élévation rapide, et désarmant l'envie par l'excentricité.

A table avec les Turcs, Soliman-Pacha, parlant les langues orientales, doit faire une plus prodigieuse consommation de gaîté, d'esprit et d'adresse. A la bataille, où il est encore mieux placé qu'au divan et qu'à table, Soliman-Pacha est renommé pour son coup-d'œil rapide et pour sa bravoure électrisante ; c'est là qu'il faut admirer sa structure d'Hercule et sa face de lion. Dans sa famille, il passe pour un modèle de bonté et de tendresse : son unique femme est une jeune Grecque rachetée d'esclavage après l'expédition de Morée ; sa fille aînée est, dit-on, déjà fiancée à un fils d'Ibrahim-Pacha ; il a en outre plusieurs enfants mâles.

Arrivant un jour chez lui, je le trouvai occupé à discuter avec un tailleur sur le choix d'ornements à ajouter à plusieurs costumes arnautes de velours cramoisi : rien n'était assez joli, assez brillant pour sa femme et pour ses enfants. Entre les préoccupations de la guerre et les devoirs incessants de l'administration, il trouvait le temps de penser à sa famille absente, de jouir de sa joie à la réception de ces marques de souvenir. Ce tailleur était le plus fashionable d'Alep ; il avait la veille achevé un habit *nizam* complet pour le prince Puckler-Muscau.

20 Septembre.

Ce grand-seigneur allemand, devenu célèbre par ses voyages en Angleterre et dans diverses parties de l'Afrique, était à Alexandrie il y a huit mois. Je fis alors sa connaissance par l'entremise de notre ami commun, M. Fabreguettes, consul de France à Malte. Il était logé dans le bel hôtel Gibara avec une suite nombreuse de secrétaires, interprètes et domestiques de tout rang. A la porte de sa chambre, se tenaient en sentinelle deux petits noirs habillés à la turque, roulant leurs yeux et portant leurs mains au front d'une façon à la fois respectueuse et grotesque. Les mauvaises langues prétendaient que le prince avait amené du Soudan une gamme chromatique complète de jeunes esclaves. Ce harem polychrome se réduisait en réalité à une très-jeune Abyssinienne noire, belle et mélancolique comme un sphynx de basalte, et dont le prince n'a jamais pensé à faire autre chose qu'une vertueuse pensionnaire. Elle pouvait avoir dix ans : le prince en était encore accompagné à Alep dans la maison du consul de Russie, où j'allai lui faire ma visite.

Les Prussiens sont du petit nombre d'étrangers qui parlent français en conservant tout leur esprit : je m'en convainquis en regardant à ma montre après la visite ; deux heures s'étaient passées, les plus brèves que j'aie employées en société d'hommes. Le prince, qui a longtemps habité Paris et Londres, y a connu toutes les notabilités de passage et de séjour : aussi a-t-il une anecdote à ajouter à toutes celles qu'on puisse lui conter. Il connaît presque aussi bien la statistique des Etats de Mohammed-Aly qu'il a parcourus avec toutes les facilités désirables. On sait que l'adroit pacha, par respect pour ses talents littéraires autant que par égard pour son rang éminent, a voulu que le prince fût défrayé de tout dans ses Etats. La reconnaissance l'a forcé à trouver non-seulement des éloges pour les réformes tentées, mais des apologies pour quelques abus qui subsistent encore. Le docteur Holroyd, qui a fait, lui aussi, un fort grand voyage dans le Soudan, venait justement de publier une brochure anglaise dans laquelle sont exprimées les plus graves accusations qu'ait jamais pu faire la philantrophie. En voici quelques passages :

« A ma première visite à Mustapha-Bey, je le trouvai dans la cour qui précède son diwan, mettant en ordre trois ou quatre cents esclaves produits d'une incursion. Il s'apprêtait à donner ce butin en guise de solde à ses troupes. Ces esclaves étaient classés selon l'âge et le sexe : d'un côté, les femmes vieilles et infirmes, les femmes grosses et les jeunes filles ; dans une seconde division, les garçons de huit à douze ans ; dans une troisième, les enfants de quatre à huit ans ; dans une quatrième, ceux d'un an et demi à quatre ans. Les femmes et les filles étaient aussi classées d'après leur apparence, si elles pouvaient avoir quelque valeur d'utilité ou de beauté. C'était en général des femmes de rebut : les belles avaient déjà été triées et vendues pour le harem des Turcs et des Arabes.

« Cette monnaie d'une nouvelle espèce devait être employée au prorata du rang des militaires qui allaient la recevoir. Chacun devait toucher en chair humaine la moitié de sa solde arriérée. L'autre moitié se payait en argent comptant.

« En distribuant les esclaves on parfaisait la somme qu'ils représentaient avec des individus pris dans toutes les divisions. Un capitaine reçut quatre adultes et trois enfants en contre-valeur de dix-huit cents piastres. Deux simples soldats eurent entre eux un esclave adulte. Les officiers et soldats, après livraison reçue des esclaves, les conduisaient à leur habitation.

« Au moment où une femme noire allait quitter la cour, un enfant de deux ans et demi qui reconnut sa mère se précipita vers elle, l'enlaça avec les plus ardentes démonstrations de l'amour filial, la supplia de l'emmener avec elle et de lui continuer ses soins et sa protection. Un soldat turc, réveillé de son apathie par les cris de l'enfant, courut à lui et l'arracha à sa mère !

« Quelque hideux que soit un pareil sujet pour le cœur d'un Anglais, je dois ajouter qu'un soldat qu'on avait pressé à *Gebel-Nouba*, et qui était venu au divan pour recevoir sa part du butin, reconnut son jeune frère dans un garçon de six ans qu'on venait de capturer. Il l'avait placé sur ses genoux et le caressait affectueusement quand Moustapha-Bey l'observant demanda qui était cet enfant et apprenant ses liens de parenté avec le soldat, demanda au scribe ce qu'il pouvait valoir? Quatre ou cinq talaris, répondit celui-ci. Qu'il le prenne pour trois talaris, reprit le gouverneur. Ainsi un soldat de Mohammed-Aly-Pacha, le régénérateur de l'Égypte, reçut son propre frère en paiement de sa solde arriérée.

« Au Kordofan, la fabrique des Eunuques a la plus effroyable activité. L'opération est principalement faite par le dernier roi de Darfour. Mohammed-Aly paie une pension et des rations à ce misérable. D'après mes recherches cent cinquante enfants sont annuellement victimes de cette barbarie. D'autres bourreaux en opèrent un nombre égal; en sorte que le Kordofan fournit annuellement trois cents eunuques pour les harems turcs. Cette infamie se pratique même à Siout à quelques journées du Qaire, presque sous les yeux du pacha qui l'habite en ce moment. Les esclaves du Darfour sont soumis à ces brutalités qui accroissent leur valeur comme marchandise (1)... »

Le prince se caressait la moustache avec des mains fort blanches et chargées d'anneaux. Quand j'eus fini la citation, il prit la parole avec une sérénité parfaite : « Un de vos beaux esprits a comparé la presse à la lance de Pelias qui guérissait les blessures qu'elle avait faites. Cela est vrai surtout de la presse anglaise. Vous avez connu le docteur Bowring, vous l'avez vu au Qaire, à Paris, à Londres. C'est un de ces hommes qui, comme vous et moi, sont domiciliés dans le monde entier. Le pacha lui a fait, comme à d'autres, des cajoleries intéressées ; il lui a donné pour cicerone dans la Haute-Égypte un de ses aides-de-camp qui aura sans doute essayé de lui faire voir sur les rives du Nil des villages de carton, des bergères couronnées de roses et bénissant un pacha émule de Sésostris et de Ptolémée. Un radical et un philantrope a trop bonne vue pour se laisser prendre à ces jeux, bons tout au plus pour des Catherine et des grands seigneurs de l'OEil-de-Bœuf; ou de Postdam, ajouta-t-il en à parté. M. Bowring, qui était venu en Égypte exprès pour y extirper la traite, n'a pas épargné ses remontrances au pacha. Celui-ci, auquel Waghorn, son confident, avait déjà dénoncé la brochure du docteur Holroyd, s'est hâté de promettre qu'avant six mois il ne se vendrait plus un esclave au Qaire. Je crois qu'il a promis plus qu'il ne pouvait tenir, car l'esclavage est vieux comme le monde dans ce pays, et les mœurs ne se changent pas par une loi, même dans le pays de despotisme. Cependant sa promesse est sincère, et vous verrez qu'il fera tout ce qu'il pourra.

(1) *Egypt and Mohammed-Aly-Pacha* in 1837. By Arthur T. Holroyd, Esq.

Vous avez pu constater vous-même qu'en Égypte l'esclavage n'est pas la monstruosité rêvée par les philantropes de cabinet. L'esclave entre dans la famille le premier jour, et sa seconde génération est admise dans la société. La famille actuelle du grand schérif de la Mecque, le plus noble, le plus puissant de tous les descendants de Mahomet, est entièrement nègre ou peu s'en faut, par suite de ses croisements multipliés avec les femmes de Cham et de Kouch. Dans les ménages égyptiens, ici même, vous aurez toujours vu dresser la table des esclaves immédiatement après celle des maîtres et avant celle des domestiques à gages. Ceux-ci sont considérés comme très-inférieurs aux esclaves blancs, noirs ou chocolat.

Avouez que ce régime est un peu différent de celui des colonies, et que c'est surtout le régime des colonies qui avait soulevé la colère des hommes sensibles. Pensez à l'état social de ces mêmes nègres, de ces Éthiopiens, en supposant qu'ils restent dans leur patrie, et si vous êtes vraiment ami du progrès, dites-moi si l'esclavage égyptien n'est pas un sort mille fois plus heureux? Vous ne pouvez nier qu'il donne des commodités à leur existence et quelques lumières à leur esprit?

Je sais qu'en faisant cesser la vente au Qaire, les Anglais espèrent faire cesser le *ghazia* au Darfour. Je souhaite qu'ils réussissent; je ne l'espère pas. Les troupes du pacha ont pu quelquefois poursuivre des nègres pour les vendre. Sa sollicitude a mis fin à cet abus aussitôt qu'il l'a connu. La plus grande partie des esclaves vient d'une autre source. Les populations nègres se font la guerre entre elles et vendent les prisonniers. C'est moins affreux que de les égorger. Quelques tribus demi-arabes et indépendantes se livrent à la chasse humaine, volent les enfants. S'ils ne trouvent plus à les vendre aux marchands égyptiens, ils prendront la route de Tripoli, ils se dirigeront vers l'Abyssinie, et la pauvre marchandise sera plus mal traitée qu'en Égypte.

Je sais comme vous et comme les Anglais le respect que mérite un principe, le bien immense qu'il peut faire le jour qu'il est appliqué partout. Mais quand on pratique le monde réel, on frémit des maux que peut occasionner la présomption d'un innovateur. Les Anglais auraient pu dire quelque chose de plus affreux que ce qu'ils ont imprimé. Plusieurs chrétiens se livrent à la traite sur le Nil comme sur l'Atlantique. Ce sont des chrétiens aussi qui, à Siout et même à Qené et Aboutig, sont, de temps immémorial, en possession de l'horrible industrie dénoncée par M. Holroyd. Ici, au moins, la presse aura le double effet que je vous disais en commençant; elle cicatrisera la blessure faite à l'humanité du pacha. Il lui a suffi de connaître le mal qui se faisait dans ses États pour y porter remède. Désormais les barbiers de Siout et de Qené, et, je l'espère, même ceux du Darfour, devront se contenter de faire des barbes. »

Je dois ajouter que six mois après cet entretien, me trouvant en Nubie en même temps que Mohammed-Aly, j'appris de la bouche de plusieurs officiers européens de sa suite que, arrivé à l'extrême frontière de ses États dans la province du Fazoglou, il avait solennellement acquitté la parole donnée au docteur Bowring, en prohibant la traite et surtout le *ghazia* pratiqué par ses propres sujets. Quant à l'industrie du roi de Darfour et des barbiers de Siout et Qené, si elle est momentanément suspendue, elle recommencera tôt ou tard, parce que les harems lui offriront toujours une prime d'encouragement plus puissante que l'ordre des pachas et des sultans. Pour arrêter sérieusement la mutilation des enfants, les sultans et les pachas devraient défendre l'emploi des eunuques à la garde des harems, rendre cette garde inutile en émancipant les femmes, et commencer par rendre cette émancipation sans danger par une éducation qui révélât aux femmes leurs devoirs en même temps que leurs droits.

Montesquieu l'a clairement aperçu : l'eunuque est le satellite obligé de la polygamie. Celle-ci est une barbarie plus déguisée, mais aussi absurde ; elle énerve l'homme après avoir dégradé la femme ; elle dépeuple l'Etat après avoir tué la famille. Que l'on compare le chiffre des populations chrétiennes avec celui des pays musulmans, que l'on compare la sollicitude de nos parents, concentrée sur une seule maison, avec celle d'un mahométan éparpillée entre trois ou quatre ménages actuels et des enfants de quinze ou vingt lits, et l'on comprendra que le mariage prêché par le Christ était aussi admirable comme loi politique que comme loi morale. L'Asie a beau vouloir imiter l'Europe, elle ne pourra lui faire des emprunts profitables et permanents qu'autant qu'elle aura aboli la polygamie, cette plaie sociale qui la ronge depuis le commencement du monde.

Le reïs de la barque qui nous porta du Qaire à Damiette est un fallah de Siout : ce rustre s'est arrangé un relai complet de ménages sur cette route; il se vantait d'avoir divorcé déjà plus de vingt fois, et il n'avait pas trente ans. Le schah de Perse Feth-Aly est mort en laissant cinquante fils et cinq cents petits-fils qui se disputent encore sa succession. Avec la polygamie, quelles garanties sont possibles pour la propriété et pour la succession au trône, ces deux pierres fondamentales de la prospérité d'un Etat ?

21 Septembre.

J'allai offrir mes hommages au patriarche de Syrie, archevêque d'Antioche, *Botros Jarouè*, dont le neveu était venu avec nous de Damiette à Beyrout. C'est un vieillard plein de finesse, parlant fort bien italien, un peu français et un peu anglais : il a parcouru l'Angleterre, la France, l'Italie, quêtant pour l'église d'Orient, dont il est le chef sous la suzeraineté du pape. Antioche, la métropole, où le premier pasteur fut élu dans la personne de l'apôtre saint Pierre, a imposé le nom de Pierre, en arabe *Botros*, à tous ses successeurs.

Après avoir donné au prélat quelques détails sur la triste fin de son frère, je lui demandai quelques chiffres relatifs à la population de la Syrie et à la proportion des races diverses qui l'habitent. Il confirma les évaluations que j'avais déjà reçues de M. Barker : j'attends quelques renseignements nouveaux pour les faire connaître au lecteur; toutefois, je puis dire déjà que les races chrétiennes sont les seules dont le chiffre ne diminue pas ; ce qui est prodigieux dans un pays où le despotisme paralyse l'industrie après avoir ruiné l'agriculture. Au contraire, la baisse des races polygames est sensible d'année en année : Druzes, Ansariens, Métwalys, Ismaëliens, Gesidiens, Turcs, Arabes, tout diminue ; il n'est pas jusqu'aux Samaritains, qui se contentent pourtant de deux femmes, qui n'aient vu leur population réduite à cent cinquante ou deux cents individus.

Le patriarche ne peut résider à Antioche, où les cultes chrétiens natifs ne sont pas tolérés, ni au mont Liban, où les affaires de son église, toujours compliquées, se traiteraient moins facilement qu'à Alep. L'Église romaine syrienne, annexe à son hôtel, est un vieil édifice byzantin semblable à ceux dont j'ai vu les ruines auprès de *Dahna* et de *Touamé* : trois nefs séparées par une double colonnade, au chœur deux plans d'arceaux perpendiculaires aux trois nefs ; le tout pesant et enfumé.

Ayant gagné la porte d'Antioche en rêvant de nouveau d'architecture, je considérai plus attentivement un édifice bizarre près duquel j'avais déjà passé plusieurs fois : c'est un dé carré fabriqué de vieux débris, principalement de marbre et de granit. Il y a nombre de colonnes employées dans toutes les directions, braquées horizontalement et même faisant saillie oblique. La porte est un arc supporté par deux colonnes recoupées avec un grossier chapiteau de basalte. Au côté droit est une pierre portant un bas-relief inextricable où l'on ne peut reconnaître ni inscription ni dessin. Sur les saillies des colonnes viennent se poser les oiseaux. De là sera venu le nom actuel de *Djamelqiqan*, Mosquée des corneilles.

Quelqu'émir seldjoukide ayant son palais près d'ici y aura ajouté ce pavillon en croyant faire un chef-d'œuvre. La pauvreté de l'exécution a au moins l'avantage de laisser à nu la pensée qui y a présidé.

Maintenant je comprends les châteaux de Tripoli, de Latakié, de Beyrout. L'architecte devait faire un trophée avec les matériaux précieux trouvés dans le pays conquis. Il ne savait pas faire un temple où la colonne fût employée comme colonne, peut-être même voulait-il l'insulter en l'employant d'une autre façon. C'est presque la pensée qui, dans les arcs de triomphe romains, a fait enchaîner en appendice au monument des rois et des captifs barbares. C'est tout-à-fait la pensée qui, dans une colonne monumentale de Moscou, a fait employer en nature des canons français maçonnés dans la base, droits, couchés, obliques absolument comme les colonnes de *Djamelqiqan*.

23 Septembre.

Les jardins d'Alep sont fameux dans tout l'Orient, néanmoins, ils ressemblent à tous les autres. Le chou, le concombre, le meloukia, le bamier, y reçoivent un culte égal à celui du jasmin et des tulipes. Seulement ici, le potager est plus orné, il est plus couvert. Le site un peu alpestre d'Alep fait prospérer le noyer près du saule musqué. L'eau du Koïk est particulièrement amie d'un grand saule à larges feuilles qui rappelle la noblesse et l'originalité du bambou de l'Inde. Cet arbre, originaire comme le saule pleureur, du haut Euphrate, donne au pauvre un fruit qu'il emploie comme poivre économique. Les grenades d'Alep sont aussi renommées que ses pistaches et à juste titre. Les orangers souffrent toujours de l'hiver et l'on en abandonne graduellement la culture, même comme arbuste d'agrément. Le citron, si employé dans la cuisine alépine, vient de Latakié ou d'Antioche. Damas approvisionne de pommes toute la Syrie et même le Qaire. Les figues sont ici excellentes et grosses. La caprification est pratiquée sur le figuier.

Pour fêter dignement les beaux jardins, on se lève de bonne heure et l'on y va chasser avant le déjeûner. Les becfigues, les loriots abondent maintenant, et sont gras comme des ortolans. Les syrènes elles-mêmes abandonnent les fleurs de la bruyère pour venir poursuivre les abeilles sur les fleurs du jasmin. Cet oiseau, plus vert et plus élégant que la perruche, traînant une longue queue fourchue, vole comme l'hirondelle et chante quelques notes d'alouette à l'octave grave. On l'a classé parmi les gibiers, parce qu'il est difficile à tirer au vol et ne se pose jamais.

Comme on se lève matin dans les pays sans salons et sans théâtres, nous avions joint les chasseurs avant huit heures du matin. Les dames s'y trouvaient déjà en grande toilette, enturbanées, endiamentées ; les grands et petits voiles accrochés aux grenadiers ; les tapis étalés sur les platebandes au bord d'un ruisseau murmurant, les narguilés chargés, les Darabouké, les tambours attendant des doigts experts pour accompagner des *mowals* arabes.

Quand les coups de fusils plus rapprochés eurent donné

le signal du déjeûner, je reconnus toute la famille de mon hôte, je retrouvai tous nos voisins : le *kettab* tout entier était là : la causerie à voix basse était en arabe; la conversation générale en français ou en italien. Toutes les familles du kettab sont de ces origines.

Beaucoup de négociants francs allaient jadis dans les grandes villes du Levant. Quelques-uns y faisaient fortune et retournaient en Europe. Un plus grand nombre s'y endettait, prenait des habitudes dépensières. Grace au laisser aller du pays, le crédit durait jusqu'à la seconde génération qui mettait un turban par-dessus un habit européen, ou un chapeau par-dessus les robes longues et les larges pantalons rouges (1), abandonnait définitivement le commerce et passait sa vie à chasser les gazelles, les bécasses, les loriots et les syrènes. La troisième génération parlant encore français ou italien, obtenait un drogmanat et puis une chancelerie consulaire qui recommençait sa fortune. Quelquefois le chef de la famille émigrée était un consul au lieu d'être un négociant; cela revient à-peu-près au même, car tous les anciens consuls faisaient un peu de commerce. Voilà donc les trois phases de la famille qu'on appelle levantine : un négociant, un chasseur, un drogman. Les chasseurs d'Alep sont aidés dans leurs chasses d'hiver par des Bohémiens vivant sous des tentes, ceux-ci sont nommés en turc *tchingané* (2). Les femmes portent un anneau au nez comme les *barameki* d'Egypte : ils élèvent de grands lévriers à poil hérissé. La grande chasse est fort belle et fort

---

(1) Ce pantalon rouge s'appelle *chicachir*, mot assez ressemblant à *anaxyris*, qui désigna aussi un pantalon rouge que les petits-maîtres romains rapportèrent à Rome au retour de la guerre des Parthes.

(2) Ce sont les Bohémiens ou Tzingares. L'an 755, Constantin Copronyme ayant pris Theodoséopolis et Militène, villes situées près de l'Euphrate, en ramena avec lui des Syriens, des Ethiopiens, des Nubiens, à qui il donna des habitations dans la Thrace. Ils eurent le crédit de placer à leur tête un chef

étendue dans ce pays. Auprès d'Antioche, les martes zibelines abondent ; l'once habite le Taurus. Le karacoula ou caracal que les Arabes supposent le pourvoyeur du lion (et non pas le chacal comme on le répète à tort), est chassé par les Bohémiens la nuit, avec un fanal et un manteau. On élève trois espèces de faucons pour la chasse au vol. Le sacre, le hobereau et l'autour. Le sacre est commun dans la chaîne du Taurus, voisine d'Alexandrette : corps blanc mêlé de taches fauves au devant ; jambes et serres bleus ; le mâle n'a que le tiers du volume de la femelle. Il sert au vol de la perdrix. Les faucons hagards sont bien plus estimés que les niais. Ceux-ci ont peur d'un aigle qui paraît à l'horizon, mais ceux-là s'échappent et se perdent souvent. Le hobereau : corps presque aussi petit que l'émerillon, membrane du bec d'un jaune vert. Pour l'apprivoiser, on lui coud les paupières. Après trois jours de jeûne et d'insomnie, on lui présente un jaune d'œuf dont on le nourrit. L'autour est le plus grand des faucons, à queue très-longue. Il chasse lièvre, perdrix, caille et grive. Pour exercer les faucons à prendre les gazelles, on les dresse à manger entre les cornes d'une gazelle empaillée.

Corancès, à qui j'emprunte ces détails, décrit les variétés de chiens, de chevaux, chameaux et dromadaires connus à Alep. Revenons au jardin.

Les chasseurs y étaient nombreux, les drogmans en majorité, les négociants rares. Une ou deux dames habillées à l'européenne appartenaient à cette classe, c'étaient de

---

nommé *Athinghan*. Ils formèrent une nation vassale, mais libre sous les empereurs grecs. Les Turcs les réduisirent en esclavage. Ils sont au nombre de 150 mille dans les deux provinces Moldo-Valaques. Quelques nobles opulents ont cinq ou six mille de ces serfs ; la couronne en a trente mille. Ils ont la peau noire ou bronzée, les cheveux épais et crépus. Ils parlent un mélange d'égyptien, de bulgare, de turc, de moldo-valaque.

(Extrait du *Siècle*, Voyage de M. Stanislas Bellanger.)

belles Anglaises. Parmi les drogmans les plus remarquables étaient M. Geoffroy, oncle de la jolie mademoiselle Lamusse, et chancelier du consulat français. M. Vidal, aujourd'hui gérant le consulat français de Bagdad. Je dois à leur obligeance des renseignements précieux. Les lettres orientales leur devront aussi de la reconnaissance, car ils ont bien voulu se charger de relever les inscriptions arabes qui se trouvent en si grand nombre dans Alep. Les voyageurs qui passent n'ont pas même le temps de les voir toutes.

M. Geoffroy nous chanta après le déjeûner plusieurs *mowals* ou romances que je n'avais pas entendues au Qaire. On me dit qu'elles avaient été composées par madame Molinari. Elles me semblèrent aussi poétiques que les vers inspirés par sa sœur, madame Jorelle, au grand poète qui la vit fumant son narguilé à Beyrout.

Le milieu du jour doit absolument être rempli par la sieste. Les dames étalèrent sur les tapis leurs graces décentes; les hommes bivouaquèrent militairement à l'écart. Une brise embaumée du parfum des fleurs, le gazouillement du ruisseau, le gémissement lointain des norias, le frémissement du feuillage rendirent le sommeil prompt et doux à tout le monde. Les étrangers seuls résistent à ces délices.

Je m'esquivai pour aller revoir en ville quelques voyageurs vigilants comme moi, et quelques portions des remparts dont le plein soleil embellissait les ornements et les inscriptions.

De retour vers les cinq heures, j'entendis la musique, les gais propos, les coups de fusil, je vis les gens mariés grignottant solitairement les bonbons du pays, des *hommous* ou pois chiches rôtis, des *leb* ou graines de citrouille frites, des pistaches salées, de petites fèves grillées.

Ici il faut toujours manger, fumer ou dormir. Les garçons et les demoiselles s'offraient réciproquement de ces bonbons; et comme de raison, le nombre des *leb*, des *hoummous* ou des pistaches mesurait les chances des mariages futurs.

Une demi-heure avant le dîner on fit circuler des concombres accompagnés de rosolio et de marasquin. Cette mode que j'ai retrouvée à Smyrne et à Constantinople, aiguise l'appétit des Levantins et le fait perdre aux estomacs d'Europe, tant est puissante et bizarre la force de l'habitude. Les plats alépins sont renommés et nombreux. La plupart viennent de la cuisine turque : du pilau, des boulettes de viande, des légumes farcis, du hachis, sous mille formes et relevés de suc de citron.

Un régal plus grand que ces plats nous fut donné par les coqualanes de notre hôte qui, sourd, et grand connaisseur en fait de cuisine alépine, s'imaginait que la conversation ne pouvait s'occuper que de cet important sujet. On demandait si les Turcs s'apprêtaient à passer l'Euphrate; et Karaly de répondre : oui, avec du citron. Si Mahmoud avait encore du sang dans ses veines? Avec beaucoup de jus de citron. Si Ibrahim-Pacha avait bonne tête? Un citron. S'il était déjà arrivé à Alep? Avec une cargaison de citrons.

En rentrant chez nous le soir, nous apprenons qu'Ibrahim-Pacha était effectivement arrivé avec un détachement des cuirassiers organisés dernièrement à Baalbek. C'est dommage qu'il ait tant tardé : j'avais tant envie de le voir. Nous avons dès hier conclu marché avec les moukres et demain matin au petit jour, nous devons nous mettre en route pour Latakié.

24 Septembre.

Nous étions prêts à partir. Les effets étaient chargés,

nous avions le pied à l'étrier. Un aide-de-camp de Soliman-Pacha est venu me dire de sa part, qu'Ibrahim-Pacha désirait me voir. Il faut faire toilette à la hâte, remonter à cheval, non plus pour aller vers la campagne, mais vers le palais d'Ibrahim.

Les rues adjacentes sont pleines de cuirassiers luisants comme des miroirs avec leurs carapaces neuves. Leur casque est terminé par un croissant au lieu de cimier. La visière, aussi odieuse au Musulman que le chapeau, est remplacée par une longue flèche relevée le long du front, et qui dans la charge s'abat pour préserver la figure contre les coups de taille. Les chevaux paraissent un peu petits pour ces colosses de fer; mais ils sont nerveux et pleins de feu. C'est pitié vraiment que la braie turque ne soit pas abritée par un cuissard, et que la main gauche ne tienne pas un écu armorié; c'est le seul détail qui manque pour rappeler ces émirs tels qu'ils apparurent aux Tancrède et aux Baudouin, qui ne s'abritaient encore que de hauberts en cotes de maille.

Ainsi, après huit cents ans, le cercle du temps ramène les mêmes hommes, les mêmes événements. Nous allons voir si le chef qui fait mouvoir ces guerriers de fer dans les manœuvres, qui les fait triompher dans les batailles, est un Seljoukide féroce, un rusé Atabek ou un brillant Aïoubite; si le temps doit exhumer pour lui les noms de Kerbogha, de Zenguy ou de Saladin!

Soliman-Pacha, qui était mon introducteur, avait à répondre à tant de saluts militaires, à tant de regards enthousiastes, qu'il traversa vestibules et cours en tenant la main droite sur sa poitrine : c'était le salut du supérieur à des soldats qui venaient d'apprendre à vaincre sous ses ordres dans le Hauran.

Dans l'un des derniers jardins, les mamelouks d'Ibrahim

prenaient leur récréation; ils me donnèrent assez mauvaise opinion du harem que je ne voyais pas, car ils étaient tous remarquables par leur laideur. Après avoir traversé plusieurs salons, où des fonctionnaires publics et des solliciteurs attendaient debout, nous arrivâmes à un diwan rempli de militaires à *nicham* en diamants.

Un seul personnage était sans décoration et en déshabillé long, c'était Ibrahim; il était occupé à lire : il me parut vieux et cassé. Sa figure est pâle et allongée; sa barbe, plus que grise, est raréfiée par les cicatrices de la variole. Je le trouvai moins petit et moins gros que je ne m'y attendais. Il se tourna d'un air curieux de mon côté, et je fus frappé de la grandeur de son œil bleu, de la finesse de son nez droit, même un peu retroussé. Tout-à-coup son œil, durement ouvert de paupière, se chargea d'un terrible sourcil, dans une attitude scrutatrice. Nous faisions nos compliments réciproques, et mon Arabe, un peu mogrébin, lui rappelait la prise d'Alger. Je m'observai pour rester fidèle à l'idiôme qairote, et Ibrahim, qui s'en pique, me donna de ses meilleurs échantillons, toutefois avec les réserves de la dignité turque, qui ne daigne parler l'arabe que comme nos dandys méridionaux parlent le languedocien ou le provençal. La construction est défectueuse, la prononciation à faire vomir un scheik ou une almée.

Quand nous fûmes assis sur le sopha, Ibrahim se mit à décacheter la correspondance qu'on lui apporta dans une grande corbeille; un secrétaire, debout à sa gauche, écrivait en marge les observations brèves et rares du maître. Plus d'un article de journal français ou anglais, traduit en turc, fut jeté en riant de notre côté : Ibrahim caractérisait d'un mot le fond qu'il paraissait connaître surabondamment, car il se dispensait de les lire : chemins de fer, question d'Orient, bateaux à vapeur, agriculture, nécessité de faire des grandes routes aussitôt qu'on aurait la paix et l'indépendance.

La réflexion et la lecture étaient aidées par force prises de tabac puisées à deux tabatières fort grandes. A un certain moment, Ibrahim n'en trouvant qu'une sous sa main, fit signe à Soliman-Pacha de lui passer l'autre. Cette familiarité est la marque de la plus haute faveur.

Un domestique mulâtre vint annoncer que le déjeuner de son Son Altesse était prêt. Quand nous fûmes installés dans la salle à manger, près de la table d'Ibrahim, nous l'entendîmes se plaindre beaucoup de langueurs d'estomac, de faiblesse musculaire et d'autres faiblesses qui l'attristaient davantage. Son médecin lui avait ordonné un régime sévère et accompagné de beaucoup de tisane de riz. Voici comme cette ordonnance était interprétée : une grande timballe d'argent ayant un quart d'eau de riz fut remplie de vin de Bordeaux et avalée d'un seul trait, par-dessus quelques bouchées de poule au riz qu'on avait servie sur la table, dans une casserole d'argile provençale. Un derviche de la secte des tourneurs du Qaire, accroupi dans le voisinage du pacha, profitait des moments où la conversation tombait pour chanter une sorte d'ode anacréontique où Dieu était loué dans les jouissances qu'il a octroyées aux hommes. Ces derviches, aussi habiles valseurs, tourneurs et hurleurs que ceux de Constantinople, ont un beau répertoire de poésie religieuse où l'ascétisme persan emprunte les dehors de l'épicuréisme.

Le reste de la bouteille de bordeaux ne suffit pas au repas ; Soliman-Pacha demanda un verre et une autre bouteille aux domestiques, et les deux guerriers burent en bons camarades. Le vin de Champagne, toujours avec l'eau de riz, est pour le soir.

Ibrahim n'a pas toujours pratiqué une diète si sévère. Un

de ses médecins lui représentait que l'ivresse habituelle faisait tomber dans l'apoplexie, et le pacha lui opposait cette logique embarrassante : Quand je me couche sobre et la tête libre, les soins de mon gouvernement, la responsabilité dont je suis chargé, l'examen, la pondération des mesures que je dois adopter le lendemain, me préoccupent et éloignent le sommeil. Je me relève affaissé, indécis, inquiet et incapable de travail. Au contraire, si quatre serviteurs m'ont transporté dans mon lit, ivre mort après mon dîner, je dors toute la nuit et me réveille frais, dispos, résolu, apte à la guerre et à la bureaucratie.

Deux belles pipes à bouquin d'ambre citron et jarretières de diamants furent portées en guise de dessert. Fumer auprès d'Ibrahim est encore un privilège de Soliman.

Depuis que le consul-général Salt refusa la pipe offerte par Mohammed-Aly, celui-ci n'offre plus la pipe aux Européens, et son fils a adopté la même étiquette. La conversation devint alors plus expansive que jamais : Ibrahim parlait avec complaisance de l'acclimatement des plants de Bordeaux dans les parties froides du Liban ; il parla beaucoup de Napoléon à-propos d'un modèle de lunette militaire qu'on lui avait présenté le matin. Soliman-Pacha remarquait avec raison que la lunette dont Napoléon se servait ressemblait à une lunette de théâtre plus qu'à une lunette de mer. Elle était plus courte et plus maniable que le modèle proposé.

Il était plus de midi quand nous sortîmes du palais ; j'y étais resté trois heures. Je ne m'arrêtai qu'un instant au Kettab pour renouveler mes adieux à la famille Martin, et ne repris les habits de voyage qu'à Khan-Touman.

Il faut bien que la vue d'un homme ajoute quelque chose à la connaissance que nous avons de lui par ses actions; que la conversation soit plus instructive encore que les actions et que la vue. Comment expliquer autrement a prodigieuse curiosité qu'inspirent les notabilités? le vide, l'incomplet, le manque de conviction que l'on ressent tant qu'aux notions moins intimes on n'a pas ajouté les deux capitales études de la vue et de l'oreille ? Cette double épreuve, dont par malheur on ne peut voir ici que le squelette grotesque, n'est pas aussi défavorable à Ibrahim qu'on pourrait se l'imaginer.

Les hommes habiles qui l'entourent n'ont pas eu de peine à lui faire comprendre que l'avenir de la question d'Orient repose sur lui, successeur probable de Mohammed-Aly. En lui accordant le génie ou plutôt le cœur de guerrier, l'Europe lui a refusé la tête de gouvernant et d'administrateur. C'est à réfuter cette fâcheuse prévention qu'est destinée la comédie qu'on exerce Ibrahim à jouer devant quiconque peut parler de lui à un roi, à un ministre, ou seulement à un journal ; et, chose singulière, la comédie réussit précisément parce qu'elle est négligemment jouée. L'acteur se relève en improvisant ; au milieu du verbiage européen qu'il répète sans trop se soucier de le comprendre, vous voyez une volonté énergique, une conception rapide, une mémoire prodigieuse, une habitude de commander, de remuer les hommes, un besoin d'activité qui fera un administrateur en temps de paix, après avoir fait un héros pendant la guerre, un duc de Dalmatie ministre après un Soult maréchal !

25 Septembre.

Le khatergi ou chef de la caravane commença son métier de cicerone aussitôt que nous eûmes dépassé les jardins de Ramusat, les derniers au S.-O. d'Alep. Cette montagne que vous voyez là-bas, disait-il en allongeant sa main au N.-O., s'appelle *Bailan*. De l'autre côté nous vient le simoum qui, précisément dans cette saison, fait périr les caravanes arrivant de Bagdad. Devant nous, à ce village en ruines, appelé *Ansarié*, vous reconnaissez un ancien fort arabe ; il y a encore les restes d'un diwan où descendaient les pachas turcs pour y recevoir les hommages des autorités d'Alep. Voici sous les pieds de nos chevaux les restes d'une chaussée bâtie, sous le règne d'un nommé Kaisar, par les géants du pays de Roum. Nous voici arrivés au défilé étroit où jadis les Kourdes venaient attendre les caravanes. C'était le bon temps ; on était rançonné sur les routes et l'on gagnait beaucoup d'or à Alep. Maintenant les routes sont sûres, et les pauvres Alépins meurent de faim : *Allah Kerim! Allah Akbar!* reprirent les muletiers en soupirant et déchargeant les mules.

Nous étions arrivés à Khan-Touman, grand caravansérail en ruines où les écuries elles-mêmes ne purent nous donner asile. Il fallut s'établir dans la cour, où nous prîmes le repas du soir et bivouaquâmes sur des tapis. Nous devions repartir à minuit pour réparer la matinée perdue ; on ne jugea pas nécessaire de déballer les matelas. Le *Koik* coule jusqu'ici et va peu après se perdre dans un marais...

Remonté à cheval sans être complètement réveillé, je me rendormis tout debout sur ma selle, au risque de me rompre le cou si le cheval venait à s'abattre. Heureusement nous traversions un pays plat et la lune éclairait la route. Nous nous dirigions vers Riha, la patrie de notre Kathergi. Les Moukres s'arrangent toujours pour vous faire passer par le pays où est leur famille, et leur maison devient votre caravansérail. Cette hospitalité, bien qu'elle ne soit pas désintéressée, est commode en ce sens qu'elle vous procure une couchée un peu moins affreuse ; mais elle dérange presque toujours les plans des voyageurs qui veulent reprendre en sous-œuvre un itinéraire tracé par leurs devanciers.

D'Alep à Latakié, grâce à cette habitude, il n'y a pas

moins de cinq routes diverses. Quatre heures après *Khan-Touman*, le village de *Serdjië* est en amphithéâtre au-dessus de la route. Du haut des collines de *Serdjië* on voit au pied de la chaîne les villages de Sarnim, l'ancienne *Thelmenissus*, Itlip, Beanieh, Maad, Nesrin, Marthawan et Keftin. Le *khatergi* nous apprit qu'Itlip était habité exclusivement par des Grecs, Marthawan et Keftin par ces Ansariens accusés d'offrir aux étrangers leurs femmes et leurs filles. Au sud-est, à deux lieues de la route, nous laissions le vieux Alep ou *Kinisrin*, bâti sur l'emplacement de l'antique *Chalcis*. C'est là que Kerbogha, prince de Mossoul, réunit son armée pour aller attaquer les Francs déjà maîtres d'Antioche. Entre *Serdjië* et *Sarnim* nous avions reconnu aux premières lueurs du jour des débris de colonnes et chapiteaux bizantins semés le long de la route à un point nommé *Tafar*. Nous avions déjeûné à *Nesrin* vers les dix heures; à deux heures après midi nous étions logés dans une maison assez propre de *Riha*, et nous parcourions à pied les ruines antiques semées sur la colline qui domine le bourg.

Plusieurs sources ont été enfermées dans des niches ou dans des aqueducs. Le flanc de la colline est criblé de tombeaux dont plusieurs étaient maintenant employés par les paysans en guise de fours ou de cuisines. C'est le moment où l'on fabrique une confiture de raisin, estimée dans toute la Syrie et appelée *dèbs*. On presse le fruit dont le mout et la pulpe sont ensuite cuits dans de grands chaudrons, assez pour ne pas fermenter, et pas assez pour avoir perdu la couleur blonde. Ce suc épaissi est employé en guise de miel ou de mélasse.

26 Septembre.

Nous reprimes les collines que nous avions gravies à

pied. A un petit village nommé *Ouerim-el-Djouz*, nous retrouvâmes des falaises calcaires percées d'hypogées; nous abreuvâmes nos chevaux à d'autres fontaines antiques et reconnûmes quelques maisons pesantes avec des croix grecques, semblables à celles de *Touamè*. Le Khatergi nous dit qu'au sud, à sept lieues de marche, dans un pays nommé *Bara*, il y a une grande masse de ruines avec arceaux et colonnades. Corancès, dont nous suivons maintenant les traces et qui a donné des indications assez exactes, rapporte à la situation assignée par le Khatergi les villages de *Magesia*, *Asky* et *Kuf*, où se trouvent des ruines du cinquième siècle décrites par Pococke.

Après la halte du déjeuner, nous atteignîmes la fin du plateau calcaire d'Alep. Notre œil plongeait sur une vallée au fond de laquelle serpentait une rivière riche de verdure. Le terrain que nous foulions avait changé de nature : il ne sonnait plus sous les fers de notre cavalcade : une terre rougeâtre entremêlée de pierres noires, signalait le commencement d'une coulée volcanique qui, dans un de ses plis, livre passage à l'Oronte, puis se relève et va atteindre la mer à *Marqab*. C'est dans ce basalte que les anciens ont taillé tant de colonnes et de chapiteaux noirs, que nous avons vu à Roade, à Alep. Une grande chaussée de ces géants de Roum, dont aujourd'hui même nous avons vu un second vestige, était le grand chemin de *Berœa* à *Seleucobèlus*, à *Apamée*, à *Epiphanie*.

En descendant, nous reconnaissons que le terrain, qui nous paraissait plat, est composé d'une série de collines décroissantes de volume et aussi sèches que le plateau que nous venons de quitter. Par-ci par-là, une citerne de travail antique est signalée par quantité d'oiseaux qui viennent boire les gouttes laissées par l'outre du paysan. Ils ne pensent pas à becqueter les abeilles et les frelons qui pénètrent dans l'intérieur même : une trêve est respectée en présence de la soif, l'ennemi commun.

La vallée de l'Oronte forme une célosyrie septentrionale dont le Liban *Ansarien* s'appelle *Aqqa*, et l'anti-Liban est nommé par Aboulféda *Chaschabon*. Aboulféda, écrivain distingué, et prince de la famille Aïoubite, était né près d'ici dans la ville de *Hama*.

La largeur moyenne de cette célosyrie est de six lieues. Mais ici elle n'a réellement que la largeur de la rivière que nous passons sur un pont de pierre coudé en angle, dont la pointe est tournée vers l'amont. Son pavé est en petites laves très solidement assemblées. Les eaux de l'Oronte ne sont pas ici savonneuses ; elles paraissent d'un brun ferrugineux, il est vrai qu'elles mirent une verdure assez touffue aux deux bords, et qui embarrasse même son milieu. Les roseaux, les massètes, les salicaires, les nénufars, les renoncules se balancent au fil de l'eau et reposent plusieurs tortues vertes. Au-dessus de ce point, la vallée de l'Oronte, large et humide, fournissait les pâturages où les Séleucides tenaient des haras et mettaient au vert leurs éléphans.

La petite ville qui est de l'autre côté est *Djeser-el-Schoghr* (le pont de la montée), que Danville rapporte à l'ancienne *Seleuco-Bélus*. Corancès place Seleuco-Bélus à *Darcouch*, Pococke à *Divertizi*. Les croisés, sujets du prince d'Antioche, occupaient cette place en 1188 lorsqu'elle fut prise par Saladin. Les Moukres nous y firent recevoir dans une chaumière assez propre appartenant à la famille d'un scheikh absent pour le pélerinage de la Mecque.

Deux routes remontent de *Djeser-el-Schoghr* vers le nord et l'ouest ; toutes deux fort raides et pavées à la turque : nous prîmes celle de l'ouest, le long de laquelle nous vîmes finir les cultures de sumac qui nous suivaient depuis

Ramusat. Au haut du plateau, nous saluâmes avec plaisir une végétation d'abord alpestre, et devenant par degrés maritime et méridionale. Le pin que Linnéus a surnommé *alepensis*, quoiqu'il n'approche jamais Alep de plus de vingt lieues; l'arbousier andrachné, moins précieux que l'*unedo* par son fruit, mais plus joli par ses fleurs et par sa tige rouge comme de l'acajou poli. Puis parurent successivement le styrax, l'asphodèle, le laurier, le myrthe, le platane, le vitex et le caroubier.

Mais cette végétation était poudreuse. L'atmosphère, alourdie par un orage qui s'amoncelait depuis quelques moments, devenait intolérable aux poumons des hommes et des animaux. Nos chevaux s'arrêtaient haletants pour écouter le bruit du *Nahr-el-Kebir*, qui se traînait au fond du vallon épuisé par six mois de sécheresse. Les hirondelles exhalaient des soupirs criards, les grands vautours s'abattaient des hautes régions avec des croassements lugubres, les crabes rutilants s'agitaient sur tous les sentiers; les roulements de la foudre se rapprochèrent, et, entre deux éclairs précipités, la nue versa une ondée digne des Tropiques; alors, de tous les côtés des ruisseaux, comme autant de serpents, roulèrent leurs anneaux blanchâtres, sifflèrent entre les taillis, et tombèrent plus bruyamment dans le lit de la rivière, qui, grossie subitement, mouilla le ventre de nos chevaux quand nous la passâmes et repassâmes plusieurs fois à gué.

Un peu avant Khafar, elle se glisse entre des fissures de rochers déchirés à grands ressauts, sur lesquels elle formait maintenant une suite de cascades. Khafar, qui veut dire protection ou corps-de-garde, est le nom d'une petite bâtisse placée à un point rétréci du vallon. Nous devions nous arrêter là pour passer la nuit. La bâtisse et tous les lieux adjacents étaient occupés par un bataillon de lanciers qui se rendait à Alep pour les grandes manœuvres ; il fallut pousser plus loin jusqu'à une grange abandonnée depuis la récolte des vers à soie.

Avant la conquête égyptienne, les khafars étaient occupés par des janissaires qui, sous prétexte de veiller à la sûreté de la route ou d'honorer les voyageurs par une décharge de leurs armes, levaient des contributions équivalant à une avanie. Le nom redouté d'Ibrahim suffit maintenant à la police. Ses lanciers nous laissèrent passer avec quelques saluts de politesse : nous distinguions encore, parmi les taillis, leurs tentes et leurs manteaux blancs du point où nous établîmes le grand feu de notre bivouac. Tout en distribuant de vigoureux coups de hache parmi les pins et les genèvriers, j'admirais le jeu des derniers rayons du soleil sur ce paysage où tant de fois nos aïeux avaient combattu l'infidèle. Je croyais reconnaître la blanche casaque du templier, le frac écarlate des chevaliers de St-Jean et du St-Sépulcre, les bannières aux cent couleurs des barons. La trompette sonnait la retraite, les lances étaient pacifiquement plantées à la porte des tentes. Les nuages, relevés comme de riches rideaux de pourpre, laissaient arriver la lumière d'or solennelle comme l'attention du Très-Haut à la prière d'une armée !

28 Septembre.

En continuant à longer la rivière, à la traverser et retraverser à gué, nous admirions la richesse des cailloux empâtés dans la gangue calcaire. Plusieurs de ces pétrosilex sont d'un volume énorme, forment de grands rochers à eux seuls, et, quand un accident y a produit une cassure vive, leur intérieur montre la pâte fine et les riches couleurs de l'agathe. Le minéralogiste peut admirer un peu plus loin un *gypse* spéculaire qui forme des montagnes reluisant au soleil comme les pyramides de sel un peu ternies par le temps.

A un détour de la vallée des *Nahrelkebir* on attaque un sentier fort raide, appelé *Safkoum*. L'enveloppe de ce chaînon est une terre argileuse que la pluie rend extrêmement glissante : le remède apporté à cet inconvénient est pire que le mal, car la pluie ne dure ici que quatre mois, et le pavé turc dont on a couvert ce sentier à pic rompt les jambes des chevaux toute l'année. Une caravane venant de Latakié parut en haut de l'échelle au moment où nous atteignions le bas, nous dûmes attendre et mettre pied à terre; le croisement de deux caravanes allant à contre-bord occasionnerait des malheurs : quelquefois on pousse la précaution jusqu'à décharger les animaux. Nous perdîmes plus d'une demi-heure à voir défiler chameaux, mulets, chevaux, femmes qui se voilaient à la hâte, Turcs embarrassés de leurs sabres et de leurs grandes robes, marchands arméniens tremblant à chaque minute de voir dégringoler les bêtes de somme avec leur charge de ballots de drap, de caisses de faïence et de verre. Tout le monde finit cependant par passer sans encombre.

Du haut de la montagne nous revîmes la mer : un plateau susceptible d'une riche culture nous en séparait. De beaux colchiques de couleur nakarat, des roses trémières à l'état sauvage, des campanules pyramidales, brillaient à côté des myrthes encore lustrés par la pluie d'hier. Les bartavelles, les francolains, les gazelles fauves, vinrent plus d'une fois se railler de nos fusils prisonniers dans leurs fourreaux. Nous déjeunâmes à l'ombre des orangers et des figuiers, près d'un hameau qui nous rappela un peu les fermes de l'Europe. Les maisons de campagne, ou fermes proprement dites, n'existent pas dans l'Orient. Une habitation ainsi isolée suppose une sécurité dès longtemps bannie de ce pays ; mais ici les négociants européens avaient porté un peu de leurs habitudes et de leur confiance. Plusieurs villages, aux approches de Latakié, et notamment *Bahloulié*, avaient vu se former des parcs, s'élever des *cottages* avec des vaches anglaises et des jardiniers allemands. Nous étions dans Latakié à quatre heures ; une heure après, le consul anglais avait nolisé pour nous une barque qui mit à la voile dans la soirée.

29 Septembre et 4 octobre.

Une mer sans vaisseaux, un pays sans routes, des rivières sans ponts ne permettent pas de prompts voyages et des arrivées à heure fixe. Les vents contraires ou trop violents, les orages, les pluies de l'équinoxe sont enfin arrivés. Il faudrait six jours pour gagner Beyrout par terre, mais la pluie, incommode en tout pays pour des voyageurs à cheval, est presque un empêchement absolu sur une route pauvre de villages et coupée par des ravins devenus maintenant torrents impraticables.

Voilà ce qui nous a fait embarquer. Les marins ont eu peur d'une grosse mer, d'un ciel sans étoiles, et trois fois ils sont rentrés au port après en être sortis avec la brise de terre. Dans la nuit du 3, écrasés de fatigue, et cédant à un sommeil de plomb, nous nous sommes réveillés tout mouillés, nos couchers presque mis à flot par une averse ; et lorsque relevés, grelottant de froid, les mains embarrassées dans un manteau et tenant mal un parapluie, nous avons ouvert les yeux assez pour reconnaître notre situation, nous avons été éblouis par les éclairs, nous avons entendu un feu roulant de coups de tonnerre, le mugissement d'un vent qui n'a pas tardé à enlever nos parapluies. Au jour, nous avons appris que la foudre tombée près de là sur une tente d'Arabes avait tué toute la famille et tous les bestiaux. Le cadi a constaté le fait par un procès-verbal. Il a fallu alors consentir à reprendre domicile indéfini dans la ville, abandonner notre caserne provisoire de *Mina,* et s'accommoder des chambres du couvent franciscain.

Le père a des lunettes, une tête atrabilaire, des traits heurtés : son caractère passe pour irascible ; on raconte de lui des excentricités. Le fait est que, sans jamais demander un sol à l'administration centrale, il a bâti presque tout le couvent de ses aumônes, de ses épargnes et presque de ses mains. Il n'allume jamais de feu chez lui, vit de quelques fruits secs que lui donnent les capitaines francs, et de quelques légumes que son jardin produit. Les malades du pays connaissent son dévouement, les valides et les agonisants les consolations de sa foi ardente, de son éloquente piété. Nous avons eu le loisir de faire et de recevoir des visites ; nous avons vu l'agent consulaire de France, M. Geoffroy aîné, que la fièvre retenait à la campagne, son beau-frère, M. Mazolier, qui fut l'interprète de M. de Lamartine. Nous avons parcouru la ville et ses environs, recueilli des statistiques, des renseignements, des anecdotes. *Latakié* ou plutôt *Elladkié* est la corruption de *Laodicée,* une des villes les plus importantes du royaume grec de Syrie. On croit que la ville antique avait son centre à l'embouchure du *Nahrelkebir* qui est à deux milles au sud de *Mina ;* au nord elle s'étendait jusqu'au cap *Ibn Emahany.* Là, au petit fort de Gébelé, on voit encore des colonnes et un mole antiques. Le port actuel était plus grand et plus enfoncé dans les terres : des oliviers et des vergers couvrent aujourd'hui la terre qui l'a comblé. Laodicée occupait près de deux lieues sur la côte ; son périmètre vers la terre était triple : Alexandrie n'eut pas de plus grandes dimensions. Sa population correspondait à cette étendue, car on a dit qu'elle avait eu jusqu'à neuf cent mille habitants. Son grand commerce et le privilége de se gouverner par ses lois, impliqué par son titre d'*autonome*, expliquent cette fortune.

Les débris antiques encore conservés dans Latakié sont une colonnade et un portique corinthiens dans le bazar; dans un autre quartier un arc-de-triomphe, qu'on croit en l'honneur de Septime-Sévère : l'arceau principal est surbaissé, ce qui ajoute à la lourdeur de l'ensemble ; il est entouré de maisons modernes, qui ne laissent voir que son faîte. Du côté de Ibn Emahany il y a des catacombes ; on en trouve aussi près des murs, à l'orient de la ville actuelle. Au commencement du siècle, les fouilles faites par un Anglais à *Bisnada*, village voisin de *Ladkié*, avaient mis à nu un sarcophage et un beau groupe représentant un homme combattant un lion. Un caprice de l'aga turc ne permit pas d'exhumer ces marbres.

Latakié est surtout connu dans le commerce par le tabac qu'on en exporte. Le plus estimé s'appelle *abouriha* (le parfumé) celui-là est court et brun : les tiges et sommités fleuries y sont mêlées aux feuilles, aussi dessèche-t-il beaucoup lorsqu'il est haché, sa couleur brune provient d'une espèce de suie : on l'enferme dans des hangars où l'on brûle des broussailles de chêne à longue feuille et à gland épineux appelé *aazar*. Les deux autres espèces de tabac qui proviennent de Syrie sont le *dgebely* ou montagnard qui pétille en brûlant par la quantité de nitre qu'il contient naturellement. Il est récolté surtout dans le kasrawan. Le *soury* provient de Sour l'ancienne Tyr, tous deux sont entreposés à Beyrouth.

Latakié ville commerciale et point central réunit presqu'autant que Beyrouth des échantillons des diverses races ou sectes religieuses disséminées dans la Syrie. Leur histoire particulière, leur chiffre approximatif paraissent être connues ici mieux qu'ailleurs. Nous commencerons par la moins intéressante de toutes, mais la plus curieuse par le rôle qu'elle a joué pendant les Croisades, celle des Ismaëliens, Ansariens ou Nozairiens.

Assémann, l'*Encyclopédie britannique* et les missionnaires (1) ont rapporté à la même secte le *assassins du vieux de la montagne*. Silvestre de Sacy a mieux que personne justifié cette assimilation. La secte eut pour fondateur Hassan fils de Sabah, né près de Thous en Khorassan. L'historien persan Mirkhond raconte qu'après plusieurs voyages en Perse, en Syrie, en Egypte, Hassan se rendit maître du château d'Alamout dans le Roudbard, au moyen d'un subterfuge pareil à celui de Didon quand elle acheta le terrain où elle bâtit Carthage. L'appui d'une forteresse aida à la propagation de la doctrine au point d'alarmer le souverain de la Perse. Le château d'Alamout fut assiégé en vain par les soldats de Mélik Schah. Hassan ayant pris l'offensive à son tour, s'empara de plusieurs places fortes du nord-ouest de la Perse.

Le sultan Sindjar ayant conquis ce pays pensait à détruire les Ismaëliens, lorsque se réveillant un matin il trouva un poignard près de sa tête. Un billet de Hassan lui expliqua au bout de quelques jours, qu'on avait préféré son amitié à sa mort: ses successeurs ne furent pas toujours si généreux. Respecté par Syndjar, Hassan revient dans Alamout où il partagea sa vie entre les exercices de dévotion et la composition de traités dogmatiques. Deux de ses enfants ayant forfait à la rigide observance qu'il exigeait de tous ses disciples il les fit périr sans pitié. Le point de départ de sa doctrine était la croyance à la légitimité d'Aly, avec la modification qu'y avait apportée une secte appelée *Ismaëlienne*.

Les Musulmans, orthodoxes ou Sunnites, ont donné aux

---

(1) **Lettres édifiantes.**

assassins, outre le nom d'Ismaëliens, celui de *Bathéniens* ou partisan d'un culte intérieur, de *Molahed* ou impies. Cette dernière appellation fut méritée par les aberrations dans lesquelles la secte fut poussée par un autre Hassan, fils de Mohammed, qui abolit les pratiques extérieures du culte Musulman, permit de boire du vin, dispensa de toutes les obligations de loi de Mahomet, prêcha que la connaissance du sens allégorique du Qoran dispense de l'observation du sens littéral, et enfin se fit proclamer fils de Nezzar fils du calife Mostanser et le khalife de Dieu sur la terre. De cette prétention généalogique vient le titre de *Nozairien* ou *Ansarien*.

Corancès a remarqué que dans l'antiquité la chaîne de l'*Aqqa* était habitée par un peuple nommé *nazarini*, et il se demande si le nom moderne ne serait pas la continuation traditionnelle de l'ancien? Grégoire Bar-Hœbreus le dérive du bourg de *Nazaria*, près Koufa, d'où serait sorti l'auteur du primitif de la doctrine; l'appui donné par Nezzar fils aîné du khalife Mostanser à la secte Ismaëlienne est l'origne la plus probable du nom de Nozairien.

Il y avait trois grades parmi eux : le plus éminent était le daaï ou *advocant*; c'étaient les propagateurs de la doctrine, ils recevaient la profession de foi des convertis qui commençaient par être *refiq* ou compagnon; les *fedaïs* étaient les ministres aveugles du prince ou des *daaï* les plus éminents: *fedaï* vient d'une racine qui signifie racheter, se dévouer. (Mémoire de Jourdain.)

Melik-Schah, alarmé des progrès de Hassan-ben-Sabbah, lui envoya un des officiers pour le sommer de se soumettre et d'abandonner ses châteaux. Hassan fit venir en sa présence un de ses serviteurs et lui ordonna de se tuer, ce qu'il fit à l'instant, il dit à un autre de se jeter du haut d'une tour, et ses ordres furent également exécutés. « Rapportez à votre maître, dit-il alors à l'ambassadeur; ce que vous avez vu, et dites-lui que j'ai sous mes ordres, soixante mille hommes dont la soumission est la même. »

Henri, comte de Champagne ayant fait un voyage dans la petite Arménie, rendit visite à son retour au roi des Assassins et en fut reçu avec les honneurs les plus distingués. Le prince le promena dans tous les lieux de son séjour, et l'ayant conduit à une tour très élevée sur chaque créneau de laquelle étaient des hommes vêtus de blanc : sans doute, dit-il à son hôte, vous n'avez pas de sujets aussi obéissants que les miens; en même temps il fit un signe et deux de ces hommes se précipitèrent du haut de la tour et expirèrent à l'instant; le chef des Ismaéliens ajouta, si vous le désirez, au moindre signal de ma part ceux que vous voyez se précipiteront également. En se séparant de Henri, non sans lui avoir fait de riches présents, il lui dit: si vous avez quelque ennemi qui en veuille à votre couronne, adressez-vous à moi et je le ferai poignarder par mes serviteurs. »

Cette obéissance aveugle avait été achetée par la ruse; les fédais avaient été élevés comme les jeunes gens qui entouraient le vieux de la montagne et desquels Marco Paul a dit qu'ils étaient choisis parmi les plus robustes adolescents (1). « Toute leur éducation avait pour objet de les convaincre que la soumission aux ordres du chef leur procurait après la mort, toutes les jouissances capables de flatter les sens; pour parvenir à ce but, le prince avait fait faire auprès de son palais des jardins délicieux. Là, dans des pavillons décorés de tout ce que le luxe asiatique peut imaginer de plus riche et de plus brillant, habitaient de jeunes beautés, uniquement consacrées aux plaisirs de ceux auxquels étaient destinés ces lieux enchanteurs. C'était là

(1) Sylvestre de Sacy.

que les princes ismaëliens faisaient transporter de temps en temps les jeunes gens dont ils voulaient faire les ministres aveugles de leurs volontés, après leur avoir fait avaler un breuvage qui les plongeait dans un profond sommeil et les privait pour quelque temps de l'usage de toutes leurs facultés. Ils les faisaient introduire dans ces pavillons dignes des jardins d'Armide; à leur réveil, tout ce qui frappait leurs oreilles et leurs yeux les jetait dans un ravissement qui ne laissait à la raison aucun empire, incertains s'ils étaient déjà entrés en jouissance de la félicité dont on avait si souvent offert le tableau à leur imagination, ils se livraient avec transport à tous les genres de séduction dont on les avait environnés. Avaient-ils passé quelques jours dans ces jardins, le même moyen dont on s'était servi pour les y introduire sans qu'ils s'en aperçussent, était mis en usage pour les en retirer, on profitait avec soin des premiers instants d'un réveil qui avait fait cesser pour eux le charme de tant de jouissances pour leur faire raconter devant leurs jeunes compagnons les merveilles dont ils avaient été témoins; et ils étaient convaincus que le bonheur dont ils avoient joui pendant quelques jours, trop rapidement écoulés, n'était que le prélude et comme l'avant-goût de celui dont ils pouvaient s'assurer la possession éternelle par leur soumission aux ordres de leur prince. »

Ce breuvage, capable de procurer le sommeil, avait aussi la vertu de procurer des rêves délicieux, c'était le suc énivrant de la plante du chanvre. L'expédition française de Bonaparte le trouva encore en usage en Egypte sous le nom de *hachich*; les hommes adonnés à son usage s'appellent *hachichun*; les écrivains des croisades écrivirent *assassini*, d'où est venu assassins. Le titre de Vieux-de-la-Montagne donné à leur chef s'explique aussi naturellement; *cheich-elgebel* veut dire le chef de la Montagne, aussi bien que le Vieux, comme en allemand graff signifie également vieux et comte, comme *senior* et *senator* veulent dire aussi seigneur, magistrat ou ancien.

Les *Hachichin* ou Nozairiens puissants en Perse et en Syrie devinrent des alliés importants ou des ennemis terribles des princes leurs voisins. Redouan Emir Seljoukide d'Alep adopta leurs doctrines vers le temps de la première croisade. De là date leur puissance en Syrie. Guillaume de Tyr évalue leur nombre à soixante mille et compte dix forteresses qu'ils occupaient entre l'Oronte et la mer. La principale était Messiat où Burckardt a retrouvé des Ismaëliens. Deux ennemis terribles ruinèrent leur puissance au troisième siècle: Houlagou, petit-fils de Gengiskan, appelé en Perse par plusieurs princes qu'avaient irrité leur excès, ruina les châteaux de la secte et renvoya au-delà de l'Oxus Rokn-Eddin-Korchah, le dernier souverain d'Alamout. Ils avaient pris Apamée d'où Tancrède les chassa. Bibars-Bondoucdar, qui avait proscrit l'usage du *Hachich*, leur fit perdre leurs autres places de Syrie et poursuivit les débris de la secte jusqu'à la citadelle des Kourdes.

Les Ismaëliens et les Nozairiens actuels paraissent être des débris des anciens *Hachichin* (1). Ils font les Musulmans en présence des Turcs et Arabes. *Metwaly* est le nom générique des Musulmans schiites de la Syrie, et surtout de ceux qui habitent au midi du Liban. Les *Gésidiens* sont une secte peu connue et qui est accusée d'adorer le diable. Tournefort en parle comme d'une race voyageuse entre Moussol et les sources de l'Euphrate.

Les Druzes qui jouent depuis quelques siècles un si grand rôle dans l'histoire politique de la Syrie, le joueront plus

---

(1) Les kobbiès, schamsié, mokladgie sont des sous-divisions de la même secte. Niebhur dit qu'ils croient que l'âme des infidèles doit passer par cinq cruelles épreuves nommées fesgh, nesgh, mesgh, wesgseh, resgh.

grand encore dans l'avenir, car agriculteurs et guerriers, ils donneront la prépondérance au parti auquel ils s'allieront. La religion les rend neutres entre les Musulmans et les Chrétiens; je me trompe, ils sont ennemis des Sunnites, parce que leur croyance est une émanation schiite. C'est encore au grand orientaliste Silvestre de Sacy que nous devons les notions les plus avancées sur la doctrine des Druzes.

Vers la fin du quatrième siècle de l'Hégire vécut en Egypte un khalife appelé *Hakem-bi-Amrallah*. La plupart des actes de son règne furent empreints de folie, et l'Orient regarde volontiers les fous comme des favoris de Dieu. Hakem, assassiné après vingt-cinq ans de règne, fut considéré comme une émanation, comme une incarnation de Dieu, par des flatteurs encore moins raisonnables que lui; et un certain Hamza, fils d'Aly, en fit l'objet d'un culte mêlé de l'adoration d'Aly, gendre de Mahomet, duquel les khalifes fatémites se prétendaient descendants. Hakem doit reparaître un jour sur la terre comme un Messie, et récompenser ses adeptes par toutes les jouissances positives des sens et de l'amour-propre. Le commun des adeptes parmi les Druzes s'appelle *djahel* ignorant. Ceux qui sont plus avancés dans l'initiation sont nommés *aaqel* sages. Leurs chapelles portent le nom de *Khalaoui*, lieu solitaire.

Burckhard passant par un village druze du Hauran fut tuilé par écrit par un *schaikh*: « Où coulent les cinq rivières dans votre pays? Connais-tu le grain du *liledj*? où le sème-t-on? Quel est le nom du sultan de la Chine? Connais-tu les villes de Hadjar et Nadjran en Yemen? Hadjar est-elle en ruines? qui la rebâtira? Le Messie ou Sauveur est-il déjà sur la terre? »

Les Druzes sont accusés par tous les Orientaux de se

livrer à des orgies nocturnes dans lesquelles ils ne respectent aucune barrière de parenté, ni mère, ni fille, ni sœur. Les enfants qui naissent de ces incestes passent pour prédestinés. Je sais qu'il faut être en réserve contre de pareilles accusations : l'ignorance et l'inimitié ne les ont épargnées à aucune secte, pas même aux agapes des premiers Chrétiens. Mais il me semble impossible de ne pas être frappé de la ressemblance prodigieuse des Druzes et des Nozairiens, et comme tous deux sont nés vers le même temps, il me semble fort probable qu'ils seront sortis d'une source commune. Les doctrines abstraites de Hamza et de Hassan auront été peu-à-peu modifiées au profit des passions en s'imprégnant toujours davantage d'un mysticisme, élément, ce semble, indispensable dans l'Orient, pour exalter la saveur du bien comme l'ivresse du mal.

N'est-ce pas là aussi l'origine de la franc-maçonnerie européenne, avec ses initiations à des degrés divers, et son déisme qui l'a fait condamner comme juive en Espagne et en Portugal? On ne niera pas que la *vehmé* germanique n'ait rappelé plus d'une page des Nozairiens. Les Templiers auront été les importateurs de cette institution née au mont Liban, mais un peu plus tard que Salomon. Les Templiers s'étaient mêlés aux races orientales plus que les autres ordres; ils avaient eu le profit et les souillures de ce commerce plus intime : plus de savoir et plus de doute, plus d'ambition et de perfidie; la bravoure, la sensualité et l'hypocrisie liées avec tout le reste et stimulées par le mysticisme!

Les Druzes ont eu une certaine célébrité en Europe sous le règne de l'émir Fakreddin, qui se lia par des traités avec des princes européens, et qui vint lui-même solliciter les secours promis. C'est alors que la généalogie répétée depuis par le chevalier d'Arvieux, qui dérive les Druzes d'un comte de Dreux, fut fabriquée par les amis du hardi aventurier. Fakreddin, luttant contre les Turcs, était l'allié naturel des Francs ; voulant communiquer directement avec ceux-ci, il s'était emparé d'un port, et l'avait amélioré ; sa politique était précisément le contrepied de celle des Soudans et Mamelouks qui comblaient les ports pour en écarter les flottes et les marchandises chrétiennes.

La postérité de ce chef, éteinte il y a environ un siècle, a fait passer le sceptre à la famille de Chabab, famille arabe de la Mecque, parente de Mahomet, et notable au temps des premiers khalifes. Vers le temps des croisades, elle quitta l'Hedjaz pour s'établir dans un village du Hauran auquel elle donna son nom. Les Druzes, divisés en tribus nombreuses et turbulentes, n'obéiraient pas volontiers à un chef de leur nation : c'est pour cela que la Turquie les a soumis au sceptre d'un étranger. Le chef actuel, appelé émir Béchir, a repris les traditions de Fakreddin, ou plutôt les mêmes intérêts lui ont donné les mêmes conseils : sa famille est alliée avec les chrétiens maronites, dont elle a adopté la religion. Les branches des *Chahab* qui commandent à Rachaya et Hobbeïa sont les seules qui soient restées musulmanes. Les Druzes adoptent volontiers les apparences de toutes les religions ; ils vont à la messe au Kasrawan, à la mosquée à Beyrout ; leur prince est maintenant à leur unisson : il est toujours traité comme musulman par les Turcs, quoiqu'il ait une chapelle et un confesseur à Ebteddin. Les femmes du peuple parmi les Druzes ne sont pas voilées : elles sont défigurées par le *tantour*, grande corne de ferblanc ou d'argent qu'elles se plantent sur le front, verticale, inclinée en avant, à droite ou à gauche, selon les tribus et les villages auxquels elles appartiennent.

Nous allons parler maintenant des populations chrétiennes, en commençant par la plus importante de toutes, les Maronites. Ils rapportent leur nom à un solitaire du commencement du cinquième siècle, dont les disciples étaient répandus dans les environs d'Apamée. Pendant les croisades, ils formaient déjà une nation importante qui se soumit à l'autorité de la cour de Rome au temps de Baudouin IV, roi de Jérusalem. En 1536, un concile maronite adhéra au concile de Trente, mais avec cette réserve que le clergé séculier continuerait à être marié. Les moines seuls sont voués au célibat : c'est toujours parmi ceux-ci que l'on prend les grands dignitaires de l'Eglise. L'influence du clergé n'est pas bornée à l'ascendant qu'il a dans tous les pays sur la famille : son autorité est ici officielle et temporelle; il partage l'administration avec les scheicks et leur chef, le prince des Druzes, qui est en même temps prince des Maronites.

Le clergé maronite, comme tous les clergés chrétiens de la Syrie, rappelle un peu le clergé byzantin pour ses disputes théologiques et disciplinaires. Ce sont perpétuellement des instructions dogmatisantes et excommuniantes au milieu desquelles le délégué papal d'Antoura est sans cesse occupé à mettre la paix. Pendant notre séjour à Alep, les *yelek* ou robes de femmes fendues sur les côtés avaient été excommuniées : les seules orthodoxes étaient les fustans semblables aux jupons d'Europe.

Les missionnaires anglais de Beyrout se plaignent amèrement de leurs tracasseries, mais avec moins de raison que le délégué papal. Le protestantisme a fait des frais immenses sans obtenir une seule conversion; il se venge de ce désappointement en faisant alliance avec les schismatiques grecs et arméniens, comme au Qaire avec les Cophtes. Toutefois, alliés et ennemis s'accordent à repousser les traductions arabes de la Bible faites par la Société biblique. Ce dédain est de bon goût : l'arabe de cette traduction n'est ni la langue vulgaire ni la langue littéraire ; il est plat lorsqu'il n'est pas inintelligible. Le patriache des Maronites habite Kanoubin ; leur principal collége est à *Ain Ouarka*, à une demi-lieue au nord-est d'Antoura. Le Kasrawan est la province où ils sont le plus nombreux : au midi leurs établissements ne vont pas au-delà de Nazareth.

Les Syriens catholiques, dont Botros Jaroué est patriarche, sont distincts des Maronites. Les Arméniens, séparés de l'Eglise grecque au quatrième concile, sont maintenant divisés en catholiques romains et schismatiques. Ces derniers ont quatre patriarchats à Etchmiazin, à Sir, à Constantinople et à Jérusalem. Les Grecs sont divisés aussi en schismatiques ou *meliky* et en catholiques ; ces derniers, ralliés à Rome depuis la prise d'Antioche par Boémond et Godefroy, sont moins nombreux que les *meliky*. Les chrétiens maronites, syriens et grecs, de même que les Druzes, Ansariens, Metwallis et Musulmans syriens, sont les descendants des Grecs et Romains du paganisme et des temps byzantins : leurs traits ne diffèrent pas des nôtres ; ils ont parfois les cheveux blonds et l'iris bleu ; toutefois, l'iris orange foncé et le teint brun des peuples de l'Europe méridionale forment la dominante la plus commune.

Il y a un certain nombre de Juifs dans toutes les villes commerçantes de la Syrie et Palestine. Jérusalem et Tibériade sont les deux villes où ils soient en plus forte proportion. Les Samaritains ont disparu même de Jaffa et de Lidda, où l'on en trouvait encore au commencement du siècle ; leur seule station est maintenant à Naplouse. Quelques Parsis ou Guèbres se rencontrent parfois à Alep, où ils viennent du golfe Persique et de Bombay. Les domestiques de cette race ne veulent ni éteindre le feu ni moucher les lumières. Cette race d'hommes a le teint de café cru, les traits européens avec un profil busqué, de longs yeux noirs et des cheveux plats.

Nous n'avons pas besoin d'ajouter que les Musulmans, répandus partout, proviennent de trois sources principales : les Arabes émigrés à la suite de la conquête ; les Syriens Grecs-Romains convertis par le temps ou la force ; les étrangers amenés par les conquêtes depuis les croisades : ce sont principalement les Turcs, Kourdes et Turcomans. Selon les Persans modernes, les Turkomans sont les fils des nomades du nord de la mer Caspienne et des femmes boukhares. Klaproth a prouvé que les Boukhares sont des Japhétiques parlant un dialecte persan. L'élément japhétique domine dans les figures des Turcomans, qui sont fort beaux et ressemblent beaucoup plus aux Turcs qu'aux Tartares. Ils sont appelés par Aboulfeda Gozzes et Uzzes. Ces peuplades formèrent longtemps la meilleure partie des troupes musulmanes ; elles avaient d'abord été les compagnons des Seldjoukides, qui les amenèrent du voisinage de l'Oxus, vers l'an 1042. L'Oxus leur a toujours donné leur nom : *uz*, *ox*, *woz*, *goz*, est évidemment la racine du nom des peuples antiques *uxiens*, mentionnés par Arrien comme des brigands nomades avec lesquels les rois de Perse étaient obligés de faire une capitulation chaque fois qu'ils voulaient passer de Suze à Persépolis. Alors comme aujourd'hui les Uxiens quittaient leurs déserts pour venir chercher au sud et à l'est des pâturages fertiles et des populations riches à rançonner. Les Kourdes sont les anciens Chaldéens montagnards. Mon condisciple orientaliste, M. Eugène Borée, vient de les retrouver dans leur patrie primitive, les *montes Karduchi*, avec leur langage primitif encore fort reconnaissable.

La race turque, presque entièrement transformée par les

femmes géorgiennes et circassiennes, passe pour originaire d'un rameau mongol. Cette assertion paraît contestable, quand on voit le bas peuple turc. Les métis du Japhétique blanc et du Mongol ou Tartare, nous sont plus mal connus que ceux des Japhétiques et des races africaines. Toutefois, le peuple turc, moins mélangé que les grands, devrait offrir des restes de traits mongols qu'on cherche vainement chez lui.

Rien n'est plus variable que le chiffre assigné par les divers voyageurs aux races respectives et à la population totale de la Syrie. Hasselquist a donné vingt mille Juifs à Jérusalem : Carlyle, seulement trois mille. L'évaluation d'une grande province comme le Kasrawan est encore plus difficile que celle d'une ville. Volney a estimé à cent vingt mille la population maronite que Matteo, professeur d'arabe à la Propagande, porte au-delà de quatre cent mille. Selon le patriarche Jaroué, un siècle pourrait bien avoir suffi à un pareil accroissement. L'absence de registres empêchera toujours de connaître la vérité absolue.

Un impôt par tête nommé *ferdy* a été établi depuis la domination égyptienne. Cet impôt est levé sur tous les mâles adultes en état de gagner leur vie. Des recensements bien faits pourraient servir d'induction au chiffre total. M. Mazolier, qui a eu connaissance des premiers états relevés par l'administration centrale de Damas, se croit en droit de conclure que la population totale de Syrie et Palestine atteint deux millions. Je lui soumis un argument fourni par M. Barker : en Europe, où cependant les grandes villes sont plus nombreuses et plus peuplées que dans l'Orient, la principale masse des habitants est fournie par les campagnes ; en Orient, la campagne est déserte, les fermes n'existent pas ; les villages sont rares : c'est donc dans les villes qu'il faut chercher la principale masse de population.

La Syrie n'a que deux grandes villes : Damas, qui n'a pas plus de soixante-dix mille habitants, et Alep, qui n'en a pas cinquante mille. Après elles, Beyrout est maintenant la plus considérable, et en a à peine vingt mille, les étrangers compris ; Jérusalem, sans les pèlerins, n'a pas plus de quinze mille âmes ; on n'en peut pas donner plus de dix mille, terme moyen, à Homs, Hamah, Latakié, Tripoli, Antioche ; plus de cinq mille à Alexandrette, Acre, Qaifa, Jaffa, Gaza, Naplouse, Ramla, Deir-el-Qamar. Nous n'avons pas encore atteint le chiffre de deux cent cinquante mille, et il nous reste une centaine de bourgs moins grands et moins peuplés que Baalbek, qu'Ebeteddin, que Nazareth, qui ont moins de deux mille habitants. Le Liban, où les bourgs sont plus serrés, plus peuplés ; où même il y a des couvents isolés et des fermes, devra avoir une population plus dense que le canton de Berne pour loger quatre ou cinq cent mille chrétiens maronites et grecs et près de cent mille Druzes : toutes ces concessions nous donneraient à peine un million.

M. Barker, dans un rapport sollicité par Mohammed-Aly, estima la population sédentaire de la Syrie et Palestine à neuf cent cinquante mille habitants. En corrigeant cette évaluation qui me semble trop basse, par les données nouvelles de M. Mazolier, qui, à leur tour, sont un peu trop enflées, nous arriverons au terme moyen de quinze cent mille âmes comme population actuelle de ces deux pays.

Elle serait répartie de la manière suivante :

Turcs.	10,000
Musulmans arabes, syriens.	400,000
Tribus bédouines de l'orient de l'anti-Liban et de la rive gauche du Jourdain.	50,000
Metwalis.	100,000

Ansariens.	60,000
Kourdes et Turkomans.	15,000
Druzes.	300,000
Juifs.	20,000
Maronites.	400,000
Catholiques grecs, syriens, arméniens.	50,000
Catholiques schismatiques. . . .	80,000
Population flottante de négociants et pèlerins.	40,000
TOTAL. . . .	1,525,000

De Khan-Jounis à Alexandrette, il y a six degrés ; cent cinquante lieues de longueur sur une largeur moyenne de vingt-cinq : c'est presque la surface du royaume de Naples, des Etats romains et de la Toscane, peuplés de neuf millions. Il y avait plus de cinq millions d'habitants quand les Arabes conquirent la Syrie ; elle était encore très-peuplée au temps des croisades ; on en juge par l'importance des villes, par la puissance des émirs, par la résistance qu'ils opposèrent aux Francs. La décadence est arrivée aujourd'hui au point de rendre la population musulmane inférieure à la population chrétienne; et si, pour la chance d'une lutte, on distrait les Metwalis, les Ansariens et les Druzes, perpétuels ennemis des Turcs et des Arabes, ceux-ci seront réduits à moins de cinq cent mille, proportion infime quand on pense que leurs adversaires sont en possession du commerce, de l'agriculture et des sympathies des peuples de l'Occident !

5 et 6 octobre.

Enfin, le 4 au soir, la mer s'étant calmée et une bonne brise soufflant de terre, nous pûmes nous rembarquer le lendemain. Le calme nous força d'amarrer dans la baie de *Marqab*, près d'une petite rivière nommée *Banias*. Son embouchure est classiquement barrée par une plage de sable, derrière laquelle l'eau douce méandre parmi de beaux lauriers-roses. Aux chutes de la rivière sont échelonnés des moulins jusqu'à la montagne, formée de plusieurs cônes bruns d'anciens volcans. Le plus large est couronné par les ruines du *castrum Merghatum*, qui formait la limite septentrionale du comté de Tripoli. Après la prise de Jérusalem par Saladin, les Hospitaliers en firent le chef-lieu de leur ordre. Marqab avait été bâtie par les Musulmans l'an 454 de l'hégire; elle fut prise en 511, par Roger, prince d'Antioche. Calahoun la reprit en 684 (1285 de J.-C.). Le nom de *Banias*, que l'on nous a dit être porté par la rivière, est aussi celui du district voisin. A trois lieues au nord de *Marqab*, au pied du Liban, sont les restes de Belnias, ville très-forte au temps des croisades, et perpétuellement disputée entre les Francs et les émirs d'Alep et de Damas. Ce fut en 1167 que Noureddin l'enleva aux croisés; elle fut reprise par Saladin au fils de Noureddin; les Hospitaliers s'en emparèrent, et la gardèrent comme Marqab, jusqu'au siége mémorable que Calahoun vint commander en personne, et en faisant porter devant lui le grand étendard de Mahomet. Corancès, voyageant sans doute avec peu de livres et avec des cartes fautives, a confondu ce Belnias avec Paneas ou *Cesarea Philippi*, ville frontière au nord de la *Trachonite*, où Hérode bâtit un temple à Auguste. Panéas ayant d'abord fait partie du royaume de Jérusalem, avait été ensuite pris par les Sarrasins... Foulques d'Anjou, troisième successeur de Godefroy, la reprit pendant une alliance faite avec le sultan de Damas contre Zenguy, sultan de Moussoul et d'Alep. Elle capitula après quelques jours d'un siége où l'on vit flotter dans le même camp les étendards du Christ et ceux de Mahomet.

7, 8 et 9 octobre.

Le mauvais temps nous força de relâcher à Road. Quand la pluie eut cessé et que nous pûmes distinguer la montagne, nous reconnûmes qu'elle était couverte d'une neige fort épaisse. Ce voisinage ne tarda pas à refroidir l'air, et il fallut quitter les habits légers de l'été. Pendant les loisirs que le vent contraire nous infligeait, nous profitâmes d'une barque qui, deux fois par jour, communique de l'île au continent pour aller visiter la cité de Tartouse, dont le nom est une corruption de l'antique *Antaradus*. On prend terre à l'embouchure d'un ruisseau qui fournit l'eau douce à l'île. De là à la ville il y a plus de deux milles de chemin. La route directe de l'île à Tartouse serait une ligne oblique de cinq milles au moins. La mer, à en juger par l'azur foncé de ses eaux, a plus de cinquante brasses de profondeur sur presque toute cette ligne : aussi l'on trouve fort hasardée l'assertion de je ne sais quel auteur ancien, qui a prétendu que l'île était jointe au continent par un pont. Un pont d'une lieue et demie avec des piles de trois cents pieds de hauteur !

En arrivant par la plage, le premier édifice qu'on aperçoit est une église fort bien conservée, d'un style un peu pesant, qui annonce la première transition du byzantin au sarrasin, ou, comme on a dit depuis, au gothique : trois nefs; au chœur une abside, un clocher et une sacristie; la voûte de l'abside reliée à la voûte de la nef moyenne par des voussoirs rayonnants; la chaire communiquant avec la nef de gauche par une porte; les colonnes demi-engagées et groupées : leur chapiteau à fleur, rocaille et pampre, au haut d'un fût trop long; l'arceau qu'elles supportent, soit celui des nefs, soit celui des entrecolonnements, est court et en ogive obtuse. L'intérieur de Saint-Roch, à cela près des voûtes et des chapiteaux, ressemble beaucoup à l'ensemble de cette église, l'un des premiers essais produits en Syrie par les croisades. Le grand portail offre en corde de son arceau pointu un linteau fait d'un seul bloc de granit rose; un bloc pareil forme le seuil que les paysans viennent écorner à coups de marteau; c'est, disent-ils, la pierre d'Abraham qui a la puissance de rendre le lait aux nourrices qui l'ont perdu.

La ville est fort curieuse. Elle a une double enceinte de murs d'une structure quasi cyclopéenne. On croit d'abord retrouver la fabrique des quais de Road ou des fondements de Baalbek; plus tard on se fixe à Baalbek, mais à cette partie qui a été remaniée en citadelle sarrasine. Les matériaux sont d'une haute antiquité, mais grossièrement assemblés; leur force et leur pesanteur ont fait durer l'édifice. Quelques poternes et une porte de ville ont des arceaux pointus; la grande porte au nord a l'air d'un péristyle d'église; la voie tourne deux ou trois fois à angle droit comme aux portes d'Alep.

Dans l'intérieur de la ville, sur la grande place, on voit un palais vénitien, avec rosaces dans des arceaux plein ceintre portés par des colonnettes groupées, avec ornements bien sculptés, et surtout lions qu'il est impossible de confondre avec les lions de fabrique sarrasine. Dans l'intérieur les retombées des voûtes aboutissaient toutes à un tronçon de grosse colonne antique en granit rose.

Pendant que nous étions occupés à regarder par les fenêtres, nous eûmes le plaisir de voir jouer sur la place une fort jolie partie de dgerid. Une douzaine de combattants, quelques-uns fort jeunes et d'autres à barbe blanche, se chargeaient ou s'évitaient de toute la rapidité de leurs chevaux. Une baguette de bois représentant un javelot est lancée avec toute la force du bras, multipliée par le galop du cheval; l'assaillant crie à son adversaire de prendre garde à sa tête, à ses yeux, et le conseil est prudent, car le dard a plus d'une fois éborgné, ou fracassé le nez. On s'y conforme, surtout quand on a fait retraite, après la première décharge : mais un lutteur expert, qui attend le premier feu, dédaigne cette précaution et pare le dgerid volant d'un revers du dgerid qu'il tient encore à la main; parfois même il le saisit au vol pour le rejeter à l'assaillant qui va fuir.

Un vieil Entelle, dont nous avions admiré la vivacité, fut proclamé vainqueur et reconduit en triomphe par tous les spectateurs.

Tartouse fut prise dans la première croisade par une ruse de guerre : des Gascons et des Provençaux, au nombre de cent cavaliers et deux cents fantassins, commandés par Raymond, vicomte de Turenne, par le vicomte de Castelanne, le seigneur d'Albret et quelques autres chefs, avaient inutilement sommé la ville de se rendre. Pendant la nuit Raymond s'avisa de faire allumer un grand nombre de feux dans les bois qui entouraient la ville : les habitants qui s'imaginèrent que l'armée tout entière les avait investis, abandonnèrent leurs remparts et s'enfuirent. Les templiers occupèrent longtemps cette forterese : Bibars et Calahoun firent des traités avec ces superbes chevaliers pleins de sollicitude pour leurs moulins, oliviers et vignes, paysans et paysannes, tandis que le roi de Jérusalem était sans royaume et que la dernière heure de Saint-Jean-d'Acre allait sonner.

10 octobre.

Un vent médiocrement favorable par sa direction, trop fort de souffle, une mer trop grosse, la pluie, la nuit, tout cela fait peur aux marins arabes, ignorants, timides, mais aussi connaissant la faible structure de leurs navires de sapin ou de pin. Le nôtre a besoin d'être pompé toutes les heures depuis que nous sommes partis avec une bonne brise de terre. Nous avons reconnu Albatroun ; puis, le vent ayant refusé et tourné, nous avons relâché à *Djioun*, échelle maritime du gros bourg maronite de *Zouq-Mikaïl*.

11 octobre.

Au matin, avec l'aube, ce côteau paraît joli et frais : il y a quelques arbres, des vignes, des fermes, des couvents dont les cloches tintent sans craindre d'intolérants suzerains. Lorsque le soleil est venu donner à chaque détail sa juste valeur, le côteau, le village, la colline, la montagne, tout ressemble à ce que nous avons déjà traversé : tout pèche par le manque de futaies, de taillis, de végétation serrée, et surtout par le manque d'eau : cruelle alternative ! la sécheresse désole la Syrie, et l'eau amène avec elle la fièvre.

12 octobre.

Djioun est un petit port très-commerçant qui approvisionne la montagne. Notre reïs avait à y déposer une cargaison de doura : une fois cette opération finie, nous avons remis à la voile, ayant en poupe un vent grand frais qui nous a fait atteindre en deux heures la petite darse de Beyrout. Djioun est situé derrière la corne septentrionale de la baie. La lame a fait cacher les grandes tortues que les gourmets anglais pèchent ici très-abondamment : avec le calme nous en avons aperçu à *Road*, à *Latakié*, ici même, nageant tranquillement à la surface de l'eau comme de grandes bouées, dressant un instant la tête pour respirer et observer les ennemis, et, à la première inquiétude, plongeant par une culbute qui irradie mille cercles sur l'azur de la mer.

La petite darse est à une lieue de la ville ; ce chemin me parut bien long lorsque je dus le faire à pied. Depuis deux ou trois jours je n'avais pas quitté mon lit, où je me croyais retenu par la paresse : l'humidité, que l'on n'affronte pas impunément en Syrie, m'avait donné la fièvre. J'en avais eu quelques accès vagues; je le reconnus en éprouvant un nouvel accès accompagné de tous les prodromes de la fièvre pernicieuse : débilité extrême, soif ardente, évanouissement à la moindre secousse, trouble d'idées, étourdissement de la vue. Mes domestiques étaient tous partis avec le bateau chargé des bagages pour l'accomplissement de quelques formalités de douanes. Un seul de mes compagnons de voyage avait pris terre avec moi; il avait la fièvre aussi, mais heureusement moins forte que la mienne. Quelques âniers qui vinrent à passer eurent la charité de me mettre sur un âne et de me soutenir à deux par les épaules. En approchant de la ville, j'ouvris les yeux devant un enclos dont la porte est surmontée d'un marbre blanc portant en lettres noires : *Cimetière français;* et je me rappelai Adhémar mourant sans avoir vu Jérusalem. Ce cauchemar se dissipa à l'auberge de Baptiste : je retrouvai assez de liberté d'esprit pour demander ma pharmacie et y faire choisir quelques médicaments qui empêchèrent le retour des accès.

Deux jours après, je pus m'asseoir à la table du consul, qui nous donnait un dîner d'adieu. Cette appellation était, hélas! plus juste que nous ne le supposions l'un et l'autre. Deval repose maintenant dans ce cimetière que je n'ai fait que saluer. Plein de santé, plein de jeunesse, il a succombé à cette fièvre de Syrie qui a moissonné Destouilly et mademoiselle de Lamartine; qui, au moment même où elle épargnait un deuil à ma mère, désolait une famille intéressante par le trépas du consul de Tripoli, Méchain, cet aimable et beau jeune homme qui nous avait inspiré une si vive sympathie, une amitié si profonde et si rapide! Méchain a été le dernier de cette dynastie consulaire qui était en coupe réglée depuis un siècle. Le consulat de Tripoli, depuis longtemps reconnu inutile par la stagnation des affaires, a été converti en une simple agence, que l'on confiera à des hommes nés dans le pays, et plus à l'épreuve de son mauvais air que les étrangers.

Revoyant Beyrout après tant d'autres villes dégradées par le temps, les tremblements de terre et les Turcs, je la trouvai moins laide qu'à ma première visite; j'évoquai avec plus de plaisir les souvenirs de sa grandeur passée. Vers le sixième siècle de l'ère chrétienne, la Syrie et la Mésopotamie avaient des écoles illustres. Edesse et les monastères voisins tenaient le premier rang ; Antioche et *Beritus* venaient ensuite. Aristote y avait été traduit en syriaque; vers le huitième siècle, ce philosophe et beaucoup d'autres auteurs grecs furent traduits en arabe par des savants élevés en Syrie, et appelés ensuite aux grandes écoles de Nichapour, de Giondi-Schapour et de Bagdad. Le culte des sciences, et particulièrement de la médecine, paraît avoir duré dans *Beritus* pendant tout le moyen-âge; après la prise de Constantinople, plusieurs Grecs qui s'y réfugièrent y rencontrèrent une académie grecque syriaque, qu'ils contribuèrent sans doute à relever, et qui fournit des maîtres à presque tous les colléges chrétiens de l'Orient.

Berytus ou *Beryte* était devenu une baronie sous Baudouin Ier, roi de Jérusalem. Son successeur, Baudouin-du-Bourg, ayant fait lever, à Noureddin, le siége de Panéas et de Sidon, allait porter secours à la principauté d'Antioche, agitée par des factions et menacée par les Musulmans, lorsqu'il fut empoisonné par un médecin syrien, qui avait sans doute été affilié aux doctrines du Vieux de la Montagne en même temps qu'aux secrets de l'art de guérir. Le roi, se sentant mortellement atteint, voulut revenir à Jérusalem, mais il n'en eut pas le temps, et rendit le dernier soupir à *Beryte*.

Robert-du-Mont raconte à cette occasion un trait qui, s'il était véritable, ferait autant d'honneur au roi défunt qu'à l'ennemi vivant, à qui l'on avait conseillé de profiter du deuil des Francs pour faire une irruption en Palestine. A Dieu ne plaise, répondit Noureddin, que j'aille troubler la juste douleur d'un peuple qui pleure un si bon roi. Saladin ne fut pas si généreux, et après la bataille de Tibériade, où un roi était prisonnier, non seulement il prit la Palestine, mais il prit encore Beryte, où il fit faire la cérémonie de son couronnement comme roi de Syrie.

Sous les premiers soudans mameloucks, Beryte était, comme Tartouse, une petite principauté chrétienne sous le bon plaisir des suzerains musulmans. Une princesse chrétienne qui, après la mort de son mari, était partie pour Chypre sans la permission de Bibars, reçut de lui une lettre où il lui enjoignait à elle-même, et au besoin aux parents et amis qui l'avaient accueillie à Chypre, de mieux respecter à l'avenir ses droits d'allié et de tuteur.

Beyrout n'a pas d'édifice antique; il n'y reste rien du fameux théâtre bâti par Hérode Agrippa, ni des monuments de *l'heureuse colonie d'Auguste*, vantée par quelques médailles du premier empereur. La porte de Damas, et une autre qui donne sur le port, sont des ouvrages postérieurs aux croisades. Les Francs n'y ont laissé qu'une église convertie depuis en la mosquée qu'on appelle *Hamoud-el-Haleby*; son ordonnance rappelle l'église de Tartouse, dont elle paraît contemporaine : seulement elle est moins solide et moins ornée.

TERRE SAINTE.

19 et 20 octobre.

Le ciel était toujours sombre et orageux; les nuages versaient de fortes et fréquentes averses : la route de Damas est impraticable en pareille saison. Ce n'est pas tout : la route de Saint-Jean-d'Acre par terre serait encore plus périlleuse, car tous les torrents sont débordés, et l'Eleuthère a pris la dimension d'un fleuve. Il faut donc, pour le moment au moins, renoncer à Damas, à Sydon, à Sarept, à Tyr, magnifiques cités, ruines fameuses, que notre curiosité, que notre amour devra se contenter d'avoir rêvé comme des fiancées ravies avant l'hymen. La mésintelligence des Anazé avec Ibrahim-Pacha m'a fermé le chemin de Palmyre !

Amère déception ! dans un pays où chaque pierre a des souvenirs de tous les âges, où chaque rocher entendit la voix d'un grand homme, les accents d'un prophète, d'un apôtre, d'un Dieu, pourquoi ne pas venir libre de tout engagement social ? Quel livre plus digne d'être minutieusement feuilleté, quelle méditation meilleure pour orner l'esprit, pour ennoblir l'âme ? Hélas ! à moins de renouveler les miracles, la volonté, le courage, la curiosités, ont circonscrits par les limites du temps, de la santé, de la fortune, des éléments et des devoirs ! aucun voyageur, aucun pélerin même n'a tout vu dans un pays. Les Anglais s'arrêtent au parallèle de Tripoli. M. de Lamartine a dédaigné comme eux la vallée de l'Oronte, Alep et Antioche. M. de Châteaubriant n'a strictement vu que les saints lieux.

C'est qu'apparemment l'embarras des richesses force toujours à un choix, et on jette son dévolu sur le diamant, quitte à penser ensuite aux perles. Jérusalem d'abord, et puis Bethléem, Nazareth, le Jourdain ! La suite, s'il reste de la vie, si la fièvre n'arrive pas : Baalbek, si les brigands n'infestent pas la route ; les cèdres, si la neige n'a pas comblé les vallons du Liban. Nous n'avions pas oublié ces lois prudentes en commençant notre pérégrination par le nord.

Cet itinéraire était commandé par la chaleur que nous devions espérer d'y trouver moindre. La Palestine longe la Philistine, où la datte mûrit, où le sable abonde comme en Egypte; l'automne y sera serein comme à Damiette.

Nous avions nolisé un schouner pour Acre ou Jaffa. Nous passâmes assez près de la côte pour y suivre, avec la lunette, les principaux points, objets de nos regrets. Saïdé, l'ancienne Sidon, pris et repris tant de fois par les armées et les flottes des croisés, jusqu'à ce que le général de Touran-Schah, Fekhreddin, comble son port en 1250, Saïdé est un joli bourg noyé dans une riche verdure. Dans Zarfa, on reconnaît encore le nom phénicien de Zarephat ou Sarepta. Près de là, sur les bords de l'Eleuthère, la première armée des croisés fut attaquée par un reptile nommé *tarenta*. Ce nom désigne encore, en Provence, un gecko, dont un climat plus chaud rend la salive venimeuse. Albert d'Aix mentionne deux remèdes qu'on opposa à ses piqûres, l'un la ligature entre la morsure et le cœur est fort rationel; l'autre était plus doux, mais probablement moins certain : le médecin devait être une femme.

Une série presque continue de ruines règne entre Saïdé et Sour. Ici les brisants battent des débris de quais et des forêts de colonnes plus serrées qu'à l'embarcadère de Beyrout. La Tyr antique, celle qui fut détruite par Nabukadnazar, était à quatre milles au sud. Soixante-dix ans après sa destruction, elle fut rebâtie dans une île sous Darius-Hystaspe; l'île fut jointe au continent pendant le siège qu'en fit Alexandre. C'est celle-là dont Sour marque l'emplacement. Isaïe, en annonçant la ruine de la première, ajoutait qu'elle serait rebâtie. Ezekiel, en prophétisant la ruine de la seconde, disait qu'elle serait définitive (1).

---

(1) Isaïe, c. 22; Ezéchiel, c. 27.

Les metwalys du voisinage ont aidé à la confirmation de ces paroles. Vers le temps où les princes des Druzes étaient maîtres de Beyrout, ils firent combler le port de Sour avec les colonnes accumulées sur la plage, pour empêcher les flottes turques d'attaquer la montagne par ce côté.

Rien n'est plus curieux, dans Ezekiel, que l'énumération des marchandises dont les Tyriens faisaient commerce, si ce n'est le nom des peuples avec lesquels ce trafic s'opérait. L'Inde, d'où venait l'ivoire, est désignée par le nom des îles de Chittim. On y voit d'où l'on tirait le chêne pour les rames, le pin pour les bordages. Les cèdres du Liban fournissaient les mâtures; j'en suis fâché pour l'authenticité des cèdres modernes. Aruad (Road) et Sidon fournissaient les meilleurs pilotes. Tyr, dont les marchands étaient princes, enrichissait les rois par ses marchandises; et un jour les marchands et les rois devaient la railler sur sa chute. Pline, qui était amiral, se moque de Tyr réduite à sa coquille pourprée et à son nom, après avoir fondé des colonies telles que Leptis, Utique, Carthage, Cadix. Aujourd'hui Tyr a perdu même sa coquille et son nom.

21 et 22 octobre.

Nous avions entendu raconter à Beyrout l'entreprise audacieuse d'un pirate grec qui avait abordé et dévalisé un vaisseau arabe où se trouvaient cinquante hommes, matelots et passagers compris. Un seul canot, monté de cinq hommes armés, avait accosté le vaisseau pendant que le brig le tenait en respect avec son canon. Un seul des passagers avait voulu faire résistance; ses compagnons l'en avaient empêché au nom du salut de tous et au nom de l'habit qu'il portait : c'était un père de la Terre-Sainte, voyageant avec un dépôt de vingt-cinq mille piastres qu'il eut la douleur de perdre. Plusieurs femmes étaient à bord aussi; leurs cris de terreur avaient paralysé les courages. D'ailleurs les armes manquaient absolument.

Vers le soir, quand nous fûmes en face de la baie d'Acre, nous crûmes reconnaître le forban dans un bâtiment à manœuvres suspectes que notre reïs ne pouvait observer qu'avec ses yeux. Ma grande lunette me permettait de distinguer ses canons. Alors l'équipage proposa de gagner Saint-Jean-d'Acre ou Qaïfa, où nous aurions été comme bloqués et d'où nous ne pouvions sortir, en tous cas, sans être observés. Le vent était frais et favorable, notre navire fin voilier; nous insistâmes pour continuer route jusqu'à Jaffa, et bien nous en prit; le brig gagna le large aussitôt qu'il nous vit cingler au sud; le lendemain matin, au moment où nous jetions l'ancre en rade de Jaffa, un grain violent annonça un vent de sud-ouest et souleva une mer qu'il n'eût pas été commode d'affronter avec un navire et un équipage arabes. Le reïs faisait des façons pour risquer une de ses chaloupes, avec nos effets, au milieu des brisants qui entouraient la darse. Il fallut l'y forcer par les arguments irrésistibles. J'arrivai au soleil levant dans la maison de M. Damiani.

De petits appartements, remplis par une famille nombreuse et par des domestiques encore plus nombreux, des divans convertis en chambre à coucher, ne sont pas flatteurs quand on les surprend si matin et dans une saison que le climat permettait encore d'appeler l'été. En attendant que les maîtres fussent visibles, je pensai à l'hospitalité du couvent espagnol. Un frère laï eut des scrupules à propos des habits du compagnon avec lequel je me présentais. Il me faisait lire sur la grille le mot de *clausura*. Le père supérieur, arrivé fort à propos, nous expliqua qu'en haut du couvent, dans un corps de logis séparé, il pourrait nous donner un logement propre où les serviteurs et les vivres pénétreraient sans obstacle. Il donna l'ordre aux portefaix de diriger de ce côté nos bagages, et monta devant nous le grand escalier pour nous montrer le chemin.

Toutes les dignités ecclésiastiques sont marquées, dans l'Orient, par des bâtons. Les primats, évêques et partriarches, ont de grands bourdons à pommes d'argent; les curés portent une espèce de queue de billard incrustée de nacre de perle. Le supérieur, appuyé sur cette canne, nous donnait les plus récentes nouvelles de Jérusalem, lorsque nous vîmes entrer le vieux Damiani, si connu par son costume mi-parti de Levantin et de Franc, et qui mérite d'être connu aussi par son obligeance. Il venait faire au père supérieur, et à nous-mêmes, la plus aimable querelle au sujet de la préférence que nous avions donnée au couvent. Il avait amené main-forte pour enlever nos effets et presque nos personnes. Nous ne pûmes le désarmer qu'en lui promettant d'aller dîner chez lui le jour même, et, subsidiairement, en feignant de ne pas reconnaître l'agent consulaire français sous le chapeau impérial autrichien dont le cumulard est toujours coiffé jusqu'à midi.

Le brave homme nous traita de son mieux, nous présenta à sa famille, et nous fit asseoir dans ses divans qui, changés rapidement de décoration, avaient repris bonne et propre mine. Que d'hôtes fameux ont passé par ici : lady Stanhope, la reine Caroline d'Angleterre. On nous montra la place précise où toutes deux se sont assises plusieurs fois. Un oncle de M. Damiani était consul à Jaffa quand l'armée française y passa. Il occupait une autre maison où logea le général en chef Bonaparte; on ne sait déjà plus exactement où était située cette maison, tant la vie de cet homme a pris rapidement tous les caractères de l'histoire : la grandeur, la poésie et, aussi, l'incertitude.

Combien j'aurais voulu retrouver ce dernier caractère

à une certaine anecdote de pestiférés dont le théâtre a été visité vingt fois par nous avec chagrin. Un vice-consul de Russie, M. Petrochefsky, orientaliste, propriétaire d'une admirable collection de monnaies koufiques, est logé dans le couvent grec qui servit d'hôpital à l'armée française. Des centaines de pèlerins russes (1) bivouaquaient dans les vestibules au rez-de-chaussée en attendant leurs passeports. Je crus entendre des soupirs d'agonie, des malédictions de désespoir, au milieu de ces échos tout retentissants du bavardage slave, et je reposai ma pensée avec le souvenir de Sidon, que nous avions saluée la veille, et où un autre roi français (2), lui aussi et conquérant malheureux de l'Orient, aida chrétiennement à la sépulture des morts au milieu d'une épidémie meurtrière.

23 octobre.

Les jardins de Jaffa sont célèbres en Palestine, comme ceux d'Alep en Syrie; nous y fîmes une promenade pendant qu'on apprêtait nos bagages pour le départ. Nous avions aussi besoin de solitude pour discuter un intérêt sérieux. La peste sévissait à Jérusalem. C'était une attraction de plus pour moi. Je l'avais vue de profil au Qaire, à Alexandrie, à Beyrout; elle était de l'autre côté du mur près duquel nous causions maintenant, là, dans le lazaret de Jaffa. A Jérusalem, j'étais sûr de la voir en face et d'aussi près qu'il me plairait, sans contrôle, sans discipline quarantenaire. Mais, à cette épreuve, j'avais le droit de n'exposer que moi seul. Nul autre ne pouvait avoir ma curiosité, plus forte que le danger ! Mes hypothèses secrè-

---

(1) Le nombre des pèlerins qui venaient annuellement à Jérusalem dépassait vingt mille, il y a quelques années; la plupart étaient Grecs. Les quarantaines ont beaucoup diminué ce nombre, surtout en temps de peste, lorsque la quarantaine est longue et rigoureuse. Autrefois la peste sans quarantaine ne les arrêtait pas.

2 Saint Louis.

tes, mes vagues espérances amoindrissait ce danger à chaque conversation que j'avais eue avec les hommes, dignes représentants de la science et de la critique européennes ! je signifiai cette résolution à mon compagnon de voyage en le suppliant, et lui ordonnant, au besoin, de me laisser partir seul : et ce compagnon, dont j'achève de trahir ici le sexe et la qualité, argua à son tour de son droit légal de me suivre partout. Je m'y attendais, j'avais déjà mesuré sa patience, sa résignation. Elle a depuis mis le comble à la mesure, mais en se refusant toujours à être nommée dans ces lignes, préférant à tout le voile et l'abnégation orientale, croyant le courage et le bruit l'apanage des hommes seuls, et oubliant qu'en pareille situation et presque aux mêmes lieux, Tancrède, magnanime comme elle, ordonnait à son écuyer de taire sa vaillance.

Les moukres nous attendaient dans une espèce de lazaret en plein vent, où les provenances de Jérusalem faisaient quarantaine. M. Damiani et ses fils nous accompagnèrent jusqu'à ces barrières de la mort. Les pauvres gens, croyants sérieux de la contagion, avaient fait tous leurs efforts pour nous retenir et ne dissimulaient pas leur effroi en nous voyant si obstinés. Nos domestiques égyptiens fumaient tranquillement en attendant que tout fût prêt. Il était trois heures quand ils m'amenèrent mon cheval, sur lequel je m'élançai d'un bond, et, lui faisant sentir l'éperon, je partis en m'écriant comme mes frères de l'ancienne Provence : « Dioux li volt ! » Dieu le veut !

La plaine qui sépare Yaffa de la montagne à cinq lieues de largeur : le pays des Philistins, dont Joppé fut une place importante, était cette langue de terre qui commence au promontoire du Carmel et arrive jusqu'au désert de Syrie en s'élargissant graduellement. Le mont Carmel, qui à Qaffa baigne dans la mer même, s'en éloigne donc toujours davantage, et finit par aller se joindre au grès de la grande épine de l'Arabie-Pétrée. Le Carmel, entièrement calcaire, longeait d'abord la tribu d'Issachar, puis la demi-tribu de Manassès, celle d'Ephraïm, celle de Benjamin, et avant de toucher à l'Idumée séparait les tribus de Juda et de Siméon; la tribu de Dan occupait la plaine même un peu au midi du point où nous la traversons.

On met trois heures pour aller de Jaffa à Ramla, l'ancienne Arimathie. Le sable y est mêlé d'une bonne portion de terre végétale, et donne de belles récoltes quand on le cultive; mais la plus grande partie est en friche et ne nourrit que des *nabka* ou jujubier lotos, gros arbuste épineux qui devient par la culture un arbre fruitier de la plus grande dimension. Ses rameaux tortillés et hérissés d'assez gros piquants, ont fait croire à quelques voyageurs (1) qu'il avait fourni la couronne d'épines dans la passion du Christ: la supposition est plus vraisemblable pour un autre nerprun fort épineux appelé le portechapeau (*paliurus aculeatus*, L.), et qui est plus commun que le *nabka* sur le plateau de Jérusalem (2). Les botanistes européens ont rapporté la couronne d'épines à un arbuste d'une autre famille qu'ils ont nommé pour cette raison *lycium barbarum*.

Ramla est une ville un peu moindre que Jaffa; elle est entourée d'un rempart, et ses portes se ferment militairement au coucher du soleil. Ramath ou Arimathia est la patrie de ce bon Joseph qui ensevelit le corps de Jésus; Ramath était aussi le lieu de naissance de Samuel et le siège d'une école de prophètes. Si les prophètes ne furent autre chose que des tribuns (3) chargés de faire de l'opposition aux pontifes et aux rois, on conçoit aisément qu'une

---

(1) Hasselquist. — (2) Belon. — (3) Salvador, loi de Moïse.

pareille mission puisse s'apprendre; nous connaissons des pays dans lesquels cette éducation se reçoit partout : les comptoirs, les châteaux, les facultés de droit, surtout, dressent quantité de prophètes pareils. Les prophètes juifs ont été autre chose, leur justice n'a pas plus épargné le peuple que les grands, et elle n'a pas toujours été conduite par la critique ou le doute; leurs prévisions n'étaient pas de simples menaces ou des consolations destinées à corriger le mal actuel, à adoucir le malheur présent. Le sol que nous foulons fournit à chaque pas la preuve d'une portée plus étendue. Les prophéties de Jérémie et d'Isaïe sont encore aujourd'hui des guides remarquablement exacts; l'extase qui rendit leur vue si longue était l'élan définitif de la volonté militante, l'inspiration, l'expression dernière de la science et de la foi. Même comprise de cette façon, la préparation à la prophétie peut avoir été faite dans des écoles, sortes de couvents, où des études toujours nouvelles pouvaient s'ajouter aux pratiques traditionnelles, conservatrices de la foi et de l'enthousiasme.

Ces idées me vinrent en considérant les têtes puissantes et méditatives des moines espagnols qui priaient dans l'église du couvent de Ramla, pendant que le père supérieur y célébrait la messe. Les moukres n'avaient pas encore paru à sept heures; la pluie tombait par torrents depuis minuit. Les domestiques du couvent murmuraient qu'avec cet embarras, onze heures ne suffiraient pas pour atteindre Jérusalem; cependant la pluie se calma un peu, et nous nous mîmes en route, comme des Anglais, le parapluie à la main.

Deux heures nous suffirent pour atteindre les premières collines, au pied desquelles nous laissâmes à gauche le bourg de *Lidda*, l'ancienne Diospolis où Saint-Paul guérit un paralytique. Elle est entourée de jardins où l'élégante cime des dattiers domine des massifs de nabka et de sycomores à la sombre verdure. Les collines, qui durent près de deux lieues, sont stériles et incultes. Enfin, les vallées se serrent, le rocher s'élève et se boise; on suit pendant cinq heures un défilé étroit semblable aux combes de Valiguières près Nîmes; le sentier serpente sur les côtés d'un ravin que la pluie avait rempli.

Deux villages se rencontrent à des élargissements du vallon, *Qarial-Khourj* et *Qarialouna*. Tous deux appartenaient à une tribu qui rançonnait les passants et qui avait le monopole d'un péage infâme appelé le droit des pourceaux. Abougousch, chef de cette tribu, était encore, il y a peu de temps, très-connu de tous les voyageurs. Il est mort ou tombé dans l'obscurité depuis que Mohammed-Aly a affranchi les pèlerins chrétiens de l'ancienne avanie. Qarial-Khourj, qui fut occupé par les croisés, offre les débris d'une église à trois nefs taillée sur ce patron primitif que nous avons déjà vu à Tartouse et Beyrout. En face du village de Karialouna, la route longe un vieux mur hébreu ou philistin dont les pierres sont taillées et assemblées comme celles de Baalbek et de Tartouse.

À trois heures après midi nous avions atteint la fin de la montagne et cheminions sur un plateau semé de rares yeuses et de lentisques rabougris : la pluie avait cessé, et quelques points du ciel se dévoilaient. Tout-à-coup le plateau s'abaissa, et dans un horizon lointain apparut le rideau azuré des montagnes de Moab et de la Pérée. Tout près de nous, en relief dans le creux, était une ville entourée de remparts que les pâles rayons du soleil blanchissaient comme un grand ossuaire : nos guides nommaient Jérusalem et je me précipitais à bas de mon cheval pour baiser la terre du Scopus.

Alors mon cœur éprouva une émotion bien différente

de celles que lui occasionnèrent Thèbes, Ebsamboul ou Baalbek. Ce n'étaient plus seulement les grands souvenirs historiques, les merveilles de l'architecture, les efforts prodigieux d'une civilisation primitive que mes yeux pouvaient admirer; c'était le théâtre des plus grands mystères de notre religion, le lieu même où son divin fondateur accomplit la rédemption du genre humain, qui s'offrait enfin à mon enthousiasme, qui faisait couler mes larmes et fléchir mes genoux! Je sentais avec une enivrante certitude que ni les révolutions politiques de mon pays, ni les doutes cruels de la philosophie de mon temps n'avaient déraciné de mon cœur les germes de foi reçus pendant l'enfance. C'était comme un second baptême qui, à la maturité de la vie, ravivait l'eau du baptême premier, desséchée par les égarements de mon siècle, par les passions de la jeunesse!

Entrés par la porte des Pèlerins, autrement dite d'Hébron, nous fûmes conduits droit à la *Casa-Nova*, résidence du curé et des pèlerins en temps de peste. Le grand couvent situé tout près de là, à l'extrémité du Calvaire, faisait une quarantaine sévère. Je ne pus pénétrer que dans la cour où j'attendis le révérendissime à qui M. Deval devait m'avoir annoncé. La grande chapelle était interdite au public. Les pères y chantaient les vêpres à huis-clos; leur plain-chant, accompagné de la riche harmonie de l'orgue, m'arrivait à travers le vitrail polychrome.

Le révérendissime parut à une fenêtre du premier étage, la tête couverte d'une calotte violette, et me confirma les tristes détails que j'avais appris à Yaffa : les médecins du pays avaient inutilement essayé de nier la peste : les charbons et bubons étaient journellement reconnus par les médecins européens attachés aux troupes du pacha. Les lettres que j'apportais du Qaire et de Beyrout furent reçues dans un bassin de cuivre d'où les serviteurs les portèrent avec des pinces vers le four à parfum.

Quand j'eus pris congé du prélat, je crus qu'il me resterait assez de temps pour monter sur le mont des Oliviers et satisfaire mon impatience d'embrasser d'un coup-d'œil la ville et ses environs. J'avais tant regardé les plans de Jérusalem que j'y connaissais déjà ma route. Je descendis la voie douloureuse, sortis par la porte Saint-Étienne et passai le torrent du Cédron sur un petit pont de pierre voisin du tombeau de la Vierge et de Saint-Joseph. La pluie avait fait couler un peu d'eau blanchâtre dans le ravin ordinairement sec. J'avais reconnu à ma droite les grands tombeaux de la vallée de Josaphat, et je ralentissais mes pas en commençant à gravir le sentier de Gethsémané. La cité vers laquelle je me retournai n'offrait plus que des masses confuses : je ne distinguai que l'éclat insolent des coupoles de la mosquée d'Omar. L'ombre avait rempli la vallée et débordait sur la ville : j'eus à peine le temps de regagner la porte Saint-Étienne, dont un soldat turc me gourmanda d'avoir fait retarder la clôture.

25 octobre.

Et maintenant je peux mourir! j'ai vu ce saint tombeau conquis et reperdu au prix de tant de sang et de larmes; j'ai médité longtemps agenouillé près de sa pierre, les yeux éblouis par son auréole de lampes, le cœur attendri par la prière, contrit au souvenir d'une vie qui n'avait encore eu qu'un instant bien employé!

Hélas! et contrits aussi à la vue d'un temple si peu digne de la majesté de ses souvenirs! les Grecs ont rebâti l'église du Saint-Sépulcre détruite en 1808 par une incendie, ils y ont employé l'architecture d'Istamboul ; ce n'est pas tout: ils agissaient en l'absence des Latins et ils ont relégué le couvent latin dans la portion la plus incommode ; ils ont fait disparaître les tombeaux de Godefroy et de Baudouin sous le gros mur qui porte la coupole de l'église grecque, espèce de saint des saints qu'ils ont enclos dans la grande église et marqué au dehors par une coupole plus haute et plus brillante.

Au-dedans, au-dehors il n'y a pas une belle ligne d'architecture ! Au-dedans ce sont partout colifichets, œufs d'autruche et verroteries, au-dehors murs mesquins et mal dressés. Le seul morceau supportable est la portion trop petite, hélas ! qui fut épargnée par le feu. C'est un portail à trois arceaux avec un clocher; les matériaux sont byzantins, l'arrangement doit dater des derniers rois francs.

Pour compléter la désolation de cette architecture turque, un capidgy musulman est dépositaire des clefs du saint tombeau du Christ: il tend fièrement la main pour recevoir son péage avant que vous donniez l'aumône aux pauvres chrétiens. Maintenant j'ai compris toute la douleur de ces Hébreux d'Esdras qui pleuraient en voyant la médiocrité du second temple rebâti parcimonieusement et sous la surveillance du soldat Assyrien ! Les intrigues et la jalousie des Grecs ont forcé Mohammed-Aly de faire déposer les clefs en mains tierces. Ce pacha qui aspire à ressusciter le trône des khalifes devrait se faire apprendre l'histoire d'Haroun-al-Rashid qui envoya à Charlemagne les clefs de ce même temple. Grâce à l'arrangement actuel, le successeur de Charlemage, le roi très-chrétien, appelé roi des Français, *rex Francorum*, comme Charlemagne et saint Louis, est jusqu'à un certain point prisonnier du Kapidgi turc. Son portrait, exposé dans la galerie du couvent latin, s'aperçoit de l'intérieur de l'église.

Pendant que nous étions à la considérer, nous vîmes paraître à cette galerie plusieurs des cinquante pères qui y sont toujours de service; le supérieur nous annonça qu'on avait tiré du trésor de l'église l'épée et les éperons de Godefroy de Bouillon, qu'on montre ordinairement aux pèlerins français. J'eus la faveur de tenir dans ma main et de baiser cette glorieuse épée; la lame est droite et tranchante des deux côtés, la poignée est garnie d'un bois cannelé, la garde est en croix avec ses deux branches enroulées en bas; les éperons sont en cuivre, longs et armés de grandes molettes. Cette simplicité concorde fort bien avec ce que l'histoire nous a conservé de ce roi que les émirs turcs avaient de la peine à reconnaître, vêtu en soldat et couché sur la paille.

Les stations des pèlerins dans l'église sont très-nombreuses : le bon curé padre Camillo fut notre guide. La première, aussitôt après avoir franchi la porte, est consacrée à la pierre sur laquelle fut oint le corps de Jésus. Le curé allume un petit cierge de cire à l'une des lampes qui y brûlent sans cesse, et le présente au pèlerin qui continue à le porter en visitant les autres reliques. Le sommet du Calvaire, où l'on monte par un escalier taillé dans le roc, est enfermé dans l'église, ainsi que le saint sépulcre : l'évangile de saint Jean a expressément noté leur rapprochement extrême (1). A ce sommet, des marbres, des ex-voto, des autels, marquent la place des trois croix; en bas, dans une grotte, on vénère le lieu où la vraie croix fut découverte par les soins de l'impératrice Hélène. Ainsi se trouvent réunis sous le toit d'un seul édifice les deux principaux sites du drame de la rédemption, celui de la plus grande indignité, celui de la plus grande gloire, le lieu de la mort et le lieu de la résurrection !

26 octobre.

Après la messe retardée par les enterrements et allon-

---

(1) Verset 41, chap. 19. A l'endroit où Jésus fut crucifié il y avait un jardin et dans ce jardin un tombeau neuf où personne n'avait encore été enterré.

gée par les prières à saint Roch, padre Camillo est sorti avec nous pour nous faire reconnaître le périple de la ville. En dedans de *Bab-Khalil*, ou porte d'Hébron, un terrain vide et enfoncé est désigné par la tradition comme ayant porté la maison de Bethsabée. David pouvait la voir dans ses jardins, car son palais est non loin de là, sur le mont Sion reconnaissable par ses impérissables fondements qui ont porté depuis tant de citadelles à balistes et à canons. Les nizami égyptiens étaient aux fenêtres de leurs casernes, étendant au soleil leurs uniformes de toile grise; des tobgis arnaoutes montaient la garde aux courtines, en avant du pont-levis.

Non loin de là, du côté opposé de la rue, et toujours au plus haut de la montagne des Jébuséens, un couvent et une église arménienne sont bâtis sur l'emplacement où fut décollé saint Jacques-le-Majeur. L'église et ses vestibules, les corridors du couvent, abondent en faïences vernissées, en lampes d'argent, luxe propre et étriqué d'une race riche et marchande. Au bout de la rue, on sort sur la campagne et les cimetières chrétiens par la porte de David, fabrique sarrasine très-ressemblante aux portes les moins ornées d'Alep. Vis-à-vis au sud, les Musulmans ont élevé une mosquée sur l'ancien couvent latin de la Terre-Sainte; ils prétendent y posséder le tombeau du prophète-roi.

Les Latins avaient jadis fait choix de ce lieu, parce que Jésus-Christ y avait fait la cène; là aussi avait eu lieu la Pentecôte, et le premier concile chrétien s'y était tenu; le palais de Caïphe fut près de là. Les Arméniens y ont une chapelle, où ils prétendent posséder la pierre qui fermait le tombeau du Christ; dans la même direction, mais au-delà de la vallée, une bâtisse moderne est désignée comme occupant la place de la maison de mauvais conseil, ou maison de campagne du même grand-prêtre.

La vallée, qui sur trois côtés fait fossé à la ville, est désignée sous différents noms par Jérémie, par Strabon, par Josèphe. Ces noms divers ont servi probablement à en préciser les diverses parties : Gihon jusqu'à *Nebi-Daoud*, Tophet, ou vallée du fils d'*Hinnom*, jusqu'à la vallée de Josaphat, dont la partie supérieure porte plus spécialement le nom de Kedron. Le Gihon est coupé par plusieurs murailles et arcades supportant des sentiers ou des aqueducs qui menaient à la ville une eau amassée dans une grande piscine au nord-ouest, et qui paraît correspondre au lieu où Zadok le prêtre et Nathan le prophète huilèrent Salomon roi de Jérusalem. Dans la partie la plus basse du Gihon le rocher est criblé de tombes anciennes, où quelques inscriptions grecques se lisent encore.

A l'endroit où la vallée d'Hinnom contourne les rochers au bas de l'*Akeldama*, pour se diriger vers la mer Morte, une coupole sarrasine abrite le puits de Néhémie que les Arabes appellent aujourd'hui puits de Job ; l'eau y est maintenant assez basse, mais elle ne tarit jamais : dans l'hiver et le printemps elle monte jusqu'à la margelle. Là commence un peu de verdure moins grise que celle des oliviers. Elle augmente progressivement et forme les vergers et les potagers, qui, du village demi-troglodyte de Siloam, s'étendent à la fontaine de Siloë. Les grenadiers, figuiers, jujubiers, y abondent. L'herbage le plus cultivé est un grand chou qui se mange en feuille et en fleur, ressource précieuse dans un pays désolé par la sécheresse, et recevant à quelques moments de l'année près de trente mille visiteurs. Les nopals ou figuiers de Barbarie bravent l'hiver ainsi que les citroniers et quelques rares palmiers. Jérusalem, placée comme Alep sur un plateau calcaire et fort élevé, a donc les bénéfices de sa latitude plus méridionale.

Les jardins sont arrosés par un réservoir qu'alimente Siloë. On suit le filet d'eau le long d'un conduit taillé dans le roc et recouvert d'une vieille et forte substruction vers le point appelé aujourd'hui *Birket ain Maradj*. C'est par là que passa le père Desmazures pour remonter jusqu'à *Ain Siloë* proprement dit, fontaine située à un niveau supérieur et en remontant la vallée. Des femmes qui lavaient leur linge furent très-effrayées en voyant sortir du fond du puits le savant pèlerin tout couvert d'une boue noire. On descend au niveau de Siloë par un escalier taillé dans le roc; l'eau en est légèrement saumâtre. Après l'avoir goûtée, on en lave ses yeux en mémoire du miracle de l'aveugle à qui Jésus rendit la vue ici même. La citerne d'Ézéchias, qui est un peu au nord de la maison de Bethsabée, communiquait par un canal souterrain avec la piscine de Siloë.

De l'autre côté de la vallée, au-dessus du village de Siloam, sur l'éminence à droite, le prophète Isaïe fut scié en deux par ordre du roi Manassès; à gauche est le mont du Scandale, ainsi nommé parce que c'est là que Salomon avait rétabli les autels de l'idole Moloch.

La vallée de Josaphat proprement dite est remplie de tombeaux hébreux de tous les temps: on rencontre des sculpteurs occupés à ciseler les noms de quelques Juifs décédés la veille. Les trois les plus apparents gagnent beaucoup à être vus de près: celui du milieu est rapporté à Zacharie, celui de droite à Josaphat, celui de gauche à Absalon. Reland a vu dans ce monument une des trois pyramides ou piliers élevés par Hélène, reine d'Adiabène, et dont Pausanias, Josèphe, Eusèbe, ont fait mention. Le nom d'Absalon ou plutôt d'Absalom a pu venir, non pas du fils de David, qui fut enseveli dans la vallée royale ou de Chavèh, à deux milles de Jérusalem, mais d'Absalon, oncle et beau-père d'Aristobule. Toutefois, un passage de Josèphe, relatif à la reconnaissance de Jérusalem par Titus, répugne à cette hypothèse. Le monument d'Hélène était vis-à-vis la tour de la Femme, et celle-ci était à l'extrémité nord-ouest de la ville. L'ordre de ces désignations est changé dans un plan de Jérusalem géométriquement exact et publié en 1835 par Caterwood. Les trois tombeaux sont composés d'un gros dé ménagé dans le roc vif : celui d'Absalon est recouvert d'un gros entonnoir de pierre dont le tube monolithe est terminé par une flamme d'un très-bon effet. Derrière lui, on reconnaît l'entrée de sépulcres souterrains : c'est un fronton grec décoré de plusieurs ornements, entre autres d'un trident fait de feuilles d'acanthe. Derrière la tombe de Zacharie sont creusées d'autres tombes mineures. On peut entrer dans la chambre intérieure de deux des grands tombeaux : celle de Josaphat, seule, est impénétrable ; la pierre est encore entière, au moins à tous les endroits visibles. Les trois dés monolithes ont un grand caractère d'antiquité et rappellent l'architecture édomite de Pétra, issue comme la juive de la terre des Pharaons.

On s'étonne, en approchant de ces dés, de les voir enjolivés de broderies représentant des frises, des frontons de colonnades grecques. Ces additions, bien postérieures à la fabrique primitive, doivent être du temps des Hérodes. Nous trouverons beaucoup d'autres traces du goût de ces princes pour l'art grec et romain.

Un peu avant le pont de pierre sur lequel on passe le Cédron, on montre sur le rocher l'empreinte du pied de Jésus quand il fut enlevé par les soldats. La tradition désigna d'abord un point : la piété le circonscrivit. La curiosité des visiteurs qui s'y posent l'a considérablement agrandi. Nous sommes dans Gethsémané, ou le Jardin des Olives, traversé par le sentier qui gravit le mont des Olives où nous ne pouvons monter aujourd'hui. Le lieu d'où Jésus pleura sur Jérusalem est à notre droite à mi-côte ; la grotte où sont les tombeaux de Marie, d'Anne, de Joachin et de Joseph, est devant nous, la porte en est close : les Arméniens y ont fini leur service. Tout près de là les catholiques possèdent une petite chapelle bâtie sur la grotte où Jésus sua la sueur de sang ; où dormirent Jean, Jacques et Pierre; où Judas désigna Jésus aux gardes qui le poursuivaient.

Le lit du Cédron est composé de silex agathes plus brillants que les cailloux de désert de Suez ; le calcaire de sa vallée est comme celui de la rivière de Ladkié, parsemée de gros blocs de ces jolis cailloux. Le ravin s'efface en montant vers le plateau septentrional qui domine la ville ; mais avant de me diriger vers cette face, je dois reprendre le long des murs même de la ville l'itinéraire suivi au fond du vallon.

En prenant à gauche de la porte de David, on arrive à la Sakhara ou mosquée d'Omar, fabrique immense qui à elle seule occupe près d'un quart de la ville moderne : son enceinte extérieure suit par deux côtés un mur antique où toutes les traditions s'accordent à chercher les restes du temple des Juifs. A l'angle même il est impossible de méconnaître la fabrique juive des fondements ; ces blocs de vingt pieds de long et d'une épaisseur proportionnée furent certainement taillés et assemblés par les ouvriers de Zorobabel, sinon par les Phéniciens au service de Salomon ; ils rappellent tout-à-fait les fondements de Baalbek. La charrue de Titus aura eu beau labourer les ruines de Solime ; le marteau d'Adrien recommencer les fouilles pour édifier Ælia-Capitolina ; ici, comme au palais de David, étaient restées des masses inébranlables, sur lesquelles a passé comme la vague sur le rocher, cette succession d'édifices byzantins, arabes, turcs, francs, sarrasins.

L'enceinte orientale de la Sakhara offre la fameuse porte

d'or qui ne fut pas murée, comme on le répète aujourd'hui, lorsque Bonaparte arriva à Saint-Jean-d'Acre, mais lorsque Soliman refit l'enceinte de la ville. Dès-lors était accréditée en Syrie une prophétie qui voulait que les chrétiens, maîtres de nouveau de la Terre-Sainte, dussent rentrer dans Jérusalem par cette porte par où était entré Godefroy. Si le siège d'Acre eût autrement tourné, il est fort probable que la prédiction se serait réalisée. Cette porte à double voie est très-ornée: les chapitaux de ses pilastres sont en acanthe épineux, les arcs surbaissés et couverts de moulures très-fouillées: tout cela, maçonnerie et sculpture est d'un travail antique.

La porte de Sitty-Mariam ou Sainte-Marie est plus connue sous le nom de Saint-Etienne, qui fut lapidé près de là. Les seuls ornements qu'on y remarque sont ces silhouettes de lion que Saladin mit à la mode. Au-dessus de cette porte le mur des croisés s'enfonçait obliquement à gauche: Soliman le prolongea au nord et le fit tourner d'équerre pour agrandir le quartier de Bezetha; à la face nord ce mur, très-haut et très-fort, n'est percé que par la porte de Damas ou *Balbelhamoud*. Le rocher sur lequel il est assis partout a été un peu creusé pour faire une sorte de fossé. Cet ouvrage principalement accompli par Soliman, dont le nom est écrit sur de nombreuses stèles de marbre, avait été commencé par Sélim, dont le nom figure sur quelques-unes au voisinage de la porte de Damas.

Non loin de cette porte on montre la grotte de Jérémie, et beaucoup plus loin à un mille environ de la ville les tombes royales que Josèphe assigne comme les limites de la ville au temps de Titus. Une grande chambre est taillée dans le roc à ciel ouvert; on y pénètre en se courbant sous un arceau ménagé dans un mur de roc vif. L'entrée des tombes est un grand vestibule enfoncé d'une quinzaine de pieds, au haut duquel sont encore très-visibles les traces d'une frise richement ornée de tridents d'acanthe, de couronnes, de pampres et raisins, d'un style semblable aux hypogées de Josaphat et aux ornements de la porte d'or. Les excavations intérieures sont uniformément une chambre carrée où débouchent une série de tombes ordinairement triples; on en voit plusieurs étages superposés. L'escalier de descente à l'étage inférieur est découvert depuis peu. Cet arrangement et la décoration du vestibule m'ont rappelé les tombes des Ptolémées à Alexandrie et confirment l'opinion qui en attribue le travail aux Hérodes. A cette époque le goût grec et romain avait gagné la Judée: il s'y alliait avec les anciennes traditions du massif.

27 octobre.

Maintenant je vais décrire sommairement l'intérieur de la ville dans laquelle je rentre par la porte Saint-Etienne, et en suivant la voie Douloureuse. Le plus religieux et le plus poète de tous les voyageurs modernes a fait de cette voie une description aussi attachante que vraie et qui abrégera beaucoup mon travail. Le palais de Pilate loge encore aujourd'hui un gouverneur enturbané comme celui que la peinture a l'habitude de nous représenter dans la scène de l'*ecce homo*. Une portion de ses appartements a été donnée à un bataillon syrien qu'il a espéré garantir de la peste par le séquestre. En face, les pères latins font construire une chapelle sur l'emplacement de la flagellation; un peu plus haut est la maison de Véronique, puis le lieu des deux chutes; au coin du palais du gouverneur, à gauche s'embranche une rue qui aboutit à la principale entrée de la mosquée d'Omar: les portiers vous permettent d'approcher assez pour voir quatre arceaux à piliers légers, à travers lesquels on reconnaît un grand cloître et plusieurs coupoles.

En dehors de l'enceinte du heram schérif, une fosse large et profonde au fond de laquelle végètent des ronces et des éclaires est rapportée à l'ancienne piscine *Bethesda*, où au temps des Juifs on venait se baigner pour se guérir de certaines infirmités. C'est au bord de cette piscine que Jésus fit le miracle du paralytique. De l'autre côté de la voie, au milieu de vastes décombres et de voiries, s'élève l'église appelée *Salaié* (de la Prière) dite aussi d'Anne et Joachin; elle est petite, pauvre d'ornements, a des voûtes mal exécutées, des pilastres et point de colonnes. Parmi ses rares sculptures on remarque un trident d'acanthe copié sans doute aux vieux monuments juifs: celui-ci rappelle plus qu'aucun autre l'agencement des trois plumes dans le blason anglais de la couronne du prince de Galles. Cette église fut bâtie par les premiers croisés à la place du collège consacré par les Musulmans à l'instruction publique, l'édifice fut consacré et rendu à son ancienne destination par Saladin, qui nomma préfet des études, Bohaeddin, son historiographe.

La voie Douloureuse arrivée à la rencontre de la rue qui vient de la porte de Damas, tourne à gauche pour aller vers la *porta Judicialis*. Ici était la limite de l'ancienne ville; le Golgotha n'y était pas encore renfermé: à la porte Judicale, sur une colonne qui est encore debout, on affichait le jugement des criminels qui devaient passer par ici en montant au lieu infâme; Jésus y put lire sa condamnation, dont le triple écriteau, cloué sur sa croix, résumait ironiquement le principal grief. Tout le quartier compris entre la voie Douloureuse et la rue de Damas composa le *Bezetha* qui fut ajouté à Jérusalem par les princes iduméens. On désigne comme l'emplacement du palais des Hérodes une caserne turque voisine des remparts.

Le quartier de la mosquée d'Omar, ou l'ancien temple,

s'appelait *Moria*. Celui de Golgotha, enclos par Adrien et par Constantin, est principalement occupé par le Saint-Sépulcre et par les églises et couvents chrétiens, dont par malheur un grand nombre sont en ruines. Une ancienne église accolée au Saint-Sépulcre a été convertie en mosquée : son clocher sert de minaret ; elle s'appelle *Khanqé* et s'ouvre dans la voie Douloureuse comme une autre affliction pour le chrétien qui la parcourt. Le manque d'eau pour les piscines d'ablution a rendu les mosquées fort rares dans tous les quartiers : les Musulmans, très-peu nombreux ici, se consolent par la possession de l'immense Sakhara.

Après la mosquée de Khanqé, une rue qui tourne à gauche et dans laquelle ouvre le grand portail du Saint-Sépulcre, sert de bazar aux chrétiens : c'est là que sont toutes les boutiques des fabricants de chapelets, dernier reste d'un commerce fort étendu et d'une industrie plus lucrative. Dans cette même rue et sur les places voisines, se tenait, aux premiers siècles de la splendeur de Jérusalem chrétienne, une foire fameuse dans tout l'Orient.

L'église des Hospitaliers de Saint-Jean, ainsi que le couvent des Templiers, touchent à l'édifice même du Saint-Sépulcre. La première est aujourd'hui occupée par une église maronite : parmi les peintures qu'elle renferme, il faut distinguer une tête de Jésus enfant, œuvre de quelque Raphaël syrien. Dans cette église, comme au couvent des Templiers, on voit comme débris d'une splendeur ancienne, de grandes pierres et quelques ciselures gothiques ; le pavé du couvent est fort bien entretenu ; il forme toit à une portion de l'église du Saint-Sépulcre ; un pavillon qui se relève à son milieu surmonte la chapelle de l'impératrice Hélène, érigée à la place où fut retrouvée la croix.

Dans les habitations pratiquées autour de cette cour, nous aperçûmes des visages basanés enturbanés de bleu clair : ce sont des néophytes abyssins, la plupart sans barbe et à voix très-aiguë. On dit que l'hérésie d'Origène règne encore dans leur pays, et qu'on y prépare par une cruelle opération les enfants qui doivent être moines.

Au bas du même quartier, en se dirigeant vers *Acra*, on visite l'hôpital où, par ordre d'Hélène, on préparait la soupe des pauvres dans d'immenses marmites. L'intérieur de l'édifice n'a d'antique que les piliers qui supportent les voûtes ; l'extérieur est de fabrique sarrasine ; les marmites elles-mêmes paraissent plutôt turques qu'antiques : elles sont de plusieurs pièces clouées ensemble selon les procédés de la chaudronnerie de Schoumla. Les anciens auraient coulé tout cela d'un seul bloc.

La prison de Saint-Pierre a une façade encore très-conservée et d'un byzantin pesant, avec des figurines et des broderies gothiques entrelacées à des lettres gothiques. L'arceau supérieur est plein-cintre ; l'inférieur, plus moderne, est pointu et porte sur des colonnettes basses. Les abords de cette église ruinée sont inondés par les eaux croupissantes de tanneries. Plus près il y a des voiries, selon les perpétuelles habitudes de la police turque, aussi délicate en matière de religion qu'en matière d'hygiène.

En suivant la rue qui vient de la porte de Damas et allant au sud, nous arrivons à l'ancien quartier d'*Acra*, qui a pour limites à l'orient *Moria*, à l'occident le temple de David, au sud le mont Sion.

On rencontre d'abord le quartier musulman, tout découpé par le grand bazar, ensuite le quartier juif. Le bazar est comble : les avis énergiques et les bâtons de nos cawas n'empêchent pas la foule de nous toucher, de nous heurter à chaque pas. Voilà au fond cet isolement dans lequel tant de gens raisonnables ont foi, et tous les premiers les médecins italiens des troupes égyptiennes. Plus de cent maisons particulières ont des sentinelles à la porte : les médecins du pays, les inspecteurs turcs, les médecins francs, entrent et sortent en touchant au moins les garde-malades, les meubles de la maison, quand ils ne touchent pas les malades eux-mêmes : il s'établit ainsi un courant continuel de contact suspect entre tous les habitants de la ville.

Les Juifs sont relégués comme partout dans le plus affreux quartier, parmi les abattoirs, dans des rues étroites, fétides, avec de hauts trottoirs séparés par un ruisseau sec plein d'immondices. Les boutiques y sont nombreuses, petites; les maisons sont des huttes qui regorgent d'habitants, Juifs de toutes les nations, Polonais, Valaques, Turcs, Russes, mêlés à ceux du pays. Ils viennent de tous les coins de la terre chanter un psaume au pied du Sion, pleurer près du lieu où fut la *chechinah*, se faire enterrer dans la vallée de Josaphat! A cette grave pensée ils ont sacrifié une patrie, une famille, une fortune!

La synagogue, pierre d'attente d'un temple qu'ils ne doivent jamais relever, est divisée en quatre compartiments pour les quatre sectes orthodoxes, les *Sefartim*, les *Aschkènasim*, les *Hassidim* et les *Jeruschim*. Près de là est logé le *Khakhan-Bachi* ou Rabbin en chef du monde juif. Nous l'avons trouvé assis dans sa bibliothèque, qui est en même temps une synagogue privée; c'est un vieillard avec de petits yeux saillants et en coulisse. Il parle italien, espagnol, turc, arabe, allemand. Il paraît adroit et rusé, comme on peut le supposer d'après le poste qu'il occupe, et qui est électif parmi une nation remuante, difficile sous des maîtres exigeants, capricieux et cruels comme les Turcs.

La société biblique anglaise entretient ici une mission spéciale pour la conversion des juifs. La Palestine est bien le lieu le plus propre à convaincre ceux qui, au loin, n'au=

raient pas voulu croire à la colère de Jehova. Ici chaque pierre l'atteste, mais ils sont venus pour mourir et non pour changer ; pour fermer les yeux et non pour les ouvrir. Un juif qui abjurerait la foi de ses pères serait un objet d'horreur pour sa nation ; la prudence ne lui permettrait pas de rester une heure après que le fait serait publié. La civilisation de l'Europe a joint à tous ses autres bénéfices celui d'obtenir, de la part des Juifs entr'eux, une tolérance égale à celle qu'elle a pratiquée pour eux-mêmes. La conversion d'un enfant d'Israël est une affaire de conscience et de science, mais non plus une affaire de nationalité. L'Allemagne, l'Angleterre, la France, ont vu beaucoup de ces événements.

Ce sont surtout les convertis allemands ou anglais qui viennent essayer sur leurs anciens frères la puissance de leurs lumières et de leur sympathie. Le chef de ces missionnaires est un Ecossais plein d'instruction et de mansuétude, M. Nycholaïson, le plus ancien Franc de Jérusalem. Il y a vu de nombreuses et terribles révolutions. Sa maison, située en face de la citadelle, servit de quartier-général aux paysans révoltés contre Ibrahim-Pacha. Celui-ci, après avoir été battu au-delà de Betléem, près du Vasques de Salomon, vint s'enfermer dans la citadelle avec une poignée de soldats, et soutint un siége de plusieurs semaines. Les paysans s'étaient établis dans toutes les maisons du voisinage, et par les fenêtres, par les terrasses, fusillaient les Egyptiens, qui ripostaient avec leurs mousquets et avec quelques canons chargés à mitraille. Un certain jour, l'acharnement des combattants fut égal à celui des Romains, engagés avec les Carthaginois au bord du Trasimène. Ils ne firent pas attention à un tremblement de terre qui renversait plusieurs édifices dans Jérusalem, et fendit même la maison qu'ils occupaient. Les juifs, dont les maisons légères étaient toutes écroulées, étaient venus se réfugier jusque dans le jardin du missionnaire : ils hurlaient de terreur en croyant la fin du monde arrivée. M. Nicholaïson, sa dame, leurs enfants et domestiques durent rester renfermés pendant ce feu continuel. La famine arriva, parce que les révoltés n'épargnaient pas les provisions de bouche plus que les autres meubles de la maison. Une capitulation fut enfin consentie par Ibrahim, qui abandonna la citadelle en promettant d'abolir les impôts et la conscription, cause première de la révolte. Au bout de peu de temps, il revint avec plusieurs régiments et du canon, reprit sa citadelle, rétablit la conscription, leva les impôts et fit pendre aux oliviers tout ce qu'il put saisir des turbulents montagnards. Quand M. Nicholaïson remonta dans son cabinet, il ne trouva que la couverture de ses livres. Les révoltés avaient employé sa bibliothèque tout entière à faire des cartouches pour leurs fusils.

28 octobre.

Le représentant actuel de l'autorité d'Ibrahim-Pacha est inaccessible dans son palais. La quarantaine à laquelle il s'est condamné nous a empêchés de lui présenter nos firmans : elle nous a occasionné une privation plus grande. Nos recommandations étaient assez puissantes pour qu'il nous autorisât à visiter le Heram-Scherif avec la simple précaution de nous habiller à la turque. Alors même qu'on ne jouit pas de cette faveur, on peut satisfaire sa curiosité du haut de la terrasse de son palais et même des fenêtres de ses appartements. On y jouit de la perspective la plus voisine et la plus complète du mystérieux édifice. Du mont des Olives, la vue est plus distante, mais encore assez distincte. Le moment le plus avantageux pour en bien jouir est neuf heures du matin. On tourne le dos au soleil qui éclaire brillamment toute la ville, tandis que l'ombre du mont des Olives rase la Porte-d'Or.

Richardson a donné les dimensions du Heram-Scherif ou mosquée d'Omar. La grande cour entre Bab-el-Selam et l'arceau de pierre d'Elaksa, a 660 piks de Constantinople ou 1489 pieds anglais. Sa largeur d'Allah-Din à la porte Béseré, à l'ouest, est de 350 piks ou 995 pieds anglais. A l'est et au sud, le mur de cette enceinte est celui de la ville. Au sud, il est percé par la porte *El-Aksa*. Deux autres portes, ainsi que la porte d'Or ou *Bab-el-Tabé*, ont été murées. Les côtés O. et N. sont dans la ville. L'O. est formé par une ligne de maisons turques et a cinq portes. Le N. est formé partie par un mur, partie par des maisons turques : il a trois portes. La cour est plantée de quelques arbres éparpillés sans ordre : ce sont des orangers, des cyprès, des nabka et des oliviers. Le cloître qui forme l'enceinte de la grande cour est une galerie couverte avec des arceaux à piliers ou pilastres, dans le genre de la mosquée d'Amrou au Qaire. Mais le plan primitif a été remanié fort souvent, et la galerie est interrompue à bien des endroits par des fabriques disparates.

Les deux édifices les plus apparents au milieu de la cour sont la Sakhara et El-Aksa. La Sakhara est un grand prisme octogone terminé par une coupole, le tout peint d'une couleur verte qui a poussé au bleu. Ses matériaux, rassemblés sous l'impératrice Hélène, paraissent avoir appartenu aux anciens temples hébreux. Les Musulmans prétendent que cet édifice occupe la place même du saint des saints. Ils montrent une porte qu'ils appellent siège de Mercy, et deux larges colonnes relevées par les Romains chrétiens, en souvenir de *Bôuz* et de *Jehoïakim*. La grande relique du lieu est le soi-disant tombeau de Salomon : c'est une grande pierre verte où sont fichés des clous qui tombent aux grands événements du monde. Quatorze sont tombés; deux sont encore solidement plantés. Un troisième, qui était chancelant au temps de Richardson, est tombé à la mort de Mahmoud. Les deux autres pourraient bien tomber à la mort de Mohammed-Aly, car apparemment c'est du monde turc que ces clous mesurent la durée.

Autour de la Sakhara règne une belle plate-forme pavée de marbre : on y monte par plusieurs escaliers surmontés de magnifiques arceaux.

El-Aksa est badigeonné de rouge. C'est proprement la mosquée où Omar fit sa prière en prenant possession de Jérusalem. C'était alors l'église de la présentation ou de la purification : elle offre encore à l'intérieur la disposition des basiliques bâties par Hélène, et dont Betléem est un échantillon bien connu et bien conservé. On a ajouté à la fabrique primitive un front de sept arches qui sont légèrement pointues, ainsi que les arceaux de la Sakhara. Toutes ces ogives seraient une pièce importante du procès de l'architecture gothique si elles avaient une date certaine.

Au S.-E. de l'enceinte d'El-Aksa, les Musulmans montrent des marbres qu'ils appellent, on ne sait pourquoi, les lits de Jésus, de Marie, de Jean et de Zaccharie. Dans l'intérieur de la Sakhara, ils gardent la pierre que Mahomet portait dans les batailles, l'empreinte de son pied, celle du doigt de Gabriel; dans le mur d'enceinte, près de la Ported'Or, ils ont scellé un morceau du trône de Salomon. Près de là, un escalier mène à la pierre où Mahomet doit être assis au jour du jugement dernier. Elle domine la vallée de Josaphat que nous allons repasser pour parcourir le mont des Olives.

Entrons d'abord dans la chapelle de la Vierge : le service arménien y dure encore, mais le grec est fini, et nous pourrons pénétrer jusqu'à l'autel enveloppé de rideaux. La tradition grecque veut que cet autel ait renfermé le corps de Marie avant son assomption. Cette chapelle, presqu'entièrement souterraine, a des voûtes très-solides dont l'arceau est pointu; l'escalier par lequel on descend a plus de quarante marches fort hautes, et taillées dans le roc vif. Le vaisseau est grand en dedans; en dehors il a peu de saillie.

Le christianisme primitif a beaucoup aimé les hypogées; il en a taillé à presque tous les lieux où s'accomplirent des miracles, où vécurent, où passèrent, où moururent les objets de son respect, de sa piété. Les grottes, les souterrains, abritèrent d'abord les chrétiens et leur culte contre la curiosité indiscrète, contre la persécution! C'était aussi une tradition de tous les cultes sérieux de l'Orient, de l'Égypte, de l'Inde, où les temples premiers avaient été des grottes, où l'architecture édifia plus tard des grottes, des montagnes artificielles, offrant, comme leur modèle, la pesanteur, la mystérieuse obscurité.

Lorsqu'au moyen-âge la pensée chrétienne, avivée par les croisades, remonta pour ainsi dire à sa source en se rapprochant du tombeau de son fondateur, ce sentiment religieux se complut dans le demi-jour des églises gothiques. Plus d'un baron, plus d'un clerc rentré en Europe après la perte de Jérusalem, dut regretter la mélancolie religieuse qu'il avait éprouvée ici. On l'y retrouve encore et même plus mystique, car le prêtre arménien que vous écoutez psalmodie une langue inconnue, à laquelle les grelots de son encensoir mêlent une harmonie aussi bizarre que celle des cymbales des chrétiens de l'Abyssinie!

Les Latins, moins riches que les Arméniens et les Grecs, manquent de fonds pour bâtir une chapelle sur la grotte de la Sueur-de-Sang; un monastère en ruines marque la place où Jésus pleura sur Jérusalem. Après les vieux oliviers de Gethsémané, la colline continue à porter d'autres oliviers plus petits et plus rares, auxquels se mêlent des figuiers, grenadiers, azeroliers, micocouliers et caroubiers. Ces arbres sont couverts de geais babillards, non pas de l'espèce toute bleue qui est commune aux environs d'Antioche, mais de l'espèce grise que nous connaissons en Europe. Au plus haut se trouve un village arabe appelé *Gebeltor*. Tous les édifices que les divers cultes avaient bâtis à l'emplacement de l'Ascension, monastères byzantins, arméniens, églises grecques, et même une mosquée, tout est en ruines. De la terrasse de la mosquée l'œil jouit d'un immense panorama, périple fatigant pour l'admiration elle-même; car la plupart des grands noms, des grands événements de la Bible s'y mêlent aux événements et aux noms plus grands de l'Evangile.

En cherchant Béthanie dans le village moderne de *Marsaba*, on voit reluire la mer Morte au pied des hautes montagnes de l'Arabie-Pétrée. Le Jourdain, qui a son embouchure au point le plus rétréci vers le nord, ne forme pas une ligne visible entre les collines; on devine plutôt qu'on ne distingue le bourg de Riha, que l'imagination aime encore à appeler de son antique nom de Jéricho.

29, 30, 31 octobre, 1er novembre.

Quatre jours employés à reconnaître les environs de la Cité-Sainte en commençant par Betléem. La route passe près de la *Casa de mal Consiglio* et atteint le couvent de Saint-Elias au bout de trois-quarts d'heure. On laisse à droite les villages de Malaha, de Sefafa, le village grec de *Beitjala* et celui de Saint-Jean; plus près de la route on montre un petit santon bâti sur la tombe de Rachel; Betléem s'aperçoit de l'autre côté d'un hémicicle de collines que la route suit encore près d'une heure.

Le bourg est tout chrétien et a plus de deux mille habitants, dont la principale occupation est le travail des coquilles sculptées, des croix, des chapelets en nacre de perles, en bois d'oliviers du mont des Olives, en noyaux de ces mêmes olives, etc. La campagne environnante est cultivée en terrasses, où l'olivier, la vigne, les arbres fruitiers et les grands choufleurs paraissent prospérer. L'église de la Nativité, située à l'est du village, est entourée des couvents grec, arménien et latin, groupe d'édifices qui a tout l'air d'un fort : les murs n'ont pour ouverture que des meurtrières ; les portes petites et basses sont revêtues de fer. A l'intérieur de ces couvents, comme de tous ceux de la Syrie, on a toujours des provisions pour six mois, des citernes, des moulins, des serviteurs de toutes les professions, et même des armes; car bien souvent les religieux ont été réduits à soutenir des siéges, à repousser les attaques d'une soldatesque furieuse, de paysans fanatiques ou révoltés.

Le vestibule de l'ancienne basilique d'Hélène a son grand portail muré. La porte intérieure que l'on dit contemporaine de l'église est d'un bois très-vieux, orné de quelques sculptures. L'église est un grand édifice divisé en trois nefs par deux rangées de onze colonnes d'un travertin semblable à celui de Baalbek. Le faîte est une charpente en bois de cèdre, aux côtés de laquelle on distingue encore plusieurs restes d'images et d'inscriptions exécutées en mosaïque byzantine. Au chœur de la basilique sont les trois églises modernes bâties sur les voûtes du souterrain de la Crèche. La place même de la Nativité est occupée par un autel grec. Une petite chapelle latine remplit l'espace de la crèche où reposa Marie.

Les latins orientaux communient jusqu'à un certain point sous les deux espèces, car ici comme à Jérusalem j'ai vu les clercs donner un peu de vin des burettes aux paysans qui venaient de recevoir l'hostie consacrée. Ici, j'ai de plus entendu un clerc natif qui lisait à haute voix une traduction arabe de toute la messe, suivant pas à pas le texte latin. Le curé, qui est un Piémontais, l'interrompit pour lire l'Evangile du jour en arabe qu'il accentua et prononça fort bien.

La quarantaine nous empêcha de pénétrer dans la grande église latine où l'on montre la sépulture des innocents, la tombe d'Eusèbe de Crémone, celle de saint Jérôme, le cabinet où il fut longtemps occupé à traduire la Bible. Du haut des terrasses, les serviteurs désignent dans la campagne la grotte où David trouvant Saül endormi lui coupa un morceau de sa robe; le lieu où Jésabel fut mangée par les chiens; au coude de la route de Jérusalem, l'endroit où l'ange apparut aux bergers; derrière le bourg, à l'est, la grotte où Joseph cacha Marie avant la fuite en Egypte. La plupart de ces lieux furent marqués de quelque monument par sainte Paule, noble dame romaine qui, aux premiers siècles du christianisme, était venue mourir ici. Au loin, vers la mer Morte et l'embouchure du Jourdain, on voit le territoire d'Enghaddi, d'où les fameux vignobles ont disparu ainsi que les palmiers et le baume.

A une lieue au sud de Betléem, près du vallon où furent le jardin et le sérail de Salomon, *hortus couclusus*, sont les grands réservoirs appelés les Vasques de Salomon. Le sentier qui y mène suit un aqueduc serpentant à mi-côte des collines, et offrant de distance en distance un regard ouvert à la soif des voyageurs. Les vasques sont trois étages d'une vallée barrée comme au bassin de Saint-Ferréol en Languedoc. Ici la vallée est beaucoup plus étroite et les réservoirs moins grands. Les murs inférieurs de soutènement sont puissants, mais non composés de pierres aussi grandes que les blocs de Baalbek ou du vieux temple. Les deux vasques inférieures ont un grand caractère d'antiquité par leurs murs ou leur mastic. La supérieure est, dit-on, une œuvre turque : il faut entendre seulement que les Turcs l'ont réparée. Les piscines de Jérusalem et des environs furent bouleversées vers 1227 par ordre du sultan de Damas Melik-Moadham, fils de Malek-Adel.

Les trois vasques étaient desséchées, à l'exception d'une petite flaque au fond de la plus basse; leur surface paraissait recouverte d'une efflorescence saline qui, à une inspection plus rapprochée, s'est trouvée être une algue ayant végété dans l'eau et maintenant desséchée en masses blanches assez épaisses. Les eaux pluviales sont la principale alimentation de ces bassins. Il y a en outre deux sources dont un conduit spécial verse l'eau dans l'aqueduc; c'est celle-là qui abreuve toute l'année Betléem. Elle est excellente et mérite bien la prédilection patriotique de David qui n'en voulait jamais boire d'autre. L'aqueduc couvert de grandes pierres brutes est souvent taillé dans le roc vif. Un autre réservoir, une source plus riche, située un peu au-dessus des vasques, porte l'eau jusqu'à Jérusalem, au niveau de *Heram-Scherif*, d'où elle se distribue à quelques citernes et piscines.

En approchant de Jérusalem, nous trouvâmes de pauvres jeunes filles qui allaient vendre à la ville quelques fagots de bois. Elles nous prièrent de faire un mensonge pour préserver leur marchandise de la rapacité des soldats turcs qui s'arrogent sur tout le droit de préemption à bas prix et même sans payer. Quand l'officier fit signe de saisir les fagots, notre affirmation l'arrêta : elle était sérieuse, nous payâmes le bois en permettant aux propriétaires d'aller le revendre au marché. Les jeunes filles, qui étaient des chrétiennes de Betléem, nous remercièrent et nous bénirent.

On peut de Jérusalem arriver en deux heures et demie au couvent dit Saint-Jean dans le désert, bâti au lieu de naissance du précurseur de Jésus-Christ et près de la maison de Zacharie et d'Elisabeth, ses parents; là eut lieu la scène de la visitation racontée par saint Luc d'une façon si touchante. Les pères latins, la plupart Espagnols, cultivent des vignes qui donnent un vin fameux dans tous les environs. Sur l'une des montagnes qui avoisinent Saint-Jean, au village de Modin, on montre des ruines et des hypogées qui furent le palais et les tombes des Machabées. Plus loin, à l'est, serpente la vallée de Therebinthe et le ravin d'*Elah*, où David choisit cinq caillous pour se préparer à combattre Goliath.

Emmaüs ou Nicopolis est au nord-ouest de Modin, sur un plateau d'où les croisés, Tancrède à leur tête, reconnurent pour la première fois Jérusalem. A l'ouest d'Emmaüs sont les monts Gibéon et la vallée d'Azalon, où se trouvait Josué quand il arrêta le soleil.

C'est ordinairement le surlendemain de la pâque grecque que les pèlerins font en masse la petite excursion du Jourdain. Ils se dirigent vers Jéricho, puis descendent le cours du fleuve jusqu'à la mer Morte. On peut directement gagner celle-ci par la vallée du Cédron; la route est plus courte et plus mauvaise.

Le Jourdain, à sa jonction avec la mer Morte, est vraiment un limon qui se meut; un peu plus haut, l'eau n'est que savonneuse, comme celle de l'Oronte, et les bords sont couverts de la belle verdure d'osiers, de saules et peupliers qui étonna M. de Lamartine. L'opinion générale a été formée par les récits de voyageurs qui n'avaient vu que l'embouchure, et qui, d'ailleurs, pouvaient avec vraisemblance croire que le désert arrivait jusqu'au fleuve avec sa physionomie désolée. Les collines que l'on descend pendant huit heures jusqu'à Jéricho n'offrent que rochers et poussière: la vie ne reparaît qu'au petit cours d'eau que l'on passe aux approches de Riha, et qui sort de la fontaine purifiée par le prophète Elie.

Walter Scott l'a rebaptisée Diamant du désert, et en a fait le théâtre de la rencontre de sir Kenneth avec Saladin. Le romancier écossais a donc fait arriver jusqu'ici l'intérêt qui s'attache à son nom, et cela plutôt par le charme de son imagination que par son respect pour la vérité historique; car il est fort douteux que l'armée de Richard soit jamais venue si près du Jourdain. Elle ne s'approcha de Jérusalem que dans la direction d'Ascalon. Le cours du Jourdain et la route de Naplouse étaient au contraire occupés par les armées sarrasines. Le roman de *Richard en Palestine* est de la décadence du génie de Walter Scott; il n'en prouve que mieux la puissance d'un genre plus capable qu'aucun autre de populariser l'histoire, puisqu'il trouve croyance même quand il la refait à sa fantaisie.

La mer Morte est encore plus que le Jourdain défigurée par les préjugés. Il est vrai qu'il flotte à sa surface des fragments de bitume que l'on recueille seulement sur la plage, et non plus comme jadis au moyen de bateaux naviguant sur le lac. Ce bitume est travaillé à Jérusalem et Bethléem en petits vases, coupes, chapelets, etc.; mais quelques mollusques vivent sur ses bords, et les poissons ne manquent pas tout-à-fait aux points voisins des eaux douces. Sa plage nourrit quelques végétaux, les soudes, les tamariscs et l'*asclepias gigantea*, qui paraît décidément la fameuse Pomme remplie de cendres décrite par Tacite. L'eau, malgré sa salure extrême, est soulevée par les vents et forme de très-grosses vagues quand la vallée du Jourdain envoie une certaine bise. Sa pesanteur spécifique est telle qu'un homme de moyen embonpoint y flotte; l'expérience a été répétée bien des fois depuis Vespasien (*Voy.* Josèphe); mais les sels ont une causticité qui attaque la peau et la fait tomber en écailles quelques jours après l'immersion.

Le périple de la mer Morte attend un géographe; Burckhardt est encore celui qui en a vu le plus et le mieux; c'est lui aussi qui, en observant le terrain qui sépare le midi du lac Asphalte du golfe d'Akaba, a renouvelé l'opinion que dans les temps très-reculés le Jourdain portait ses eaux jusqu'à la mer Rouge. Des relèvements géométriques et barométriques faits depuis peu par un officier d'état-major français, M. le capitaine Cailler, ont prouvé que le niveau du lac Asphalte était de plus de cent mètres inférieur à la Méditerranée, et, par conséquent, de neuf mètres de plus inférieur à la mer Rouge. Cette découverte est bien capable de faire hésiter les érudits qui, après Burckhardt, avaient interprété un texte ambigu du livre de Job.

Cependant la mer Morte n'existait pas avant la révolution volcanique qui paraît avoir bouleversé tout le cours du Jourdain. La surface qu'elle couvrait était occupée par plusieurs villes florissantes : Zeboïm, sur le parallèle du mont des Olives, et, plus au midi, Adama, Sodome et Gomorrhe. De deux choses l'une : ou le Jourdain qui baignait ces villes allait se perdre dans quelque mer, ou bien il ne coulait pas encore, et la grande révolution volcanique qui lui creusait un récipient faisait en même temps jaillir ses sources.

La férocité des populations qui rôdent autour de la mer Morte offre à son examen un obstacle plus sérieux que le climat malsain et l'absence des vivres; aussi la navigation serait-elle le moyen le plus expéditif et le plus sûr de cet examen. Mais où trouver une barque? le bois de construction, les charpentiers, tout manque : il faudrait ce semble la volonté et l'autorité de Xerxès ou de Mohammed II pour labourer ces vagues maudites avec la quille d'un navire; un homme obscur l'entreprit, avec le seul zèle de la science.

C'était un jeune Irlandais appelé Costigin. Il arriva de Jaffa à Jérusalem avec les matériaux d'une barque chargés sur plusieurs chameaux, poussa jusqu'à Riha, où il assembla sa barque et la mit à flot sur le Jourdain. C'était au mois d'août 1836; de fortes pluies dans l'anti-Liban et la Trachonite avaient enflé la rivière et un courant très fort porta rapidement le bateau en pleine mer; là, en l'absence de vent et de voile, il fallut se servir des rames comme seul moyen locomoteur. Costigin n'avait avec lui qu'un domestique européen. Aucun natif n'avait voulu l'aider dans une entreprise qu'on regardait presque comme un sacrilége. Le maître et le domestique étaient vigoureux et habiles rameurs, mais la chaleur de la saison, du pays et du milieu de la journée, incommoda bientôt la constitution replète et la tête sanguine de l'Irlandais, qui se plaignit de quelques vertiges et finit par tomber évanoui dans la barque; le domestique employa le reste de la journée à regagner l'embouchure du fleuve et courut à Riha demander secours pour son malheureux maître.

Quand il revint il trouva la barque entourée d'Arabes : de l'autre côté du fleuve il s'était attroupé aussi des Bédouins qui, préoccupés du singulier objet qu'ils avaient vu flotter sur le lac, étaient venus le considérer de plus près. Tous paraissaient voir un jugement du ciel dans la catastrophe qui avait si promptement arrêté la téméraire entreprise de l'étranger; ils le croyaient déjà mort; il n'avait que la somnolence, premier symptôme d'une fièvre cérébrale. Pendant qu'on le transportait à Riha, les paysans pillards et superstitieux brisaient la barque et s'en partageaient les débris. Le chef de la mission anglaise, M. Nicholatson, apprit tous ces événements à Jérusalem, et s'empressa de venir offrir ses services; on mit comme on put le pauvre malade en travers sur un cheval, et on le porta à la Case-Neuve du couvent latin, où il expira au bout de deux jours, dans la chambre même que nous habitons.

2 Novembre.

Aujourd'hui la messe des Morts a été chantée de bon matin devant un catafalque où un de nos voisins, prêtre maronite, dit habituellement sa messe. Au point du jour le curé suivi de la nation latine est sorti par la porte de David, et s'est dirigé vers le cimetière. Les prières pour les morts auquel ce jour est consacré ont été dites à six points divers, en commençant par le milieu où sont groupées les tombes de plusieurs pères et gardiens de Terre-Sainte, de plusieurs de leurs drogmans levantins qui ont l'écritoire gravée à côté de leur nom, comme chez nous un blason ou une épée. Un retour plus personnel et plus intime était produit par la tombe de plusieurs Européens morts en pèlerinage: nous avons trouvé des noms français; nous avons lu le nom de Costigin, qui était catholique et à qui sa mère a composé une touchante épitaphe. J'ai prié pour mes parents, pour mes amis morts; j'ai ensuite demandé à Dieu de me conserver les parents, les amis qui vivent encore.

Que la prière est solennelle, que la foi est ardente dans ces lieux pleins de si grands, de si terribles souvenirs! le champ acheté du prix du sang de Jésus-Christ, le palais et la villa de Caïphe, le Scopus, le palais de David, les collines de Bethléem, le mont Sion que nos pieds foulaient, la vallée de Josaphat, éternel symbole du jugement dernier!

Le ciel avait la sérénité sérieuse de l'automne: les nuages que le vent de mer accumule depuis trois jours étaient retenus à l'horizon; sur son azur gris, quelques grands oiseaux, gardiens, vêtus de deuil, du mont Sion, étaient le seul accident qui apparût.

Le soleil s'était levé pompeux et vêtu de nuages pourpres, sur le mont des Olives; il montait par-dessus les remparts de la cité, par-dessus les tours qui flanquent la porte de David quand nous nous sommes dirigés vers Gihon. Une double file de pauvres lépreux recevaient les aumônes dans des mains mutilées, ils cachaient leur face ravagée pour ne pas dégoûter leurs bienfaiteurs ; de pieux chrétiens du pays avaient préparé pour la circonstance des gâteaux de froment et de beurre que toute la communion s'est partagés, et dont les lépreux se réjouirent autant que des autres dons.

D'autres malades ont occupé ma sollicitude ; hélas ! plusieurs sont morts pendant mon absence, et des embarras presqu'aussi tristes que la maladie, aussi cruels que la mort, sont venus compliquer la situation des survivants. L'intendance sanitaire de Beyrout a envoyé ici une espèce de proconsul chargé de prêcher la contagion et d'imposer la quarantaine à tout le monde. Il divisera la ville en catégories, il y aura des chambres en quarantaine dans des maisons, des maisons dans des rues, des rues dans les quartiers : les préposés à la discipline seront surveillants et surveillés ; les étrangers seront enlevés en masse pour aller purger leur quarantaine au lazaret de Jaffa, où la peste règne plus sévèrement qu'ici ; voilà les nouvelles, voilà les plans de cet homme de mauvais augure oublié parmi les prophètes mineurs, hélas ! et dont la parole ne trouvera pas plus que tant d'autres créance dans Jérusalem désolée !

Avant que toutes ces absurdités se réalisent et ajoutent le mal de la démoralisation au mal de la peste, je suis allé faire ma dernière visite aux malades latins, heureusement peu nombreux ; à ceux d'autres communions et d'autres religions, à la porte desquels on avait, pour la forme seulement, mis une sentinelle, et finalement à l'hôpital turc et à l'hôpital juif.

Là déjà j'ai trouvé le commencement de la nouvelle police. L'hôpital turc, divisé en quatre ou cinq petites maisons contiguës, contient une centaine de malades. La peste est toujours accompagnée de bubons; ceux des aines sont situés un peu plus bas et sont beaucoup plus gros que ceux d'une autre maladie, circonstance notée aussi par Chicoyneau, Bertrand et Didier, chez les pestiférés de Marseille.

Ceux du cou se sont quelquefois placés à la nuque, et alors le malade a eu une fièvre plus longue avec un délire plus fort; la dyssenterie a fréquemment compliqué la peste: les caustiques appliqués sur les charbons et bubons ont été très-utiles; il en a été de même des sudorifiques administrés à l'intérieur. Les races originaires des pays très-chauds, tels que les Nègres et les Abyssins, ont dans cette épidémie, comme dans toutes les autres, été particulièrement frappées.

Dans un local à part et doublement clos, une demi-douzaine d'individus, parmi lesquels était une femme, tendaient des mains suppliantes en demandant du pain; ce sont les gens préposés à l'enterrement des cadavres: depuis plusieurs jours, on ne les a pas payés; maintenant on ajoute à ce régime la faim et la prison.

L'hôpital juif est plus petit que le turc. Sur une cour débouchent une douzaine de chambres ajourées seulement par la porte et par conséquent aérées aussi par-là seulement. A notre voix, quelques convalescents sont sortis pour montrer leurs bubons; ils paraissaient gais, pleins d'espoir: une fourmilière de parents et de domestiques enfermés avec eux et pêle-mêle avec les malades et les moribonds, venaient grouper à la porte des figures prospères, indifférentes ou résignées.

Les intendances sanitaires ont une cosmogonie toujours prête toutes les fois que la peste éclate. Tout le monde affirme ici que la peste n'a commencé que le 28 août, à Beitjala, puis à Jérusalem et à Nazareth, où le prince

Maximilien de Bavière perdit quelques personnes de sa suite. Les intendants lui donnent une date plus ancienne : un bâtiment turc, arrivé de Chypre à Jaffa, déposa au lazaret un négociant grec qui y perdit son fils de la peste. Un barchich donné à un employé le fit sortir avant le temps ; le consul russe qui le reçut en fut attaqué et infesta Jaffa, puis Jérusalem, puis Nazareth, puis Beyrout. Depuis, elle a duré toujours, plus ou moins forte, plus ou moins apparente. A Jérusalem, elle n'aurait jamais cessé chez les Juifs, qui, en pareil cas, cachent leurs malades et leurs morts. Dans toute cette filiation, on n'a jamais prouvé que le négociant grec qui infesta le consulat russe de Jaffa fût lui-même attaqué de la peste ; on a encore moins prouvé que la peste existât à Chypre, et que le bâtiment qui en venait l'eût à bord.

Au moment où nous quittions Jaffa, la patente de Chypre et de Turquie était nette, et cependant leurs provenances étaient soumises à une quarantaine de dix-huit jours. Maintenant on sait à n'en pas douter que la patente de Jérusalem est brute, et les étrangers qui d'ici vont être dirigés vers ce même lazaret de Jaffa y feront seulement une quarantaine de sept jours. Le mépris de la logique, professé par cette justice distributive, nous donne le droit de mépriser la loi, qui, d'ailleurs, n'est exécutive qu'à dater de demain. Le désert sera moins triste et moins infect qu'un lazaret, la ventilation sera plus efficace pendant un voyage qui, d'ailleurs, durera plus de sept jours. Nous nous moquerons un peu moins que l'intendance, de la quarantaine et de la contagion, tout en professant le respect de notre liberté individuelle garantie par nos firmans. Nous nous étions volontairement jetés dans une ville ravagée par la peste, nous allons fuir l'arbitraire et la persécution. L'hiver approche, et il nous reste à visiter bien des lieux intéressants auxquels il faudrait renoncer en nous laissant emprisonner à Jaffa.

Quand le révérendissime apprit ma résolution de partir le jour même, il se hâta de me communiquer une délibération des pères composant le chapitre latin : ils m'avaient nommé *proprio motu* membre de l'ordre du Saint-Sépulcre : ils y avaient ajouté la faveur de figurer en personne dans ma réception, de ceindre, de brandir comme chevalier cette épée de Godefroy que j'avais déjà saluée avec émotion. Les rigueurs de la quarantaine seraient momentanément sacrifiées à la charité. Le chapitre ne voulait pas tenir à distance celui que la peste n'avait pas empêché de venir voir de près Jérusalem et ses malades ! Vers les trois heures de l'après-midi, pendant que les moukres apprêtaient mes bagages, eut lieu dans la chapelle du grand couvent une cérémonie dont l'obligeante indiscrétion d'un ami publia la description dans les journaux de Paris et de Marseille.

RÉSUMÉ DE L'HISTOIRE DE JÉRUSALEM.

Jérusalem, capitale du peuple hébreu et de l'univers chrétien, acquit un intérêt nouveau par les croisades. Ce merveilleux mouvement du moyen-âge la rendit une troisième fois le centre du monde sacré. Quelques mots de l'histoire de Jérusalem doivent donc intéresser tous les lecteurs et faire une heureuse diversion aux éphémérides nécessairement personnelles d'un voyageur.

Les Juifs ont donné à leur cité l'origne la plus antique et la plus noble, car, dès le temps d'Abraham, Salem avait un temple du vrai Dieu et un roi ami de la justice. Elle n'était plus connue que sous le nom de Jébus à l'époque de la conquête de Josué ; elle ne fut prise par les Hébreux qu'au temps de David. Il y avait alors une ville haute sur Sion et une ville basse sur Acra : celle-ci fut aisément prise par les tribus de Juda et de Benjamin ; Sion résista davantage. David, qui avait livré plusieurs assauts infructueux, promit le plus haut rang militaire à celui de ses soldats qui s'emparerait de cette acropole, et l'ambition de toute l'armée fut mise en émoi. Joab, fils de Zerniah, devança tous ses rivaux et obtint le titre glorieux.

Le roi ayant transporté dans Jébus le siége du royaume, qui était auparavant à Hébron, eut la pensée de bâtir un temple au Seigneur, pensée qui ne fut exécutée que par son fils et successeur Salomon. Comme le sommet de la colline sur laquelle le temple et ses accessoires furent placés n'était pas assez large, il fallut exhausser à son niveau plusieurs portions des terrains attenants. On combla des vallées qui, auparavant, formaient des précipices effrayants à regarder. C'est dans une opération pareille que la grande fosse appelée la piscine *Bethesda* fut ménagée près du temple.

Les fondations furent assises très-bas dans le sol, en pierres fortes et capables de résister à l'immense édifice qu'elles devaient supporter. Le palais de Salomon fut ensuite bâti au sud du temple, et la ville entourée de murs dont les limites n'ont pas été indiquées avec précision. Cette Jérusalem première fut détruite par Nabuchadnazar sous Sédécias, le dernier roi de Juda, l'an 587 avant notre ère et 461 ans après la prise de Jébus par David.

La Jérusalem rebâtie par Zorobabel et Esdras, après la captivité de Babylone, fut prise cinq fois : par Schischak, roi d'Égypte, par Antiochus-Épiphane, par Pompée, par Hérode et par Titus.

Pompée ne fit réellement que le siége du temple et de Sion. Les querelles d'Hircan et Aristobule, qui avaient déjà fait assiéger Jérusalem par Arétas, roi des Arabes, qui avaient amené la dangereuse intervention de Scaurus, lieutenant de Pompée, finirent par appeler ce général lui-même qui, après avoir campé à Jéricho, vint s'établir dans l'intérieur de la ville, que le parti d'Hircan lui avait ouverte. Maître du palais des Asamonéens et des maisons voisines du temple, il offrit un accommodement à Aristobule et, sur son refus, fit approcher les machines de guerre de la face nord du temple.

Ce grand édifice était une citadelle en même temps qu'un lieu saint; il avait une enceinte de fortes murailles mêlées de grosses tours; un fossé profond l'isolait de la portion de la ville occupée par les Romains, et Aristobule avait rompu un pont, jeté sur ce fossé, qu'il fallut combler avant d'établir les machines.

La poudre à canon et l'artillerie ont rendu les siéges modernes très-courts; du moment que l'investissement est immédiat. Avant cette grande découverte, les siéges, même immédiats, n'étaient guère que des blocus. Leur principale action s'exerçait par la famine, à laquelle était condamnée la ville privée de ses approvisionnements du dehors. Les machines d'attaque étaient lourdes et faibles ; il fallait bien du temps pour les construire, pour les amener à portée, et là, leur rapprochement extrême des remparts les exposait à être brûlées par les assiégés. Il est juste d'ajouter que les Juifs, dans leur capitale, et particulièrement dans leur citadelle sacrée, se défendirent toujours avec une admirable énergie.

Le siège dura trois mois malgré l'habileté de Pompée. Il aurait duré davantage si le respect pour le jour du sabbat n'eût fait interrompre les travaux de défense. Cette extension absurde d'une coutume respectable en elle-même provenait des subtiles interprétations de la secte des Pharisiens. Elle fut plusieurs fois funeste à la patrie. Pompée, Hérode, Sosius et Titus se firent une arme terrible de ce préjugé. Le jour du sabbat, ils suspendirent les aggressions ostensibles et les attaques directes, seules capables d'arracher les assiégés au repos ou à la prière. Cependant ils continuaient le travail des machines ou des retranchements avec une ardeur et une suite d'autant plus grandes qu'ils n'étaient plus dérangés par les ennemis. Les machines, approchées de la plus grosse tour, finirent par la faire écrouler ; les soldats romains entrèrent par la brèche et massacrèrent les Juifs jusque dans le sanctuaire. Pompée y pénétra, mais n'usa pas de sa victoire pour le piller. Crassus, qui, plus tard, fut reçu en ami, n'en agit pas avec la même modération.

Hircan fut rétabli dans le pontificat, mais Jérusalem devint tributaire de Rome : l'ancienne royauté fut détruite ; celle qui lui succéda n'eut jamais qu'une autorité précaire sous des maîtres romains, et, d'ailleurs, elle tomba à une dynastie que Josèphe méprise comme venue des rangs du peuple et qu'on pouvait, avec plus de raison, haïr, parce qu'elle sortait d'un peuple étranger à Israël, les Iduméens.

Le premier et le plus célèbre de tous les princes de cette famille, Hérode, habile intrigant, appuyé du patronage romain et de l'amitié d'Antoine, ajouta les droits de la conquête à l'investiture de sa couronne ; il prit Jérusalem sur Antigonus, le dernier des princes asamonéens, après un siège de cinq mois. L'armée assiégeante était principalement romaine et commandée par Sosius, lieutenant de Marc-Antoine ; mais il y avait aussi des Juifs du parti d'Hérode, le nouveau roi. Aussi, les fureurs ordinaires de la guerre furent grossies par les horreurs de la guerre civile.

Le premier mur avait été pris en quarante jours, le second en quinze ; il fallut un assaut pour s'emparer du troisième ; alors, les vainqueurs ne voulurent pas laisser vivant un seul de leurs ennemis personnels : ils les poursuivirent dans les rues, dans les maisons, pour les égorger sans pitié.

Antigonus, après s'être défendu virilement, finit par venir implorer à genoux le pardon de Sosius, qui le traita de femme et l'envoya porter sa tête à Marc-Antoine.

Quelques portions du temple avaient été brûlées pendant le siège, les uns disaient par les assiégeants, d'autres par Antigonus lui-même, dans le but d'en accuser Hérode et de le rendre plus odieux. Hérode, solidement établi dans sa capitale, voulut non pas seulement réparer le temple, mais lui rendre les grandes dimensions du temple primitif. Il reprit en sous-œuvre tous les fondements, élargit les cours, exhaussa les principaux corps de bâtisse, refit les murs d'enceinte, en demeurant fidèle à l'ancien luxe, si ami de la grande dimension des blocs et de leur juxtaposition exacte.

« Les pierres, dit Josèphe, étaient blanches, dures, et chacune était longue de vingt-cinq coudées, hautes de huit, large de douze. » Le coin sud-est du mur de *Heram-Scherif* est encore aujourd'hui composé de pierres de cette dimension. La coudée dont Josèphe fait usage ne représente guère qu'un pied. Une des portes du temple avait des chapiteaux corinthiens ; ceux de la porte d'or sont encore, aujourd'hui, ornés d'acanthes.

Hérode rebâtit aussi une citadelle, sorte d'ouvrage avancé pour la défense du temple et élevée principalement par le grand-prêtre Jean Hircan. Son ancien nom de Baris fut changé en celui d'*Antonia,* en l'honneur de l'ami du roi. Sa position, avantageuse pour commander à la ville et observer le temple, dut la faire choisir pour le séjour des procurateurs ou gouverneurs romains. Le palais du gouverneur turc, que la tradition a désigné comme le palais de Ponce Pilate, correspond assez exactement à l'emplacement de la tour Antonia. Un passage couvert communiquait de cette citadelle au temple, à-peu-près comme celui qui va du Vatican au château Saint-Ange. Le roi pouvait, en cas de danger, avoir une retraite. Les vêtements précieux des pontifes et des prêtres furent longtemps déposés dans la tour. Après Hérode, les Romains continuèrent à les y garder et à les prêter aux Juifs, pour les jours de grande cérémonie, avec des formalités humiliantes assez semblables à celles que subissent aujourd'hui les chrétiens à propos des clés du Saint-Sépulcre. La veille d'une cérémonie religieuse, les trésoriers du temple se rendaient chez le capitaine de la tour munis du sceau du grand-prêtre, qui avait auparavant scellé le dépôt des habits précieux ; l'intégrité du sceau constatée, les habits étaient retirés de la cassette et confiés aux trésoriers, qui les rapportaient après la cérémonie.

Hérode agrandit considérablement la ville du seul côté où elle put s'étendre, au nord vers le plateau, dans la direction du *Scopus* et d'Emmaüs. C'est ce quartier nouveau qui porta le nom de *Bezetha*. Son petit-fils, Hérode-Agrippa, en perfectionna le système de défense par des murs et des tours qui excitèrent la défiance du procurateur romain Marcus. L'empereur Claude en fit arrêter la construction, mais ils furent achevés dans les temps postérieurs, car ils opposèrent une longue résistance à l'armée de Titus, qui vint ruiner définitivement la Jérusalem hébraïque en ayant pour auxiliaire et pour conseiller un autre Hérode-Agrippa, le fils du précédent.

SIÉGE DE JÉRUSALEM PAR TITUS.

Le siége de Titus a effacé celui de Nabuchadnazar, et parce qu'il anéantit une nation, et parce que ses détails nous ont été conservés par un témoin oculaire qui écrivait une sorte de journal. Josèphe, fonctionnaire éminent du gouvernement juif, flottant entre sa foi hébraïque et son admiration pour la civilisation romaine, était employé par Titus comme interprète et comme parlementaire. Ennemi des assiégés par ses passions de parti, les sentiments de sa nationalité l'emportent souvent. Il fait le bulletin hébreu pompeux et lyrique, après avoir exalté la bravoure, l'habileté romaines, après avoir vanté l'humanité de César, après l'avoir disculpé de l'incendie du temple. Ses croyances se ressentent de cette fausse position ; il raconte dévotement les miracles de l'histoire de son peuple et veut désarmer les sarcasmes de son siècle et de sa patrie adoptive en faisant un appel à sa critique et à son indifférence en matière religieuse. Sa prolixité, ses répétitions, sont précieuses; aidées par l'inspection de la cité moderne, elles peuvent servir à reconstruire la Jérusalem d'Hérode et d'Agrippa.

La fierté des Juifs ne s'était que très-imparfaitement soumise à la conquête romaine. Ils étaient toujours prêts à se révolter, comptant trouver dans chaque nouvel aventurier ou enthousiaste qui se présentait, le Messie promis par les prophètes et qu'ils n'avaient pas su reconnaitre quand il avait accompli sa mission. Les hommes éclairés comprenaient l'inutilité des soulèvements ; ils n'avaient qu'à comparer leur patrie au monde romain, leurs ressources et leurs lumières à la richesse, à la politique, à la fortune de Rome.

Le peuple avait une autre optique, et, après avoir essayé de faire du patriotisme contre l'étranger, il en voulait faire contre les riches, qu'il accusait de tolérance, de complicité avec eux. La populace, plus nombreuse et plus passionnée dans la capitale que partout ailleurs, avait organisé l'émeute à Jérusalem, après s'être grossie des Juifs échappés des villes révoltées de Galilée et de Samarie. La fortune, la vie des citoyens paisibles, étaient menacées ; bien plus, et comme symptôme plus caractéristique de la dissolution imminente, la religion, antique fondement et éternelle compagne de toutes les institutions civiles du peuple de Dieu, la religion était insultée par d'indignes momeries.

On choisit pour grand-prêtre un rustre, on s'empara du temple, où l'on établit le conciliabule de la tyrannie populaire. Un certain Jean de Gischala avait fait de cette masse, appelée les *zélateurs*, l'instrument de son ambition. Le jour, il faisait semblant de se joindre au parti modéré, qui avait choisi pour chef Ananus. La nuit, il se rendait chez les zélateurs, leur rapportait les secrets de l'autre parti et leur donnait des conseils. Ce fut par son influence que les zélateurs appelèrent dans la ville une troupe d'Iduméens. L'agitation toujours croissante força les modérés à appeler Simon de Gerasa, qui venait de s'emparer d'Hébron et s'était fait une réputation militaire, non-seulement par des engagements avec les Romains, mais par des avantages remportés sur les zélateurs eux-mêmes pendant qu'il bloquait Jérusalem. La ville appartint donc à deux chefs turbulents qui commencèrent par se disputer le temple, mais qui se réunirent et devinrent des héros sitôt qu'ils eurent à combattre l'ennemi commun.

La garnison romaine avait été expulsée de la ville et de la tour Antonia dès le commencement des troubles; Vespasien, qui s'apprêtait à venir tirer vengeance de cette insulte, apprit la mort de Vitellius et alla à Rome, où l'appelaient de plus grands intérêts, en ordonnant à son fils d'aller châtier les Juifs révoltés. Titus, qui reçut cet ordre en Égypte, s'avança le long de la mer jusqu'à Césarée. De là il envoya la cinquième légion à Emmaüs, la dixième à Jéricho; lui-même ayant pris la route de Samarie arriva à Gophna et à Gabaot-Saül; de là il s'avança avec six cents cavaliers pour reconnaître la ville.

Les approches de Jérusalem étaient couvertes de jardins coupés de petits chemins et de murailles, parmi lesquelles les Juifs s'étaient embusqués; Titus, attaqué à l'improviste, courut quelque danger avant que ses soldats arrivassent à son secours. Le jour même, il établit son camp principal à un point d'où l'on voyait la ville et qui, pour cette raison, était nommé en grec *Scopus* et en hébreu Sefa. La dixième légion s'établit sur le mont des Oliviers.

Pour serrer les remparts de plus près, les Romains détruisirent les jardins, rasèrent les murailles, et avancèrent la tente de César au voisinage de la tour *Psephinus*, qui faisait partie du mur extérieur ou de la troisième enceinte bâtie par Agrippa. « Celle-ci, dit Josèphe, commençait à la tour *Hyppicus*, atteignait le quartier nord de la ville et la tour Psephinus, puis s'étendait jusqu'au monument de la reine Hélène d'Adiabène, fille d'Izates. Ensuite elle embrassait, au nord, jusqu'aux caves sépulcrales des rois, se détournait à la tour du Coin, vers le monument du Foulonnier, et allait joindre l'ancien mur à la vallée de Cédron.

De tous les lieux indiqués par la description de cette ligne brisée, le seul qui soit reconnaissable aujourd'hui est l'hypogée des tombes royales, que nous avons visitées à plus d'un mille au nord de la porte de Damas. C'est vers cette direction que se trouvait aussi le palais bâti par Hérode en manière de citadelle flanquée de tours, que l'on comparait au phare d'Alexandrie. Une face de ce palais avait été employée dans le rempart de la ville, puisque nous voyons la tour *Hyppicus* en faire partie. La tour Mariamne et la tour Pesachus y étaient aussi. C'est dans cette dernière que le chef Simon avait établi sa résidence.

Le quartier neuf ou *Besetha*, qui était enclos par cette muraille neuve, avait pour limite au sud-est la tour Antonia qui, avec le temple, était occupée par Jean et ses zélateurs. Ils avaient trouvé dans la tour et à ses environs les engins de guerre appartenant à la garnison romaine. Quelques transfuges leur apprirent à s'en servir.

Les assiégeants déboisaient tous les environs pour construire d'autres machines. C'étaient principalement des tours de bois sur lesquelles étaient placées des balistes lançant des pierres et des javelots; les Romains en recouvraient la surface d'une lame de fer pour les garantir du feu, par lequel les assiégés réussirent cependant à les détruire maintes fois dans leurs vigoureuses sorties.

Le bélier inspirait plus de terreur que les balistes; les Juifs l'avaient surnommé *niko*, ou le conquérant, car ils avaient reconnu son irrésistible puissance sur tous les murs bâtis à la hâte et avec des matériaux menus. Les murailles construites de grands blocs bien assemblés, selon la vieille et précieuse mode juive, avaient toujours défié les attaques du bélier; et, un peu plus tard, l'enceinte du temple en fut inutilement battue pendant six jours consécutifs.

Le premier mur ayant été pris après quinze jours de siége, Titus s'établit dans la ville même, à un endroit où avait jadis campé Nabukadnazar et qui en avait retenu le nom de camp des Assyriens. A l'attaque du second mur la résistance des Juifs prit un caractère de fureur qui étonna et repoussa plusieurs fois les Romains. Le quartier central de Bezetha et l'extrémité nord d'Acra étaient composés de rues tortueuses et étroites, principalement occupées par le peuple. Il y avait des marchés, des artisans de toute espèce: tisserands, chaudronniers, forgerons. Chaque maison, chaque quartier, devint une forteresse qu'il fallut assiéger régulièrement, qu'il fallut prendre et reprendre plusieurs fois comme le rempart lui-même. Le soldat romain, au moment où il croyait pouvoir essuyer sa sueur, étancher le sang de ses blessures, avait soudain d'autres combats à livrer, la mort à recevoir, d'une troupe d'ennemis sortis d'une cave, d'une boutique, d'une ruelle; c'était le terrible Simon avec la populace juive, avec les féroces Bédouins de l'Idumée!

Le tour de Jean arriva lorsque la citadelle Antonia fut menacée par les machines de Titus. Cette tour Antonia avait été isolée par un fossé le long duquel le chef rusé des Zélateurs avait pratiqué une mine. Le terrain sur lequel les Romains élevaient leurs ouvrages n'était soutenu que par des madriers de bois. Vers la région appelée la Piscine *Struthius*, les travailleurs étaient fournis par la 5e légion. La 12e légion avait élevé un autre ouvrage pareil à vingt coudées de distance; la 10e légion avait travaillé au nord près de la piscine *Amygdalon;* la 15e à trente coudées de distance, près du mausolée du grand prêtre Jean. Aussitôt que les tours et les machines furent placées sur ces ouvrages, Jean fit mettre le feu aux madriers de la mine. Alors avec un fracas épouvantable et des trombes de poussière épaisse à laquelle se mêlèrent bientôt des nuages de fumée, les bords du fossé s'effondrèrent entraînant avec eux les pesantes constructions des assiégeants. Les Juifs profitèrent de ce désordre pour attaquer les Romains avec plus d'audace; mais le fossé de la forteresse, garde avancée du temple, avait été en partie comblé par cet éboulement, et les Romains purent reprendre l'offensive avec avantage.

La population de la cité, considérable par elle-même, avait été grossie par des visiteurs venus de tous les points de la Judée pour les fêtes de Pâques. Les armées des deux chefs en avaient été grossies, car tous les hommes étaient soldats. Mais les femmes, les enfants, les vieillards hâtaient la consommation des vivres qui se renouvelaient à grand'peine. Titus voulut à-la-fois rendre le renouvellement impossible et hâter la consommation en empêchant la sortie des bouches inutiles et des déserteurs. Il fit enceindre la cité d'un mur qui complétait au midi la garde et la clôture opérée au nord par son armée. Ce mur partant du camp des Assyriens descendait au bas de *Cenopolis*, gagnait le Mont des Oliviers le long de la vallée du Cèdron et entourait la montagne jusqu'au rocher nommé *Peristereon* et une autre colline voisine de la vallée, près de Siloam. De là il tournait à l'ouest, barrait la vallée de la Fontaine, puis remontait au monument du grand-prêtre Ananus, enceignant la colline où Pompée avait une fois campé, remontait au nord de la ville jusqu'à un village (faubourg) appelé la maison d'Erébinthe, puis embrassait le monument d'Hérode, et allait rejoindre le camp des Assyriens.

Les soldats de Jean et de Simon qui avaient trouvé plus d'une fois le temps de se battre, eurent alors une occupation nouvelle; il fallut contenir le parti modéré qui avait toujours été disposé à capituler, réprimer les soulèvements occasionnés par les terreurs de la mort que la famine et les maladies présentaient à chaque instant, plus affreuse que le glaive ennemi. En deux mois et demi 150,980 cadavres étaient sortis par une seule porte. Nombre de déserteurs qui avaient sauté par dessus l'enceinte nouvelle étaient arrêtés et éventrés par les Romains. La cupidité cherchait et trouvait dans leurs entrailles des pièces d'or qu'ils avaient avalées. La faim avait détruit chez les enfants le respect des parents, chez les femmes la vertu, la pudeur, et jusqu'à la tendresse, à la pitié maternelle.

L'histoire a conservé le nom d'une malheureuse mère qui profana le nom de Marie et le nom presqu'aussi doux de sa patrie : elle était de Bethzibub ou le village d'Hissope.

Elle avait épuisé toutes ses provisions et toutes les ressources capables de lui procurer des vivres. Les brigands affamés qui pillaient les maisons avaient plusieurs fois dévasté la sienne. Elle leur avait inutilement demandé un peu de nourriture, elle les avait accablés d'insultes et de malédictions dans l'espoir d'en obtenir la mort. Rien n'avait pu exciter ni leur pitié ni leur colère. Un jour elle sentit la faim jusqu'au fond de ses entrailles, jusqu'à la moelle de ses os. Le lait qu'elle donnait à un nourrisson était tari. Le pauvre innocent vagissait en proie au même besoin que sa mère qui le considérait l'œil hagard, la face morne..... Tout-à-coup elle imagina un affreux remède pour mettre fin aux maux de tous les deux. Te garder dit-elle ! en apostrophant son fils, te nourrir, te faire vivre ! et pour quoi, pour le fer des Romains ou pour la honte de la servitude ! pour les tourments d'une agonie longue, d'une mort inévitable. Non ! comprenons mieux notre commun devoir, rends-moi la substance, rends-moi l'être que je te donnai, meurs en sauvant ta mère, puisque mon sang ne peut te servir de lait. Que les hommes frémissent de notre sort en sachant jusqu'où est allé la calamité d'Israël, jusqu'à quel point s'est accomplie la malédiction de Dieu !

Les voleurs reparurent. Marie les reçut avec des égards ironiques : elle était repue. Les voleurs flairèrent une odeur de viande rôtie et demandèrent avidement où était ce mets qu'on leur cachait. Ils menacèrent de tuer la receleuse si elle ne le leur livrait pas à l'instant. Rassurez-vous, dit-elle, j'ai pensé à vous, voici votre part. Elle leur présenta la moitié d'un cadavre d'enfant : les brigands demeurèrent interdits. Vous hésitez, vous vous reprochez peut-être mon crime et mon malheur ? Ceci était mon enfant, j'en ai dévoré la moitié. Une bouchée que vous m'auriez laissée nous eût fait vivre tous les deux !

Les brigands se parlaient entre eux comme s'ils éprouvaient quelque tentation d'accéder à l'invitation de la mère. Tout-à-coup, saisis d'horreur, ils prirent la fuite et allèrent raconter dans la ville ce qu'ils avaient vu. Toute la ville en fut émue. Les périls, la faim furent un instant oubliés, on pensa avec effroi à la menace de Moïse, qui avait dit que la désobéissance des Hébreux finirait quelque jour par pousser les mères à manger leurs propres enfants. On envia le sort des hommes qui étaient morts depuis assez longtemps pour n'avoir vu ni entendu ces choses!

Cependant la garnison du fort *Antonia* se laissa surprendre pendant la nuit et les Romains escaladèrent même la première enceinte du temple par delà le fossé. Mais là une lutte corps à corps s'engagea avec les Zélateurs qui rejetèrent les assaillants dans les fossés, et les poursuivirent l'épée dans les reins jusque dans la tour. La tactique était impuissante, les armes longues inutiles, la foule Juive était immense, inépuisable, comme son acharnement.

Elle éprouva à son tour la panique à laquelle les Romains avaient cédé un instant; un centurion bithynien nommé Julien, taillé en athlète et renommé pour son courage s'élança seul au milieu des Juifs, et donna à ses soldats l'émulation de l'imiter. Les Zélateurs reculèrent en désordre jusqu'au coin de la cour intérieure du temple où Julien les poursuivit, frappant et terrassant tout ce qu'il rencontrait. Ses camarades, qui admiraient son audace et l'applaudissaient de la tour Antonia, le virent tout-à-coup tomber, entouré par ses ennemis et succombant après une lutte énergique. Le pavé du temple était en pierre dure et polie, sur laquelle les souliers ferrés du centurion avaient glissé. Les Juifs qui avaient d'abord cru voir en lui une force surhumaine ne s'estimèrent pas tout-à-fait abandonnés de Dieu qui renouvelait devant son sanctuaire la punition de Nicanor.

Enfin, les machines ayant pu s'approcher et la solidité des murs résistant à leurs attaques, Titus fit mettre le feu à la cour des Gentils et puis à la porte même du temple. De là le feu se communiqua à tout le reste de l'édifice. Six mille Juifs furent brûlés dans les cours intérieures ou précipités du haut des murs par les impitoyables vainqueurs. Ils avaient cherché là un refuge sur la foi des promesses que les fanatiques et les faux prophètes leur avaient prodiguées dans les derniers temps. Le comble de l'adversité donne toujours le comble de la crédulité. D'autres avaient une confiance plus fière, et en attendant la mort ils pensaient à rester fidèles au courageux entêtement de leur race plutôt qu'à sa foi. Pendant que le sanctuaire regorgeait de cadavres, pendant que le sang coulait presque assez abondant pour éteindre l'incendie, une foule de Zélateurs montés sur les toits du temple en arrachaient les hérissons de fer dont les toits étaient semés pour en éloigner la souillure des oiseaux. Ces projectiles rendus plus pesants par le plomb qui les avait scellés leur servaient à assommer les Romains. La ville supérieure, Sion, offrit de capituler, mais les chefs refusèrent de se rendre à merci comme Titus l'exigeait, et ils soutinrent encore un siége dans ce quartier fortifié par l'art et par sa position.

Il fallut encore élever des redoutes pour asseoir les machines. Quatre légions travaillèrent à l'ouest de la ville, en face du palais de David ; les auxiliaires travaillèrent du xistus en tirant vers le pont et la tour, dont Simon s'était fait une citadelle pendant ses différends avec Jean. Ces ouvrages prirent 18 jours ; mais ils étaient inutiles. L'heure de l'abattement était arrivée.

Les Iduméens avaient échoué en proposant une capitulation particulière ; tous les autres, même les Zélateurs, étaient découragés ; à chaque instant les bruits de la chute des murs de l'ouest, de l'entrée des Romains, répandaient la consternation. Les Romains entrèrent sans coup férir, sans trouver d'ennemis sur les remparts. Ils ne rencontrèrent que des spectres épuisés par la famine, décolorés par la fièvre, gonflés par l'hydropisie. Tout ce qui avait quelque force avait sauté par-dessus les remparts, avait fui par les poternes, s'était caché dans les ruines fumantes d'Acra et de Bezetha, ou était allé mourir sous l'épée des Romains, postés le long des murs du blocus.

Le nombre des prisonniers faits pendant le siége est porté à 97 mille ; celui des morts à 1100 mille. Josèphe qui craint avec quelque raison, l'invraisemblance de ces chiffres, prétend qu'au temps de pâques Jérusalem pouvait contenir un pareil nombre d'habitants, et que sous le procurateur Cestius, les prêtres, voulant prouver à Néron l'importance de leur nation et de leur ville, comptèrent 256 mille sacrifices offerts à une pâque. Ce qui à dix personnes par sacrifice donne plus de deux millions et demi. Les motifs des grands-prêtres étaient sans doute les mêmes que ceux de Josèphe, un amour de la patrie plus préoccupé de l'orgueil que de la vérité, une jactance compagne de l'enthousiasme, de l'imagination et du courage aux bords du Jourdain comme aux bords de la Garonne.

Il faut aussi rabattre beaucoup des trésors que Titus aurait trouvés dans le temple et dans ses caveaux. On n'avait pas eu le temps d'accumuler tant de richesses depuis le pillage de Crassus et pendant les troubles d'une décadence.

Les deux chefs qui avaient résisté un an à une armée romaine de soixante mille hommes, tombèrent dans les mains de Titus. Jean fut condamné à la prison et Simon alla périr à Rome après avoir été enchaîné au char du triomphateur.

Titus, dont les anciens firent un demi-dieu, a été maudit par les Juifs pour sa cruauté envers ses prisonniers. Les Chrétiens doivent avoir la même opinion. La générosité est le plus bel ornement de la victoire, surtout quand elle s'applique à des hommes qui, comme Jean et Simon, avaient racheté leurs vices par un si long, si héroïque courage. Titus, aveugle instrument de la colère de Jehova, dispersa son peuple et rasa sa cité. Toutefois quelques points de ses constructions furent épargnés ; Josèphe cite trois grosses tours de l'enceinte du nord et le mur de l'ouest. C'est précisément ici aussi bien qu'à l'angle sud-est de Moria, qu'étaient des échantillons de cette bâtisse juive si merveilleuse par le colossal et la solidité de ses blocs. Ce que l'on nomme aujourd'hui le château de David ou la tour des Pisans porte ce caractère antique : les fondements de l'enceinte du temple, au coin de Moria, échappèrent aussi à la destruction.

Depuis, Adrien et Constantin, dans tous les remaniements de Jérusalem en ville païenne ou en cité chrétienne ont pu combler les fossés qui séparaient jadis les quatre collines, Moria, Acra, Sion, Bezetha, mais la solidité des fondements du second temple et du palais de David ont dû braver tous les efforts, ou plutôt on se sera toujours servi de ces bases impérissables pour y asseoir d'autres édifices.

Lorsque Constantin rebâtit la ville, il comprit dans son enceinte la colline du Golgotha, au sommet de laquelle s'éleva bientôt l'église de la Résurrection. Hélène, mère de l'empereur, qui vint mourir à Jérusalem, couvrit de monuments tous les lieux sanctifiés par les actes de Jésus, de sa famille ou de ses premiers disciples. Deux siècles et demi étaient plus que suffisants pour en avoir perdu la trace, mais sans doute les Chrétiens primitifs, dont le nombre était déjà considérable au temps de Titus, ne cessèrent jamais d'habiter les lieux voisins de Jérusalem ; ni l'indifférence, ni la persécution ne purent les en éloigner. Les Juifs qui ont trouvé de pires obstacles ont afflué dans tous les temps près des lieux témoins de leur grandeur et de leur catastrophe. La tradition des lieux consacrés par de grandes actions ou par des miracles put donc se maintenir sans lacune jusqu'au temps où l'autorité de l'Etat, où la sollicitude impériale elle-même vint les marquer définitivement et d'une façon en quelque sorte officielle.

Les voyages anglais et notamment ceux qu'ont écrit leurs missionnaires renferment à ce sujet des objections moins embarrassantes qu'ils n'ont paru le croire. « Indiquer le point précis où s'est passé une action, quand l'action s'est passée loin et dans le temps et dans l'espace, quand son théâtre a été bouleversé par des révolutions de tout genre est une présomption peu justiciable par la logique. »

Commençons d'abord par rendre solidaires des désignations actuelles les Chrétiens primitifs qui nous les ont transmises sans interruption depuis Constantin et Hélène, sa mère. Le temps et l'espace diminuent déjà beaucoup.

A cette époque on osait croire qu'il était naturel de chercher toutes les reliques vénérables; que les témoignages contrôlés des anciens écrits et des anciens habitants donnaient la plus grande probabilité de réussite dans cette recherche; bien plus, qu'une désignation positive et la consécration par un monument ne sauraient produire aucun mal et devaient amener un grand bien. Car le fait dont on cherchait le théâtre était authentique et la vue du monument consécratif, de ce fait, dans ce lieu précis, affermissait la foi, excitait à la vertu, propageait l'enthousiasme.

Maintenant le rationalisme a changé la morale : parce que le zèle excessif et précipité a désigné deux théâtres pour une action unique, un tombeau de Marie à Ephèse et un autre à Gethsémane, on en a conclu qu'il fallait n'en vénérer aucun et apparemment que la vierge n'était jamais morte, ou n'avait jamais existé!

Un touriste a mesuré la distance de la place de la croix au haut du Calvaire, au Saint-Sépulcre, et l'ayant trouvée moindre de cent pas, il a déclaré que la tombe d'un homme riche comme Joseph d'Arimathie ne pouvait pas se trouver si près du lieu des exécutions. Le touriste aurait dû d'abord mesurer la distance qui sépare à Londres beaucoup de cimetières fashionables des lieux d'exécution, prouver ensuite que le tombeau avait été creusé exprès pour Joseph; ensuite chercher avec de meilleures indications le lieu précis du Saint-Sépulcre qui sera toujours quelque chose de vénérable et d'attendrissant pour les disciples du christ.

Nullement; il faut croire en Jésus, il faut l'aimer mais d'un amour tout-à-fait vague et métaphysique en vertu duquel toute désignation précise d'un lieu théâtre de sa vie ou de sa mort serait une coupable faiblesse, un acte absurde d'idolâtrie!

Ceci n'est pas le dernier mot de la doctrine : plusieurs sectes protestantes se sont avancées de la négation des lieux à la négation des actes; d'autres marchent avec la même inflexibilité de logique de la négation des actes à la négation des personnes, et Strauss, luthérien mystique arrive à retrouver dans Jésus-Christ un mythe moins ingénieux que le Jésus-Soleil de Volney.

Le culte des reliques, à part l'intérêt intime qu'il a pour le cœur, a donc une portée sociale que les idées positives ne peuvent pas mépriser. Il est le satellite du culte des traditions, autrement dit de l'autorité religieuse, et celle-ci est autrement consolante pour l'âme, autrement rassurante pour l'association humaine, que ce rationalisme, toujours flottant entre la négation de lui-même par une propagande quelconque, ou la mise en question de tout par le travail de chaque jour et de chaque individu!

La renaissance de la Jérusalem chrétienne était bien antérieure à Constantin : elle était un but de pèlerinage pour les Chrétiens de tous les pays. Ces visites se multiplièrent tellement après Constantin que déjà du temps de saint Jérôme elles étaient blâmées par les docteurs. L'itinéraire de Bordeaux, guide composé à l'usage des pélerins vers l'époque où l'église de la résurrection était inaugurée décrit la cité avec les monuments dont les ruines, pour la plupart, ont duré jusqu'à aujourd'hui. Vers le milieu du cinquième siècle, Eudoxie, épouse de Théodose-le-Jeune, était comme Hélène venue mourir en Palestine, où se retiraient aussi beaucoup de Chrétiens chassés des villes africaines envahies par Genseric et par les Vandales.

Lorsque Bélisaire eut reconquis l'Afrique, il retrouva à Carthage le chandelier à sept branches et les autres dépouilles précieuses enlevées par Titus. L'église de la Résurrection s'enrichit de ces anciens ornements du temple, qui finirent par reprendre le chemin suivi jadis par les vases sacrés du temple de Salomon. Un conquérant, venu du pays de Nabuchadnazar, s'empara de la Syrie et de l'Égypte, et refit pour quelques chrétiens une captivité de Babylone. Mais Héraclius la fit cesser après dix ans de guerre; Kosroës vaincu rendit les prisonniers et la vraie croix, enlevée avec les reliques juives.

L'empereur rentra dans la cité sainte par la Voie Douloureuse marchant nus pieds et chargé de cette croix qu'il avait reconquise. Elle fut replacée le lendemain sur le Calvaire, au milieu d'une fête que l'église a conservée depuis sous le nom d'Exaltation de la Croix. Mais, du vivant même d'Héraclius, Jérusalem subit une autre invasion qui devait être bien plus cruelle et plus durable.

Les Arabes, lancés sur le monde oriental par la prédication de Mahomet, formèrent en quatre-vingt-dix ans un empire plus grand que celui des Romains. Sous Omar, second successeur de Mahomet, Jérusalem fut assiégée par Khaled, déjà maître de toute la Syrie. Omar, moins barbare que son dilemme ne le ferait supposer, fut un grand roi et presque un grand homme. D'abord persécuteur de Mahomet, il devint son partisan le plus enthousiaste après avoir lu quelques surates de son livre. Ce n'est pas la seule analogie qu'il offre avec saint Paul : il était comme lui ouvrier corroyeur, il fut comme lui habile, persévérant, éloquent. Les rôles de saint Pierre et de saint Jean furent reproduits aussi auprès de Mahomet, comme ils semblent devoir se reproduire dans toute propagande. Aboubekr et Aly complétèrent, avec Omar, le triumvirat du zèle ardent avec les trois nuances de naïveté, de sagacité et de poésie.

Omar avait une réputation de modération qui fit durer le siège de Jérusalem; on avait reconnu l'impossibilité de résister, mais on voulait se rendre au khalife lui-même et non à son général. Omar partit de Médine avec une outre d'eau, un plat de bois et deux sacs d'orge et de riz, administra chemin faisant la justice et les affaires, faisant bâtonner les soldats coupables d'avoir bu du vin, mangeant à leur gamelle, ou plutôt les faisant manger à la sienne, faisant souiller de boue les officiers qu'il surprenait trop élégamment vêtus. Il arriva enfin devant Jérusalem, accorda une capitulation, entra dans la ville vêtu d'habits grossiers, visita avec intérêt les antiquités, les lieux saints avec respect, fit sa prière sur le portique de l'église de la Résurrection, visita l'église et le tombeau, puis alla visiter la Crèche et l'église de Betléem. Un homme si simple et si convenable méritait d'être chrétien.

Les généraux et princes musulmans qui entrèrent à Jérusalem, qui y commandèrent après lui, n'imitèrent pas cette modération, et, cependant, c'était pour le patriarche grec Sophronius un crève-cœur si grand d'avoir vu le chef des Infidèles dans le saint lieu, une abomination si désolante, de voir l'église de la Présentation changée en mosquée, qu'il mourut de douleur au bout de peu de temps.

Les empereurs grecs Nicéphore-Phocas et Zimiscès renouvelèrent la croisade d'Héraclius, mais avec moins de succès. Le premier n'alla que jusqu'à Antioche; le second battit les Musulmans jusque dans la Mésopotamie, soumit le khalife de Bagdad à un tribut, pénétra dans la Palestine, s'empara de Ptolémaïs, de Césarée, de Tibériade, de Nazareth. Au lieu de se diriger immédiatement sur Jérusalem, il poursuivit les Infidèles dans le mont Liban, où il mourut empoisonné.

L'autorité des khalifes, très-faiblement reconnue à Jérusalem, y fut tout-à-fait perdue par cette campagne, et, en apprenant la mort de Zimiscès, les Égyptiens, commandés depuis le dixième siècle par la dynastie fatémite, se répandirent en vainqueurs dans la Palestine et dans la Syrie. Les chrétiens fixés dans Jérusalem avaient formé quelques établissements pour recevoir leurs frères que la piété y appelait du dehors. Dès le sixième siècle, il y avait un hospice avec jardins, cellules et cimetière, près de la fontaine de Siloë. Au milieu du neuvième, l'hospice latin avait douze hôtelleries avec champs, vignes et jardins, dans la vallée de Josaphat. Le mélange des populations, les voyages, étaient comme toujours favorables au commerce. Les pèlerins portaient les produits d'Europe et rapportaient les produits de l'Orient. Le vin de Gaza fut renommé en France. Les produits de Marseille, d'Amalfi, de Venise, étaient étalés dans les marchés de Sainte-Marie-la-Latine, à la foire qui se tenait sur une place du Calvaire le lendemain de l'Exaltation de la Croix.

Cette liberté était le résultat des ambassades et des politesses échangées entre Aroun-al-Rachid et Charlemagne, de la protection accordée au commerce par les fatémites. La folie de Hakim-Biamr-Allah et une petite expédition militaire, prélude des grandes croisades, firent recommencer les persécutions.

Gerbert, archevêque de Ravenne, avait fait le pèlerinage et vu l'oppression des chrétiens. Le khalife Hakim, après les avoir protégés dans ses moments lucides, leur avait interdit certains vêtements, les avait forcés de porter au cou une croix de quinze livres. Puis étaient venus d'autres ignominies et des supplices. Hakim, déchu au-dessous de la condition d'homme par l'aliénation de sa raison, prétendait se faire adorer comme un dieu. Il y réussit un peu de son vivant et davantage après sa mort, car les Druzes lui rendent encore une espèce de culte. Gerbert, devenu pape sous le nom de Silvestre II, commença dans la chaire de saint Pierre cette série de prédications de croisades qui a duré presque jusqu'à nos jours puisqu'elle n'a fini qu'à la levée du siége de Vienne par Jean Sobieski.

Les Pisans, les Génois et le roi d'Arles Boson firent, sur les côtes de Syrie, une incursion, prélude des grandes croisades. Ce fut alors qu'un chien mort fut jeté dans une mosquée pour avoir le prétexte d'accuser les chrétiens de cette insulte, et l'artifice associa la populace aux fureurs du khalife et des grands. Les chrétiens furent chassés de Jérusalem, l'église du Saint-Sépulcre fut renversée, les autres églises converties en étables. Les éléments semblèrent s'associer au deuil des chrétiens, à la punition de Hakim; la Syrie fut agitée de tremblements de terre, l'Égypte éprouva un froid qui gela le Nil jusqu'au Qaire. Hakim se repentit, rappela les chrétiens, permit de rouvrir les églises, de rebâtir celle de la Résurrection, qui désormais prit le nom de Saint-Sépulcre. Elle ne fut entièrement reconstruite que trente-sept ans après sa destruction.

Le pèlerinage, institution si conforme au caractère inquiet et actif des peuples de l'Occident, était pratiqué dès longtemps comme moyen de gagner les faveurs du ciel. L'église prit l'habitude de l'imposer aussi comme expiation des péchés et même des crimes. Les grands seigneurs, que leur pouvoir illimité exposait alors aux uns comme aux autres, reçurent fréquemment cette pénitence, et firent à leur retour des récits qui excitèrent la curiosité, la douleur, l'indignation, selon le degré de tranquillité permis aux chrétiens de l'Orient. Les moines et les clercs écrivirent des relations, les prêchèrent dans les églises pendant que les seigneurs les contaient dans les châteaux et les cours. L'intérêt qu'elles excitaient était toujours mêlé de douleur, car, alors comme aujourd'hui, à la protection la plus franche s'alliait toujours une proportion considérable d'humiliations, et il n'est pas besoin de prendre tout-à-fait l'esprit du onzième siècle pour les sentir.

Les pèlerins se présentaient alors au Saint-Sépulcre couverts d'un drap mortuaire qu'ils conservaient toute la vie et dans lequel ils étaient ensuite enterrés. Après la visite aux lieux saints, ils allaient cueillir des palmes à Jéricho et se baigner dans le Jourdain. Les Arméniens, qui ont conservé cette ancienne pratique, lavent leur drap mortuaire dans les eaux où fut baptisé le Christ.

Les chrétiens des bords de la Méditerranée allaient en Syrie par mer. Ceux de l'intérieur de l'Europe prenaient la route de terre, se dirigeaient vers Constantinople par la Hongrie. Ce fut pour héberger les pèlerins que la piété construisit les hospices du mont Saint-Bernard. Il y en avait de pareils à tous les passages difficiles de la route.

La croyance à la fin du monde, si souvent renouvelée dans le moyen-âge, excitait le zèle des pèlerins ; on eût été si heureux de mourir près du sépulcre où l'on faisait cette prière : « Jésus, vous qui êtes mort pour nous et qui fûtes enseveli dans ce saint lieu, prenez pitié de notre misère et retirez-nous aujourd'hui de cette vallée de larmes. »

La mort arriva, mais non telle qu'on l'avait désirée, simple cessation de maux, douce porte de la félicité éternelle, elle vint escortée de désolation. Les Turcs seljoukides, qui avaient asservi le khalife de Bagdad, enlevèrent la Syrie aux khalifes fatémites ; Toutousch et Ortok ravagèrent la Syrie, profanèrent les saints lieux, massacrèrent les chrétiens. L'Asie-Mineure n'était pas mieux traitée par Soliman, neveu de Malek-Schah. L'empereur Michel Ducas, dès longtemps alarmé des progrès des Turcs, avait imploré les secours de l'Occident en promettant de faire cesser le schisme grec, de se rallier au catholicisme. Alexis Comnène renouvela ces promesses en faisant un tableau plus effrayant des progrès des Turcs. L'Occident comprit enfin tous ces avertissements et se leva tout entier à la voix de Pierre-l'Hermite.

Cet homme extraordinaire, que l'écrivain Anne Comnène appelle Kukupètre et Oderic Vital Pierre de Acheris, était né en Picardie et avait fait le pèlerinage de Jérusalem. Il avait été témoin des misères de ses frères, il en avait appris de pires par les confidences du patriarche Siméon. Pierre était de petite taille et de figure peu agréable, mais d'un grand courage, d'un esprit pénétrant, d'un sens profond, d'un très-bon jugement, d'une grande éloquence. Son âme ardente, poétique et infatigable, avait essayé de tout dans la vie : les lettres, les armes, le mariage, le couvent n'avaient pu le satisfaire. Au Saint Sépulcre il devint extatique ; il avait entendu une voix, qu'après le succès il pût croire celle de Dieu même, qui lui disait d'aller annoncer la fin des tribulations du peuple chrétien et la délivrance des saints lieux. C'était là le secret de sa conviction, de sa persévérance. Sa parole communicative arrivait au milieu d'une génération mûre pour l'entreprise, elle trouvait pour ministres des princes braves et un pape habile et français.

Les Italiens, par leur commerce, leur contact avec la Grèce, leur organisation municipale, étaient alors le peuple le plus avancé de l'Europe latine ; mais, par leur progrès et surtout par les causes de ce progrès, ils étaient, moins qu'aucun autre, en état de prendre l'initiative d'une entreprise magnanime, vigoureuse et désintéressée. Les tentatives accomplies déjà par eux, la part qu'ils eurent dans toutes les croisades grandes et petites, furent toujours subordonnées à des intérêts mercantiles.

La politique sentimentale, contre laquelle on a raison de crier en France parce qu'aujourd'hui elle y est plus estimée que partout ailleurs, devait être, à plus forte raison, du goût de nos ancêtres. Urbain II, qui les connaissait, leur dit au concile de Clermont : « Nation chérie de Dieu, c'est dans votre courage que l'église chrétienne a placé son espoir. » Et les auditeurs prirent la croix et apprêtèrent leurs armes en criant : « Dieu le veut ! »

Quatre ans après, une armée chrétienne, qui avait éprouvé des pertes immenses, mais créé le royaume d'Édesse et la principauté d'Antioche, venait mettre le siége devant Jérusalem. Depuis quatre ans, Jglazi et Sokman, deux fils d'Ortok, avaient laissé reprendre cette ville par les Égyptiens. Le général qui y commandait maintenant pour le khalife s'appelait *Iftikhar-ed-Daoula*. Il avait déboisé tous les environs, détruit toutes les récoltes, empoisonné toutes les sources. La cité avait une garnison de quarante mille soldats, et l'on avait armé en sus vingt mille des habitants.

Ce fut le 10 juin 1099 que, des hauteurs d'Emmaüs, les chrétiens reconnurent Jérusalem. On se jetait à genoux, on se relevait pour considérer la ville, on se frappait la poitrine en se repentant de ses péchés, on pleurait, on s'embrassait, on passait de la joie à la tristesse, de la tristesse à la joie. C'était déjà un événement immense que d'avoir vu Jérusalem, que d'en avoir approché de si près. Tancrède, plus empressé que tout le monde, courut au mont des Olives avec un ermite normand qui pouvait lui expliquer tout ce qu'on découvre de là. Cinq Musulmans vinrent l'attaquer ; il en tua deux, mit les trois autres en fuite, et continua son inspection.

Le chef de l'armée, Godefroy, plaça ses tentes non pas au lieu même où Titus avait campé en quittant le Scopus, vers l'angle nord-ouest du rempart, mais un peu plus à l'ouest, puisque maintenant le Calvaire était compris dans l'enceinte. Les Lorrains et les Belges étaient répandus depuis la porte d'Hébron jusqu'à celle de Damas ;

de là à la porte Saint-Etienne, alors située plus haut qu'aujourd'hui, étaient le duc de Normandie, le comte de Flandre et Tancrède : près d'eux se placèrent les Bretons et les Anglais ; le comte de Toulouse, avec ses Gascons et ses Provençaux, occupèrent d'abord la route de Betléem et la colline de Mauconseil, mais en peu de jours ils franchirent la vallée de Gihon et de Ben-Hinnon et prirent poste sur Sion même, vers l'église du Cénacle. Le mont des Olives, le mont d'Offense, Aceldama, la vallée de Josaphat et Siloé étaient libres.

Les chrétiens qui avaient pu fuir de la ville racontaient les persécutions auxquelles leurs frères étaient en proie ; le chef du principal hospice avait été jeté dans les fers, les hommes en état de porter les armes étaient condamnés aux plus pénibles travaux ; leurs femmes, leurs enfants répondaient comme ôtages de leur conduite. Les infidèles, après avoir pillé le trésor des églises, étaient sur le point de mettre le feu à celle de la Résurrection et du Saint-Sépulcre. Ces bruits, l'impatience naturelle aux soldats européens, le souvenir des misères du long siége d'Antioche, firent décider un assaut qui ne réussit pas faute de machines et d'échelles. En attendant qu'on eût trouvé du bois pour en fabriquer, la chaleur de la saison et la sécheresse du pays firent de grands ravages parmi les animaux, dont la plupart moururent de soif ; parmi les soldats, quelques-uns tombèrent malades, d'autres désertèrent vers les ports de mer.

Les sentiments religieux réveillés à propos par d'habiles prélats, par de pieux cénobites, des secours arrivés de Joppé, où une flotte génoise avait heureusement débarqué des provisions et des munitions, rendirent le courage aux plus abattus. Une forêt, découverte vers les montagnes de Naplouse, fournit tout le bois dont on avait besoin ; les ingénieurs génois construisirent des tours qui, une fois approchées des murailles, abaissaient un tablier jusque sur les créneaux ; une tour, plus grande que toutes les autres, fut construite pour Godefroy par Gaston de Béarn, qui fit dans ce siége le métier d'ingénieur en chef. Dans ce besoin urgent, les chevaliers et les barons travaillèrent comme les soldats ; des corvées allèrent chercher l'eau jusqu'au ruisseau de Saint-Jean-dans-le-Désert et au village d'Elbir, sur la route de Naplouse.

Quand tout fut prêt, une procession, avec tout l'appareil religieux et militaire, se fit autour de la ville : ils s'y étaient préparés par trois jours d'un jeûne aussi rigoureux que celui que la disette leur avait d'abord imposé. Cette contrition portait déjà ses fruits, car sur le mont des Olives, Tancrède et Raymond s'embrassèrent en signe d'oubli de leurs anciennes discordes, et beaucoup d'autres chefs imitèrent cet heureux exemple ; chefs et soldats s'humilièrent avec respect du côté du Golgotha et du Saint-Sépulcre, qu'Arnoud de Rohes, chapelain du duc de Normandie, apostrophait à la péroraison d'une prédication pathétique.

Les assiégés arboraient sur les remparts des croix qu'ils insultaient en vociférant. Pierre-l'Hermite prit la parole à son tour pour leur promettre la victoire et la cessation des scandales qui souillaient la cité sainte. Le lendemain, au point du jour, commencèrent les manœuvres préliminaires de l'attaque. La grosse tour de Godefroy fut portée devant la porte Cédar ou Saint-Étienne; les machines de Tancrède et des deux Robert s'approchèrent de l'angle nord-est, qui prit dans la suite le nom de tour de Tancrède. Au midi, le comte de Toulouse comblait le fossé qui le séparait des remparts. Le quatrième jour on fut prêt pour l'assaut général.

Ce jour-là et la première moitié du jour suivant, les assiégés firent une résistance fructueuse, ils avaient élevé un grand nombre de machines, ils lançaient, à part les projectiles ordinaires, le feu grégeois, que rien ne pouvait éteindre si ce n'est, dit-on, le vinaigre, et ce liquide manquait aux croisés encore plus que l'eau; mais enfin, vers deux heures, on parvint à mettre le feu aux ballots de paille et de laine qui protégeaient les remparts contre les coups de bélier. Le vent poussa l'incendie du côté des assiégés qui, suffoqués et aveuglés par la fumée, ne purent pas empêcher la grosse tour d'abattre son tablier et de verser sur les remparts et dans la ville une foule des plus fiers guerriers, Godefroy à leur tête. Tancrède et ses Normands arboraient presque au même instant le drapeau de la croix sur un autre point des murailles que les Musulmans commençaient à abandonner. Les échelles, les brèches, la porte de Cédar livraient passage à la foule chrétienne; les Provençaux, Languedociens et Gascons réussissaient à escalader les remparts plus solides et mieux défendus de Sion; la garnison musulmane de ce côté s'enferma dans le château de David.

Une bataille acharnée recommença dans les rues de la ville; elle continua dans la mosquée d'Omar; les Musulmans imitèrent la résistance opiniâtre des Juifs. Les historiens des croisades semblent s'être inspirés de l'exagération de Josèphe, en racontant qu'au parvis de cette mosquée les croisés marchaient dans le sang jusqu'aux genoux, et leurs chevaux dans le sang jusqu'au frein.

Godefroy, qui n'avait pu empêcher le carnage, s'en était détourné pour aller au Saint-Sépulcre sans armes, nu-pieds, et suivi de trois serviteurs. Quand l'armée en fut informée, tout le monde sentit que c'était là la manière vraiment chrétienne de triompher, et chacun imita l'exemple du chef. C'était un vendredi, on était entré dans la ville à trois heures, après quarante jours de siége; la nuit surprit l'armée dans l'église ; la plupart des soldats bivouaquèrent dans les rues voisines en attendant leur tour d'entrer.

Le lendemain, cet attendrissement religieux fit de nouveau place aux sombres exigences de la politique, aux féroces conseils de la guerre. On venait d'apprendre qu'une armée égyptienne s'approchait : les Musulmans, cachés dans la ville, résistant encore dans quelques points, pouvaient redevenir dangereux ; on résolut de massacrer tout ce qui restait, et la résolution fut exécutée avec une barbarie plus digne des Romains de Titus que des soldats d'un Dieu de miséricorde. Le vieux Raymond seul eut le bonheur de faire respecter une capitulation qu'il avait accordée aux Musulmans enfermés dans le château de David; Tancrède en avait aussi accordé une à trois cents hommes sur la plateforme de Sakhara; il leur avait envoyé son drapeau comme sauvegarde, ils furent massacrés malgré ses prières et malgré ses menaces.

Tancrède trouva de grands trésors dans le *Heram-Scherif* qu'on lui donna en partage ; il en donna la plus grande partie aux pauvres, au clergé et à ses soldats. Les chrétiens du pays avaient conservé la croix rapportée par Héraclius et l'offrirent aux Croisés, qui la promenèrent en procession dans les rues, puis la replacèrent dans l'église. Beaucoup de chevaliers s'établirent définitivement dans Jérusalem; leurs officiers, leurs vasseaux se logèrent dans le voisinage des lieux qu'ils avaient désigné pour leurs domiciles au moyen de quelques signes convenus. Cette prise de possession arrêta bientôt le pillage.

Le pays changeait de propriétaires, de religion, de loi, il fallait aussi lui désigner un maître et un chef. Après des formalités, des scrutins et des enquêtes presque aussi longues que celles qui précédaient à Venise l'élection d'un doge, les suffrages s'arrêtèrent sur le chef de l'armée Godefroy de Bouillon, qui ne voulut accepter que le titre de baron et gardien du Saint-Sépulcre, trouvant peu convenable de porter une couronne d'or aux lieux où Jésus avait été couronné d'épines.

L'armée égyptienne, commandée par Afdhal ben Bedr-el-Jemaly, arriva peu de temps après, et fournit à Godefroy une brillante investiture de la couronne, à la première croisade latine une magnifique conclusion. A la bataille d'Ascalon, une poignée de chrétiens mit en déroute des masses innombrables où étaient mêlées toutes les races de la mer Rouge et du Nil ; il y avait jusqu'à des Abyssiniens, armés de fléaux terminés par des boules de fer, comme ces statues de Gog et Magog, que l'on conserve dans l'Hôtel-de-Ville de Londres. Il en fut à Ascalon comme à Héliopolis, comme à Nazareth, comme à Estaouely, comme à Mazagran, un homme de l'Occident semble, dans tous les temps, valoir dix hommes de l'Orient ! Alors la supériorité provenait de la foi immense des chrétiens, aujourd'hui de la science stratégique de l'homme civilisé, toujours du sentiment haut et chevaleresque de l'honneur.

Godefroy présente d'autres ressemblances avec Kléber, général modeste, sage et résolu, athlète à exploits herculéens. Pendant le siége d'Arsour ou Arsouf les émirs de la Samarie voulurent voir de leurs propres yeux Godefroy, dont ils avaient entendu vanter la force prodigieuse. A leur prière il abattit d'un seul coup de son épée la tête d'un chameau. Il renouvela la même expérience avec le sabre d'un des émirs qui s'imaginait que l'épée chrétienne avait quelque magie. Des historiens rapportent le même fait comme s'étant passé sur la rive gauche du Jourdain au pays des Ammonites. Il se sera probablement renouvelé dans plusieurs endroits; Godefroy fit plusieurs expéditions sur les deux rives du fleuve. La dernière fut celle où il repoussa l'armée du roi de Damas qui menaçait la principauté de Galilée conquise et occupée par Tancrède.

A son retour l'émir de Césarée vint lui présenter des fruits entre lesquels il n'accepta qu'une pomme de cèdre (un cédrat). On a cru que ce fruit était empoisonné parce que le roi tomba malade peu de temps après l'avoir mangé. Il eut le temps d'arriver à Jérusalem où il rendit le dernier soupir. Sa tombe fut dressée dans l'église du Calvaire plus près de l'emplacement de la croix que du Saint-Sépulcre.

Le patriarche Daimbert voulait mettre la couronne royale par-dessus sa mitre; mais au milieu des troubles causés par les prétentions des barons et par les attaques des Infidèles, on ne pouvait se passer d'un chef militaire, et Garnier, comte de Gray, prit possession du château de David au nom de Baudouin, frère puîné de Godefroy. Edesse était une principauté plus grande et plus belle que la Palestine, mais le grand nom de Jérusalem tentait l'ambition et l'activité de Baudouin. Il lui fallait traverser un pays plein d'ennemis pour arriver à ses nouveaux états, sa marche fut une série de victoires; il alla en chercher d'autres plus loin, à Ascalon, à la Mer-Morte et jusque dans l'Idumée, avant de venir se faire couronner à Betléem.

Ce fut lui qui érigea en baronies ou comtés, Sarept, Beryte, Tripoli et la plupart des villes du littoral Phénicien. Il prit Ptolémaïs aidé des Pisans et des Génois, qui se retirèrent après avoir touché la plus grosse part du butin et établi dans la nouvelle conquête des comptoirs lucratifs. La retraite des flottes de ces marchands encouragea l'audace des Sarrasins qui se rapprochèrent de Jérusalem et se montrèrent jusques sur Sion.

Il fut secouru par d'autres navigateurs venus de plus loin et avec plus de désintéressement que les Italiens. Sigur, fils de Magnus, roi de Norvège, fit admirer aux Croisés la haute taille et les grandes haches de ses soldats scandinaves ; ils admirèrent aussi leur bravoure qui mit en fuite les Sarrasins. Sigur ne demanda pour récompense de ce service qu'un fragment de la vraie croix, avec lequel il reprit le chemin de son pays.

Les Turcs plus terribles que les Sarrasins d'Egypte recommencèrent en Galilée une de ces expéditions dans lesquelles ils avaient tué Tancrède. Baudouin perdit contre eux une bataille auprès du Mont-Thabor ; Naplouse fut livrée au pillage, la terreur arriva jusqu'à Jérusalem, qui ferma ses portes et cacha la vraie croix. Les secousses d'un tremblement de terre se renouvelèrent pendant cinq mois consécutifs. Cependant les Turcs de Damas distraits par une guerre avec le kalife de Bagdad permirent à Baudouin de reporter la guerre vers l'Egypte, de traverser le désert et de faire trembler le Qaire. Ce fut au retour de cette expédition que la mort le surprit, à Elarich.

Son cousin, le comte d'Edesse, Baudouin-du-Bourg, arrivait à Jérusalem le dimanche des Rameaux, à l'heure où le peuple et le clergé faisaient processionnellement le tour de la ville. L'escorte du prince et la procession se rencontrèrent à la porte de Damas avec le convoi funèbre du roi. Alors, éclata partout une douleur digne de ce nouveau Machabée. Les cris de deuil interrompirent les chants religieux, et accompagnèrent la dépouille mortelle (1) jusqu'au Calvaire, où elle fut placée à côté de la tombe de Godefroy.

Baudouin, doué d'une ambition altière, fut incommode pour ses rivaux jusqu'au moment où son ambition reçut une satisfaction éclatante. Dès-lors il ne lui resta plus que la générosité, le courage et le dévouement à ses devoirs. Sous son règne la population de Jérusalem et des villes chrétiennes s'accrut beaucoup. Jérusalem ne sortit pas des limites de ses remparts, mais au-dedans toutes les ruines furent relevées, l'ordre et la prospérité reparut malgré les fréquentes alertes données par la grosse cloche du Saint-Sépulcre.

Les barons et les prélats maintinrent leur droit d'élection déjà consacré à deux reprises. Ils le justifièrent en choisissant de nouveau le candidat le plus méritant. Baudouin-du-Bourg à peine couronné roi, dut porter secours aux comtés d'Antioche et d'Edesse attaqués par les Turcs qui avaient fait prisonnier Josselin de Courtenay. Lui-même tombé dans leurs mains n'eut pas le bonheur d'en échapper aussi promptement que Josselin. Celui-ci vint déposer dans l'église du

(1) Albert d'Aix raconte que le roi mourant avait ordonné à son cuisinier d'ouvrir son cadavre et de le saler, pour qu'il pût être transporté à Jérusalem. Ses entrailles furent ensevelies près d'Elarich, à un endroit qui porte encore aujourd'hui le nom de Sables de Baudouin. *Ramlet Bardouil.*

Saint-Sépulcre les fers dont il avait été chargé pendant sa captivité et presser les moyens capables de hâter la délivrance du roi. La pénitence servit de préparation à la guerre; on fit un jeûne d'une rigueur incompréhensible, les mères refusèrent le lait à leurs enfants, et les bergers l'herbe à leurs troupeaux. Une armée commandée par Eustache Grenier, comte de Sidon, nommé régent du royaume, tailla en pièces les Sarrasins dans la plaine d'Ascalon.

Jérusalem reçut peu de temps après la nouvelle d'une grande victoire. Les Vénitiens qui déjà étaient comme ils s'en sont vantés plus tard *primo Venetiani et poi christiani* (les chroniqueurs de l'Occident et du Nord disaient à cette époque que l'Italie était habitée par des peuples demi-chrétiens), se sentirent jaloux des avantages conquis à Ptolémaïs par les Génois et par les Pisans. Ils armèrent une flotte qui vint prendre Tyr après avoir stipulé de grands priviléges commerciaux et politiques. Ce fut le doge lui-même qui vint annoncer la reddition de la ville : l'enthousiasme alla jusqu'à lui offrir la couronne de Baudouin qu'on oubliait ou qu'on croyait mort.

La mort n'atteignait que l'émir Balac, le sultan d'Alep, d'où Baudouin put enfin partir en promettant une rançon. Quand il s'agit de la payer, il apprit que les Musulmans avaient outragé sa fille Edme, encore enfant, qu'il avait dû laisser en ôtage; et il apprêta du fer en place d'or. Une fille plus âgée fut mariée à un illustre pélerin, Foulque d'Anjou, arrivé en Palestine pour se consoler de chagrins domestiques et prendre part à la guerre. En combattant aux côtés du roi il se montra digne d'être son gendre et de devenir son successeur. Baudouin se sentant mourir, se fit porter au lieu même où le Christ était ressuscité.

Baudouin était un homme austère, ses genoux étaient devenus cagneux à force de s'agenouiller, ses mains rudes à force de manier les armes. Il fit des lois contre le libertinage, que la guerre traîne toujours à sa suite et auquel le climat rendait les Francs plus enclins; il encouragea l'agriculture et affranchit des droits d'entrée les provisions apportées dans Jérusalem par les Syriens.

Foulque d'Anjou (1129), en sa qualité de chef de la confédération des états chrétiens de l'Orient, alla d'abord appaiser les troubles suscités à Antioche par l'ambition de sa belle-sœur Alyse. En revenant il entendit une accusation qui touchait à son propre honneur, puisqu'elle compromettait celui de la reine, son épouse.

Le comte de Jaffa, poursuivi par les lois de la courtoisie et par le ressentiment du roi, soutint un siége dans sa capitale avec le secours des Sarrasins et finit par mourir en exil. Foulque punit les Sarrasins en leur enlevant Panéas ou Césarée de Philippe, avec l'aide du prince musulman qui régnait à Damas. Ces alliances entre des nations et des religions ennemies devinrent fréquentes ; l'intérêt humain se mêlait peu-à-peu à l'intérêt de la religion, et l'intérêt humain déliait le faisceau de la confédération chrétienne, soufflait la discorde et imposait la nécessité d'un appui étranger.

Foulque était vieux quand il fut couronné roi. Dans sa jeunesse, il eut les cheveux rouges et de l'activité ; ses facultés s'affaiblirent sous les cheveux blancs. Mort d'une chute de cheval pendant une partie de chasse aux environs de Ptolémaïs, il laissa pour son héritier un enfant de treize ans, Baudouin III, qui eut sa mère Melisende pour régente.

Le jeune roi fit sa première campagne à quatorze ans ; elle fut plus heureuse que la seconde. Un intrigant Arménien était venu offrir les moyens de s'emparer de la ville de Bosra, ville encore considérable et jadis capitale de l'Arabie provinciale. L'expédition était bien plus lointaine et plus aventureuse que celle de Wady-Moussa, mais la délibération des barons fut précipitée et influencée par les cris du peuple, comme si les habitudes municipales de l'Italie s'étaient mêlées aux formes féodales primitives.

La femme de l'Arménien empêcha la trahison méditée par son mari, Baudouin trouva la ville occupée par Noureddin, et dut faire retraite au milieu d'une armée qui le harcelait de tous côtés, et qui, de plus, mettait le feu aux chardons secs qui couvraient les plaines.

Ce fut sous le règne de Baudouin III que Louis VII, roi de France, et l'empereur Conrad arrivèrent à Jérusalem. Louis fut reçu par le peuple, les prélats et les barons qui vinrent à sa rencontre en chantant des cantiques et portant des branches d'olivier. Ils partirent bientôt après pour Ptolémaïs, où fut résolue l'attaque de Damas, qui n'appartenait pas encore aux Atabeks.

L'échec éprouvé par l'armée chrétienne devant cette place doit être regardé comme la cause et la date de la confiance que prirent les Musulmans, et que des succès ultérieurs ne justifièrent que trop.

Aïoub avait un commandement important à Damas et avait près de lui son fils adolescent, qui faisait ses premières armes, et rencontrait pour la première fois les chrétiens. Le monde le connut depuis sous le nom de Saladin.

De beaux faits d'armes relevèrent un peu le lustre personnel du roi de Jérusalem ; il prit Ascalon, ville alors si belle qu'on l'appelait la Fiancée, et fit lever à Noureddin le siège de Damas et de Sidon. C'est après cette expédition qu'il mourut à Beyrout (1163). Sous son règne, deux princes ortokides vinrent camper sur le mont des Olives, et la foudre tomba sur les églises du Calvaire et du mont Sion.

Amaury, frère de Baudouin III, fut couronné dans l'église du Saint-Sépulcre avec les cérémonies décrites dans les assises de Jérusalem :

on lui mit au doigt l'anneau, emblème de la foi, on lui ceignit l'épée, qui signifie justice, foi et sainte église à défendre; on lui posa sur la tête la couronne, emblème de dignité; on lui mit en main le sceptre, qui signifie châtier et défendre, puis la pomme, emblème de la terre du royaume.

Le règne d'Amaury fut exclusivement occupé d'une pensée : l'Egypte. Il y fit trois expéditions, dont une obligea le visir Chaver à incendier le faubourg de Fostat. L'immensité du Delta, ses récoltes continues, son fleuve, ses ports, la richesse, la magnificence de l'Egypte de ce temps-là, préoccupait toujours le roi quand il rentrait dans les montagnes pelées de son pauvre royaume.

La sécurité, capable de le faire refleurir, de le reboiser, était à jamais perdue; la race royale elle-même dégénérait physiquement comme la terre : Baudouin IV, fils et successeur d'Amaury, était couvert de lèpre.

Son règne ne fut pourtant pas sans gloire. Pendant sa minorité, Saladin fut forcé de demander la paix, et après sa majorité, il illustra de nouveau la plaine d'Ascalon par une victoire remportée sur le même chef, entouré de sa nouvelle milice des Mamelouks. Saladin, que l'Orient avait salué comme un astre appelé à la plus brillante carrière, écrivit en confidence à un de ses amis qu'en cette occasion son étoile avait pâli. Il est inventeur de la métaphore qui, comme on sait, a eu de la popularité.

Baudouin, rendu aveugle par les progrès de son infirmité, nomma pour régent Guy de Lusignan, qui avait épousé la veuve du marquis de Monferrat, fille du roi Amaury, et par conséquent sœur de Baudouin IV. L'orgueil du régent força le roi à reprendre la couronne, et ensuite à proclamer un autre roi, le beau-fils du régent, Baudouin V, issu du mariage de Sibylle et du marquis de Monferrat. Cet enfant avait cinq ans.

Ces malheurs domestiques étaient moindres que ceux de l'état, tiraillé par les querelles des grands vassaux, par leur mauvaise foi envers le roi, envers les alliés; la vertu était rare chez les femmes, les Templiers s'exerçaient à la perfidie; l'honneur militaire et l'honneur religieux sommeillaient; douze templiers avaient été pendus pour avoir négligé la défense d'une forteresse. Le Vieux-de-la-Montagne avait offert de se faire chrétien; le clergé avait accueilli froidement la proposition. La mort du roi enfant suivit de près celle du roi lépreux, et les accusations d'empoisonnement ne furent pas épargnées à l'une; l'autre était explicable par le désespoir autant que par la lèpre.

Le comte de Tripoli assembla les barons à Naplouse pour élire un nouveau roi; la tentative était rendue inutile par une intrigue qui se jouait dans l'église même du Saint-Sépulcre, Sibylle y prononçait son divorce en présence du tombeau de Jésus-Christ, et au moment où le patriarche Héraclius venait de lui conférer solennellement le droit de se choisir à elle un époux et un chef à l'état, Lusignan, agenouillé devant elle, reçut de nouveau le titre d'époux et de roi.

Les barons, en apprenant cette nouvelle, voulurent nommer roi un autre allié de la famille d'Amaury, Honfroy de Thoron, qui venait d'épouser Isabelle, sœur de Sibylle. Mais c'était un jouvenceau qui s'effraya de cette fortune, et courut dans Jérusalem demander le pardon et l'obscurité.

L'infatuation de Lusignan et les dangereux conseils du grand maitre des Templiers achevèrent de dissoudre la fédération chrétienne et précipitèrent la catastrophe qui menaçait le royaume et la cité de Jérusalem.

Saladin, fils d'Aïoub, d'abord général et ministre des Atabeks avait fini par les détrôner, selon l'éternelle coutume de l'Orient. Léger, voluptueux, insouciant, irréligieux même, dans sa première jeunesse; il devint sérieux et dévot musulman dès que de grands succès eurent changé l'optique de sa vie. Roi, capitaine, homme plus complet que Soliman et que Mahomet II, les historiens ont cité ses cruautés et sa miséricorde, son courage et ses guet-apens (1), le faste de sa cour et de ses édifices, et sa simplicité personnelle. Ces contradictions se retrouvent dans la vie des chefs doués de toutes les passions et de toutes les intelligences. Saladin, maître de Moussol, d'Alep, de Damas et de toute l'Egypte ne demandait qu'un prétexte pour attaquer les possessions chrétiennes de la Syrie et de la Palestine, et l'imprudence turbulente des chrétiens lui fournit même des raisons.

Lusignan osa risquer une grande bataille ; il y perdit le trône et la liberté. Ce grand événement eut lieu près du mont Thabor, là même où les Français prirent, six siècles après, une admirable revanche. Saladin avait planté ses étendards jaunes à ce même bourg de Loubia, où flotta le drapeau tricolore de Junot. La vraie croix retomba au pouvoir des Infidèles à Seïdjarra, illustrée par les charges à la baïonnette des grenadiers de Kléber.

Ptolémaïs, Ascalon, Gaza et presque toutes les villes maritimes se rendirent après la funeste bataille de Tibériade. Tyr, où s'étaient réfugiés les Francs chassés de toutes les autres places, fut le seul point qui résista et où la puissance chrétienne put se reconstituer par l'habileté du marquis de Montferrat. Les pourparlers commen-

(1) Ibn-al-Atsyr raconte que le chef des Ismaëliens de Syrie, Senan, avait reçu de Saladin l'offre de dix mille écus d'or pour assassiner le roi d'Angleterre et le marquis de Monferrat.

cèrent pour la reddition de Jérusalem ; Saladin vint les hâter en attaquant les remparts vers la tour de Tancrède.

Cent mille chrétiens latins, qui habitaient alors la ville, s'étaient préparés à la défendre, sous le commandement de Baléan d'Ibelin. Gouverneur habile autant que guerrier expérimenté, Baléan, qui manquait d'officiers, en sut créer parmi les bourgeois auxquels il conféra, de son autorité, le titre de chevalier. La récompense du mérite par l'annoblissement compte ainsi au nombre des progrès dont l'Europe fut redevable aux croisades. Ce ne fut que longtemps après que saint Louis proclama les serfs ses frères, et que Philippe-le-Hardi ennoblit des plébéiens.

La terreur inspirée par le nom de Saladin était tempérée par un certain renom de générosité : les Grecs syriens et mélikites, jaloux de la supériorité des Latins, complotaient pour livrer la ville aux Musulmans. Tous ces motifs décidèrent Baléan à demander une capitulation que Saladin refusa plusieurs fois, par respect pour un serment qu'il avait fait, de passer tous les habitants au fil de l'épée. Quelques sorties énergiques des assiégés et une consultation des oulémas levèrent les scrupules de sa conscience, et les Infidèles reprirent Jérusalem comme ils l'avaient perdu, un vendredi (1), quatre-vingt-quatre ans auparavant.

Les Syriens et Mélikites obtinrent le prix de leur conspiration en ayant le privilége de rester dans la ville ; tous les Latins durent sortir. Les habitants non militaires eurent à payer une rançon de dix pièces d'or pour les hommes, deux pour les femmes, deux pour les enfants ; un bureau établi à chaque porte délivrait une carte contre le paiement de la rançon. Le contrôleur en chef de ces contremarques était Malek Adel. L'esclavage était le lot de qui ne pouvait se racheter. De ce nombre il y eut environ quinze mille habitants, dont un tiers d'enfants, que les Musulmans forcèrent à abjurer la religion chrétienne.

Cinq jours après la capitulation, le triste cortége sortit par la porte de David, devant laquelle le vainqueur avait élevé son trône. Le clergé et le patriarche emportèrent les ornements et les trésors du Saint-Sépulcre ; une croix d'or, qui était sur le faîte de la Sakhara, était restée au pouvoir des Musulmans qui l'avaient insultée en la traînant dans les ordures de la ville. Saladin l'envoya en présent au khalife de Bagdad. La reine passa avec une escorte d'épouses et de mères qui se jetèrent aux pieds du soudan en le conjurant de leur rendre leurs maris, leurs fils prisonniers. Saladin répara ici ses cruautés de la victoire de Tibériade : il soulagea toutes les douleurs

---

(1) Mansi prétend, d'après Raoul, abbé de Coggeshale, que ce fut le samedi 3 octobre 1187.

qu'on lui fit connaître ; il permit aux Hospitaliers de rester dans Jérusalem pour y soigner les malades et les blessés. Quand il eut fait son entrée triomphante dans la cité, il fit convertir en mosquée toutes les églises, moins celle du Saint-Sépulcre ; il fit laver à l'eau de rose la mosquée d'Omar et y posa, de ses mains, la chaire de Noureddin, du haut de laquelle il adressa au peuple la *khotba* ou exhortation du vendredi.

Les Chrétiens des autres villes reçurent les exilés comme des lâches qui avaient manqué à leur devoir, leur disputèrent un asile, leur refusèrent du pain. Une mère, qui s'appelait peut-être Marie de Beltzeboub, jeta son enfant à la mer plutôt que de le voir mourir de faim dans ses bras. La chute de Jérusalem, toujours causée par les iniquités de ses rois et de son peuple, devait toujours reproduire les mêmes horreurs.

Le pape Urbain III mourut en apprenant cette nouvelle ; l'Europe, profondément émue, s'imposa un impôt nouveau sous le nom de dîme saladine ; personne ne pouvait en être exempt. Cette innovation, favorable aussi à une juste égalité, était une des secrètes et fécondes compensations des malheurs de l'Orient.

Le titre de roi de Jérusalem n'a jamais chômé depuis. Lusignan le reprit en sortant de captivité et eut à le disputer à Conrad de Tyr, en qui Isabelle avait trouvé un mari plus ambitieux que Honfroy de Thoron. Lusignan cumula son titre avec celui de roi de Chypre. Richard-Cœur-de-Lion enleva cette île aux Grecs et la vendit aux Templiers ; ceux-ci la revendirent à Lusignan, et Richard, amusé par des négociations avec Saladin, promit la royauté de Palestine à un troisième mari d'Isabelle, Henri, comte de Champagne. Un quatrième cumula les deux titres : ce fut Amaury de Lusignan, qui venait de succéder à Guy, son frère.

Une fille d'Isabelle et de Conrad de Tyr porta la couronne de Jérusalem seule, en dot, à un mari que Philippe-Auguste lui envoya de France, Jean de Brienne, frère de Gaultier de Brienne, qui mourut roi de Naples. Yolande, fille de Jean de Brienne, fut épousée par l'empereur Frédéric, qui reçut du pape le titre de roi de Jérusalem, où il vint faire son couronnement dans de tristes conjonctures.

La prise de Ptolémaïs par la croisade de Philippe-Auguste et de Richard-Cœur-de-Lion avait forcé Saladin à faire un traité avec les chrétiens. Les portes de Jérusalem leur avaient été rouvertes ; mais seulement comme pèlerins ou comme hôtes du soudan. Les chrétiens avaient trouvé la ville réparée, les murailles embellies et renforcées, les fossés agrandis. Saladin avait fait venir d'Alep et de Moussol des ouvriers renommés, qui avaient travaillé avec deux mille esclaves chrétiens.

Il était mort depuis longtemps, lorsque l'empereur Frédéric conclut avec son neveu Melik-Kamel un traité qui rendait Jérusalem une espèce de ville neutre. Les Chrétiens y reprenaient la plupart de leurs églises; les Musulmans y avaient le libre exercice de leur culte et la toute-propriété de la mosquée d'Omar.

Les Musulmans trouvaient ce traité monstrueux; les Chrétiens en pensaient encore pire. Le patriarche de Jérusalem, encore plus pour montrer sa désapprobation du traité que pour obéir à l'excommunication lancée contre l'empereur par le pape, jeta un interdit sur les lieux saints, et lorsque (en 1229) Frédéric entra dans l'église du Saint-Sépulcre, elle était tendue de noir. Il s'y trouva seul avec ses barons allemands et les chevaliers Teutoniques; ni prêtres ni peuple ne vinrent assister à la cérémonie; ni cloches, ni acclamations, ni prières, ne saluèrent l'élévation de la couronne, qu'il prit de sa main et mit lui-même sur sa tête.

En 1239, à l'expiration de la trêve conclue avec Frédéric, le sultan de Damas fit reprendre Jérusalem par Nasser-Daoud, prince de Karac, qui démantela ses fortifications et la tour de David.

Une race nouvelle de conquérants, les Karasmiens, originaires des bords de l'Aral, forcèrent les princes de la famille de Saladin à renouveler alliance avec les chrétiens, et, comme toujours, la reddition des lieux en fut le gage et le prix; mais le sultan du Qaire, Melik-Saleh, toujours ennemi des émirs de la Syrie, se fit l'allié des Karismiens, qui, aidés des troupes égyptiennes, vinrent assiéger Jérusalem, en 1224. Ni les murailles, ni le nombre des guerriers n'étaient au niveau du danger; les ennemis, entrés sans coup férir, ne trouvèrent à égorger que des malades ou les parents qui étaient restés près d'eux pour les soigner. Les Hospitaliers et Templiers avaient fait échapper toute la garnison; ils étaient encore peu éloignés sur la route de Ramla lorsqu'ils entendirent sonner les cloches à grande volée. En se rapprochant par la curiosité qu'excitait ce bruit, ils voient sur les remparts des étendards rehaussés de croix, et ils se persuadent que les Barbares se sont dirigés vers quelque autre point. Sept mille personnes rappelées par ce stratagème furent massacrées à leur entrée dans la ville. Une foule de religieuses, de vieillards et d'enfants fut immolée dans le Saint-Sépulcre, où elle s'était réfugiée. Ensuite les tombeaux des rois furent violés, les cercueils, les ossements royaux eux-mêmes furent livrés aux flammes.

Le pape rendit le titre de roi de Jérusalem au roi de Chypre Henri, petit-fils de Guy de Lusignan, le même qui reçut à Limisso la flotte de Louis IX.

Ce saint roi ne salua, ne vit jamais en fait de saints lieux que Nazareth. Il visita en pèlerin le nord de la Palestine, après sa malheureuse expédition de Damiette. Geoffroi de Sargines, qui soutint pendant trente ans l'honneur du nom chrétien en Orient, qui, même, fut revêtu du titre de vice-roi de Jérusalem, n'entra jamais dans la ville sainte; la main puissante de Bibars et de Calaoun l'en éloigna toujours.

Les Chrétiens rentrèrent en vainqueurs dans Jérusalem à la suite d'alliance faite au commencement du quatorzième siècle avec Cazan, empereur mogol de la Perse. Les rois d'Arménie et de Géorgie, le roi de Chypre, les ordres de Saint-Jean et du Temple, réunis à lui, remportèrent une victoire sur les Égyptiens. L'empereur mogol vint lui-même en pèlerinage au saint lieu. Nous devons dire que l'histoire de l'Orient était devenue obscure à cette époque, et le seul auteur qui fasse mention de cet événement est un Arménien nommé Hayton. Il est plus certain que le roi de Chypre, aidé des chevaliers de Saint-Jean déjà maîtres de Rhodes, obtint l'abaissement du tribut que payaient les pèlerins, avec la permission de relever l'ancienne maison des Hospitaliers et l'hospice de Saint-François-d'Assises. Alors aussi furent réparées les églises du Saint-Sépulcre, de Bethléem et de Nazareth.

L'ordre de Saint-François envoya un de ses pères à Rome et en Portugal pour détourner un malheur dont les saints lieux étaient menacés par suite de la jalousie commerciale des Vénitiens avec les Portugais. Albuquerque, non content de dominer sur la mer Rouge, menaçait de détourner le Nil. *Qansou el Ghoury*, sultan du Qaire, connaissant le zèle catholique des Portugais, les menaça de ruiner l'église du Saint-Sépulcre, de brûler les reliques et les ornements, d'en jeter les cendres au vent, de forcer tous les chrétiens à abjurer leur foi. Le roi de Portugal répondit au pape et au sultan mamelouk, que, loin de craindre la réalisation de ces menaces, il espérait bien brûler la Mecque et Médine, et convertir tous les Musulmans. Ces fanfaronnades n'eurent pas de suite. Qansou ne voulut pas perdre le tribut assez productif que le pèlerinage de Jérusalem lui rapportait.

Sélim, empereur turc et conquérant de la Syrie et de l'Égypte, eut la même politique : vainqueur du roi de Perse et des Mamelouks, il vint prendre dans la mosquée d'Omar l'investiture de la puissance des khalifes, et, à l'exemple d'Omar, il profana par sa présence l'église du Saint-Sépulcre. Sélim ordonna la reconstruction des remparts de Jérusalem, qui ne fut terminée que par son fils Soliman. En Europe, les inscriptions commémoratives sont toujours faites à l'honneur du dernier venu : la mode existait déjà en Orient; toutes les stèles des remparts de Jérusalem parlent de Soliman; une ou deux portent le nom de Sélim.

Le rempart, avec son fossé du nord creusé dans le roc vif, est aujourd'hui tel que ces empereurs les laissèrent; le coin nord-ouest, où se trouvait la tour de Tancrède, avait été éloigné des maisons et terminé en équerre. Schahabeddin fait creuser le fossé du nord par les carriers appelés de Moussol par Saladin. L'exercice du culte latin a toujours été garanti par des capitulations entre les sultans et les rois de France : Soliman conclut le premier avec François Ier. Le titre de Jérusalem, toujours accolé à celui de roi de Chypre, et encore aujourd'hui pris par l'empereur d'Autriche, les rois d'Espagne, de Naples et de Sardaigne, est plutôt un souvenir poétique jeté vers les croisades qu'une prétention sérieuse à l'héritage des anciens rois. Les rois de France et de Belgique pourraient le réclamer avec plus de raison, puisqu'ils occupent les anciens domaines des ducs de Lorraine et des princes de Bouillon. La Grande-Bretagne pourrait faire valoir aussi les clés du Saint-Sépulcre, de la tour de David et de la porte de Damas, envoyées avec l'étendard sacré à Henri, roi d'Angleterre, par Baudouin-le-Lépreux.

Plusieurs ordres de chevalerie furent créés pendant les croisades et eurent Jérusalem pour métropole première. Encore aujourd'hui, tous les couvents de la Terre-Sainte nous frappent par leur apparence de forteresse, et les habitants, les gardiens d'une forteresse sont toujours des soldats. Ainsi on le conclut avec la logique et la naïveté du moyen-âge. On commença par être en mesure de se défendre ; les progrès de la conquête, les alertes continuelles firent accepter l'agression comme une nécessité : combattre était ordonné par la foi autant que prier ; donner la mort à l'ennemi, c'était charité pour le faible, pour le malade, pour le frère que cet ennemi menaçait.

La médecine était dans l'enfance pendant les premières croisades. Un cuisinier avait été l'embaumeur de Baudouin Ier. Les hommes un peu instruits dans la médecine étaient plus savants en théologie et, par là, étaient monopolisés par les dignités ecclésiastiques, comme Romuald, archevêque de Salerne, en 1154, et l'archevêque de Wurtzbourg, attaché à l'empereur Frédéric pendant la troisième croisade. Une confrérie religieuse faisait le service d'infirmiers sur les champs de bataille et dans les garnisons, sans autre science que quelques recettes et quelques pratiques léguées par l'expérience ou la tradition. C'est cette confrérie d'infirmiers, de médecins et d'hôtes qui, armée pour sa défense, se mêla ensuite aux rangs des combattants, s'organisa militairement sous les titres successifs d'Hospitaliers, chevaliers de Saint-Jean, de Rhodes, de Malte. Ils mirent leur croix blanche de chevalier sur la cotte rouge, véritable tablier chirurgical, avec lequel ils pansaient les malades. Leur institution date des premiers mois de l'entrée à Jérusalem.

A leur exemple s'organisèrent (vers 1120) les Templiers, qui étaient les moines gardiens extérieurs de la basilique, et les chevaliers du Saint-Sépulcre, chanoines institués par Godefroy pour prier continuellement auprès du saint tombeau. L'histoire de ces derniers est perpétuellement mêlée à celle des Hospitaliers, avec lesquels ils combattirent (1). Robert, roi des Deux-Siciles, conjointement avec le pape Clément V, ayant établi les Franciscains à Jérusalem, leur rendirent une partie des attributions des chevaliers du Saint-Sépulcre, celle de prier continuellement au tombeau; le pape Alexandre VI renouvela complètement l'ordre militaire et se fit représenter par le révérendissime pour la réception des profès à Jérusalem même. Les chevaliers armés au saint tombeau portent encore aujourd'hui la croix suspendue au cou, en mémoire de l'ancienne habitude des croisades. Le croisé, en partant d'Europe, portait la croix sur le cœur ou sur l'épaule. Au retour de la Terre-Sainte, il la suspendait en sautoir. Cette différence devint la distinction des chevaliers d'avec les commandeurs.

Quand les Allemands eurent pris part aux croisades, leurs Hospitaliers s'organisèrent dans l'hôpital de Sainte-Marie, à l'instar des autres, sous le nom de chevaliers Teutoniques. En 1195, quelques citoyens de Brême et Lubeck, partis avec Adolphe, comte de Holstein, qui avait suivi l'empereur Frédéric Ier en Palestine, instituèrent cet ordre. Sa première maison fut à Acre. On y recevait les pèlerins et les infirmes. Vers le même temps commença l'ordre de la Sainte-Trinité pour la rédemption des captifs. D'autres Hospitaliers furent institués ultérieurement pour le service spécial des lépreux : ce fut l'ordre de Saint-Lazare. Les gentilshommes affligés de la lèpre entraient de préférence dans cet ordre là, et, pendant longtemps, le grand-maître fut exclusivement choisi parmi eux.

Par ces confréries religieuses et militaires, les exploits et la gloire des croisades se sont continués jusqu'à nos jours. Les Teutoniques civilisèrent la Baltique ; Rhodes et Malte tinrent en échec la puissance maritime des Ottomans. L'ordre des Templiers, qui s'éteignit le premier, avait, comme le Teutonique, conquis des royaumes. Il

---

(1) M. le comte Allemand, dans une histoire abrégée de cet ordre, a protesté contre une bulle du pape Clément VIII qui, en 1489 et à l'instigation de Pierre d'Aubusson, absorba l'ordre du Saint-Sépulcre dans celui de Saint-Jean-de-Jérusalem. Cette bulle, qui n'a été positivement détruite par aucune autre, laissait vivre les deux ordres ensemble, avec leurs titres divers et un but identique et le pape pour chef commun. C'était la réalisation de la sage pensée du frère Stephanare qui, en 1291, au concile de Milan, avait proposé la réunion en un seul des trois ordres militaires. La protestation est faite au profit, non pas de l'ordre du Saint-Sépulcre lui-même, mais d'une confrérie parisienne qui avait essayé de s'assimiler à lui et qu'une ordonnance de Louis XVIII finit par détruire.

se perdit par son ambition et par ses richesses, griefs que les rois jaloux pardonnent encore moins que l'impiété.

Un homme grave dont j'estime la science et le talent, M. Ch. Lenormant, a voulu rabaisser les croisades en les comparant à l'expédition d'Alexandre. Alexandre, selon lui, est allé plus loin, plus vite et avec plus de succès. Ceci ne me paraît pas exact. Il ne faut pas donner aux croisades Constantinople pour point de départ, mais bien la France et l'Allemagne. La Hongrie et l'empire byzantin ont opposé des résistances égales, au moins, à celles des pays turcs et sarrasins. Les croisades ne sont pas une expédition unique. Les armées qui se sont bornées à faire des pointes comme Alexandre, ont obtenu des succès à-peu-près pareils. Les croisés ont fondé des royaumes tout comme Alexandre, ou plutôt ses successeurs, et la tâche était plus difficile, parce que les vaincus étaient au moins égaux en civilisation aux vainqueurs. La multitude des croisés était un embarras bien plus qu'un avantage : la féodalité n'avait ni chefs ni inférieurs.

---

3 Novembre.

Le bon curé Camillo, dont nous avions admiré la charité et le dévouement, est un ancien soldat de l'armée de Murat. Sa vie, partagée entre les camps et le cloître, est tout-à-fait dans l'ancien et primitif esprit des ordres religieux : modeste et contemplatif pendant la paix, il pourrait redevenir terrible si les Bédouins ou les Turcs assiégeaient son couvent.

Il nous accompagna jusqu'à l'extrémité de la Voie Douloureuse, après que j'eus pris congé des pères ; au moment où nous recevions ses adieux, le mueddin montait à l'ancien clocher devenu minaret de la mosquée de Khanqé. Padre Camillo, cédant alors à une tristesse que le départ de chaque pélerin renouvelle : combien de temps encore l'Europe chrétienne nous laissera-t-elle prisonniers de ces Turcs qu'une note diplomatique peut anéantir ? La voix du mueddin fit la réponse du haut du minaret : Dieu est grand, et Mahomet est son prophète. Le curé baissa la tête, et nous partîmes le cœur serré.

La route que les moukres nous firent suivre passe à gauche du mont des Olives, et atteint le village de Bir après deux heures et demie. Le sol est la continuation du grand plateau calcaire d'Emmaüs et de Scopus, parsemé de rognons, de pétrosilex comme la vallée de Josaphat. Nous avions laissé à gauche les villages de Simon et de Chafan avant d'atteindre Bir, où nous arrivâmes à la brune. Les maisons sont étagées sur une colline de façon à ce que la terrasse de l'une serve de rue à la ligne supérieure. A l'entrée du village, nous abreuvâmes nos montures à de grandes piscines dont l'eau est renouvelée par des fontaines. C'est ici que les premiers croisés vinrent s'approvisionner pendant les chaleurs de l'été.

Nous fûmes reçus dans un caravansérail sinon propre, au moins assez solidement couvert pour nous mettre à l'abri de la pluie qui tomba toute la nuit par torrents, avec accompagnement d'éclairs et de tonnerre. Jérusalem a été dans tous les temps une ville sans source : les puits, les citernes, les piscines si vantées, si grandes et si nombreuses, sont des récipiens pour l'eau pluviale qui, en revanche, est fort abondante. Une semaine d'un temps pareil doit remplir les trois vasques de Salomon, et à plus forte raison les piscines plus petites. Maintenant le Cedron doit couler de nouveau, et rouler vers la mer Morte son eau limoneuse et ses jolis cailloux.

Le désert pétré qui se continue au sommet des montagnes encadre des vallons couverts d'oliviers, de grenadiers, et surtout de figuiers. Les champs portent trace des récoltes de blé. Ici l'on s'explique l'ancienne fertilité de la Judée et sa population exubérante. Les montagnes triplent la surface du pays, et l'industrie humaine, en les maintenant boisées jusqu'au sommet, empêchait de tarir les sources qui sont devenues rares et maigres comme les forêts; mais le ciel est chaud, la pluie abondante, la terre des fonds paie avec usure le moindre travail. Le raisin vient partout; ses grappes sont encore dignes de la terre promise; un vin généreux coule même des ceps de Bordeaux qu'Ibrahim-Pacha a plantés ici comme au Liban.

Partis au point du jour, nous avons rencontré bientôt une jolie fontaine taillée dans le roc où l'on a ménagé des piliers; puis nous avons longé plusieurs villages assez considérables, Ainyebroud, Beita, Qouara, Joufour, Qalil, Regib. Après celui-ci, la vallée s'élargit et se couvre de cultures plus denses; la vue s'élançant librement au nord-est, atteint un magnifique rideau de montagnes azurées; c'est le giléad au-delà du Jourdain. Vers trois heures, nous tournons brusquement à gauche, et nous apercevons près de nous Naplouse, pittoresquement situé entre *Ebal* et *Gerizim*. La ville est appuyée à la montagne bénie, et entourée d'une verte guirlande de jardins.

Plusieurs cawas armés de bâtons étaient debout en avant de la ville, dont ils nous défendirent l'entrée en supposant que nous arrivions le jour même de Jérusalem; quelques cas de peste s'étaient déclarés; on avait organisé une espèce de service sanitaire, qui prétendait sans doute interdire aux arrivants de venir prendre la peste comme de l'importer. J'avais dans ma poche une lettre pour le gouverneur, due à l'obligeance du consul russe de Jaffa. A peine l'eus-je présentée, qu'on nous engagea à nous avancer jusqu'aux jardins, en promettant de nous porter bientôt la réponse. Un des cawas qui avait pris la lettre de ses mains, arriva aux jardins presqu'aussitôt que nous, et nous conduisit à un caravansérail au milieu de la ville. C'était plus que nous n'avions demandé, mais non pas plus que nous ne désirions;

même en acceptant l'hypothèse contagioniste, nous nous exposions plus que nous ne compromettions les autres. Nous aurions campé dans les jardins et continué notre route, si l'autorité l'eût ordonné, mais nous fûmes enchantés de risquer encore une fois la peste pour le plaisir de voir Naplouse et les Samaritains.

5 Novembre.

Debout avant le jour, et posté en sentinelle sur une terrasse, j'épiais l'aube s'infusant dans la vallée, découpant les noyers et palmiers, blanchissant les minarets et les coupoles. Le paysage entre ses deux montagnes était sombre et frais comme une vallée anglaise ; il se dora, mais se desséchа un peu quand le soleil rayonna au pied d'Ebal. Naplouse est renommée pour l'abondance de ses eaux. C'est ici qu'Abraham établit son premier camp et ses troupeaux : la tombe de Joseph, le puits de Jacob, le puits de la Samaritaine nous ont été déjà montrés. A midi, nous boirons à la grande source de *Birchiba*. En attendant, je me fais conduire chez le grand-prêtre des Samaritains, qui habitent tous le quartier le plus élevé, à l'ouest de la ville.

Je trouvai un vieillard à barbe blanche entouré de plusieurs fils et petit-fils : ils ne se fit pas trop prier pour me montrer le fameux *Pentateuque* en caractères *ebrani* ou hébreu par excellence, écrit de la main même d'Abischoua, fils de Phineas, fils d'Eleazar, fils d'Aaron, treize ans après la mort de Moïse, c'est-à-dire depuis 3277 ans. Le parchemin nous parut bien propre et bien intégral pour une pareil vétusté. Il est enroulé sur deux cylindres enfermés dans une sorte de diptique en cuivre ; l'écriture est en petites colonnes successives, dont les lignes sont perpendiculaires aux rouleaux, et non pas en une seule grande colonne à lignes parallèles aux rouleaux, comme la plupart des rituels que j'ai vus dans les synagogues d'Europe. Les coutures qui reparaissent à la fin de la peau sont fréquentes et remarquablement conservées (1). Le docteur Lowe, qui est passé par ici il y a peu de temps, et qui, par parenthèse, y a été dévalisé par les Bédouins, pourra dire au monde savant si la fameuse déclaration d'Abichoua est ou non écrite en tête du manuscrit. Le docteur Huntington, ancien chapelain du consulat anglais d'Alep, a affirmé l'avoir vainement cherché. La disposition de l'écriture des manuscrits hébreux, qui prétendent à une haute antiquité, est conforme à celle-ci : tel était le manuscrit d'Esdras en caractères chaldéens, conservé à la synagogue du vieux Qaire.

Un des fils du vieillard nous conduisit au bazar où nous vîmes un grand nombre de ses coreligionnaires. Comme ils ne s'allient qu'entre eux et qu'ils épousent deux femmes, ils sont tous parents; leur nation, leur race est réduite à une famille dont ils portent le chiffre total à deux cents; mais que les gens du pays m'ont affirmé ne pas atteindre, même la moitié de ce nombre; leur état actuel ne paraît pas aussi misérable que le représentaient les rapports recueillis par M. de Sacy, et notamment la lettre de Pillavoine. Leurs maisons, leurs boutiques sont assez propres, la maison du vieillard Grand-Prêtre peut passer pour recherchée; leurs habits sont soignés, ils ont abandonné l'ancienne forme de turban qui les distinguait, et portent des couleurs rouges et blanches comme les Musulmans.

Comme ils veulent être Hébreux pur sang, ils rejettent comme faux et interpolés tous les passages des écritures hostiles à cette prétention, et notamment les chap. 2, 18, 24 du livre des Rois, et les actes des Apôtres qui les traitent sur le pied des Gentils; ils se défendent très vivement de

(1) Josephe ant. C. II, liv. XII. A noté le soin minutieux qu'on mettait à ces coutures.

l'adoration du pigeon achima que les juifs leur ont imputée. Je dois dire que je n'ai aperçu cette figure de colombe, ni sur le tabernacle, ni sur le diptique renfermant le manuscrit de la loi.

Quelques érudits allemands ont écrit aux Samaritains qu'un certain nombre de leurs frères vivait encore dans le pays de Ginoaf; plusieurs voyageurs ont repris en sous-œuvre ce conte, pour avoir, comme les Allemands, un prétexte pour entrer en relation avec ces pauvres gens; le vieillard nous demandait avec anxiété des nouvelles de ces frères de *Gênes* ou *Genève*. Que font-ils? pourquoi ne pas donner de leurs nouvelles, nous envoyer des secours? ne suis-je pas leur chef, leur patriarche? Attendront-ils que le dernier membre de la famille des *Conservateurs* (signification première du mot Samaritain), soit mort? Malheur, malheur! Je lui répondis au nom d'une science désobligeante, qu'heureusement il ne pouvait comprendre, que ses frères étaient plutôt dans l'Inde qu'en Europe; mais qu'ils étaient devenus Musulmans.

Samarie est le plus ancien schisme de la religion de Dieu, la séparation de Roboham d'avec Jéroboham, et le plus ancien de tous les schismes vivants; les Qaraïms sont postérieurs à la captivité. Les Juifs devraient bien oublier une rancune déjà si vieille, et recueillir, régénérer une famille prête à s'éteindre; le temple a reçu des Iduméens, des Arabes, des Arméniens, des Abyssins; les Samaritains sont plus rapprochés par les dogmes, toutefois ils ne sont guère moins étrangers par leur race. Le savant chevalier Drach nie la haute antiquité attribuée au caractère samaritain; la face des Naplousiens donne un démenti plus formel à leurs prétentions juives.

Ils sont plus grands et plus forts que les Juifs, ils sont surtout plus blonds; leur face n'est pas longue et étroite, principalement jetée vers le profil, c'est-à-dire la saillie du nez, du front et du menton, caractère le plus général de la face juive qui ressemble beaucoup à l'Arabe Hedjazite, sauf le teint. Le Samaritain a un profil grand et saillant comme le juif, il a de plus la face large, les joues amples, les mâchoires évasées, les pommettes saillantes. Les femmes ont une beauté moins noble et moins douce que les femmes juives. J'ai vu au Qaire et sur la mer Rouge, beaucoup d'Afghans venus de Bombay; j'ai vu à Alep beaucoup de Kourdes; les Samaritains m'ont frappé par leur ressemblance à ces Kourdes et à ces Afghans. L'Aderbijan, le Candehar, le Korassan, espèce de Suisse indienne, sont la pépinière d'où sortent les meilleurs soldats de l'Orient. Je sais que ce n'est pas là le pays des Cuthéens; mais les races du N. E. de la Susiane étaient identiques à celle-là, et probablement les émigrants dépaysés par Esarheddon n'appartenaient pas aux familles aisées dès longtemps établies dans les plaines fécondes, mais aux familles inquiètes et pauvres qui, alors comme aujourd'hui, descendaient des montagnes pour chercher fortune.

Après la destruction du royaume d'Israël par Salmanazar, les Juifs dépaysés se sont fondus dans la population native par des alliances. Les Cuthéens n'ont pas trouvé une dominante qui pût ainsi les absorber; il y avait peu d'alliances à former avec les restes épars et terrifiés de la population juive. En tout cas, le nombre des étrangers était tellement supérieur que leur type aura dominé dans la suite des générations. Après le retour de la captivité, les dédains des Juifs véritables, et les prétentions judaïques des Cuthéens instruits par Manassès, gendre de Sanballat, ont entretenu le schisme religieux et l'isolement de la race.

Josèphe qui a tracé quelques lignes assez aigres de l'histoire des Samaritains, ne fait dater leurs prétentions juives, que de la visite d'Alexandre à Jérusalem et des privilèges concédés aux Juifs véritables. Les Samaritains, jaloux d'en obtenir de pareils, se seraient donnés pour leurs frères ; mais Manassès, frère du grand-prêtre Jaddua, avait depuis longtemps épousé Nicaso, la fille du chef Samaritain Sanballat. Les querelles relatives au pontificat avaient déjà ensanglanté le temple : le père de Manassès et de Jaddua avait tué son frère Jésus dans le sanctuaire même. Le parti de Jaddua, qui voyait s'élever encore une rivalité, put bien couvrir son opposition du prétexte d'une alliance étrangère. Les partisans de Manassès, qui réclamaient le partage du pontificat, n'auraient pu élever cette prétention avant d'avoir fait rompre le mariage qui était un obstacle radical.

Il faut croire que dès-lors quelques juifs instruits par les malheurs de la nation reconnaissaient la nécessité de rompre la barrière qui les avait toujours séparés des peuples étrangers. L'étroite notion de peuple exclusif de Dieu faisait place au désir si raisonnable de propager les dogmes de sa loi et d'élargir la patrie par des alliances. Le temple élevé sur le mont Gerizim fut un drapeau de ralliement pour les mécontents de toute espèce : il est fort probable que les partisans de cette politique nouvelle y furent plus nombreux que les mauvais sujets incommodés par l'observation du jeûne ou du jour du sabbat.

Lorsque Antiochus Epiphane eut saccagé le temple de Jérusalem, les Samaritains mirent leur temple à couvert d'un pareil sort en déclarant au vainqueur qu'ils adoraient Jupiter Hellénien. Cette hypocrisie, cette indifférence paraissent des plantes vivaces qu'il est difficile de déraciner de ce pays où aujourd'hui les Ansariens et les Druzes vont alternativement à la messe et à la mosquée; où les Samaritains modernes, requis du service militaire par Ibrahim-

Pacha, répondent qu'ils sont Juifs et éludent de payer la capitation juive en se disant Samaritains.

Les émigrations hébraïques furent très-fréquentes dès la conquête grecque. Alexandre emmena des Samaritains dans la Haute-Egypte; Ptolémée Lagus fut suivi de beaucoup de Juifs. Les querelles de famille recommencèrent à Alexandrie, sous Ptolémée-Philometor, vers le temps où Onias avait obtenu la permission de bâtir un temple à Bubaste.

Les Samaritains qui voulaient apparemment exciper de ce précédent pour élever, eux aussi, une succursale du mont Gerizim, furent déférés au tribunal royal. Sabeus et Théodose, qui s'étaient faits les avocats des Samaritains, furent mis à mort pour avoir choisi une mauvaise cause ou pour l'avoir mal plaidée.

Scaliger, oubliant que l'Egypte avait attiré encore plus d'Hébreux que de Samaritains, s'est imaginé que les synagogues du Qaire étaient fréquentées par la postérité des Samaritains d'Alexandre. Le type hébreu, pur sang des juifs du Qaire, donne le démenti le plus formel à cette hypothèse.

Le temple de Gerizim et la capitale des Samaritains furent pris et rasés par Hircan et ses deux fils, Arristobule et Antigonus, sous prétexte d'une insulte faite à la colonie juive de Merissa. Hérode rebâtit Samarie, sous le nom de Sébaste, avec un luxe qui la rendit rivale de Jérusalem. Elle fut terminée en dix ans, et il en fit l'inauguration par des spectacles dans le genre romain: des courses de chars, de chevaux, des combats d'animaux féroces et de gladiateurs. Les terres des environs avaient été distribuées aux Samaritains.

Cette bienveillance ne fut pas imitée par les autorités romaines, car plusieurs révoltes appelèrent des répressions sanglantes sous Ponce-Pilate, sous Claude, sous Vespasien. Une insurrection plus terrible et punie d'une façon encore plus exemplaire eut lieu la vingt-unième année du règne de Justinien. L'évêque de Naplouse fut tué; la plupart des églises furent détruites : l'empereur envoya une armée qui massacra tous les Samaritains qu'elle put rencontrer. Depuis ce temps les chrétiens ne voulurent plus les admettre à conversion qu'après deux ans d'épreuves. Les conversions ou l'isolement avaient déjà beaucoup diminué la race au temps des croisades.

Le savant missionnaire Wolff a cherché et prétend même avoir retrouvé les dix tribus déportées d'Israël dans le pays des anciens Mèdes; je sais que quelques Musulmans se parent encore du titre de fils de Kethoura l'une des servantes d'Abraham; mais pour avoir conservé physiquement leur type juif, il faudrait qu'ils eussent évité l'alliance avec les races du pays, ou que la proportion des Immigrants fût de beaucoup plus forte que celle des Aborigènes.

Les limites de la Samarie étaient au nord la ville de Ginoa (d'où les érudits allemands auront fait sortir la colonie de Gênes,) au midi l'Acrabène. Les ruines de Samarie Sébaste sont encore magnifiques : des restes de grands aqueducs, de hautes et longues colonnades ioniques, sont entremêlés de quelques ruines gothiques ou sarrasines; quelques pauvres maisons forment le village moderne qu'on rencontre à deux heures au nord de la vallée de Naplouse et une heure après la grande source de *Birchiba*.

Au lieu de nous faire continuer notre route jusqu'à Beit-Amarin où d'autres ruines sont indiquées dans les itinéraires modernes, les Moukres nous firent gravir jusqu'au sommet de la chaîne d'Ebal d'où l'on découvre la Méditerranée à l'extrémité occidentale d'une gorge. Une baie avec une petite péninsule couverte de ruines, se découpaient sur l'azur de la mer. Une semaine après nous revîmes ces lieux de plus près et nous reconnûmes Château-Pélerin.

Nous cheminâmes plus d'une heure après le soleil couché dans une route presqu'aussi difficile que celle de Deir-el-Ahmar; après avoir ondulé pendant quelques lieues sur les collines, elle serpente dans les gorges boisées et rocheuses où l'obscurité faisait chopper nos chevaux à chaque pas. A Génin, que nous atteignîmes enfin, nous trouvâmes un gîte magnifique pour le pays. L'écurie obligée était séparée de notre chambre à coucher par un mur assez haut pour empêcher les animaux de piétiner sur nos poitrines, ce luxe d'architecture était dû au génie et à la fortune d'un maître de café protégé de nos conducteurs.

6 Novembre.

Hier nous traversions la première Gethsémané, les grasses vallées d'huile dont le nom s'étendit plus tard au Jardin des Olives; les vignes qui désaltèrent le Musulman abstème, au lieu d'enivrer l'Ephraïmite comme au temps d'Isaïe; maintenant nous foulons une plaine qui devrait être plus grasse, plus fertile, le sang des nations l'humecte depuis le commencement du monde : Génin que nous quittons est l'ancienne *Ginoa*, le Gelboë est à notre droite; au nord Nazaret et le Thabor. Les guides ont nommés Fouly, c'est le nom moderne d'Esdraëlon!... C'est ici que Borak descendant du Thabor avec ses dix mille hommes, défit Sisara, ses neuf cents chariots de fer et tous les peuples réunis avec lui depuis les Gentils d'Harochet, jusqu'à la rivière Kischon; tout le camp de Sisara sentit l'épée et il ne resta pas un homme. Ici Josiah roi de Judah, se battit déguisé contre Nechao, roi d'Egypte, et succomba sous ses flèches.

Cette plaine a été le champ clos choisi dans toutes les querelles du pays depuis les jours de Nabuchadanazar, et d'Arphaxad, jusqu'au siége de Saint-Jean-d'Acre par Bonaparte; Juifs, Gentils, Egyptiens, Perses, Sarrasins, Chrétiens, Croisés, Français-Républicains, Druzes, Turcs, Arabes, guerriers de toutes les nations sous le ciel ont planté leurs tentes sur Esdraëlon, et ont vu leurs bannières mouillées des rosées de l'Hermon et du Thabor !

Parmi les derniers venus quelques-uns vivent encore, mais le plus grand nombre jouit déjà de cette gloire dont la mort complète l'optique. Notre ère historique a rivalisé le temps héroïque des croisades, c'étaient presque les mêmes noms; c'était une vaillance plus fabuleuse ! Le Bouchard qui déterra la pierre de rosette peut-il ne pas être un Montmorency ! Le Mailly, si beau, si brave, qui périt un des premiers sur la brèche de Saint-Jean-d'Acre, peut-il ne pas descendre en ligne directe de ce templier Maillé dont le cadavre fut mutilé au nom de la superstitieuse admiration qu'il avait inspirée en défendant sa vie ! Le Sarrasin, le Turc, le Mamelouk, espérait engendrer des braves en portant dans son harem quelque parcelle de son cœur (1). Si les Croisés se battirent et vainquirent souvent un contre vingt, comme Junot à Loubia, ils étaient, selon la belle expression de saint Bernard, cuirassés de fer à l'extérieur et de foi à l'intérieur.

Leurs neveux étaient au-dehors au moins vêtus à la légère ; l'armure intérieure ne leur manquait pas ! L'homme se mut-il jamais sans un ressort, et ici le ressort devait être puissant, admirable comme l'œuvre : le sentiment qui monte jusqu'à l'enthousiasme n'a-t-il pas toujours quelque chose de mystique et de religieux ? Patriotisme, civilisation, liberté, gloire, étaient alors les noms de Christ et fraternité !

(1) Ils firent aussi des reliques avec d'autres parties de son corps.

BATAILLE DU MONT THABOR.

Pendant le siége d'Acre, le général en chef Bonaparte, craignant d'avoir ses derrières inquiétés par les rassemblements naplousiens et par l'armée des pachas, envoya trois colonnes d'observation sur trois directions différentes. Vial marcha vers Sour qu'il fit occuper par les Metwalys alliés des Français comme les Druzes. Murat atteignit Zafet, l'ancienne Béthulie, où quelques coups de pistolet de ses cavaliers firent rendre la ville et le fort; il descendit à Tibériade, remonta le lac et le haut Jourdain jusqu'au pont de Jacob, et poussa une reconnaissance au-delà sur la route de Damas. Il se replia sans avoir aperçu d'armée; un officier, quelques soldats et les Maugrébins de Zafet qui avaient pris parti pour lui furent laissés dans le fortin.

Mais les troupes du pacha de Damas arrivaient au Jourdain précisément au moment où Murat venait de s'en éloigner; elles passèrent le fleuve sur le pont de Jacob, au nord du lac, et sur celui de Medjamè, près de l'embouchure du Hieromax. Junot qui avait reçu l'ordre d'occuper Nazareth faisait éclairer Esdraëlon par l'émir Daher, prince des Druzes. Le 6 avril 1799, celui-ci reconnut l'avant-garde ennemie venant du pont Medjamè et se replia sur Nazareth, d'autres janissaires mamelouks et arabes avaient dépassé Tibériade. Junot courut à Cana et reconnut l'ennemi qui prenait position entre le mont Thabor et la colline de Loubia. Il se forma en carré au bas de ce village, et avec quatre cents hommes tout au plus gagna contre cinq ou six mille ce combat rendu, s'il est possible, plus fameux par la désignation un peu inexacte de Nazareth.

Kléber arriva trois jours après au secours de Junot qui avait dû se replier sur Nazaret, où l'ennemi n'avait pas osé l'inquiéter. Le 11, les Français arrivaient à Seid-Jara, entre Cana et Loubia, rencontrent l'armée des pachas, forte de mille fantassins et de plus de cinq mille chevaux, qui se déployait pour les envelopper. Kléber ordonna à l'instant l'attaque de Seid-Jarra, et chargea la cavalerie à la baïonnette. Junot eut deux chevaux et un dromadaire tués sous lui. Les Musulmans s'enfuirent vers Tibériade et Medjamè. Kléber qui manquait de munitions ne put songer à les poursuivre et dut même battre en retraite vers Nazareth, fortifier Safariêh situé à une étape en arrière, et avant tout avertir le général en chef de l'approche d'une armée, dont les six mille hommes que l'on venait de rencontrer n'étaient que l'avant-garde. Ils se rallièrent à Bayzard, et quand les pachas les eurent joints avec les contingents de Damas et d'Alep, avec les Bédouins, les Mamelouks et les montagnards de Naplouse, ils vinrent camper, au nombre de trente mille hommes environ, près du village de Fouly, également distant de Genin et du mont Thabor.

Le 16, au matin, Kléber avec deux mille hommes à peine, fut attaqué par ces masses qu'il tint en respect jusqu'à une heure après midi. A ce moment l'ennemi hésita. Une forte détonnation faisait dialoguer tous les échos du cadre montueux de la plaine; ce n'était pas la foudre, le ciel était serein; il n'avait de nuages que ceux de la poussière et de la fumée du combat. Un coup de lunette, dirigé par Kléber dans la direction de Safariêh, lui fit découvrir des drapeaux tricolores et un corps d'armée qui venait à son secours. Bonaparte n'était qu'à trois lieues; il avait laissé devant Acre les divisions Lannes et Reynier, et amené avec lui la division Bon et le reste de la cavalerie. Murat avait été renvoyé vers Zafet et le pont de Jacob pour attaquer l'ennemi en flanc.

Kléber tira son sabre en posant sa lunette; il reprit l'offensive avec une nouvelle vigueur. Le village de Fouly, attaqué par l'infanterie de Verdier et par un détachement de la cavalerie, Junot en tête, fut enlevé au moment même où Bonaparte commença son attaque. Rampon, avec la fameuse 32ᵉ demi-brigade, prenait l'ennemi en flanc et à dos ; Vial et la 18ᵉ marchaient sur Noures, pour le rejeter vers le Jourdain, dans la direction d'Erbed ; les guides à pied et la cavalerie lui coupaient la retraite du côté de Genin. Le camp des Mamelouks était de ce côté, tout resplendissant de tentes vertes et rouges, plus riches à l'intérieur qu'au-dehors. Il tomba au pouvoir de Murat vers la fin de la journée.

Murat avait trouvé Simon, l'officier commandant de Zafet, bloqué dans le fort par les Turcs. Il l'avait délivré et, avec son détachement et ses Maugrebins, avait poursuivi les Turcs jusqu'au-delà du pont de Jacob ; rappelé vers Esdraëlon par le bruit de l'artillerie, il s'était joint à la cavalerie du chef de brigade Leturq, mis les Mamelouks en déroute et fait trois cents prisonniers.

Le soleil se couchait derrière le Karmel lorsque l'ennemi, culbuté sur tous les points, se jeta en désordre vers le Jourdain, qu'il atteignit dans la nuit. Le pont de Medjamè ne suffit pas à sa précipitation ; nombre de Musulmans se noyèrent en essayant de passer à gué le fleuve gonflé par la fonte des neiges. Les Français passèrent la nuit au pied du Thabor, nom précieux, même sous la République, pour dater un ordre du jour. Bonaparte ajouta un autre ornement à son rapport au Directoire : il donna la principale part de la journée à Kléber, ajoutant ainsi à tous ses mérites celui d'avoir été modeste un jour de sa vie !

En remontant le ruisseau de Génin jusqu'à sa source, appelée *El-Gélid*, on a gravi le Gelboë, d'où l'on découvre un long amas de collines entre lesquelles se cache le Jourdain, que l'on atteint au bout de six heures. Un misérable village, appelé Ghor-Pisan, est tout ce qui reste de l'antique Bethsan et de Scythopolis, la plus grande ville de la Décapole. Bethsan était une des villes de Manassès dans Issachar.

Les Philistins, maîtres du corps de Saül après la bataille du mont Gelboé, le clouèrent aux murailles de cette ville. La vallée du Jourdain est très-profonde entre ses deux chaînes du Giléad et du Gelboé, qui paraissent dominer de plus de mille pieds le niveau de ses eaux blanchâtres. En le remontant pendant trois heures, on trouve un khan fréquenté par les voyageurs venant de Damas par la rive gauche. Cette rive se joint ici à la droite par un pont de trois arches appelé Medjamé. En côtoyant le Jourdain pendant trois heures et demie et le lac de Galilée pendant une heure et demie, on atteint Tibériade.

Nous y arrivâmes par une autre route. Les Moukres nous firent prendre, au nord-ouest de Génin, par les villages de Maqabelé, Djeraïm, Naqoura le Nourès du bulletin français, Tamra.

Nous fîmes halte au pied du mont Thabor, appelé aujourd'hui Tor. On y monte par des sentiers qui serpentent sur les faces nord et ouest. Le sommet porte les ruines d'une ancienne cité et forteresse décrite par Josèphe. Ce personnage, qui commanda quelque temps dans la Galilée, fit entourer la cité d'un mur dont on voit encore les traces. A l'ouest, on voit une portion de fossé avec un pan de mur fort large et très-haut. Dans le voisinage est un chaos d'arceaux, voûtes et caves recouvertes de gazon et d'arbustes. Saladin démolit l'église, bâtie par Hélène, ainsi que les monastères de Moïse et d'Élie et, selon sa coutume, fabriqua une citadelle avec leurs débris. Le seul édifice moderne est une petite chapelle à trois autels dédiée à la Transfiguration. Les religieux du couvent de Nazareth viennent y célébrer le service divin à l'époque de la fête.

A une heure du mont Thabor est *Khan-el-Souq*, caravansérail ruiné et établi parmi les ruines d'une forteresse longtemps occupée par les Hospitaliers. De ce point, la route tourne au nord-est; la plaine honteuse qui longe le Jourdain s'est avancée ici au défaut du Gelboë : elle va joindre au nord le mont Hermon, qui est le dernier jalon de l'Anti-Liban.

La plaine, après avoir fourni sa moisson de céréales, était couverte d'une autre moisson, moins utile, mais aussi jaune et presque aussi serrée : c'était un bois taillis de ces hauts chardons qui jouèrent un si grand rôle dans les batailles des croisades. Un corps d'armée campé au milieu de ces chardons peut être entouré de flammes ; le vent peut décider de la victoire en jetant la fumée de tel ou tel autre côté. Dans la malheureuse expédition du jeune Baudouin III à Bosra, les Musulmans avaient incendié les chardons pour lui couper la retraite ; l'évêque de Nazareth, chargé du bois de la vraie croix, devint le dernier espoir de l'armée. On se rassemblait autour de lui en pleurant et le suppliant de sauver par ses prières, et la relique sacrée, et l'armée, et le roi. L'évêque éleva la croix en priant avec ferveur, et, tout-à-coup, la fumée et la flamme devinrent incommodes à ceux mêmes qui s'en étaient fait une arme ; soit miracle, soit hasard, le vent venait de changer.

Plus d'une fois laissant ralentir le pas de mon cheval pendant que je rêvais aux grands souvenirs de ces lieux, je me réveillai étonné et presque ému, faisant volte-face comme pour attendre un ennemi dont j'avais entendu piétiner les chevaux. Le désert était vide, le vent seul gémissait, et à mes pieds quelques-uns de ces chardons arrachés et roulés par son souffle râlaient en frôlant contre la petite forêt.

Vers les quatre heures nous vîmes le plateau s'enfoncer plus brusquement qu'aux approches de Jérusalem, et, dans l'enfoncement, reluire une belle nappe azurée. Nous distinguâmes bientôt comme des îles flottantes sur l'azur : c'étaient des milliers de canards sauvages qui rasaient la surface de l'eau. Quand le sentier commença à descendre, nous aperçûmes au bord du lac quelques ruines entourées d'un mur : c'était Tibériade. Au-dessus de nos têtes, deux fois plus haut que le cadre du lac, on nous montra un autre amas de ruines : c'était *Zafet*. Le dernier tremblement de terre n'y a pas laissé un seul habitant ni une seule maison debout. S'il y avait eu des feux allumés le soir, ils auraient paru réellement attachés aux astres, selon l'expression d'un écrivain oriental (1) curieusement reproduite par un fameux bulletin français.

Nous mîmes une heure à descendre à travers les laves noires et le tuf volcanique rouge. Une patrouille de gardiens que nous trouvâmes à la porte nous fit subir un interrogatoire captieux pour savoir si nous venions de Jérusalem directement ; sur notre réponse qu'on nous avait reçus à Naplouse, et, qu'au surplus, nous allions aux bains et non pas à la ville, on permit à nos Moukres et à nos domestiques d'entrer pour acheter des provisions. Plusieurs juifs, campés sous des tentes, dans les fossés de la ville, commençaient à réclamer contre la faveur dont nous paraissions l'objet ; l'un d'eux allait jusqu'à affirmer qu'il nous avait vus à Jérusalem, ce que nous ne prétendions nullement nier. Nous nous éloignâmes pour mettre fin à ces embarras, et les portiers, oubliant que nos gens avaient reçu

---

(1) Schahabeddin s'en est servi en parlant de *Koukabae*.

la pratique, s'imaginèrent que c'était déjà une satisfaction suffisante donnée aux lois quarantenaires que la moitié d'une société suspecte s'y soumît. Les juifs, la plupart Russes ou Rouméliotes, dont toute l'ambition est d'être traitée sur le pied des Francs, se consolèrent du privilége accordé à quelques fellahs syriens et égyptiens en voyant éconduire des Européens à chapeau.

Le fait est cependant que notre projet d'aller coucher aux bains était sincère. Nous avions entendu dire que le pacha les avait fait reparer à neuf, et qu'il y recevait gracieusement tous les visiteurs. Cela était vrai; mais nous avions compté sans l'hôte en oubliant de nous informer du domicile du gardien : il habitait la ville; les bains sont distants d'une lieue; il n'y eut pas moyen de le faire prévenir le soir même, et nous dûmes faire dresser notre tente au bord du lac pour y passer la nuit.

7 Novembre.

Une heure avant le lever du soleil je partis, suivi d'un fidèle saïs, pour reconnaître la vallée du Jourdain dans la direction de Ghor-Pisan. Grâce à la bonté de la route et à la vélocité de nos chevaux, nous fîmes par quart-d'heure autant de chemin qu'on en parcourt en une heure de caravane : celle-ci ne marche en définitive qu'au pas de piétons qui ménagent leurs forces pour une longue route. Je fus de retour assez tôt pour pousser avec deux autres chevaux une reconnaissance au nord du lac. La vallée du bas Jourdain est entièrement volcanique, aussi bien que toute la berge occidentale du lac. Il en est probablement ainsi de tout le bassin de la mer Morte, car les eaux minérales chaudes abondent partout. Josèphe parle d'une Kallirrhoë, petite ville au nord du lac Asphalte, où Hérode, malade d'une hépatite chronique et compliquée d'hydropisie, alla essayer d'eaux thermales qui le soulagèrent fort peu. Les sources de Kallirhoë doivent être identiques à celles que l'on trouve par centaines sur les deux rives du Jourdain. Sur la rive droite, ces filets d'eau fumante qui se couvrent de mousse verte (barégine) et déposent un soufre rutilant sont, avec le joli ruisseau de Riha, les seuls affluents de la rivière.

Sur la rive orientale, les cartes indiquent plusieurs cours d'eau. La plupart coulent pendant toute l'année, et deux méritent le nom de rivières : le premier, le *Yermuk* ou *Hieromax*, tombe dans le Jourdain une lieue après sa sortie du lac. Il double au moins le volume des eaux, car il est rapide, aussi large et plus profond que le Jourdain, dont quelques géographes l'ont regardé comme l'origine principale. Il réunit le tribut des eaux des anciennes provinces appelées Trachonite, Auranite, Iturée, Gaulonite, Batanée, Galaadite.

Le Jabok, fameux dans l'histoire de Jacob, atteint le Jourdain vis-à-vis Ghor-Pisan; le Dabir ou Djazer coule à-peu-près sur le parallèle de Naplouse. Le haut Jourdain est le canal qui communique de *Bahr Houley* à la pointe nord du lac de Tibériade. *Bahr Houley* est un petit lac où se rassemblent plusieurs ruisseaux, et notamment celui qui vient de Djebel-Scheikh, l'ancien Panium, sur lequel sont les ruines de *Calaat Banias*, l'ancienne *Paneas* ou Césarée de Philippe.

L'embouchure du haut Jourdain se digite dans une plaine herbeuse et parsemée de nabka et de lauriers-roses. Le cours principal est assez rapide; mais l'été on le passe à gué en ayant à peine de l'eau jusqu'à la ceinture. C'est près d'ici que l'on doit chercher les ruines de Capharnaüm, de Chorazin et de Bethsaïda. Je ne sais quel est l'auteur qui a assigné Chorazin pour future patrie de l'antéchrist.

A quelque distance de l'embouchure du haut Jourdain

et de la ville de Tibériade, on rencontre la plaine de Gennasereth, agréablement décrite par Josèphe, qui a noté, comme le lecteur a déjà dû le faire, à Naplouse, le rapprochement singulier d'arbres des régions fraîches et montagneuses, tels que le noyer, et des arbres des pays les plus chauds, tels que le palmier. Les palmiers y sont encore abondants, mais réduits à l'état de buissons faute de culture; ils sont entremêlés de nabka, de figuiers, de lauriers-roses, de chèvrefeuilles et d'une immense proportion de chardons, de joncs et de roseaux. Plusieurs ruisseaux d'eau douce se ramifient dans cette plaine. Au nord, quand la végétation est devenue rare, on rencontre des ruines de thermes romains parmi lesquelles fument plusieurs sources minérales.

L'une des plus considérables que fournisse la berge occidentale du lac est celle que Mohammed-Aly ou plutôt son fils Ibrahim a fait conduire à une piscine toute neuve. Ibrahim, accablé de rhumatismes, vient souvent s'y baigner dans une chambre particulière. La piscine publique est fort grande : l'eau y coule par la bouche de deux lions d'œuvre turque, digne tradition des lions de Saladin; le sculpteur les a gratifiés d'une moustache d'Albanais.

Cette piscine était vide lorsque le gardien nous la fit visiter. Un niveau mal ménagé dans le conduit avait fait une crevasse, et les baigneurs, toujours nombreux ici, étaient réduits à la vieille piscine, trop voisine de sa source pour que l'eau ait le temps de se refroidir. Nous y trouvâmes réunies une quinzaine de personnes des deux sexes; les hommes tout nus, les femmes demi-vêtues se baignaient pêle-mêle dans une eau capable de cuire des œufs : même à son déversoir du côté du lac elle m'ébouillantait la main; sa température ne peut être moindre de 45 degrés Réaumur. La peau de cette race arabe syrienne est singulièrement robuste; pendant l'hiver elle résiste avec assez peu de vêtements à un froid qui couvre de neige le Liban et l'Anti-Liban. L'été et dans les déserts elle brave un soleil presque aussi excoriant que cette eau thermale : la peau européenne est plus douillette.

Je fus encore moins tenté d'exposer la mienne, après que le gardien m'eut appris la terminaison funeste d'une épreuve récente. M. Martens, le dessinateur allemand que nous avions rencontré à Suédié, chez M. Barker, partit pour Saint-Jean-d'Acre peu de temps après notre départ pour Alep. De Saint-Jean-d'Acre il vint tout droit à Tibériade, dont je me reproche de lui avoir recommandé les eaux. A peine arrivé ici, il se fit conduire à la piscine, dans laquelle il se jeta, sans prendre même le temps de se déshabiller. Son domestique, entré quelques instants après lui, ne l'aperçut plus à la surface de l'eau. Aidé du gardien, il se hâta de le chercher sous l'eau et de l'en retirer; il n'en retira qu'un cadavre : la chaleur avait déterminé un *raptus* subit vers le cerveau, et une apoplexie foudroyante avait mis fin à son existence. Ce vieillard, si actif et si malheureux, était un homme fort poli et fort instruit. Je crois qu'il a laissé un fils qui exerce la médecine à Paris : puisse-t-il avoir recueilli le riche portefeuille que le domestique rapporta au consul impérial de Saint-Jean-d'Acre avec les autres effets du défunt !

L'eau minérale de toutes ces sources, bien qu'elle contienne abondamment du soufre, n'est point semblable aux eaux sulfureuses employées en Europe : celles-ci, que l'on peut maintenant analyser sans instruments, grâces aux curieux travaux d'Anglada, sourdent toujours sur le granit, dégagent de l'azote, ont le goût d'œuf cuit, et se recouvrent de barégine. Le soufre y est en fort petite proportion et principalement à l'état de sulfate. Ici, au contraire, l'eau thermale, bien qu'elle se couvre de barégine, sort des laves, dégage de l'acide carbonique, a une odeur hydrosulfurique ou d'œufs pourris, dépose abondamment du soufre. Quand elle est assez refroidie pour qu'on la goûte exactement, on lui reconnaît une saveur ferrugineuse dominée par une salure caustique égale au moins à la salure de la mer Morte ; d'où je crois pouvoir conclure que sa chaleur, bien que due principalement aux courants électriques souterrains, comme celle de la plupart des thermes, s'augmente encore par la décomposition des pyrites ou sulfates de fer qui doivent être accumulés dans ce terrain volcanique avec de grandes stratifications de sel gemme.

Emaüs, nom ancien du faubourg de Tibériade, où se trouvaient les thermes rebâtis par Ibrahim-Pacha, doit être une hellénisation ou latinisation de *hama*, racine qui, en hébreu, en syriaque, tout comme en arabe, veut dire chaleur, bain, fermentation. La ville de *Hama*, sur l'Oronte, est voisine d'eaux minérales chaudes ; il dut y en avoir aussi près de l'Emmaüs, situé au N. O. de Jérusalem. L'Emaüs de Galilée devint la ville de Tibériade qu'Hérode le tétrarque fit grande et belle en l'honneur de l'empereur dont il lui avait donné le nom. Les ruines qu'on en voit encore aujourd'hui occupent plus d'une lieue le long du lac : le groupe principal est à égale distance du *hammam* d'Ibrahim et de la ville moderne. A ce point, le sol est jonché de colonnes, de chapiteaux, d'entablements en marbre, en basalte, en granit rose. Quelques tronçons de colonnes et des pans de murs sont encore debout parmi les lentisques.

La ville moderne est entourée de remparts que le tremblement de terre a lézardés dans tous les sens ; plusieurs tours baignées par l'eau se sont penchées en masse sans se démolir ; en sorte qu'elles ressemblent maintenant à d'immenses mortiers braqués pour lancer une bombe dans la Gadarène, de l'autre côté du lac. Celui-ci n'a plus une seule barque et n'a que de rares pêcheurs : aussi le poisson s'y accumule-t-il de façon à promettre plus que jamais des pêches miraculeuses. Nous vîmes des soldats armés d'un roseau terminé par un petit harpon lancer plusieurs fois de suite cet instrument et le retirer toujours avec un ou deux poissons embrochés : c'étaient des *cyprins* de la forme et de la grandeur de la petite dorade de la Méditerranée ; ils portent encore aujourd'hui le nom de poisson de Saint-Pierre. Ils cheminent dans le lac par bancs aussi serrés et aussi larges que ceux des harengs. D'autres pêcheurs se servent de la ligne ; les filets sont, dit-on, inconnus. Au temps de François Ier, Belon avait rencontré au bord du lac de Tibériade beaucoup de Juifs et de pêcheries.

Le lac de Gennasereth, qui eut tant de pêcheurs à filets et à barques, fut un moment digne du nom de mer de Galilée, car il porta des flottes et vit des batailles navales. Vespasien, occupé de réprimer la révolte des Juifs, et maître de Tibériade après Yotapat, fut obligé d'équiper des navires pour atteindre les mécontents réfugiés sur des barques. L'onde fut rougie de sang, et les vagues rejetèrent des cadavres si nombreux et si défigurés par la putréfaction que leur vue excita la commisération des vainqueurs tant que des vaincus.

Ce lac, auquel on donne ordinairement quatre lieues de long, m'a paru dépasser ces dimensions. Josèphe dit quarante stades de large, c'est-à-dire deux lieues, et ce n'est pas assez ; cent quarante stades de long, et c'est beaucoup trop, car, à cent toises par stade, cela ferait deux lieues de large et environ sept de longueur. Des collines au nord de Tibériade, on ne distingue pas la plage de la Gadarène ni à plus forte raison celle qui avoisine l'embouchure du haut Jourdain. Le temps ; parfaitement sec et serein, diminuait beaucoup le léger brouillard qu'exhale toujours la surface des eaux.

On a parlé d'un flux et reflux observable sur cette petite mer ; j'y crois et je l'explique de la manière suivante (1) : dans toute vallée profonde, il ne peut exister que deux vents ; tous deux y acquièrent une intensité fort grande. La vallée de l'Aude est très-venteuse et ne connaît que le sers et le marin. Entre Gennasereth et l'Asphaltide, il ne peut souffler que le sud et le nord. Quand celui-ci souffle, le Jourdain court plus vite à la mer Morte, et son entonnoir supérieur avale plus rapidement les eaux du lac de Galilée, qui baisse. Au contraire, le Jourdain est retardé, l'entonnoir débite avec peine, et le niveau du lac s'exhausse lorsque c'est le vent du midi qui souffle. Dans un pays rocheux et susceptible de s'échauffer beaucoup par le soleil, au voisinage de déserts qui font l'effet de pompes foulantes et aspirantes, ce régime de vents doit avoir une certaine régularité, et les différences doivent être pour ainsi dire parallèles à l'alternative du jour et de la nuit.

Les grèves du lac sont couvertes de fort petits galets, échantillons des roches traversées par la partie supérieure de la rivière. J'y ai vainement cherché un morceau de schiste ou de roche primitive. Un ingénieur anglais, qui a soigneusement étudié le pays pendant qu'il dirigeait les travaux minéralogiques pour le service du pacha, m'a assuré que l'anti-Liban, parfaitement semblable, sous ce rapport, au Liban que j'ai parcouru, n'était composé que de quelques roches volcaniques et de grandes masses de calcaire. L'eau

---

(1) Sans préjudice des marées causées par les pressions inégales de l'air, théorie dont Saussure a fait une application aux marées ou *seiches* du lac de Genève.

du lac est parfaitement claire ; vue en masse, elle est d'un bleu charmant ; bien qu'excellente à boire, elle a un petit goût vaseux qui frappe le palais étranger.

8 Novembre.

Après l'observation, la méditation. A bon droit, l'esthétique et la religion méritent le pas sur la science et le prennent le plus souvent : mais l'habitude met au régime l'émotion elle-même. Les ruines, les souvenirs, les paysages que nous parcourons depuis un an sont un drame journalier que nous parvenons à discipliner. Dans la jeunesse, avec une science superficielle, on contrôle l'insouciance et les émotions aiguës et courtes, comme le haut diapazon de la harpe. Quand le diapazon est devenu plus grave, quand le temps, la douleur, le malheur, ont rendu ses vibrations longues, intimes, chroniques, des sentiments plus exigeants demandent une science plus sérieuse ; et, contrairement à l'optique première, on se trouve moins désespéré en ayant plus souffert, meilleur en devenant plus riche, plus religieux, plus chrétien en devenant plus instruit. Toute série de faits scientifiques les plus positifs a sa conséquence dernière dans un mystère comme elle y eut son origine. Le premier homme n'eut point de père, selon la loi de la génération actuelle ; la terre doit manquer un jour à la dernière génération multipliée outre mesure !

Quel bonheur, après avoir vérifié l'exactitude de tant de descriptions de l'Evangile, après avoir consulté les évangélistes comme renseignement historique, de reporter ses regards vers des lieux si fréquentés par leur maître divin, illustrés par sa morale non moins nouvelle, non moins attachante que ses miracles !

Ici, Jésus apaisa la tempête alors comme aujourd'hui fréquente sur le lac. Vers Bethsaïde et Capharnaüm, il marcha sur l'eau ; il rassura la foi chancelante de Pierre ;

il lui apparut pour la troisième fois, après la résurrection, pour lui dire : Simon, fils de Jonas, m aimes-tu? va nourrir mes agneaux.

Entre Nazareth et Capharnaüm, la plupart des collines furent témoins de ses prédications. La nuit avant le sermon de la montagne, il s'était retiré pour prier toute la nuit : au matin, il choisit ses douze disciples, descendit au milieu du peuple qui l'entoura, et commença l'exorde : Bien heureux les humbles d'esprit. Ce début fit nommer la montagne Mont des Béatitudes; nous l'avons vue, à notre gauche, en venant du Thabor à Tibériade. Plus loin est le champ où les disciples frottèrent les épis de blé qu'ils mangèrent au jour du sabat. Une pierre noire marque la place où Jésus était assis quand il nourrit la multitude.

Je feuilletais l'Evangile, assis au bord de l'eau, dans l'oseraie, vers l'endroit où finit le lac et où le Jourdain recommence. Aussitôt que le soleil fut assez haut sur le Gilead pour dissiper la fraîcheur piquante du matin, je me souvins que je ne m'étais pas encore baigné dans le Jourdain, et je voulus accomplir ce devoir; l'eau était glaciale, j'y entrai vêtu d'une blouse de serge que j'avais portée pendant la campagne d'Alger. Ce débris d'une croisade moderne me rappela une pratique des anciens pèlerins, continuée jusqu'à nos jours par les Arméniens. Je lavai cette blouse dans l'eau du fleuve sacré : je la conserverai pour en faire mon dernier vêtement.

Vers neuf heures, nous nous acheminâmes vers la ville, dont on ne put refuser l'entrée aux Moukres qu'on y avait déjà reçus la veille. Nous étions résignés à nous priver de visiter ses ruines : du haut de la montagne, nous avions déjà vu que le tremblement n'y avait pas laissé debout plus de maisons qu'à Zafet. Les cawas, à qui le gardien des bains d'Ibrahim avait rendu bon compte de notre générosité, nous pressèrent d'aller parler au gouverneur, qui était campé sur une colline voisine des murailles. Nous le trouvâmes accroupi, et humant, avec la fumée de sa pipe, l'odeur infecte qu'exhalaient plusieurs carcasses de chevaux réunies dans une voirie attenante. C'était un singulier lieu pour une intendance sanitaire !

Il s'informa si nous avions des firmans : je lui en déployai un de Mohammed-Aly ; je lui en annonçai un autre d'Ibrahim-Pacha. Il s'inclina avec respect, et nous pria, plutôt qu'il ne nous permit, de parcourir ce qui restait de la ville.

Une ou deux rues avaient été relevées en maisons de planches et en moellons mal assemblés ; la plupart étaient occupées par des Juifs, qui affluent ici encore plus qu'à Jérusalem. Un passage des prophètes leur a fait croire que Tibériade serait la Jérusalem nouvelle et la patrie du nouveau Messie ; ils viennent ici pour mourir. Un consul russe est toujours choisi parmi les plus considérables, à cause de la dominance des Juifs sujets moscovites.

Les femmes juives venues de Russie devraient bien être répudiées par leurs maris ou leurs frères, s'ils conservaient les scrupules d'Esdras touchant les alliances étrangères : elles ont de petits yeux bleus et obliques, des cheveux blonds comme filasse, des nez camus et tartares ; leurs mères esclaves ou serves auront un peu trop regardé leurs maîtres et seigneurs, les boyards ou les princes slaves.

Pendant que nos gens achetaient au marché quelques poissons du lac, les fruits et les légumes fournis par le village de *Medjel*, le Magdela, patrie de Marie Magdeleine, situé au milieu des ruisseaux de Gennasereth, j'eus envie d'acheter quelques autres provisions, et j'entrai dans ce qui me paraissait une boutique.

Une douzaine d'hommes en robes fourrées, en bonnet

de cosaque ou en grand chapeau polonais, causaient auprès d'une espèce de comptoir en bois de sapin. Ils s'éloignèrent de moi avec terreur, et l'un d'eux me demanda, en mauvais italien, ma patente de santé. Cette science européenne me fit comprendre que je m'étais trompé. J'étais dans la synagogue juive ; la table de sapin était le tabernacle ; une vingtaine de manuscrits, posés à plat à la façon orientale, étaient la bibliothèque. Je me retirai en faisant mes excuses, et déplorant la perte de la belle synagogue, de la belle bibliothèque et du savant Sanhédrin, rencontrés par Burckhardt il y a à peine un quart de siècle.

Tibériade avait succédé à Jérusalem comme capitale intellectuelle des Juifs. C'est là que se tint, au commencement du sixième siècle, la fameuse assemblée de docteurs appelée *massorètes* ou traditionnaires. On rapporte à cette époque l'invention des points voyelles par lesquels ces docteurs essayèrent de donner à l'alphabet hébreu la précision de l'alphabet et de la prononciation grecque.

Nous traversâmes des ruines modernes parmi lesquelles se montraient de beaux débris antiques, des colonnes, des frises, et une grande vasque en granit rose, en nous dirigeant vers la maison de l'apôtre Pierre, vers le nord de la ville et au bord du lac. Son emplacement a été couvert par un couvent grec, singulièrement respecté par le tremblement de terre. La fabrique première paraît avoir été un monument fort solide, tels qu'on les construisait au temps de l'impératrice Hélène.

Quand, du haut de la berge volcanique, je jetai un dernier regard sur la ville et le lac, j'éprouvai un regret aussi cuisant que celui qui me mordit le cœur en quittant Beyrout. Damas n'est qu'à trois journées du pont de Jacob, et trois jours après est Palmyre ! Il fallait une fois encore s'éloigner sans les voir ! D'autres lieux me donnaient de pires regrets, car ils étaient plus voisins, plus curieux et moins visités que Damas et Palmyre. Toute la rive gauche du haut et bas Jourdain est représentée sur nos cartes comme un désert sans eau, sans bois, sans habitants; et cependant Burckhardt, Buckingham, Irby, Mangles en ont tracé des descriptions capables de faire oublier au voyageur les devoirs les plus solennels, le temps, la pluie, l'hiver et la fièvre!

Un observateur plus récent qui parcourait la Syrie peu de temps avant nous, et par conséquent dans une saison meilleure, a publié depuis sa relation (1), que l'obligeance d'un de ses proches parents me communiqua au lazaret du Pyrée. Je ne regarde pas comme définitives toutes les déterminations archéologiques qu'il donne, et qui, pour la plupart, sont contradictoires avec Danville; toutefois, l'instruction et la sagacité de l'auteur rendent ses opinions respectables relativement à la destinée antique des ruines; quant à l'état actuel du pays, j'ai pu contrôler ses jugements dans les points que nous avons visités tous les deux, et j'ai vu clairement, qu'après avoir tout examiné en touriste qui avait beaucoup de temps, beaucoup d'argent, de courage et de zèle, il avait tout décrit avec candeur et exactitude. Cela posé, je transcris ici les notes que je pris pendant la lecture de son livre.

LA RIVE GAUCHE DU JOURDAIN.

Après avoir passé à gué les diverses branches du haut Jourdain, une heure et quarante minutes de marche vous font atteindre le pied des montagnes de l'est. On tourne au sud, et en deux heures on passe *Wady-Semek*, et l'on atteint la montagne *El-Hussen*. La route traverse des

(1) Letters from Egypt, Edom and the Holy Land, by Lord Lindsay. London, 1838.

champs de blé ou des prairies descendant en douce pente vers le lac. *Gebel-Hussen* ressemble à une bosse de chameau : c'est sans doute l'ancienne *Gamala* dont Josèphe explique le nom par le même rapprochement. Il y eut une ville et un fort imprenable sur cette montagne, isolée de tout côté. Sa base est reliée aux montagnes voisines par une langue de terre. La vallée, qui est au midi, sert encore aujourd'hui de grand chemin pour aller du lac aux contrées orientales.

Le sommet de la montagne est couvert de ruines : on reconnaît une citadelle, un grand mur avec des portes de pierres massives, des colonnes de granit renversées, d'autres debout, beaucoup de débris de pierres polies, un cône en pierre noire servant de margelle à un puits; des restes de thermes et une autre porte donnant sur une langue de terre. Là on voit plusieurs fragments de corniche, des sarcophages, et les pierres disséminées d'un aqueduc. Dans la face de la montagne, au sud et en surplomb, on voit l'ouverture de plusieurs tombes, les seules qu'on rencontre à l'est du lac. La ville principale de ce pays, Feik, donne son nom au district. C'est l'ancienne *Gadarène*. Ce lieu fut le théâtre du miracle du possédé.

Quand on a repris au sud du lac la vallée du Jourdain, on trouve le lit du Yermuk que l'on passe à gué, on monte pendant une heure et demie les collines et l'on atteint une grande plaine où sont les ruines d'*Om-Keis*, probablement *Gadara* (1), ces ruines sont fort considérables. On y reconnaît le fondement de toute une ligne de maisons. Au N. et à l'O. sont deux théâtres, le second très bien con-

---

(1) Josèphe, après avoir placé Tarichœ sur la rive droite du lac, dit que Gamala est de l'autre côté vis-à-vis. Tarichœ était donc au nord de Tibériade. Les cartes représentant la Palestine au temps de Jésus-Christ mettent au contraire Tarichœ en bas du lac; il est vrai qu'elles mettent aussi Gamala au lieu assigné par lord Lindsay à Gadara.

servé, est longé par un ancien pavé où sont empreintes les traces des chars antiques. Des colonnes brisées avec des chapiteaux sont éparses de tout côté; à l'E. où sont les ruines les plus intéressantes, on voit des sarcophages et des tombeaux où les Arabes ont établi leur domicile. Les maisons et les tombes ont encore des portes monolithes qui roulent sur leurs gonds; la dalle qui forme ces portes a cinq ou six pouces d'épaisseur; parfois elle est sculptée à panneaux, guirlandes, rosaces avec un faux marteau; une d'elles porte une inscription grecque, c'est le nom du propriétaire Gatus Annius Gaaniph, mélange singulier de romain et de juif. Les portes monolithes des maisons du Hauran sont beaucoup moins belles. On a cru, mais à tort, que ces tombes étaient celles du possédé : Jésus n'entra pas dans la ville des Gardaréens; les tombes étaient à l'O. de la ville, celles-ci sont à l'E.; d'ailleurs *Om-el-Keis* est dans les terres et loin du lac.

Le voyageur égaré par ses guides arriva à *Melcha*, prononciation bédouine syrienne de *Melka*; de là, à travers un sol pittoresque, il arriva à *Erbad* puis à *el Hussen*. Les Bédouins de ce pays, comme la plupart des habitants de la rive gauche du Jourdain, portent fort peu le turban; ils sont coiffés du *kéfieh* ou pan de burnous relié sur la tête par la cordelle en poil de chameau. A Hussen on se souvenait encore de *Moussa hakim* (M. le docteur) Seetzen, le premier Européen qui passa par là il y a trente ans. Abdallah-el-Ganem, le vieil hôte de Seetzen, comme le nomme Burckardt, était encore vivant. Lord Lindsay entendit aussi parler d'*Ibrahim-Bey* ou *Scheikh-Ibrahim*, c'étaient les noms de guerre de Burckhardt.

L'eau est fort rare ici: une source qui coule goutte à goutte fournit à peine deux outres par jour; à deux heures de Hussen, est le village grec de *Naimi*, un quart-d'heure après commencent les belles forêts décrites par Buckingham, Irby et Mangles. Après une descente rude et rocheuse on rencontre un ruisseau ombragé de lauriers-roses sur lequel fut bâtie l'ancienne Pella. Gerasch, son nom moderne, ferait penser à Gerasa, mais celle-ci était au N.-E., du lac de Tibériade.

Les ruines sont d'une étendue, d'une conservation et d'une magnificence qui devrait appeler pour elles seules, une commission de peintres, d'architectes et d'archéologues. Le centre de ces ruines est une des rues principales de la ville, au bout s'élève une colonnade ovale d'ordre ionique, puis un temple entouré d'un péristile de colonnes corinthiennes comme la plupart des monuments antiques de la Syrie. Près du temple est un théâtre avec trente rangs de gradins soutenus par des galeries où sont logés les Arabes. Hors la porte du S.-O. est un grand cirque, et plus loin, les restes d'un arc de triomphe pesant. Au point d'intersection de la grande rue avec un autre, on voit des piédestaux surmontés de niches pour des statues. Ces ouvrages sont plus beaux que les pareils de Palmyre et de Choaba dans le Hauran; la rue intersécante mène à un pont, et de là à la rivière sur laquelle un faubourg était à cheval: on y trouve une grande église chrétienne et les ruines d'un temple. En revenant à la rue principale on remarque un enfoncement demi-circulaire où fut sans doute quelque temple: une inscription y porte le nom de Marcus Aurélius Antoninus; plus loin, toujours à gauche, on trouve le propylon ou portail du temple de Baal, le principal édifice de Gerasch; les soubassements et frises de ce beau monument sont très riches, les colonnes des portiques sont bien conservées; l'une d'elle en équilibre sur une base usée, se meut quand le vent est un peu fort. Devant le propylon, une rue bordée de colonnes, descend à la rivière; l'ancien pavé avec un trottoir inférieur est fort reconnaissable, au bout de la rue une plate-forme semi-circulaire s'avance dans la rivière; au bord du propylon en suivant la grande rue et à gauche, un théâtre avec colonnade paraît avoir servi aux combats d'animaux. De là part une troisième rue allant jusqu'à la rivière et coupant la grande rue, a une rotonde endommagée par un tremblement de terre, la rue se termine par un amas de voûtes et arceaux qui empiètent sur le ruisseau; c'était un bain public.

Pella, ville florissante sous Vespasien et Titus, avant que les Antonins la rendissent si belle, fut le refuge des Juifs qui virent approcher la fin de leur nation et de leur capitale. C'est probablement contre *Gerasch*, et non *Gerasa*, qu'eut lieu l'expédition de Baudouin. Le roi de Damas *Doldekin* y avait bâti une citadelle avec les débris de la ville romaine.

Une petite heure après Gerasch on passe le *Nahr-Zerka*, l'ancien Jabok, petite rivière qui reçoit le ruisseau de Gerasch. On passe plusieurs ruines antiques, mais pas de village actuel. Le pays est un vaste pâturage où les Schour et les Beni-Hassan, tribus des Anasé venues du Nedjd il y a trois siècles, gardaient leurs troupeaux à cheval; les Schour sont armés de lances à banderole, les Beni-Hassan de fusils. La tente du scheik se distinguait par une lance plantée à la porte comme au temps du roi David.

Deux heures après Gerasch, une descente raide commence la vallée d'Ammon. On passe un joli ruisseau qui baigna jadis *Rabbath-Ammon* ou Philadelphie. Les ruines de cette vieille cité offrent l'image de la désolation : une carcasse de chameau pourrissait dans le ruisseau, les pierres étaient couvertes de crottins, vérification de la malédiction du prophète : « Je ferai de Rabbath un étable pour les chameaux, et du pays des Ammonites le lit des

troupeaux : et vous connaîtrez que je suis le Seigneur ! »
On n'entend que le croassement des grenouilles et des oiseaux de proie ; on ne voit que sarcophages brisés, tombes ouvertes et laissant rouler crânes et ossements humains.

Ces ruines sont encore plus grandes, quoique moins bien conservées que celle de Gerasch. Seetzen a fort bien décrit un mausolée, élégamment sculpté, après lequel on trouve une église chrétienne avec un clocher. Puis, un haut portique appuyé sur deux tours ayant mine de forteresse. Au-delà, on voit un pont d'une arche encore entière et appuyée sur deux quais. Au nord sont les restes d'un temple corinthien fleuri d'ornements, mais fort dégradé. De l'autre côté du ruisseau, au midi, se trouve le théâtre, le plus bel édifice ; les descriptions de Burckhardt et Buckingham sont exactes.

A six heures et demie d'Ammon, Syalt, ou Assalt, représente l'ancienne Machœrus, où fut tué saint Jean-Baptiste. La ville arabe moderne d'Assalt est couronnée d'un château sarrasin bâti par Almaadam, dernier rejeton de Saladin. Entre Assalt et Hussen, le pays est fort joli ; on passe le mont Gilad, l'ancien Giléad a son extrémité occidentale à un point nommé Djebel *Ouscha* (mont de Josué). La tombe du prophète, qui a trente-cinq pieds de long, est renfermée dans une mosquée, au sommet de la montagne. De là on voit distinctement plus de vingt milles du cours du Jourdain, depuis *Riha* jusqu'à *Ghor-Pisan*. Les guides vous parlent de *Tsiferunda*, ville du voisinage, avec des boutiques vides parmi des ruines. Ces boutiques sont probablement des cryptes tumulaires.

La montagne du Giléad a trois régions botaniques. En bas, les chênes à grandes feuilles ; au milieu, l'arbousier et le sapin (plutôt le *cyprès étalé*) ; en haut, l'arbousier et le chêne épineux. Ces bois sont très-giboyeux ; le pigeon sauvage, la perdrix et le francolin y abondent.

En une heure de descente on arrive au *Zerka*, le même qu'on avait passé une heure après *Gerasch*. Il coule ici dans un ravin profond, entre la fin du Giléad, au sud, et Gebel-Adjeloun, au nord. Le Jabok des cartes est toujours mal indiqué. On lui met à sa place un *Nahr-Zebin* ou *Kerwan* dont les Arabes n'ont jamais entendu parler. Le Jabok faisait la limite du pays de Sihor, roi des Ammonites, et d'Og, roi de Baschan. C'est sur les bords du Jabok que Jacob, après ses adieux à son frère Esaü, lutta avec l'Ange de l'alliance jusqu'au matin et prit le nom d'Israël. Ce pays est fort beau ; il y a, outre les sapins, des pins à forme ronde (*pin Giléad*). Le ruisseau qu'on rencontre après le village de *Zebin*, s'appelle Nahaliu. Deux heures après vient Chetti, puis *Souf*, grand bourg près duquel M. Farren, consul de Damas, a trouvé des ruines phéniciennes d'un aspect décidément druidique. Trois quarts d'heure après, on trouve de belles forêts, des pins semblables à l'espèce d'Hébron, des arbousiers et chênes à larges feuilles. La forêt finit vers Sunmout, à vingt minutes d'El-Hussen. Là, les moissonneurs viennent, selon un usage antique, offrir des épis aux voyageurs pour obtenir un petit présent d'argent. A l'est de Hussen, on rencontre les villages de Tara, Rumtha, Uxer. Après six heures et un quart de marche, on atteint Daara, la première cité du Hauran.

Les cartes sont encore plus fautives pour le Hauran que pour le reste de la rive gauche du Jourdain : le pays est bien loin d'être désert ; il est couvert de villages. Daara a des maisons antiques dont les portes et les plafonds sont en dalles de basalte. Ici, comme dans toute la Syrie, l'absence de bois a fait tailler planches et poutres dans le rocher. Bosrah, à l'est de Daara, fut la capitale septentrionale de l'Arabie provinciale sous les Romains : ce fut la patrie de l'empereur Philippe. La Bible mentionne Bosrah comme une ville opulente. « Qui est-ce qui vient d'Edom » avec les vêtements brillants de Bozrah? »

Ce fut la première ville que soumirent en Syrie les armes des khalifes. On y voit une mosquée dite d'Omar, une autre d'Othman; celle-ci à la place où se posa le chameau porteur du Qoran, toutes deux bâties de matériaux chrétiens, bizarrement employées, comme à la mosquée d'Amrou, au vieux Qaire. Saladin y bâtit une citadelle autour d'un théâtre romain, ou, pour mieux dire, il arrangea le théâtre en citadelle, absolument comme à Baalbek.

On voit ici cette *strata*, magnifique voie mentionnée par Gibbon, comme menant en dix jours de l'Auranitis à la Babylonie; œuvre évidemment romaine, invoquée dans la fameuse dispute d'Almoundar et d'Aretas, roi de Gassan, qui commença la guerre entre les Romains et les Perses sassanides, sous Justinien et Nouchirwan. La dispute provenait d'une incursion faite par les Gazanites dans le désert, au sud de Palmyre, sur les pâturages d'Almoundar. La voie romaine devait conduire à Séleucie ou à Ctésiphon.

Après Bosrah, on longe à droite et à gauche les ruines de quinze villes; sur la pente de Gebel-Hauran il y a les ruines de plus de deux cents villes ou bourgs à demi-heure à peine les unes des autres. En cinq heures on atteint Eré ou Aëré, puis Snéda, capitale des Druzes du Hauran. Le principal monument de Snéda est une tombe dorique ayant six demi-colonnes à chaque face; les entrecolonnements sont sculptés en cote de mailles, boucliers ronds et ovales avec *umbo*, et casques. A l'est de la ville sont les ruines d'un temple dont les chapiteaux sont à feuilles de palmier comme en Égypte. La frise représente des festons de pampre avec grappes de raisins.

Entre Atil et Kennawat on rencontre deux *qasr*, temples antiques, avec de charmantes scuptures; à Kennawat même, il y a un magnifique temple (peut-être un tombeau) à colonnes et voûtes; puis vient un autre temple antique et simple, puis *Deir-Aïoub*, chapelle demi-voûtée, où l'on montre la tombe du prophète Job. Schoaba, autre ville druze, est riche en antiquités. Nedjaraoun est un labyrinthe de rochers. On est dans le district rocheux du Hauran qui s'appelle Ledja; c'est l'ancienne Trachonite. C'est à Nedjaraoun qu'on trouve la *maison* romaine décrite par Bankes dans le livre de Buckingham. Une tombe porte une inscription grecque où Tyronus est appelé l'éloquent et l'heureux.

Quatre heures et demie après Nedjaraoun on rencontre Ezra, l'ancienne Zarava : le temps y a respecté de petites maisons particulières des Romains; d'autres, plus grandes, sont appelées palais du Roi Jaune. Lord Lindsay croit que cette qualification désigne l'empereur de Russie; il ne connaît pas le travail par lequel Sylvestre de Sacy a prouvé que l'adjectif jaune était un jeu de mot de la rancune hébraïque sur la famille *Flavia*. Les Arabes l'ont continué pour désigner les empereurs romains ou byzantins.

Après Nedjaraoun on arrive à Tebné, puis à Sunamin, qui a un superbe temple antique, Kessoué au bout d'un désert de pierres noires, et enfin Damas où le voyageur arriva vingt-trois jours après avoir quitté Jérusalem.

A Damas il écoute les traditions Arabes qui font naître Adam dans la plaine Elghoutta où exista le paradis. Caïn tua Abel à Zebdani; tout autour sont les tombes des patriarches et des géants. Les courriers turcs viennent en sept jours de Bagdad à Damas.

A Palmyre, lord Lindsay remarque le temple du Soleil qui regarde à l'ouest; les colonnes corinthiennes avaient des chapiteaux de bronze qui ont tenté la rapacité des spoliateurs. Aux soffites on voit le vautour ailé volant dans les étoiles, le même ornement est reproduit dans plusieurs tombeaux; il l'a observé aussi à Baalbek. L'architecture de Palmyre est un mélange de grec et d'égyptien. Le grand temple (celui du Soleil), n'est pas à comparer au petit temple de Baalbek, seulement celui-ci manque de perspective; on ne le voit que quand on est tout près. Les édifices les plus curieux de Palmyre sont les tombeaux en forme de clochers carrés et diminuant de largeur à chaque étage comme beaucoup de minarets du Qaire et les tours de Saint-Sulpice; plusieurs ont quatre et cinq étages, dans l'intérieur il y a des niches destinées à recevoir les momies. Il y a des plafonds sculptés et coloriés précisément comme en Egypte; la plus belle de ces tombes est de l'an 103 de notre ère; celle de Jamblichus décrite par Wood est du troisième siècle.

Nous avions fait halte en haut de la berge près d'un puits où les chevriers viennent abreuver leurs troupeaux. De là nous mîmes trois heures à atteindre Loubia à travers des champs dépouillés de leurs récoltes et noircis çà et là par les roches de la formation volcanique. Après Loubia le calcaire jurassique reparaît et dure jusqu'à la chaîne qui sépare Cana de Nazareth. Cana ou Khandjalil est le Cana des noces. Le couvent grec y conserve un amphore antique, la sœur de celle qu'emporta le roi de Hongrie, André, fils de Béla. Les jeunes filles descendaient du village vers une grande piscine pour y puiser l'eau qui abreuve toute la bourgade. La plupart étaient chrétiennes et non voilées ; toutes portaient fort gracieusement leur cruche sur la tête. Sans descendre de cheval nous demandâmes à boire à une chrétienne qui complut à nos désirs et refusa une pièce de monnaie ; hélas ! dit-elle avec un accent rempli de la plus religieuse mélancolie, notre eau n'est plus du vin, elle se donne et ne se vend pas ! Bonne sœur, reprit un de nous en lui tendant une pièce plus riche, la soif ou ta charité ont renouvelé le miracle, reçois-en le prix en souvenir de Jésus. Elle accepta en portant la main à son front.

Cana est dans un détour de la plaine de Batouf où Saladin remporta la grande bataille dite de Tibériade, qui anéantit la Jérusalem latine et sa royauté. Cette terrible page historique avait eu une préface dans la plaine de Sefoury, séparée de celle-ci au couchant par un rideau de collines. Le 1er de mai 1187, une armée que le soudan envoyait au secours de Raymond de Tripoli, alors son allié, fut attaquée par une poignée de chevaliers de Saint-Jean et de Templiers. En ce temps là, Dieu était pour les gros bataillons, et le nombre l'emporta sur la bravoure. C'est ici que Jacques de Maillé, resté seul sur le champ de bataille, occupa un instant toute l'armée musulmane par les prodiges de sa résistance, et l'occupa plus longtemps à admirer et à mutiler son cadavre. Le grand-maître des Templiers, échappé presque seul à un carnage qu'il aurait pu prévoir, donna à ce combat le nom de Nazareth, erreur que Junot reproduisit dans sa brillante et tardive réparation de l'affront.

Deux mois et trois jours après ce combat, l'armée de Guy de Lusignan, réunie dans cette même plaine de Sefoury, passa le rideau de collines et reconnut Saladin campé sur les hauteurs de Loubia. Pressée par la soif qu'elle endurait depuis quelques jours, elle voulut forcer un passage jusqu'à Tibériade : les historiens musulmans, qui étaient peut-être mêlés aux émirs et suivaient sa marche du haut des collines, la comparent à des montagnes en mouvement ou aux flots d'une mer houleuse. Saladin manœuvra pour leur couper le passage et réussit à les arrêter toute la journée ; pendant la nuit il fit faire une distribution extraordinaire de flèches aux archers, il fit continuer le mouvement des troupes sur le flanc des chrétiens qui, au jour naissant, se virent entourés de tous côtés. Alors commença et se prolongea pendant toute la journée (5 juillet 1187) une terrible lutte dans laquelle selon l'expression du *Roudalain*, les flèches retentirent dans l'air comme le vol strident des oiseaux du lac, l'éclat des glaives éblouit les yeux, le sang des guerriers couvrit la terre comme la pluie.

Dans l'impossibilité de faire une trouée, les Chrétiens cherchèrent un asile sur la montagne d'Hétin qui était à leur gauche, mais la cavalerie des Sarrasins les y poursuivit et mit le désordre parmi eux. Le vent soufflait du midi et jetait des tourbillons de poussière sur les yeux des Chrétiens ; les Musulmans y ajoutèrent des torrents de flamme et de fumée en mettant le feu aux herbes sèches dont la plaine était hérissée. Alors, dit Schahabeddin, les Chrétiens furent brûlés par trois espèces de feu : celui de l'incendie, celui de la soif et celui des flèches. Le bois de la vraie croix, portée par l'évêque de Ptolémaïs, était l'étendard principal : il relevait partout où il se dirigeait la discipline et le courage. Saladin qui, dans une longue lettre que l'histoire a conservée, raconte la bataille en poète, après l'avoir gagnée en guerrier, Saladin compare la croix à la flamme autour de laquelle bourdonnent et fourmillent sans cesse les papillons. Tout-à-coup ce précieux fanal s'éteignit ; une flèche renversa l'évêque de Ptolémaïs ; l'évêque de Lidda qui relevait la croix fut fait prisonnier à l'instant même, et la croix tomba au pouvoir des Infidèles.

Cette nouvelle à peine connue jeta dans l'armée un effroi comparable au *sauve qui peut* des armées modernes. Les chevaliers du Temple jetaient leurs armes et se précipitaient sur le glaive ennemi. Raymond de Tripoli, le seul qui ne se décourageât pas, battit en retraite et s'ouvrit un passage pour retourner vers la mer; tous les autres chefs qui ne périrent pas furent faits prisonniers, le roi de Jérusalem, son frère Geoffroy, Renaud de Châtillon, le grand-maître des Templiers. Les captifs furent si nombreux que les cordes des tentes ne suffirent pas à les lier; ils tombèrent à si bas prix qu'un chevalier fut vendu pour une paire de babouches. Schahabeddin, qui parcourut le champ de bataille, en a décrit l'horrible spectacle avec complaisance, et reproduit sans le savoir ce bon mot de Vitellius, que le cadavre d'un ennemi a toujours une odeur suave.

Saladin, comme pour railler encore la soif qui lui avait fait si bon marché de l'armée chrétienne, s'empressa d'offrir un sorbet à la neige au roi Lusignan. Cette cérémonie se passait dans la propre tente où, alors comme aujourd'hui, les Orientaux faisaient les honneurs de l'hospitalité en présentant des boissons. Mais les hôtes mal vus n'ont pas droit à la politesse: Renaud de Châtillon, qui, ayant soif autant que le roi, voulut boire après lui, en fut empêché par le soudan, qui le frappa de son sabre et le livra immédiatement aux bourreaux. Renaud était haï par Saladin, parce qu'il lui avait résisté dans le château de Karak (Petra) dont il était seigneur, et surtout parce que de ce point il avait fait une incursion vers Médine et le sol sacré de l'islamisme; il avait aussi surpris beaucoup de caravanes qu'il avait refusé de libérer malgré la prière expresse du soudan. Celui-ci avait alors juré de tuer Renaud de sa propre main si Dieu le mettait en son pouvoir. Il commença par lui reprocher sa perfidie: Combien de fois as-tu donné et violé ta foi ? Que de traités n'as-tu pas faits et rompus ? De toi-même tu as demandé la paix, et le premier tu l'as violée. Renaud qui ne savait pas l'arabe fit par son interprète une réponse pleine d'un cynisme fier, qui ne déparerait pas le livre de Machiavel : La perfidie, la mauvaise foi sont coutume entre grands princes comme vous et moi !

Le lendemain, Saladin fit aussi égorger en sa présence tous les chevaliers Templiers et Hospitaliers. Cependant les deux ordres n'étaient égaux que par la bravoure ; les Hospitaliers avaient toujours respecté les traités, et, par malheur, les Templiers et Renaud de Châtillon n'en avaient pas fait autant. Beaucoup d'émirs et d'oulémas qui entouraient le trône de Saladin reçurent du soudan l'invitation formelle et réitérée d'égorger de leurs mains quelques-uns des prisonniers martyrs. Heureusement pour l'honneur de la science quelques oulémas se voilèrent la tête pour ne voir ni l'exécution barbare ni l'affreux plaisir que le soudan paraissait y prendre.

———

Les environs de Cana sont cultivés en mûriers, figuiers et oliviers : quelques chênes sont clairsemés sur la montagne que l'on gravit par une pente assez raide. A mi-côte, on aperçoit à droite la plaine de Sefoury qui paraît continuer celle Batouf. Abylène et Sefoury, le *Safariëh* de Kléber, s'élèvent au loin sur des monticules. Le sentier que l'on suit est tranché dans une marne argileuse bleue que la pluie doit rendre glissante, et que l'on n'a pas encore songé à paver comme les échelles de Safkoum près de Latakié. Aussitôt qu'on redescend le penchant sud de la montagne, on aperçoit Nazareth, situé dans une vallée moins grande, moins désolée, moins imposante que Bethléem. Il y a toute la différence du germe à l'arbre, de la conception à la nativité. La petite ville paraît propre et fraîche au milieu de ses jardins; le couvent de Terre-Sainte est un des plus beaux et des mieux bâtis de toute la Syrie.

9 Novembre.

Nazareth était en si mauvais renom que Nathaniel, de Cana, demanda à l'apôtre Philippe : Peut-il sortir quelque chose de bon de ce pays? Philippe lui répondit en lui montrant Jésus. Nazareth avait été jusqu'alors le nœud de trois pays fort divers, les côtes philistines et païennes laissées par Dieu pour éprouver et aguerrir les Juifs; le pays mal famé de Samarie, les plaines tranquilles, les villes calmes de la Galilée. Nazareth, comme tous les pays commerçants, par leur position, était le rendez-vous des marchands cupides et oublieux du sabbat, le refuge des turbulents de toute espèce; cela explique le propos de Nathaniel et le traitement éprouvé par Jésus, après la prédication dans la synagogue; les auditeurs le chassèrent de la ville et le poursuivirent jusqu'au rocher qu'on montre encore aujourd'hui et du haut duquel ils voulurent le précipiter, comme d'une roche Tarpéienne. L'église du couvent de Nazareth occupe l'emplacement de la maison de Joseph et Marie, où Jésus avait passé son enfance. Les superstructions successives après les tremblements de terre et les dévastations des Infidèles en ont beaucoup élevé le niveau. On descend par une quinzaine de marches aux débris de l'ancienne chapelle bâtie par l'impératrice Hélène; le rez-de-chaussée de la sainte maison est composé de plusieurs grottes; quelques colonnes sont encore en place; l'une d'elles, brisée à sa base, est encore suspendue par son sommet, depuis le temps où Khalil, maître de Ptolémaïs, fit systématiquement saccager toutes les villes chrétiennes et combler tous les ports. Le maître-autel, élevé de vingt pieds au-dessus du pavé de l'église, forme avec ses deux escaliers latéraux un cadre original à la grotte et à l'autel inférieur; le vaisseau est sonore et plein d'une pénombre religieuse ; l'orgue excellent et fort bien touché y répand des flots d'une harmonie suave qui invite à répéter la prière de l'*Ave*, aux lieux mêmes où se fit la salutation angélique !

Le couvent, un des mieux tenus que j'aie vus, est toujours desservi par les Espagnols, ainsi que les couvents de Ramla et de Jaffa. Le père supérieur, vieillard de soixante-dix ans, a passé sa jeunesse en Amérique, et n'a pas revu l'Espagne depuis quarante-cinq ans. Les malheurs de son pays l'affligeaient et le préoccupaient beaucoup ; il nous en demandait avidement des nouvelles. Tel est l'isolement de ces religieux que celles que nous pûmes lui donner après avoir quitté l'Europe, depuis un an, lui étaient encore inconnues. L'Espagne et le Portugal, qui fournissaient jadis à la Terre-Sainte plus de doublons et d'onces que tous les autres pays catholiques réunis n'envoyaient de talaris, l'Espagne et le Portugal ont cessé leurs aumônes depuis leurs troubles politiques.

RÉPONSE A M. DE LAMARTINE.

Malgré ce changement encore plus ressenti dans les couvents espagnols qu'ailleurs, les visiteurs de toute nation et de toute communion chrétienne (les Anglais conviennent que sans les couvents de Terre-Sainte on ne pourrait visiter la Syrie), leurs domestiques, leurs moukres, leurs conducteurs sont nourris et logés, sans que les pères demandent rien. Bien plus, l'on a beaucoup de peine à faire accepter au supérieur quelques aumônes à peine égales à la dépense qu'on a pu occasionner. Des sacristains surnuméraires, qui ne sont pas même frères *lais*, ont pu se permettre quelquefois ici ou ailleurs de demander à la dérobée quelques rétributions aux pèlerins dont ils s'étaient faits les cicerone : c'est cette erreur qui a fait échapper à un illustre voyageur, ordinairement plus charitable et mieux informé, une accusation affligeante pour les pères de Terre-Sainte et encore plus pour les visiteurs, témoins de leur bienfaisance et de leur désintéressement.

La plupart des arrêts du dix-huitième siècle ont été cassés par l'expérience, au moment même où ils allaient exciper de l'autorité que donne la prescription et la chose jugée. Nous avons déjà apprécié le saint-simonisme, la synthèse la plus logique et la plus habile des doctrines de ce siècle. Acceptant la civilisation comme développée indépendamment de la religion, il a été conduit à nier la propriété et la famille; poussant l'égalité jusqu'à ses dernières conséquences, c'est-à-dire le traitement de chacun selon ses mérites, il est arrivé à reconstituer des castes. Il lui eût bientôt fallu les rendre héréditaires comme moyen plus expéditif que le tâtonnement du mérite individuel. Ce n'était pas, certes, la peine de divorcer avec les traditions du passé! le fil qu'on voulait rompre sitôt et si violemment était encore tenace.

Chose singulière, les auteurs du système, tout les premiers, ont au fond plus d'estime pour ce passé que le public ne l'a cru et peut-être qu'ils se le sont persuadé eux-mêmes en déguisant leurs emprunts. Un schisme saint-simonien qui explique l'égalité révolutionnaire par la fraternité de Jésus-Christ, n'a pas dissimulé son admiration pour la savante omnipotence du clergé au moyen-âge, pour le pape, chef des cardinaux rouges, dont il raillait la parodie dans un père suprême entouré de cardinaux bleu-de-ciel.

Les arts avaient montré le chemin à la science politique : les artistes avaient commencé la réhabilitation du moyen-âge en lui demandant des inspirations ; mais les artistes un peu poussés par la fantaisie avaient été encore plus les interprètes de la morale. Les bonnes lames de Tolède et les blasons étaient portés par des gentilshommes qui croyaient en quelque chose, et s'humiliaient devant Dieu ou devant un confesseur à quelques moments de la vie. Le clergé, avec son savoir et sa puissance, pratiquait un peu l'humilité qu'il prêchait. Il faisait bon penser à tout cela pour se consoler de vivre dans le pays de l'insolence. Ce moloch, venu d'Angleterre, avait pris la France pour son temple et Paris pour son sanctuaire ; ce n'était pas l'insolence élégante, la fleur d'insolence, comme à l'OEil-de-Bœuf.

Le poison nartico-acre était passé à l'état de fruit, et répandait partout ses graines plus nombreuses que celles du pavot ou du stramonium. Le dédain hostile pour le prochain était la loi suprême des convenances ; le prochain avait du talent, on demandait s'il était riche ; il était riche, on demandait s'il avait du talent ; il avait du mérite et de l'argent, on demandait quelle position il occupait ; il avait une position, sa fortune était un scandale. On avait toujours quelque fin de non-recevoir à opposer. On aurait volontiers répondu comme l'Anglais qui s'excusait de ne pas reconnaître l'Irlandais qui, la veille, l'avait sauvé de la rivière : Monsieur ne m'a pas été présenté. L'égalité était alors le mépris de l'inférieur et l'envie du supérieur.

Un homme comme il faut, un *gentleman* (on n'osait pas dire gentilhomme) ne connaissait personne, ne saluait personne le premier, n'avait à lancer que des regards de menace et de défi. Le lorgnon était le mythe de l'un et de l'autre ; son éclair était la sentinelle avancée de l'épée ou du pistolet. Et, chose déplorable, ces airs étaient adoptés même par des hommes pleins de bon sens ; cette fatuité était copiée par des gens qui n'avaient pas de chemise sous leur gilet de satin ; la force de l'exemple, plus pesante sur l'esprit que le poids de l'atmosphère sur la pompe vide, en imposait la mode à quiconque avait seulement l'esprit nécessaire pour l'apercevoir.

Ne fut-il pas permis de chercher l'homme, le chrétien où l'on pouvait espérer qu'il se serait réfugié, au milieu de l'orgueil du siècle et du cruel mirage qu'il imprimait à toute l'optique du cœur et de l'esprit. Sous l'habit de prêtre, l'humilité est praticable pour soi, la justice pour soi et pour le prochain. Un prêtre n'est pas obligé de dissimuler son estime pour autrui, son approbation du mérite, son amour pour la vertu, sa sympathie pour l'enthousiasme, il ne trouve pas dans tout cela des hostilités contre son propre mérite, il ne se croit pas rabaissé par toute supériorité, il n'a pas besoin de la nier, de la douter, de la contenir, de l'emprisonner par des airs rogues ou distraits. Et cependant un peu d'orgueil serait bien excusable à un clergé qui fut pendant treize siècles plus instruit que tout le monde ; il aurait bien quelque droit de compter sur notre reconnaissance après nous avoir aidé pendant tout ce temps à l'égaler, non pas à le surpasser. Le cardinal Maï est la tête archéologique la mieux meublée ; Lanci corrige Sylvestre de Sacy ; Mezzofante sait cinquante-deux langues !

En France comme en Italie le savoir et la modestie ont réhabilité le clergé séculier ; mais tout le clergé catholique n'est pas borné là. Le clergé régulier, précisément parce qu'il n'existe plus en France, n'a pu dissiper parmi les Français les vieux préjugés du siècle passé. On a mis l'estime à la condition du travail, et l'on a supposé que les moines ne travaillaient pas. J'ai visité beaucoup de couvents en Italie, j'y ai trouvé de grandes bibliothèques, des manuscrits grecs, arabes, hébreux, et toujours quelques religieux capables de les lire, de les expliquer. Les Bénédictins, les Camaldules étudient aujourd'hui comme jadis, et de temps en temps quelque bon livre de controverse ou d'histoire sort de l'ombre des cloîtres. Les Chartreux cultivent la terre, défrichent les forêts et les bruyères comme les moines Maronites, auxquels M. de Lamartine pardonne en faveur de l'agriculture. En Italie, les Capucins et les Franciscains disent la messe tous les jours, confessent, prêchent, visitent les malades, ont charge d'âmes comme les curés et les vicaires en France. En Egypte, Syrie, Turquie, la charge d'âmes est plus pénible qu'en Europe, et cependant la règle sévère des ordres contemplatifs s'exerce là comme ailleurs. On se lève de très-grand matin, si même on ne se lève pas la nuit; on a à peine deux ou trois heures de repos hors de la chapelle, où les offices et les prières remplissent le reste de la journée. Deux heures par jour, voilà cette grande paresse contre laquelle on a tant crié et à laquelle apparemment les gens du monde sacrifient beaucoup moins de temps. Si l'on regarde comme un passe-temps commode la prière sur la pierre froide d'une chapelle, qu'on aille voir à l'*Ara cœli* ou aux Capucins de Palerme si la physionomie des prieurs est celle de gens qui se récréent; qu'on essaie de la posture, et l'on verra si elle est supportable un quart-d'heure, même en ayant les genoux calleux de Baudouin-du-Bourg! La règle libérale des ordres savants qui compense la prière par le travail mental n'est pas inconnue aux ordres contemplatifs. Tout religieux qui a du goût pour l'étude est encouragé à s'y livrer. C'est à lui que la plupart consacrent les deux heures de repos. La bibliothèque de la Propagande est pleine de dictionnaires, de grammaires et de mémoires relatifs aux pays où sont établis les ordres Franciscains et Capucins, et, à plus forte raison, les autres ordres. Dans tous les couvents d'Orient j'ai rencontré des Pères qui parlaient ou écrivaient fort bien les langues du pays, et qui avaient du mérite à les savoir, car ils les avaient apprises avec la peine qu'une pareille acquisition coûte toujours après la primeur de la vie.

La mendicité n'est pas dégradante quand elle est imposée par le vœu de pauvreté, quand elle est l'exercice d'un vœu d'humilité. Les mendiants, d'ailleurs, sont presque aussi rares au-dehors que les fainéants au-dedans. Les frères lais, toujours peu nombreux, en ont le département exclusif. Les ordres mendiants sont sortis du peuple, connaissent ses besoins, ses misères et y compâtissent mieux. L'étude, la prière les en séparent un peu ; ils se font remplacer un moment par les frères lais, qu'une éducation moins soignée et des devoirs moindres ne retiennent pas au-dedans. Le superflu qu'a donné le riche est rendu au peuple en secours matériels après les secours spirituels. Les couvents d'Espagne nourrissaient presque tous les nécessiteux du bas peuple. Vers la Pâque, le couvent de Jérusalem nourrit mille pèlerins par jour. Certainement beaucoup de malheureux ont jeûné depuis qu'on a supprimé les couvents en Espagne. Beaucoup de pèlerins mourraient de faim à Jérusalem sans le couvent de Terre-Sainte ; nous-mêmes, malgré notre argent, notre pratique du pays et de la langue, n'avons-nous pas toujours été réduits à la tente ou à l'étable partout où il n'existait pas de couvent !

Les religieux du mont Saint-Bernard exercent une hospitalité encore plus précieuse. Elle est plus pénible pour eux, relégués dans la neige et presque dans les nuages ; mais enfin ils sont en Europe, près de leur patrie, dont ils entendent toujours la langue. La tourmente et le froid ne sont pas pires que la peste, les Bédouins et les Turcs ; et cependant les religieux du mont Saint-Bernard ont trouvé grâce devant les plus grands ennemis du monachisme. Tous se sont demandé quels sentiments purement humains, quelle philantropie auraient soutenu depuis huit siècles un dévouement si humble, si militant (1)? On aura beau faire, il faudra revenir à cette grande idée de Dieu, à cette touchante charité chrétienne tant qu'on voudra voir produire à l'humanité sa plus haute pensée, son courage le plus exemplaire! Les sapeurs-pompiers, si admirables d'adresse et de courage pendant les incendies, sont récompensés par l'avancement, par la voix publique, par le journal. Les capucins, en France, faisaient leur métier avant la révolution de 89, et ils n'avaient ni solde, ni avancement, ni journal pour les stimuler, non plus que les moines du mont Saint-Bernard, les pères de la Merci, les pères Crocifèrés, et tant d'autres ordres occupés à délivrer les prisonniers tombés aux mains des Turcs et des Barbaresques.

Certes, ici l'action était compagne de la méditation: mais la méditation était assez longue pour perfectionner les dogmes, pour retremper le zèle. Un missionnaire anglais (2), qui m'a précédé en Syrie et qui n'a épargné aucun argument contre le monachisme, trouve pourtant admirable la pratique de la propagande romaine : quelques semaines de retraite dans un couvent, loin des affaires du monde! Les couvents étaient une retraite plus longue et plus utile; la méditation y délassait les militants, y préparait à l'action les novices. On y avait trouvé la division du travail et le phalanstère avant les économistes. Plus d'un pape y avait appris à estimer les ruines de Rome antique, à relever une Rome nouvelle, à concilier, à juger les rois, à gouverner le monde. Dans mes entretiens sur l'état actuel de l'Orient, sur les chances de son avenir, de sa régénération, j'ai pu m'apercevoir que les traditions qui créèrent de pareils hommes n'étaient pas tout-à-fait perdues.

Niera-t-on que les couvents fussent un asile contre le

---

(1) Valery, Voyages hist. et littér. en Italie.
(2) Will. Jowett; Christian researches in Syria and the Holy-Land.

malheur, contre les passions? Qu'ils aient diminué le remords après de grandes fautes, le découragement après d'amères déceptions! Croit-on qu'avec cette ressource, le bagne et la morgue occupassent une si grande place dans le journal, dans le théâtre et dans la réalité? Plusieurs ordres religieux régénérèrent l'Eglise au treizième siècle (1). Au dix-neuvième, ils régénéreraient la société, ils détourneraient de leur catastrophe fatale l'action sans but, l'ambition sans talent, le talent sans succès, la cupidité sans frein, la douleur et le désespoir sans consolation!

Deux routes conduisent de Nazareth à la plaine de Saint-Jean-d'Acre : celle que suivirent Junot, Kléber et Bonaparte passe par Sefoury et Bedaoui; l'autre prend au sud par les villages de Jebiza et de Zaïdy. Cette dernière est moins connue; c'est pour cela que je lui donnai la préférence. La montagne entremêlée de vallons fertiles continue pendant deux heures en longeant les villages de Koubeibé, de Jaffa et de Jebiza. Ici commence une plaine parsemée de laves noires, c'est le rameau occidental d'Esdraëlon. Nous y remarquâmes le hameau de Semouny près d'une petite source, le bourg de Zaïdy sur un monticule tout hérissé de nopals. La plaine continue jusqu'à une forêt de glands édules qui couvre les collines et les montagnes du Carmel. Les chênes, hauts de trente ou quarante pieds, sont les plus grands que nous ayons rencontrés dans toute la Syrie. Après une heure de forêt on découvre la mer qui échancre en demi-cercle une plaine verte. Un point blanchit à la corne septentrionale du Croissant. C'est Akka, l'ancienne Ptolémaïs.

La plaine d'Acre, bornée près de la mer par la fin du mont Liban et le commencement du Karmel, est embras-

---

(1) L'abbé d'Usberg.

sée à l'est par les chaînons de l'Anti-Liban, qui viennent se rallier au Karmel. Sa largeur en tout sens est d'environ trois lieues. Deux ruisseaux la traversent; le Bélus, au nord, naît d'un lac, ou plutôt d'un marais, nommé *Cendevin* par les auteurs des croisades. Le *Kison*, au midi, n'a pas, dans l'été et l'automne, la longueur que lui donnent les cartes. Elles le font venir du pied du Thabor et du milieu d'Esdraëlon, ce que les niveaux rendent impossible. Ses sources plus certaines et plus permanentes sont pour la plupart au pied des falaises calcaires, au sud-est de la plaine.

La ville moderne d'Acre n'occupe guère que le quart de la surface de l'ancienne Ptolémaïs. Les fossés de celle-ci sont reconnaissables à une grande distance des remparts de celle-là. La ceinture de jardins se ressent encore du siége des Français, ou plutôt du siége bien plus récent d'Ibrahim-Pacha. Les murs et les bastides sont en ruines ; la végétation recommence, mais moins luxuriante et moins riche qu'à Qarffa. La ville est pleine de ruines comme sa banlieue ; Ibrahim-Pacha n'a réparé que les brèches des remparts et la mosquée de Djezzar.

Acco, ville de la Galilée supérieure, reçut de Ptolémée-Lathyre le nom de Ptolémaïs, sous lequel elle a joué, pendant les croisades, un des premiers rôles après Jérusalem. Lorsque Godefroy passa sous ses murs, en venant d'Antioche, l'émir qui y commandait pour le khalife égyptien fit une apparence de soumission et envoya des vivres. Quelques jours après, l'armée étant campée près de l'étang de Césarée, le véritable secret de cette démonstration fut révélé d'une façon presque miraculeuse. Un pigeon, échappé aux serres d'un oiseau de proie, tomba mort au milieu des soldats; une lettre attachée sous son aile et dont les auxiliaires syriens déchiffrèrent l'écriture donnait à tous les chefs musulmans l'avis de la marche des croisés, et leur enjoignait de préparer les moyens de repousser leurs attaques.

Ce fut le premier successeur de Godefroy, Baudouin, qui conquit Ptolémaïs avec la coopération maritime des Génois. Ceux-ci se réservèrent d'avance le tiers du butin, une église particulière, un comptoir et un tribunal à l'usage spécial de leur nation. Après vingt jours de siége, la ville ayant capitulé, les Génois n'en traitèrent pas moins les habitants et leurs domiciles avec les droits d'un vainqueur qui serait entré par la brèche. Ils devinrent farouches soldats après avoir commencé le siége en marchands cupides.

Guy de Lusignan chercha à relever l'éclat du nom chrétien aussitôt qu'il fut en liberté, et il attaqua Ptolémaïs, que la bataille de Batouf avait livrée à Saladin. Il vint investir la place avec une petite armée qui se grossit rapidement des avant-gardes de Richard et de Philippe-Auguste. Saladin, arrivé après lui, investit d'une armée plus considérable la route des assiégeants. Selon Ibn-Alatsyr, il avait son camp sur la colline Kisan, sa droite s'étendait jusqu'à la colline Aidia, sa gauche jusqu'au ruisseau Bélus. Ses bagages et son arrière-garde étaient à Sefoury, ou Safarièh. Quand il fut tombé malade, il se retira à Kharouba. Lorsque Malek-Adhel, son frère, vint à son secours, il occupa Qaïfa et le mont Karmel. Saladin parvint, par plusieurs attaques, à jeter dans la place des secours et deux chefs habiles, l'un au commandement des troupes, l'autre aux constructions militaires.

Celui-ci était un affranchi grec qui bâtit la citadelle du Qaire. Il était bossu, contrefait, et, comme de raison, spirituel et libertin; son nom et sa figure sont devenus, en Orient, un type semblable au polichinelle d'Europe. Il s'appelait Karakousch ; brave et habile, il fut le Phelipeaux de son siége, dont Lusignan eût été le Bonaparte s'il avait opéré sa retraite en bon ordre.

Il n'en fut pas ainsi. Après avoir, un instant, mis en déroute l'armée infidèle, les chrétiens furent dispersés à leur tour par un de ces hasards qui perdent quelquefois des empires. Un cheval, échappé des rangs sarrasins, fut poursuivi par plusieurs soldats, et ce mouvement fut interprété par d'autres en une fuite qui fut subitement imitée avec une panique générale. Le camp de Saladin avait été pris, lui-même avait été dix fois entouré d'ennemis ; à la fin de la journée, il se trouva vainqueur et maître de tout le champ de bataille, excepté le camp retranché, que Jacques d'Avesnes et Geoffroy de Lusignan maintinrent jusqu'au bout. Ce camp devint le noyau de nouvelles attaques.

L'arrivée de nouveaux Croisés, et enfin de Richard et de Philippe, fit reprendre le siége, qui se prolongea avec des fortunes diverses : les tours de bois brûlées par le feu grégeois, les Croisés assaillis à-la-fois par l'armée de Saladin et par les sorties de Karakousch, livrés à toutes les horreurs de la famine quand les flottes chrétiennes étaient battues par les vaisseaux musulmans, rendant ces horreurs aux assiégés lorsque la fortune était pour les vaisseaux chrétiens ou que la plaine, inondée par le débordement des torrents, empêchait Saladin de les inquiéter.

Enfin les étendards des rois de France et d'Angleterre furent arborés sur les remparts : la garnison, presque anéantie par le fer, par le feu, par la famine, fit une capitulation que l'armée musulmane ne put empêcher. Le siége avait duré près de trois ans ; neuf grandes batailles et plus de cent combats y avaient été livrés. Le nombre des chrétiens qui périrent pendant le siége est estimé, par Sicardi, à plus de deux cent mille. Les Clorindes étaient fort communes dans toutes les croisades; au siége de Damas il y avait une troupe d'amazones commandées par la dame aux jambes d'or. Plus d'une fois les Sarrasins, en dépouillant des morts ou des prisonniers, trouvèrent des femmes sous les cuirasses et les hauberts. Quand Richard et Philippe furent maîtres de la ville, ils n'y laissèrent entrer que des Français et des Anglais. Tous les autres, quels qu'ils fussent et quoi qu'ils fussent là depuis deux ans, furent honteusement repoussés. C'était la punition de la manière dont les Italiens avaient pillé et partagé le butin dans les autres villes. C'était aussi le privilége de la force pour un partage léonin. Les deux rois avaient décidé la victoire par l'importance de leurs armées, bien qu'elles ne fussent arrivées que depuis deux mois.

Au commencement du siége périt le grand-maître des Templiers, pour la seconde fois prisonnier de Saladin, qui finit par lui faire subir le sort de la plupart des prisonniers de la journée de Tibériade. Parmi d'autres noms illustres qui comptèrent parmi les morts, on remarque, pour la première fois, un Josselin de Montmorency et un Albéric Clément, premier maréchal de France. Sibylle, femme de Guy de Lusignan, mourut, avec ses deux enfants, des maladies pestilentielles qui ajoutèrent leurs ravages à ceux de la guerre. Les deux rois Richard et Philippe furent plusieurs fois malades, et leurs alentours murmurèrent souvent de réciproques acccusations d'empoisonnement. Ils auraient mieux fait de penser au soudan, qui leur envoyait des médecins, des cadeaux et des lettres de politesse.

Les prétentions de Conrad de Tyr et de Guy de Lusignan, qui se disputaient le vain titre de roi de Jérusalem, l'appui que donnaient aux deux rivaux les chefs de l'armée, mêlèrent leurs agitations, leurs intrigues, aux longues péripéties du siége. Cette page, que l'histoire ne pourra jamais vivifier dans tous ses détails, attend encore un roman historique. Madame Cottin a été épique par le style et par les tournois. Son livre est excellent selon la définition de La Bruyère, car il émeut jusqu'aux larmes tous les lecteurs.

Les femmes montent le Pégase du roman comme elles montent les autres chevaux : ou timides ou casse-cous ; la finesse ou l'exaltation. La première manière fut celle du siècle de Louis XIV. La seconde règne de notre temps. L'allure cavalière des hommes leur est inconnue, impossible peut-être. Chez madame Cottin, l'exaltation, qui a parfois altéré l'optique de notre temps, altère à plus forte raison celle des pays et des hommes plus éloignés. L'idéalisation épique a transfiguré tous les caractères, à-peu-près comme d'une veuve expérimentée elle a fait une vierge timide. La sœur de Richard, Jeanne, était veuve du roi de Sicile Guillaume. Malek-Adel, administrateur et roi plutôt que guerrier, philosophe plutôt que poète, espèce d'Octave musulman (1), est aussi devenu un chevalier chrétien, et même un peu marquis.

Le caractère de Richard, plus développé dans l'œuvre de Walter Scott, y a été falsifié davantage par les préjugés nationaux de l'auteur. Walter Scott ne s'est pas collet-monté au point de s'interdire la comédie. Mais qu'est devenu cet aventurier royal dont le romancier nous avait montré un profil si plaisant et si vrai dans *Ivanhoe* ? En Palestine, nous ne voyons que la bravacherie du soldat, beaucoup moins féconde que la colère d'Achille. La querelle au sujet du drapeau anglais s'était passée à Messine et

---

(1) Selon Ibn-Ferat, quand Malek-Adhel eut partagé son vaste empire entre ses enfants, il ne cessa de se transporter d'un royaume dans l'autre. Il passait ordinairement l'été en Syrie à cause des fruits, de la fraîcheur de l'air et des eaux ; l'hiver en Égypte à cause de la douceur du climat. Il mangeait prodigieusement ; il lui fallait un agneau pour lui seul.

non en Terre-Sainte, et le marquis de Tyr, protégé de Philippe-Auguste, a enduré la rancune secrète de l'auteur contre la France et contre les Français de tous les temps.

Conrad de Tyr est un des caractères les plus défigurés par les préjugés du temps, et notamment par la partialité du chroniqueur anglais Vinisauf. Les croisés trouvaient plus commode d'expliquer leurs défaites par des trahisons que par le manque d'unité dans la conduite de leurs chefs, par le manque de discipline dans leurs armées. Paulus Emilius a attribué son assassinat à la rancune d'Honfroy de Thoron, qu'Isabelle avait quitté pour lui. Cette hypothèse n'est pas prouvée, mais est vraisemblable. Conrad de Tyr est devenu, dans Walter Scott, un traître de mélodrame qui provoque les sicaires ismaëliens contre Richard. Cependant le Conrad de l'histoire fut victime et non pas complice de ces odieux sectaires, avec lesquels le généreux Richard eut des relations plus amicales. Richard, dans notre siècle, aurait été un Anglais excentrique. Dans le sien, il fut un roi absurde, violent et indécis, impie, libertin et superstitieux, faisant la guerre à des croisés et consultant des ermites; venant en chemise faire sa confession devant des évêques assemblés; épousant Bérengère de Castille, et, le lendemain de ses noces, affichant la fille d'Isaac Comnène, sa concubine; fier de sa race et voulant marier sa sœur avec un Musulman; conquérant un royaume et le vendant à beaux deniers. L'amour du plein chant, quelques rimes de troubadour et un bon mot célèbre (1) ne font pas plus un homme d'esprit que la bravoure n'exclut les noirceurs. W. Scott, épuisé par la production de vingt chefs-

(1) Foulques de Neuilly, prêchant la croisade au nom d'Innocent III, s'adressait à Richard-Cœur-de-Lion. « Vous avez, lui disait-il, trois filles à marier: l'avarice, l'orgueil et la luxure. » — « Mon orgueil, répondit Richard, je le donne aux Templiers, mon avarice aux moines de Citeaux, ma luxure aux évêques. » RIGORD.

d'œuvre, n'a pas pensé à tout cela. Il a réduit son roman aux petites dimensions d'un épisode, et n'y a fait entrer ni cette Isabelle qui change de mari (1) plus souvent que Marie Stuart et Lucrèce Borgia, avec une dot insaisissable, la royauté de Jérusalem; ni ce Carakousch aïeul de tous les Kaliban, Quasimodo et Mahieu, Bizantin par sa malice et sa dégradation extérieure, Grec par son génie; ni ce Jacques Davesnes, le plus grand stratégiste de son siècle, qui devina l'importance de l'infanterie et régularisa ses manœuvres, en la groupant autour du *caroccio* lombard. Les républiques italiennes du moyen-âge durent à la démocratie et à ce char porte-drapeau l'éducation précoce du soldat fantassin, qui est devenu le fond des armées et de la tactique moderne.

La bataille de Sidon, gagnée contre Malek-Adel au bord du fleuve Eleuthère, fut le seul exploit glorieux pour les chrétiens après la prise de Ptolémaïs. Peu de temps après cette bataille, la ville de Thoron (2), le *tebnin* des auteurs arabes, fut inutilement assiégée, et quand les assiégeants se retirèrent, les Allemands allèrent s'enfermer dans Jaffa, après s'être querellés avec les chrétiens de Ptolémaïs.

Vers le commencement du treizième siècle, un tremblement de terre, qui renversa la plupart des villes de la Syrie, à l'exception de Jérusalem, détruisit la plus grande partie des remparts de Ptolémaïs. Parmi les esclaves musulmans qui travaillèrent à les relever, se trouvait Saady, le charmant poète persan. Il avait été fait prisonnier en venant

---

(1) Isabelle, pire que Marie Stuart et que Lucrèce Borgia, épousa le comte Henri de Champagne la nuit même où le marquis de Montferrat, son mari, fut assassiné.

(2) Cette citadelle, qui donna son nom à deux Honfroy, timides prétendants à la couronne de Jérusalem, était située sur une montagne entre Tyr et Sidon. L'aîné des Honfroy arma Saladin chevalier. C'est le plus mémorable trait de sa vie.

faire son pèlerinage à Jérusalem ; un marchand d'Alep le racheta pour dix écus d'or. A la même époque, le roi de Chypre, Amaury de Lusignan, devenu roi de Jérusalem par son mariage avec Isabelle, mourut à Ptolémaïs d'une fièvre gagnée dans les plaines marécageuses. Il était tombé malade à Qaiffa où, pendant la semaine sainte, on allait cueillir des palmes depuis que les palmiers de Tibériade et de Jéricho étaient retombés aux mains des Infidèles.

Le roi saint Louis, arrivé à Ptolémaïs après sa malheureuse expédition de Damiette, y trouva aussi des malades à secourir et des murs à réparer. Ce fut peu de temps après son départ qu'éclatèrent les querelles des Génois et des Vénitiens, occupant chacun en toute propriété et suzeraineté un quartier séparé de la ville ; mais possédant en commun l'église de Saint-Sabbas. Ils avaient porté ici leur rivalité de nation et de commerce. L'église de Saint-Sabbas d'abord, la ville ensuite furent troublés et ensanglantés de leurs différends, dans lesquels les Templiers et les Hospitaliers prirent souvent parti.

Après qu'Houlagou eut détruit le khalifat à Bagdad, son lieutenant Ketbogha vint ravager le territoire de Sidon et menacer Ptolémaïs. Ce fut alors que le sultan du Qaire, Koutouz, fit alliance avec les chrétiens, poursuivit les Mogols dans la plaine de Tibériade, où il les dispersa après avoir tué Ketbogha. Cette victoire n'effaça pas, aux yeux des Musulmans, le scandale de l'alliance chrétienne, ou plutôt Bibars, déjà meurtrier du dernier prince de la famille de Saladin, se servit de ce prétexte comme d'un marche-pied de plus pour arriver au trône. Il assassina Koutouz dans une partie de chasse, et se présenta ensuite au lieutenant de l'état ou atabek. Qui a tué le sultan, lui demanda celui-ci ? — C'est moi, répond Bibars. — En ce cas, reprit l'atabek, règne à sa place. Ce dialogue est le cathéchisme de la plupart des successions royales d'Orient. Bibars, élevé sur le pavois, réduisit les possessions chrétiennes à Ptolémaïs, mais ne put se rendre maître de cette ville. Calaoun, autre usurpateur qui chassa les fils de Bibars après l'empoisonnement de leur père, fit commencer le siége de Ptolémaïs par son fils Melik-el-Aschraf-Khalil. Lui-même, retenu au Qaire par une maladie, eut la rare fortune de mourir de mort naturelle.

Ptolémaïs réunissait alors le luxe de Chypre et de Constantinople à la formidable architecture des villes Italiennes du moyen-âge. Les races, les nations diverses pressées dans ses murs avaient des quartiers séparés par des fortifications, des portes et des chaînes de fer. En temps de calme, des rois et des princes se promenaient sur les places publiques avec des couronnes d'or, quelques-uns portaient le costume oriental à l'exemple d'Henri de Champagne, qui s'était revêtu du turban et de la pelisse que Saladin lui avait envoyés comme présent d'honneur. Leur suite avait des vêtements rehaussés d'or et de pierreries : il y avait des fêtes, tournois et spectacles de tous genres ; une marine nombreuse et active échangeait incessamment dans le port et dans la rade les trésors commerciaux de l'Europe et de l'Asie.

Mais comment le calme aurait-il duré au milieu d'un feu croisé d'intérêts, de passions et de prétentions que nulle autorité supérieure ne contenait; presque tous les rois de l'Occident, à commencer par le pape, avaient des représentants qui se regardaient comme les égaux du roi de Chypre, dont le royaume était loin, et du roi de Jérusalem dont le royaume n'existait plus. Les grands maîtres des Templiers, Hospitaliers, Teutoniques, de Saint-Lazare et de Cantorbéry, les prélats, les patriarches et jusqu'aux délégués de Gênes, de Venise, d'Antioche, ne voulaient pas non plus du second rang. Nous avons vu que les querelles éclataient parfois lorsque l'ennemi étaient loin des remparts. Elles ne furent pas comprimées par sa présence.

Ce furent ces discordes intestines qui préparèrent la chute de Ptolémaïs; ses remparts tels que Louis IX les avait réparés étaient imprenables, la mer et les flottes d'Europe pouvaient toujours la ravitailler. Le feu grégeois, dont tant de monde avait maintenant le secret, pouvait être lancé par les fusils ou tubes de cuivre, et détruire les balistes et tours de bois des assiégeants. Les maladies qui avaient dévoré la plus grande partie des six cent mille chrétiens qui s'étaient succédés pendant trois ans dans la plaine, ne pouvaient épargner les masses musulmanes qui la bordaient, maintenant depuis le Karmel jusqu'à l'Aidia.

Cependant Khalil finit par livrer des assauts fructueux, après avoir comblé les fossés d'une foule vivante de *Schages* (1), sectaires capables de tout faire pour le triomphe de l'Islamisme; les Hospitaliers, Guillaume de Clermont leur héroïque maréchal en tête se firent tuer sur les brèches, et à la porte Saint-Antoine. Les Templiers eux-mêmes qui les premiers avaient parlé de se rendre, finirent non par se rendre, mais par mourir les derniers; assiégés dans leur dernier asile, le château du Temple, ils furent écrasés quand le château miné par l'ennemi s'écroula. Les Franciscains dits frères Mineurs, qui étaient fort nombreux dans la ville furent tous égorgés; la plupart des femmes outragées; les religieuses de Sainte-Claire échappèrent à ce malheur en se mutilant le visage: l'ennemi, saisi d'horreur en les voyant, se contenta de les tuer. Le roi Henri eut le temps de monter un vaisseau qui l'emmena à Chypre. Un homme célèbre parmi les historiens arabes, Aboulfeda, quatrième descen-

(1) Ces sectaires sont nommés aussi pèlerins par Bartholomus de Néocastro Messanensis, *desolatio achon*. Leur nom doit être une corruption de *hadj*.

dant de Schaïnscha, frère utérin de Saladin, assistait à ce siége qu'il a raconté dans ses *Annales*, années 1290-91. Prince de Hamah, il avait suivi la carrière des armes et avait, dès l'âge de 12 ans, assisté au siége de Marqab, plus tard à celui de Tripoli (en 1289).

Le lustre de l'expédition d'Egypte et de son chef a rejailli sur le siége de Saint-Jean-d'Acre, malgré sa terminaison infructueuse. Bonaparte était à-peu-près dans la même position que Guy de Lusignan: une petite armée partagée entre les sorties des assiégés et les attaques d'un ennemi qui tenait la campagne. Celui-ci, nous l'avons déjà vu en racontant la bataille du Mont-Thabor, n'eût point de Saladin. La ville trouva mieux que Melchou et Karakousch dans Djezzar, dans Sidney-Smith et Phélipeaux. Ce dernier avait été le camarade et presque le rival de Bonaparte dans un régiment d'artillerie; il avait été chef de l'insurrection royaliste du Berry, puis prisonnier au Temple où il avait connu Sidney-Smith et concerté avec lui son évasion. Ainsi le siège d'Acre fut principalement la lutte de deux gentilshommes français sous des bannières diverses, et quand la place résista, quand l'armée leva le siége, ce fut le génie français qui fit balance à lui-même. L'un des deux champions en voyant crouler le trône de son roi avait craint peut-être que les dames ne lui envoyassent la quenouille, qui alors comme au temps de croisades rappelait à leur devoir ceux qui hésitaient à émigrer. Il avait pris par Coblentz le chemin de Terre-Sainte. Quand la pente de son ressentiment l'eut amené dans l'ancienne Ptolémaïs, quand il se trouva l'auxiliaire d'un Anglais et d'un Turc, il put se douter que d'autres avaient compris mieux que lui les idées de patrie et d'honneur, car d'autres Français faisaient la véritable croisade. Sortis pour la plupart des rangs populaires, ils venaient après six siècles réparer l'injustice de l'histoire, si indifférente pour ce peuple qui autrefois comme aujourd'hui faisait le fonds des armées, ils venaient rendre des noms nouveaux aussi illustres que ceux des plus hauts barons, des plus brillants chevaliers des croisades. Phélipeaux fut puni de son erreur par une mort sans gloire : la peste l'enleva quelques jours après la fin du siége.

L'armée française et son chef suivirent jusqu'à Césarée la route de l'armée romaine et de Titus. Parti le 19 février d'Elarich, Bonaparte arriva un mois après au débouché des gorges du mont Karmel, et son avant-garde occupa Qaïffa que les Turcs avaient évacué. En filant sur la plage au défaut du Promontoire, l'avant-garde fut canonnée par les chaloupes de la croisière anglaise. On établit à Qaïffa des magasins importants; on occupa un petit fort qui domine la ville, dont le commandement fut confié à Lambert, chef d'escadron de dromadaires. Bonaparte avait entendu parler en Egypte des exploits des Wahabites et de leur chef Saoud qui avait inventé une arme nouvelle. Un chameau, portant une semaine de provisions, était monté par deux hommes armés de fusils. Dans le combat, l'un pouvait mettre le pied à terre, l'autre chargeait : l'on improvisait ainsi de l'infanterie et de la cavalerie, c'était le dédoublement du dragon européen. Le chameau ou le dromadaire ainsi équipé s'appelait Mardoufa; Bonaparte en avait organisé une demi-brigade.

Le 28 mars, la place investie fut canonnée par des batteries de brèche : la grosse artillerie manqua tout le temps du siége, car les vaisseaux qui la portaient d'Alexandrie tombèrent entre les mains des Anglais. Certains récits écrits par les gens du métier semblent pourtant insinuer qu'on aurait pu tirer meilleur parti du peu de canons de gros calibre qu'on possédait. Ils s'étonnent de l'obstination qu'on mit à battre la tour de l'est, quelque reste sans doute de la grosse tour maudite qui fit tant de mal à Lusignan, à Richard, à Philippe et à Conrad de Monferrat. Cette tour même, en s'écroulant, ne pouvait donner une brèche praticable, et la batterie qui l'attaqua était inquiétée par le feu croisé des assiégeants et même des vaisseaux anglais. L'obstination n'était pas, ce semble, le fait de l'ingénieur Cafarelli.

Phélipeaux avait doublé le mur extérieur, pauvre fortification à la mode du treizième siècle, d'un mur intérieur qui brava les assauts des Français. Une fois cependant deux cents grenadiers de la brigade Lannes pénétrèrent dans la place, se barricadèrent dans une mosquée, où ils auraient tous péri comme leur valeureux chef Rambaud. Sidney-Smith arriva à temps pour leur faire accepter une capitulation. Les Turcs, sur la brèche et sur les remparts, se souvinrent de leurs aïeux. Ils se servirent avec avantage des armes nouvelles et des anciens procédés : l'huile bouillante, la poix enflammée, les poutres goudronnées, rappelèrent aux assiégeants le feu grégeois. Sidney-Smith reçut des sacs d'oreilles et de têtes françaises, que Djezzar lui envoyait en guise de bulletin.

Après soixante jours de tranchée ouverte, l'armée évacua, pendant la nuit, la colline de Saron et Mahmourie. Les grenadiers de la droite burent pour la dernière fois l'eau claire du Tamouh; la gauche abreuva pour la dernière fois ses chevaux et ses dromadaires dans le Kerdanè. La division Lannes marcha sur Tantoura; la cavalerie prit position au pont de Kerdanè, qui fut détruit; l'artillerie de la place tira à vide toute la nuit. Les Druzes et Metwalis rentrèrent dans leurs montagnes. Ils avaient aidé les Français en combattant avec eux, en leur portant des provisions. Bonaparte avait caressé leur plan favori d'émancipation avec une souveraineté armée dans la montagne et un commerce actif dans le port de Beyrout ; c'était le plan des Fakhareddin ; ce sera celui d'autres émirs. Acre a été assiégé plusieurs fois depuis le commencement de ce siècle : des pachas successeurs de Djezzar ont résisté souvent et longtemps, les uns aux firmans impériaux et aux troupes turques ; d'autres plus hardis aux troupes égyptiennes et à Ibrahim-Pacha. Un siège d'Acre presqu'aussi long que ceux des croisades fut le dernier épisode de la conquête de la Syrie par le pacha d'Egypte? M. Cornilhe, auteur d'un voyage fort spirituel en Turquie et en Syrie, assista à son dénouement. Les fantassins d'Ibrahim entrèrent par une brèche qui était dès longtemps praticable pour les chameaux. On voit que les traditions des Mameloucks qui montaient sur la brèche avec leurs chevaux commençaient à se perdre.

10 Novembre.

Quand nous approchâmes de Saint-Jean-d'Acre, la ville était en proie à deux terreurs. Le gouvernement avait soupçonné de malversations ses scribes cophtes et les avait bâtonnés pour leur faire rendre gorge. Plusieurs, réduits à la misère, mendiaient dans les rues et le long des jardins. Les bruits de peste, arrivant de Jérusalem, avaient fait établir une quarantaine aussi sévère du côté de terre que la quarantaine maritime. Nous lui dûmes de ne pouvoir pénétrer dans la ville. Il fallut se diriger vers Qaïffa en passant le Bélus, ou Kerdané, et le Kison, et longeant ensuite les jolis jardins, tout pleins de palmiers comme au temps d'Amaury. Les dattes d'Acre, ou plutôt de Qaïffa, ont de la réputation en Syrie. Acre est la limite septentrionale au-delà de laquelle elles ne mûrissent plus.

Nous ne trouvâmes pas d'inspecteurs sanitaires à la porte de Qaïffa. La communication avec Jérusalem se fait par la porte du midi, et les autorités n'avaient pas imaginé qu'on pût revenir de Jérusalem par la route de Nazareth. Nous fûmes accueillis avec empressement par la famille d'un agent consulaire français, M. Bernard, dont le père, encore vivant, est un Provençal. Sa dame est une italienne remarquable, comme madame Katcheflitz, par de beaux yeux noirs avec des cheveux blonds.

On nous conseilla d'employer le reste de la journée à visiter le couvent du Karmel, vers lequel nous nous acheminâmes après le déjeuner. Qaïffa est bâtie au bas de la montagne, et en apparence à l'extrémité de la corne méridionale de la baie d'Acre. Cependant, la montagne, avant de se détourner droit au midi, lance un autre promontoire plus haut et plus long, au bout duquel est placé, de temps immémorial, le couvent des Karmélites. Celui-ci avait été démoli par le pacha d'Acre pendant l'insurrection des Grecs, sous prétexte que les pères faisaient des signaux aux pirates de cette nation, et même leur envoyaient des vivres et des armes. Le consul français d'Acre se retira à Saïde et ne revint plus; le siége consulaire a été transporté depuis à Beyrout. Mais ses représentations firent arriver de Constantinople un firman qui permettait la reconstruction du couvent. Frère Jean-Baptiste s'était mis en campagne pour quêter : il revint avec plus de trois cent mille francs, recueillis principalement en France, et fut l'architecte de l'édifice dont il avait été l'heureux pourvoyeur.

Le couvent est à une lieue de la ville. On traverse pendant trois quarts-d'heure une plage recouverte de terre végétale et ombragée de mûriers, oliviers et nabka, parmi lesquels voltigent des milliers de linots. Cet oiseau, qui siffle un mouvement de valse, vole par une série de bonds qui tiennent aussi de la danse. Son ramage et son mouvement avaient je ne sais quoi de naïf et d'antique aux approches de cette grotte qui avait abrité le prophète Élie. On monte, pendant un quart-d'heure, une rampe taillée en zig-zag dans le flanc de la montagne, et l'on arrive au seuil du couvent. La vue est imposante ; elle commande toute la baie à droite ; à gauche, plusieurs lieues de côte par-delà Châtel-Pélerin.

Pendant que le frère lai allait avertir les pères de notre arrivée, nous visitâmes une grotte où furent ensevelis quelques Français, morts pendant le siége dans un hôpital établi dans le couvent même. L'un de nous prétendit reconnaître la protubérance de la rixe aux tempes de la plupart des crânes, et en conclut qu'ils avaient dû appartenir à des Bretons ou à des Normands. L'un de ces crânes donnait un enseignement plus sérieux qu'une leçon de phrénologie : nous le trouvâmes au milieu de la table en fer à cheval, dans le réfectoire des Karmélites.

Les bons pères, qui ont voulu même aux joies du repas mêler le souvenir de la mort, commencèrent par nous faire refuser la porte, en craignant que nous ne vinssions de Jérusalem. Toutes les espèces de stoïcismes ne sont pas un devoir pour tout le monde. Nous répondîmes que nous venions effectivement de Jérusalem, mais que nous l'avions quittée depuis une période plus longue que la quarantaine imposée à Jaffa, ce qui avait paru une garantie suffisante au consul de France chez qui nous logions à Qaïffa. A ce nom de France, le frère se confondit en excuses, en nous assurant que, même pestiférés, les Français seraient accueillis avec transport dans le couvent, et non pas seulement dans l'ancienne maison de Plaisance du pacha, que l'on a accommodée en hospice pendant les quarantaines! Nous hésitions en présence des scrupules de ces bonnes gens ; mais l'effusion avec laquelle ils nous priaient, l'amour qu'ils témoignaient pour notre nation, et qui nous paraissait si enivrant dans une bouche étrangère (le frère lai était Italien), finirent par l'emporter.

Nous rencontrâmes dans l'intérieur du couvent des maçons, charpentiers, serruriers, encore à l'ouvrage et encouragés par l'exemple du frère Jean-Baptiste, qui travaillait les manches retroussées et un tablier par-dessus sa robe de bure. L'église toute neuve nous parut trop propre et trop éclairée; le maître-autel est au-dessus de la grotte; les chambres des voyageurs, fort décemment meublées, entourent l'église. En cas d'indisposition, un pèlerin n'a qu'à ouvrir une fenêtre pour pouvoir entendre la messe sans quitter sa chambre et même son lit. A l'extérieur l'édifice frappe par sa simplicité et sa solidité; plusieurs croisées s'ouvrent vers la pointe du cap pour jouir de la magnifique vue de la mer. Si la paix du pays venait à être troublée, il faudrait les murer bien vite et compléter l'aspect de forteresse que le couvent présente par ses deux autres faces et par la demi-tour de l'abside.

Le couvent et l'hospice quarantenaire sont à un niveau beaucoup plus élevé que le château qui domine Qaïffa. Comme nous mesurions cette différence, nous vîmes le Karmel se charger de nuages; les vautours perknoptères, les aigles, les goëlands, s'agitaient aux régions élevées de l'air ou aux bords de la plage; le vent, engouffré dans leurs grandes ailes, les emportait en dérive sans les empêcher d'observer leurs proies; les linots effrayés par le tonnerre et par les éclairs se cachaient sous le feuillage, où une grosse pluie vint bientôt ajouter à leur trouble. Maintenant les monkres nous assurent que nous aurons d'excellents gîtes d'ici à Jaffa, et l'orage nous inquiète plus pour les petits oiseaux du ciel que pour nous-mêmes.

11 Novembre.

La pluie ayant continué toute la nuit, il a fallu partir tard pour laisser un peu sécher la route. Nous avons, comme hier, atteint l'extrémité du promontoire que nous avons tourné le long de la plage, puis suivant la mer quelque temps, nous avons rencontré une ligne de rochers, dernier chaînon du Karmel, qui s'interpose entre la route et la mer ; la montagne toujours boisée s'éloigne rapidement vers l'est et agrandit progressivement la langue de terre labourable qui fut si longtemps disputée entre les Phéniciens, les Philistins et les Hébreux. Toutes les villes de cette côte ont changé trois fois de nom, car elles existaient déjà lors de la conquête juive sous un nom phénicien que l'hébreu n'altéra pas ; elles reçurent des noms de Dieu ou de roi à l'époque grecque ou romaine : sous l'usurpation arabe un nom nouveau est apparu ; mais si l'on examine attentivement la fabrique de ce nom, on y retrouve la vieille désignation cananéenne que la tradition du peuple a conservée sans s'inquiéter des changements imposés par les savants ou les conquérants. Akka ressemble beaucoup à Akkon ; Hépha, à Qaïfa ; Joppha à Jaffa ; il n'est pas impossible de retrouver *Dora* dans Tantoura, le Daroun des croisades, qui a été aujourd'hui la fin de notre étape.

Dora, après la conquête hébraïque, échut à la tribu de Manassès, et passa successivement sous la domination des Perses, des Grecs et des Romains ; c'est aujourd'hui un bourg avec une rade foraine où nous n'aperçûmes qu'une fort petite barque. La presqu'île mentionnée par les auteurs et marquée sur les cartes, ou n'a jamais existé, ou les atterrissements l'ont masquée.

Cette particularité d'une presqu'île s'avançant dans la mer et portant une ville à son extrémité avec un port à droite et à gauche comme Alexandrie, se rapporte beaucoup mieux à Château-Pélerin que nous rencontrâmes cinq heures après avoir quitté Qaïffa. La route perce la ligne basse de rochers par une voie qui doit être antique et arrive droit sur la presqu'île; de là elle recommence à longer la plage comme au voisinage du mont Karmel. Selon Jacques de Vitry, selon l'*historia capt. Damietœ*, les Templiers fortifièrent ce bourg pendant que le roi de Jérusalem fortifiait Césarée pour couvrir Saint-Jean-d'Acre. Le bourg s'appelait château du fils de Dieu; on lui donnait aussi le nom de *détroit* sans doute à cause de la route tranchée dans le roc vif par laquelle on y débouche. Le sultan de Damas l'attaqua en 1220 après avoir pris et rasé Césarée. Bibars reprit en 1265 la ville de Césarée que les Francs avaient rebâtie, et échoua devant Atlit. En 1283, Atlit est conservée aux Chrétiens par un traité de Calahoun, le même qui donne Nazareth aux pèlerins, et défend la réparation de ses églises. Il est fait mention d'un autre château de pèlerins que l'on ne doit pas confondre avec celui-ci. *Ibn Ferat* rapporte qu'après la conquête d'Antioche, le comte de Saint-Gilles le construisit à portée de Tripoli pour pouvoir continuer le siège de cette place; Raymond mourut dans ce château en 1105; c'était aussi l'un des points qui, avec Sidon et Bérithe, restaient aux Chrétiens après le prise d'Acre par Kalil, fils de Calaoun.

L'autre chastel pèlerin est aujourd'hui un bourg fort peu habité: les ruines sont considérables, plusieurs tours et presque toute l'enceinte de remparts sont debout; on reconnaît aussi des églises et des hôtels ou palais d'une architecture pesante: son nom moderne est Atlid ou Atlit. La seule ville que les cartes rapportent à cette région vers l'époque romaine est Magdiel. Atlid pourrait bien être la corruption de ce nom-là. Sycamenos de l'itinéraire de Bordeaux était beaucoup plus haut. Le bourg de Tantoura a un reste de château croisé dans lequel la poste du pacha a logé ses chevaux et ses postillons ; des chevaux tout sellés sont prêts, à la porte, à toute heure du jour et de la nuit, le courrier n'a qu'à faire claquer son fouet pour être servi ; l'étranger ne peut obtenir un cheval s'il n'est muni d'un firman spécial. Le logement qu'on nous procura, nous garantit assez mal de la pluie qui recommença à tomber toute la nuit ; nous fûmes pourvus du logement et des vivres par un khafir ou gardien de police, espèce de censal ou commissionnaire officiel du gouvernement.

Vers les dix heures du matin la pluie ayant cessé, nous nous dirigeâmes vers Kaisarié ou Césarée, dont nous apercevions les ruines au bord de la mer à trois ou quatre lieues de distance. Nous y cherchâmes un abri contre une nouvelle ondée et considérâmes avec affliction l'état actuel d'une ville si longtemps célèbre. Le dernier tremblement de terre n'y a pas laissé une maison de bout, ni un seul habitant. Sur toute la surface de la ville ce ne sont que décombres, débris d'églises et de mosquées, de chaumières et de châteaux confondus dans une commune désolation. Les remparts et les fossés sont mieux conservés. A la pointe qui s'avance dans la mer, les murs d'un château sarrasin ou gothique imposent encore par leur masse ; et la moitié d'une très-haute tour fendue longitudinalement, fait d'un peu loin l'effet d'un obélisque. Là, sans doute, était placée cette grosse tour de Straton qui donnait son nom à la ville avant qu'Hérode rebaptisât toutes les cités des noms de la famille d'Auguste.

Césarée a eu cette mort entière, complète qui convient à un grand corps, elle n'a pas dégénéré en village, en bourg, en cabanes de pêcheurs : son cadavre est là immense encore et doué d'une certaine beauté, comme un grand coquillage d'où s'est retiré la vie ; elle est restée jusqu'au dernier jour un grand port de mer, une grande ville de guerre : elle gît maintenant ruinée dans ses remparts comme un guerrier mort dans son armure. C'est ici que l'armée de Godefroy fit chanter la messe du Saint-Esprit avant de se diriger vers la montagne qui porte Jérusalem, ici que les Génois trouvèrent le *sacro catino*, l'assiette d'Émeraude, lorsque Beaudouin Ier eut pris Arsouf et Césarée. Quelques pierres de ces murs furent touchées par les mains de saint Louis qui les répara en même temps que ceux de Ptolémaïs.

En suivant la plage, nous rencontrâmes plusieurs petits cours d'eau serpentant sur le sable. La barre que la mer leur oppose forme parfois un lac à quelque distance de l'embouchure : telle est l'origine du lac dit de Césarée, et que l'ancien Caad ou *Kana*, forme par son renflement. Nous le vîmes tout couvert de canards et de sarcelles : le bruit de nos pas fit lever un grand nombre de bécassines du fond des herbes qui le bordaient. Si le temps eût été plus engageant, peut-être aurions-nous, à l'exemple des seigneurs de la suite de Philippe et de Richard, oublié les affaires sérieuses et fait apprêter les appareils de pêche et de chasse. Avant ce lac, la côte, un peu relevée, a de petites falaises de tufs et de grès calcaires parmi lesquels on voit des poudingues de galets et coquilles identiques à ceux que la mer rejette aujourd'hui sur cette plage. Ces bancs se forment journellement et s'endurcissent au moyen d'un gluten.

Mekhalé, où nous allâmes coucher, est assez éloigné de la mer : le terrain que nous traversâmes pour l'atteindre est composé de petites steppes couvertes d'herbages et d'arbustes alternant avec quelques espaces de sable jaune et beaucoup de champs cultivés à la charrue. Mekhalé est, comme Tantoura, le siège d'une poste : il me paraît plus au nord que l'Antipater de Josèphe et des croisades, et fort voisin de *Saron*. Toutefois, nos guides ne connaissaient ni village ni montagne de ce nom-là.

Nous nous étions couchés de très-bonne heure et avions dormi deux heures d'un excellent sommeil, lorsque nous fûmes réveillés par les coups de tonnerre et par l'humidité. Nos matelas étaient presqu'à flot sur une eau bourbeuse ; la pluie ruisselait le long des murs, où l'argile était employée en guise de mortier : une pluie, de moment en moment plus forte, tombait du toit, formé seulement de fagots soutenus par quelques perches. Pendant qu'à moitié endormis, nous délibérions si cet accident valait la peine de se déranger, un de nos domestiques nous réveilla tout-à-coup en criant qu'il venait d'apercevoir une vipère. Il fallut alors se botter à la hâte et s'armer pour faire sentinelle. Nous nous perchâmes sur quelques grosses pierres qui séparaient la chambre de l'étable des vaches et des ânes : nous posâmes quelques bougies à nos pieds pour éclairer les mouvements des reptiles ; nous tenions de la main droite un bâton, un sabre, une cravache ; de la gauche, un parapluie ouvert pour nous garantir de l'eau qui tombait par torrents plus forts qu'en plein air. Nous faisions, ainsi posés, de si grotesques figures que le rire tempérait l'impatience et la crainte.

Nous écoutâmes presqu'avec indifférence une nouvelle que nos gens vinrent nous donner au milieu de la nuit : nos mulets et chevaux, renfermés dans une écurie dont la porte n'était fermée que par deux pieux croisés, s'étaient effrayés des éclairs, avaient renversé les pieux et s'étaient sauvés dans la campagne. Les moukres allumèrent plusieurs fanaux et coururent dans toutes les directions pour les chercher. Au jour, nous les vîmes rentrer avec tous les animaux ; une seule bride était perdue. Dieu merci nous coucherons ce soir au couvent de Jaffa.

2 Novembre.

La voûte céleste, nettoyée de nuages, reparaît avec cet azur cru, particulier à l'Egypte dont nous nous rapprochons. Les profils des montagnes de Naplouse s'étagent à plans pressés que l'aurore empourpre de ses teintes ; la pluie semble avoir fait leur toilette, lavé leurs traits, affiné leur teint. Le paysage tout humide n'en paraît que plus pittoresque. Le sable jaune s'élève en dunes, les steppes herbeuses s'ondulent en collines ; steppes et dunes se parent de hautes broussailles, de véritables bois taillis ; çà et là de mares couvertes de plantes aquatiques. Nous traversons un jardin à l'anglaise planté de végétaux des pays chauds, le caroubier, le chêne vert, le lentisque, le nénufar et le papyrus, le vrai papyrus. Il y prospère, il couvre des marais immenses ; il forme, le long des ruisseaux et des rivières, des bordures autrement touffues, autrement hautes que celles que nourrit l'Alfio de Syracuse. En les apercevant d'un peu loin, je les prenais pour d'immenses prêles ou pour une petite forêt de caswarina. Quand je ne pus plus douter de leur nature, je sautai de cheval, je courus au bord du marais, je m'enfonçai dans la boue jusqu'au genou pour toucher la précieuse plante ; je me ressouvins de ma première ardeur de botaniste en retrouvant un trésor perdu, en faisant presqu'une conquête ! . . . . . Un pied de ces joncs que je tranchai dans l'eau avec mon yataghan avait près de trois fois ma taille. La houppe seule mesurait trois pieds. Je retrouvai des papyrus moins grands dans la rivière de Jaffa, que nous passâmes sur un pont vers les deux heures et demie. Le premier marais où j'en aperçus est le renflement d'un ruisseau qui doit verser dans le torrent d'Arsouf, appelé *Nahar-el-Haddar*. M. Paultre place tout près de là les ruines d'Antipatris : un pli de terrain nous aura empêchés de les apercevoir. La rivière de Jaffa s'appelle *Ooudja*. La pluie l'avait gonflée et troublée ; il eût été impossible de la passer à gué sur le chemin voisin de la mer : c'est pour cela que les guides nous avaient fait prendre la route intérieure qui mène au pont. Après que nous eûmes passé celui-ci, nous tournâmes à droite pour revenir à l'ouest, et nous ne trouvâmes pas de pont sur un ruisseau ordinairement sec, mais que la pluie avait lui aussi gonflé et rempli de boue. Nos chevaux s'y enfoncèrent jusqu'au ventre, et l'un d'eux aurait même disparu si les muletiers ne l'eussent à l'instant soulevé par la bride et par la queue. Une demi-heure après cet accident, nous aperçûmes les jardins de Jaffa : nous bénîmes le mauvais temps et la pluie à qui nous devions la rencontre des papyrus et la vue du joli pays parcouru pour éviter le gué de la rivière. Les voyageurs suivent ordinairement le bord de la mer.

Pendant qu'une partie de l'armée de Bonaparte suivait notre route et s'approchait des montagnes, un officier de ce corps d'armée, M. Paultre, y retrouva la forêt de Saron ou la forêt enchantée du Tasse, que les critiques avaient l'habitude de placer sur le revers oriental des montagnes de Naplouse ou monts *Gerizim* des Samaritains. Les descriptions de Guillaume de Tyr sont plus exactes que les distances ; car il la place seulement à sept milles de Jérusalem. Raoul de Caen est plus précis et la place sur la route directe de Ptolémaïs à Jérusalem, en notant seulemen que les croisés ne la connurent pas d'abord. Ceci s'explique par la route qu'ils tinrent : ils suivirent, comme on le fait encore aujourd'hui, la plage de Césarée à Jaffa : les dunes élevées qui, sur notre droite, nous dérobaient la vue de la mer dérobèrent à leur gauche la vue de la forêt. Le côteau qu'elle occupe est l'ancien *Saron* des Hébreux : il se détache de la chaîne de Naplouse et vient se terminer à la mer par des rochers et des dunes peu élevées entre Jaffa et Arsouf, l'ancienne Apollonias. Sa largeur moyenne est de deux à trois lieues, c'est-à-dire le centre de l'espace compris entre le *Nahar-el-Haddar* et le *Nahar-Ooudja*. Sa longueur, depuis la mer jusqu'au mont Gerizim, est de huit ou neuf lieues. M. Paultre dérive le nom de Saron ou Sarona des chênes qui formaient cette forêt. Saron devait vouloir dire chêne en celte, puisque les Gaulois, selon Diodore, appelaient saronides les philosophes qui vivaient dans leurs forêts. Pour admettre cette étymologie, il faudrait que les langues sémitiques des Phéniciens, Philistins ou Hébreux eussent avec le celte des analogies fort grandes. Les travaux modernes tendent, au contraire, à rattacher le celte et tous ses débris, le bas-breton, herse, irlandais, gaële, au tronc japhétique ou sanscrit. Les chênes de la forêt de Saron sont les mêmes que ceux que j'ai décrits aux approches de la plaine de Saint-Jean-d'Acre ; c'est la même espèce qui couvre tout le Karmel. Le gland qui se mange est fort grand, et le dé de sa base est hérissé de papilles frisées : les botanistes l'appellent *quercus crimita* ; Linneus l'avait appelé *q. cerris*. Il n'est pas plus grand que les forts pommiers ; son bois est dur, mais tortillard et court. Les historiens des croisades ont noté cette circonstance qui allongea beaucoup la fabrication des machines de guerre, où l'on fut obligé de remplacer les madriers par des pièces d'assemblage. Les lentisques, caroubiers et chênes verts qui couvrent les collines basses sont la lisière de la forêt qui commence aux lieux où la roche calcaire se dénude et s'exhausse graduellement.

Cette forêt de Saron fut le théâtre d'un petit engagement,

Kléber chargé de la fouiller ne s'y aventura pas trop loin: l'ennemi l'attendait en force mais seulement sur les hauteurs de Qaqoun: il n'avait pas pensé à arrêter les Français par des abattis et des tirailleurs. Lannes joint à Kléber attaquèrent Abdallah à Qaqoun et le mirent en déroute: les troupes de Lannes acharnées à poursuivre les fuyards, s'engagèrent dans les gorges où les Naplousiens firent volte-face, les repoussèrent et tuèrent Barthélemy, chef de la soixante-neuvième brigade.

Dans le même lieu, six siècles auparavant, Richard Cœur-de-Lion gagna sa plus belle bataille sur Saladin. Celui-ci occupait les hauteurs et les bords du *Haddar :* l'armée chrétienne qui venait de Césarée avait son avant-garde formée des Frisons, Flamands et Danois sous le commandement de Jacques d'Avesne ; le centre commandé par Richard était composé d'Anglais, de Normands, de Gascons, de Champenois et de Syriens ; à l'arrière-garde étaient les Allemands et les Français, sous les ordres du duc de Bourgogne et de Léopold, duc d'Autriche. Jacques d'Avesne qui commença l'attaque à la tête de la cavalerie, mourut après avoir perdu deux membres. La cavalerie, qui avait été repoussée après avoir enfoncé les Musulmans rangés au bord de la rivière, fut soutenue par Richard qui les rejeta sur l'autre rive. Saladin avec ses mamelucks descendit rapidement des montagnes pour faire une diversion par derrière. Les Français qui comme on l'a vu n'avaient avec eux ni les Gascons, ni les Normands, résistèrent comme ils purent avec les Allemands: mais Richard fit volte-face et se rencontra vis-à-vis du Soudan; les historiens prétendent que les deux armées, voyant les deux rois engagés dans un combat singulier s'arrêtèrent comme en un tournoi pour admirer et juger des coups. Les auteurs arabes moins amis de l'épopée n'ont pas rapporté cette circonstance. La mêlée dura toute la journée : l'infanterie, groupée autour de son caroccio résista toujours à la cavalerie ennemie, les Chrétiens rejetèrent les Infidèles vers la montagne et eurent la prudence de ne pas la poursuivre dans les gorges Naplousiennes. Il n'y avait pas de Lannes dans ce temps-là.

Pour profiter de la victoire il fallait marcher droit sur Jérusalem, Richard au contraire s'établit à Jaffa avec son épouse Bérangère, sa sœur Jeanne et sa maîtresse la fille d'Isaac Commène ; il s'entoura de faste, de plaisirs, de banquets, de tournois, il prit surtout le plaisir de la chasse dans cette même forêt de Saron. Un jour que pendant l'ardeur du soleil, il faisait sa sieste sous un chêne, il fut réveillé en sursaut par une troupe de Sarrasins qui s'étaient embusqués pour le surprendre ; il eut le temps de sauter à cheval et de faire moulinet sur les Infidèles : le nombre allait l'écraser, lorsqu'un de ses compagnons de chasse le sauva par un courageux et adroit subterfuge : je suis le roi s'écria-t-il en se jetant parmi les assaillants ; je suis le roi, sauvez ma vie ! Ce chevalier était un Provençal, un des premiers qui aient bien parlé arabe, il s'appelait Guillaume Pourcelet : ses armes parlantes que j'ai vues sur un bahut à Marseille, étaient un jeune porc ou marcassin. Le surnom de Pourcelet peut venir d'un accident fréquent dans les premières croisades, et noté avec honneur par leurs historiens. La cote de maille que portaient alors les chevaliers retenait les flèches ; après un engagement un peu chaud, le chevalier revenait tout hérisé, comme un porc-épic ou un sanglier.

Moins heureux que nos ancêtres, nous n'avions conquis dans la forêt de Saron et au bord de ses rivières, ni palme, ni laurier, ni vêtement épique de flèches ; mais nous avions moissonné de gigantesques rameaux de papyrus ; nous y avions gagné autre chose qui nous fut, au moins immédiatement, plus utile : la boue qui souillait les jambes et le ventre de nos chevaux et qui nous préserva du lazaret de Jaffa. La porte de Jérusalem étant aussi celle de Saint-Jean-d'Acre, les inspecteurs sanitaires nous obligèrent d'aller parlementer au bureau de santé. Un Italien, le plus fort sans doute sur la topographie du pays, commença à apostropher ses agents et à nous demander pardon du procédé soupçonneux : « Ne voyez-vous pas clairement que cette caravane a passé à gué la rivière Oudja ! Il n'y a pas de rivière à passer sur la route de Jérusalem ici, et nous n'avons pas l'ordre de mettre en quarantaine les provenances de Saint-Jean-d'Acre ! »

Le fait est pourtant que si nous eussions ce jour-là passé à gué la rivière, nous aurions eu de la boue jusqu'à la tête, et non pas seulement jusqu'au ventre de nos chevaux. Nous reprîmes au couvent possession de notre ancien appartement qui nous parut un palais ; on nous y servit un souper maigre de poissons et légumes secs, qui nous sembla un repas de noces.

13 et 14 novembre.

Jaffa est l'ancienne Jopphé, une des places importantes des Philistins, même après que les Israélites les eurent chassés du pays de Canaan auquel ils avaient donné leur nom (Phalestine ou Palestine). Les Philistins que l'on a quelquefois confondus avec les Phéniciens, en diffèrent probablement par leur race et certainement par leurs habitudes ; ils étaient marins, mais pirates ; cultivateurs, mais guerriers ; ils obéissaient à des rois, tandis que les Phéniciens étaient industriels, marchands et républicains. Confinés par les conquêtes israélites entre Jopphé et le torrent de Sihor, ils en sortirent et parvinrent même à envahir la Judée sous les juges. David les soumit à un joug qu'ils cherchèrent à secouer sous Joram, mais ils ne s'émancipèrent complètement que sous les derniers rois de Juda; ils obéirent tour-à-tour aux Egyptiens, Assyriens, Perses, Grecs, Asamonéens et Romains.

Sous Néron, le gouverneur Sestius prit Joppé qui s'était révoltée; Vespasien eut à la reprendre sur d'autres mécontents qui en avaient fait le centre de leurs pirateries, et il la démolit. La description donnée par Joseph du port de ce temps ressemble assez à l'état actuel : une falaise coupée à pic vers la mer avec quelques avances de rochers; la darse, comprise dans cet intervalle, est peu profonde et nullement sûre, car par deux côtés y arrive le ressac d'une mer ouverte au vent du nord. Nous éprouvâmes à notre arrivée par mer un violent coup de ce *noir septentrion* qui fit naufrager les pirates poursuivis par les Romains. La fable raconte qu'Andromède fut attachée à ces rochers lorsque Persée la délivra du monstre marin.

Joppé fut érigée en comté par les premiers Croisés, et Hugues, un de ses premiers comtes, fut accusé de liaisons criminelles avec Mélisende, épouse de Foulque d'Anjou. Guy de Lusignan était revêtu du même titre avant de devenir roi de Jérusalem. Jaffa fut assiégée et démantelée par Malek-Adel. Les Allemands relevèrent ses remparts et s'établirent là par incompatibilité de caractère avec les chrétiens de Ptolémaïs. Malek-Adel se rapprocha pour les provoquer à une bataille dans laquelle les ducs de Saxe et d'Autriche périrent, mais où l'armée musulmane fut vaincue. Les Allemands rentrèrent en Europe après cet exploit, laissant une assez forte garnison dans Jaffa. Alors, comme aujourd'hui, le soldat allemand ressemblait au reitre, brave, turbulent, mais ivrogne et glouton. Cette garnison célébrait, le 11 novembre, la fête de saint Martin, évêque de Tours et Germain de naissance; les Sarrasins surprirent la place pendant que les soldats étaient attablés et en massacrèrent vingt mille. Le sang chrétien coula parmi la bierre et le vin de la fête.

La ville fut reprise; ses remparts furent réparés par saint Louis, mais elle retomba définitivement au pouvoir des Infidèles sous le terrible sultan Bibars. Jaffa résista quelques jours à Bonaparte qui fit canonner ses remparts au point le plus fort; un assaut sanglant eut lieu sur la brèche ouverte : pendant ce temps les soldats de la division Bon avaient découvert du côté du port une brèche non défendue par laquelle ils pénétrèrent dans la ville plus tôt et plus tranquillement que leurs camarades. Cestius avait pris Joppé à-peu-près de la même façon : une attaque feinte à l'est, et une vraie attaque le long de la plage.

15 novembre.

M. Damiani nous a donné plusieurs lettres pour ses amis de Gaza, et a fait un marché avec des chameliers qui doivent nous y transporter. Notre bagage est grossi de quelques caisses de vin de Chypre que nous avons fait venir de Beyrout; c'est le commencement de nos approvisionnements pour le désert. Nous partons à deux heures, après avoir pris congé de la famille de l'agent consulaire et de nos excellents hôtes du couvent espagnol; mais à peine avons-nous fait deux lieues de chemin que les bagages mal fixés sur le dos de plusieurs chameaux se détachent, et quoique leur chute soit amortie par le sable qui matelasse la route, un cliquetis funeste nous avertit que la moitié de notre vin est perdue. Les conducteurs étaient des fellahs peu accoutumés au maniement des chameaux; il fallut absolument nous procurer des chameliers plus habiles. Nous étions au voisinage d'un jardin appartenant à l'agent consulaire d'Angleterre; ses fermiers prêtèrent un cheval à un de nos gens que je dépêchai à M. Damiani. Il était nuit close quand je le vis revenir avec une invitation de l'agent anglais de prendre possession de sa villa. D'autres chameliers arrivèrent le lendemain assez tard : l'agent avait appris qu'il y avait un Anglais parmi nous, et il était venu en personne. C'était un Grec d'origine, mais ne parlant qu'arabe.

Il nous fit dans cette langue les politesses d'usage, et nous engagea à visiter son jardin, beau verger d'orangers, citronniers, grenadiers et figuiers, comme tous les jardins de Jaffa. L'eau douce, très-abondante, favorise la culture autant que le beau climat, déjà ressemblant à celui de l'Egypte. Les oranges commençaient à mûrir; plusieurs arbres avec leur feuillage vernissé et leur profil régulièrement arrondi, leurs pommes volumineuses et variées de toutes les teintes, depuis le vert jusqu'au nakarat, avaient cette beauté incommode à l'œil, accoutumé à ne croire naturel que ce qui est moins régulier et moins riche. Les citrons doux étaient en complète maturité depuis quinze jours; les branches pliaient sous le faix et traînaient à terre : celle-ci était jonchée des fruits les plus mûrs que le moindre vent détachait. Les dattes assez abondantes et fort bonnes à Jaffa étaient cueillies depuis longtemps; mais les bananiers portaient encore des régimes où l'on pouvait compter les fruits par centaines, et, afin que rien ne manquât à cet Eden, le puits à roue caché derrière les bosquets faisait couler sans cesse des ruisseaux d'eau vive; les citronniers et les jasmins chargés de fleurs pendant tout le cercle de l'année embaumaient l'atmosphère de leurs fragrantes exhalaisons.

16 novembre.

La route que nous reprîmes est assez semblable à celle qui précède Jaffa : c'est la continuation de la steppe ondoyante entre les dunes et la montagne. Ses bois taillis, un peu plus rares, étaient animés par des volées d'étourneaux ayant toujours pour compagnons et peut-être pour chefs quelques corneilles. Le soleil était couché depuis deux heures quand nous atteignîmes un misérable bourg composé de huttes groupées autour de la poste pachale. Le nazir, après nos titres déclinés et nos firmans exhibés, nous fit l'honneur de nous accommoder dans l'écurie. Ce misérable bourg s'appelle Astoud, c'est l'ancien Azoth des Phéniciens, la ville grande et forte que Psammeticus assiégea pendant vingt-neuf ans. Une autre ville moindre, l'échelle maritime de celle-ci, était sur la mer même sous le nom d'*Azothus paralios*. La mer est à quatre bonnes lieues d'ici; c'est l'Azoth véritable, la grande Azoth, où les Philistins, vainqueurs des Juifs pour la seconde fois, osèrent déposer l'arche sainte dans le temple de Dagon; celle qu'Assaraddon, roi d'Assyrie, prit sur ces mêmes Philistins; celle que le Macchabée Jonathas brûla au milieu de l'armée d'Apollonius Daus, gouverneur de Célosyrie pour Alexandre Bala. Dans la bataille qui précéda cette catastrophe, Jonathas triompha d'une embûche d'Apollonius en disposant son armée en carré ou plutôt en équerre.

Ces longues plaines d'Azoth, d'Ascalon, de Jaffa, de Césarée, relient les déserts d'Egypte aux montagnes de Palestine et Syrie : aussi ont-elles toujours servi de théâtre aux guerres des deux grands états rivaux : pharaons et rois assyriens, Séleucides et Lagides, soudans de Syrie, de Mésopotamie et du Qaire, et rois latins de Jérusalem ou de Ptolémaïs. Le siège phénoménal de Psammeticus, le plus long dont l'histoire stratégique ait gardé le souvenir, était un épisode de la longue querelle des rois de Babylone avec ceux d'Egypte, taureaux qui, dans leurs querelles, écrasèrent maintes fois sous leurs pieds les minces royaumes d'Israël et de Juda.

Psammélicus trouva de terribles alliés dans les Scythes, qui s'emparèrent de l'Asie-Mineure et s'avancèrent jusqu'à Azoth en menaçant l'Egypte après la Babylonie et l'Assyrie; mais son adresse et ses présents parvinrent à les arrêter.

Josiah encore enfant venait de succéder à son père Amon sur le trône de Jérusalem ; les prophéties de Jérémie avaient depuis cinq ans déjà signalé l'orage prêt à fondre sur la patrie. C'est alors que le grand-prêtre Helkiah découvrit dans le temple un exemplaire du *Pentateuque* écrit du temps de Moïse, et peut-être par Moïse lui-même. Cet événement fut communiqué aux grands et au peuple avec une solennité capable de remonter le moral abattu. Volney, doué d'une sagacité admirable, tant qu'il n'est pas égaré par ses préjugés contre les religions et les prêtres, a voulu voir ici une supercherie jouée derrière le voile du temple par le pontife, aidé de Jérémie et de la prophétesse Holda. Mais l'existence déjà ancienne du peuple juif, sa constitution, ses mœurs selon des lois trop compliquées pour être simplement traditionnelles, tout cela ne présupposait-il pas l'existence du livre. On en avait d'autres exemplaires, sans doute; celui qu'on découvrait avait un mérite de plus s'il avait appartenu à Moïse ou à sa famille; la relique pouvait exciter l'admiration, ranimer la piété du peuple de Dieu.

Réveiller son patriotisme, augmenter sa haine de l'étrantranger, improviser un peuple nouveau ! Le moyen était disproportionné au but; le succès trop incertain pour risquer un sacrilége, pour se lancer dans un travail sans fin, dans un résumé de toutes les traditions primitives du monde physique et moral. Et cette compilation immense aurait été le travail de quatre ou cinq ans, dont les prophéties de Jérémie auraient été l'annonce. Volney, niant les miracles divins, accepte avec une crédulité étonnante les miracles de l'esprit des prêtres ou de la sottise du peuple !

Si le peuple juif a résisté aux Assyriens, aux Scythes, aux Egyptiens mêmes, sous le règne de Josiah, il l'aura dû à son patriotisme, à sa bravoure, aux vertus, à la persévérance de sa race habillement réveillés par ses chefs, et plus énergiquement stimulés par les périls nouveaux. Josiah finit cependant par succomber dans la guerre continuée par Nekao, fils et successeur de Psamméticus. Une flèche lancée par le Pharaon lui-même, le fit mourir à Medjed.

Psamméticus, personnage fort intéressant par ses aventures, est le pivot d'une époque très-curieuse pour l'histoire des races: il avait chassé les Abyssiniens d'Egypte, il avait arrêté la marche des Scythes; ce fut lui aussi qui introduisit les Grecs en Egypte. Il en avait beaucoup pour auxiliaires dans ses armées, il en appela d'avantage comme colons et comme marchands; il leur donna des villes entières comme Nitokris; il créa ce noyau qui grossit peu à peu au point de rendre l'hellénisation de l'Egypte inévitable, quand même un Alexandre n'aurait pas été l'instrument de cette transformation. Notons aussi pour le point de vue qui nous occupe, une émigration que quelques auteurs font monter au chiffre de trois cent mille, émigration d'Egyptiens qui mécontents des préférences montrées à des étrangers, remontèrent le Nil aussi loin, au-delà de Meroë que Meroë était loin de Sienne; nous retrouverons peut-être les enfants de ces émigrés quand nous voyagerons dans le Soudan.

Une heure après notre départ d'Astoud, nous saluions Ascalon du haut des dûnes; nous n'avions pas voulu en croire nos guides qui nous assuraient que ce n'était pas la peine de se déranger de sa route pour voir un misérable village, que la mer même a abandonné. Le village de Medjed que nous atteignîmes bientôt, est aussi grand qu'Ascalon. Ce nom de Medjed, cité plus haut dans l'histoire de Josias, est synonymé par Volney en Magdoul, ville de la Basse-Egypte sur la branche Pélusiaque. Megiddo était dans la demi-tribu occidentale de Manassès. Le *Livre des Rois* parle d'une pointe de Nechao jusqu'à l'Euphrate, et place au retour de cette expédition, la bataille où périt Josias; mais à Magdoul aussi eut lieu une grande bataille entre les Egyptiens et les Syriens et il n'est guère possible que ceux-ci n'eussent pas entraîné les Juifs dans leur alliance. J'ai déjà noté la permanence singulière des vieux noms dans l'Orient. Le village près duquel je suis arrêté serait donc le reste d'un autre Megiddo, qui pourrait aussi bien que les deux autres réclamer les honneurs de la mort de Josias.

Ascalon, au temps d'Hérode, passait pour la seconde ville de Palestine; il l'avait remplie de magnifiques monuments : sa tolérance obligée y avait laissé jusqu'à un temple de la déesse Dorceto, proche parent de l'Astarthé, Minerve ou Vénus phénicienne que quelques-uns ont donné pour mère à Sémiramis. Les collines aujourd'hui envahies par le sable, étaient jadis couvertes de cyprès et de vignes dont le vin était fameux.

La dernière bataille de la première croisade fut gagnée par Godefroy près d'Ascalon. Mjedded devait être au milieu des deux armées; Ascalon qui aurait pu être prise facilement après la victoire, fut perdue par le manque d'harmonie des chefs chrétiens. La splendeur juive de cette cité continua sous les Sarrasins qui l'avaient surnommée la Fiancée de Syrie; ils y commandaient encore quand le comte de Jaffa, Huges, vint y chercher un refuge et des alliés contre la colère de Foulque d'Anjou. Beaudouin III la prit sur Noureddin, après un siège opiniâtre et long. Le roi permit aux familles musulmanes de se retirer en Egypte; il fit chanter le *Te Deum* de la victoire dans la principale mosquée qu'il convertit en église sous l'invocation de Saint-Paul. Baudouin IV y fut un instant assiégé par Saladin, mais il en sortit et battit le soudan au milieu de ses mameloucks. Après la prise de Ptolémaïs et la bataille d'Arsour, le soudan se vengea sur Ascalon, boulevard des Chrétiens, qu'il livra aux flammes. Richard essaya vainement de la rebâtir et de relever ses remparts, et partit avant d'avoir exécuté cette pensée ; il semble que la malédiction de Dieu soit tombée sur la cité avec le feu de Saladin.

Les croisades ont eu l'Egypte pour théâtre aussi bien que la Syrie. Saint Louis et Roger ont occupé Damiette ; Amaury alla jusqu'au Qaire ; Baudouin Ier mourut à El-Arich. Pourtant la Palestine, Jérusalem étaient le véritable but des guerriers de la croix. C'est vers le saint tombeau qu'ils tournaient principalement leur ambition comme leurs prières : Ptolémaïs et Ascalon furent les limites habituelles du principal mouvement. Et maintenant qu'ayant parcouru la Syrie et la Palestine, je vais rentrer sur le sable d'Egypte, sur le désert de l'Arabie pétrée ; maintenant que j'abandonne le dextrier chrétien pour le dromadaire de l'Idumée, l'Evangile pour la Bible, qu'il me soit permis de faire un dernier adieu à cette Terre-Sainte, non plus avec l'émotion de la curiosité, mais avec celle de la reconnaissance. Elle a instruit mon œil, elle ornera ma mémoire ; elle a accumulé dans mon cœur des trésors plus précieux.

Ah ! que l'exégèse ne vienne plus accuser l'institution des pèlerinages de reposer sur un texte faussement interprété. L'expérience de tous les temps et de tous les peuples avait jugé la question avant les arguties grammaticales. L'arabie eut la Caaba ; l'Inde Jaghernaut et Bénarès ; Solyme, et avant lui le tabernacle, furent toujours, au temps de Pâques, le point de réunion des Hébreux. L'esprit de Dieu est partout ; notre raison le respire avec l'air ; mais comme l'air il est plus condensé, plus vivifiant à certains espaces, aux grandes scènes de la nature, aux grands spectacles de l'art, aux grandes crises de la société, mais surtout aux lieux arrosés du sang des martyrs, aux lieux où un dogme se dégageant d'un sacrifice, une foi d'un mystère changèrent l'avenir de l'association humaine. A la rencontre de ces spectacles, autour de la relique qui résume ces grands souvenirs, il y a toujours un haut enseignement pour l'âme, une épreuve climatérique pour la vie !

Pendant que je me livrais à ces pensées, le soleil allait s'élever sur la chaîne de Sephata, dont l'azur se profilait au loin, velouté d'ombre et avivé par la chaude vapeur de l'horizon : tout-à-coup, d'un nuage de pourpre et d'hermine, comme d'un char où se serait caché l'astre, rayonnèrent des feux safranés et violets. L'art religieux, qui a perpétuellement reproduit ce type dans les gloires de nos églises, a bien compris combien ce voile central, cette communication indirecte, ajoutait à la majesté ! Peu à peu la lumière détailla un paysage digne de Claude Lorrain, évapora la rosée qui blanchissait les gazons et tremblottait aux feuilles des arbres ; je distinguai alors une troupe de grands oiseaux voyageurs qui, non encore complètement détachée des collines, touchait, par ses premiers groupes, aux plus hautes régions de l'air, reproduisant en immenses et vivants gradins cette échelle de Jacob, mythe de la contemplation qui unit le ciel à la terre.

Bientôt la troupe aérienne, changeant ses évolutions, se groupa en une sphère toute composée de cercles concentriques et roulant dans des directions variées, longitudinaux, verticaux, obliques ; horizon, méridien, colures, zodiaque, rien ne manquait à cette sphère armillaire, gigantesque, resplendissante, ailée, harmonieuse comme l'host céleste des séraphins! Ce ciel où voltigent peut-être ainsi les âmes de tant de héros, de tant de martyrs, cette terre où reposent leurs cendres, se montraient une dernière fois à mon œil, plus beaux que jamais, parés à l'envi comme pour me laisser des souvenirs plus solennels, pour recevoir des adieux plus respectueux !

Les croisades sont déjà à huit siècles de nous : le siècle de Périclès était à la même distance du siége de Troie, et il avait mis au rang des demi-dieux les principaux acteurs de ce siége. L'amour-propre trouverait une singulière satisfaction à rattacher la plupart des chrétiens actuels de l'Europe méridionale à cette époque héroïque et presque fabuleuse, par une filiation directe et non interrompue. La difficulté n'est pas au-dessus des forces de la statistique. D'abord les humbles plébéiens peuvent bien croire qu'ils eurent des aïeux parmi les truands d'Antioche, parmi les serviteurs qui, dans l'armée de saint Louis, revêtirent l'armure de leurs maîtres malades, et furent pris par les Infidèles pour les chevaliers eux-mêmes ; parmi les bourgeois ennoblis par le vice-roi de Jérusalem, et enfin parmi ce peuple de soldats oublié par les bulletins du temps. Mais ils peuvent aller plus loin : les grands noms qui sembleraient devoir toujours durer par la prime que la fortune et les honneurs donnent à l'accroissement de la famille, ces grands noms s'éteignent par cet accroissement même ou par d'autres causes. Les Montmorency sont des Laval, les Bouillon des Rohan; et, après la révolution française, on a rencontré des Créqui portiers et des Lille-Adam repris pour vagabondage. Le chef d'armes meurt sans enfants, tandis que les blasons des cadets se sont modifiés par degrés, puis effacés et perdus dans la pauvreté. C'est un hasard si le nom survit à ces naufrages. J'ai trouvé des Honfroy de Thoron parmi les notables négociants d'une ville manufacturière, où de temps immémorial il n'y eut jamais d'aristocratie.

Pour consoler ceux qui n'auraient pas sauvé même cette ombre d'une grandeur passée, il faut se souvenir que chacun de nous a un père et une mère qui ont, eux aussi, deux parents : cette progression géométrique à trois ou quatre générations par siècle, nous donne plus de quarante millions d'aïeux au temps de la première croisade, et il est impossible que, dans une si vaste famille, ne se trouvassent pas compris la plupart des princes de l'Europe. L'ascendance par le sang ne suffit pas, je le sais : les généalogistes exigent encore la continuité de l'illustration ou de la vie noble; l'art héraldique a d'autres exigences que la physiologie et l'arithmétique; mais la sympathie et la poésie ont eu souvent des motifs plus déraisonnables, des fondements moins certains !

En Syrie, Palestine et Mésopotamie, il est évident que beaucoup d'Européens se fixèrent définitivement à l'époque des croisades. La première surtout fut une invasion à la manière des invasions antiques; les femmes, les enfants, les domestiques, avaient accompagné les guerriers. Baudouin, comte d'Edesse, épousa plusieurs filles de princes arméniens, et cet exemple fut suivi dans les rangs moins élevés. Les familles levantines modernes nous montrent qu'il suffit d'une ou deux générations pour acclimater des émigrés, pour changer leurs habits, leur langue, et par conséquent leurs idées. Pour ces seconde, troisième, quatrième génération, la patrie nouvelle est la patrie véritable, et l'on y reste même quand elle est envahie, saccagée par un vainqueur, par un ennemi de sa race, de sa religion.

Un grand nombre de chrétiens furent obligés d'embrasser l'islamisme par la faim ou par des violences pires, et par ce côté la fable généalogique des Druzes et d'autres nations du Liban peut avoir quelque chose de réel qu'appuieraient au besoin leurs yeux bleus et leurs cheveux blonds. Nous avons en Syrie d'autres parents qui n'ont pas abjuré la religion des croisés. A Nazareth, à Ehden, à Tripoli, à Betléem, quand j'ai vu quelque chrétien à la haute stature, à l'œil fier, à la barbe fauve et pointue, je me suis toujours figuré quelqu'arrière-neveu des Siciliens, des Normands de Tancrède. Ce héros, dans ses principautés de Tibériade, d'Edesse et d'Antioche, avait adopté le costume du pays : les médailles le représentent barbu et enturbané. Il avait sans doute, comme Bonneval, trouvé commode, hors le emps de guerre, d'être toujours en pantoufles, en robe de chambre et en bonnet de nuit.

Le costume et le climat firent plus de tort à quelques générations, dont Jacques de Vitry fait un portrait fort triste et fort singulier : « Les *pouluins, poulets* ou *pallany* sont ceux qui sont nés dans la Terre-Sainte après la conquête. On les appelle ainsi, soit parce qu'on les regarde comme des hommes nouveaux et comme des poussins eu égard aux Syriens, soit parce qu'ils ont en général pour mères des femmes de la Pouille. L'armée des croisés ayant, à sa suite, un trop petit nombre de femmes, on en fit venir de la Pouille comme le pays le plus voisin, afin de les marier à ceux des chrétiens qui restaient en Syrie. Ces *pallany*, nourris dans les délices, mous et efféminés, plus accoutumés aux bains qu'aux combats, adonnés à la débauche et à l'impureté, vêtus aussi mollement que des femmes, abusaient des biens temporels que leurs parents avaient acquis de leur sang. Ils se montraient lâches et paresseux, timides et pusillanimes contre les ennemis du Christ. Ils faisaient des traités avec les Turcs, et, pour la plus légère cause, ils étaient entre eux en procès, en querelles, en guerre civile. »

Trois heures après Ascalon et Mjedded, nous passâmes, sur un pont à une arche, le ruisseau qui donnait son nom à l'ancienne vallée Sephata, dans la tribu de Siméon. Après huit heures et demie de marche totale depuis Astoud, nous aperçûmes Gaza, précédée de ses bois d'oliviers. Le pays et la campagne sentent le désert égyptien : les jardins sont maigres; l'eau y est rare et saumâtre; elle arrose quelques grenadiers, des nabka, les plus grands que j'aie rencontrés, et beaucoup de dattiers à fruit jaune. La ville est un amas de masures et de huttes fort espacées; aussi est-elle fort grande.

Nos amis, ou plutôt ceux de M. Damiani, nous firent l'hospitalité à nos frais, dans le khan où nous prîmes la meilleure chambre : elle était noire, sale et voisine des plus hideuses ordures. Telle est la délicatesse et la propreté du pays. Nos lettres étaient pour des Musulmans. Pères de Terre-Sainte, excellente hospitalité, où êtes-vous ! nous sommes aux frontières de Misraïm, le pays du mirage : tous les objets vous trompent de loin, vous désenchantent de près! Cependant un de ces Philistins nous a abouchés avec des chameliers qui nous mèneront à S⸺. et nous feront traverser le désert en neuf jours.

Gaza est à deux lieues de la mer : la campagne, au sud et à l'ouest, est composée de collines entre lesquelles il y des bassins assez profonds : là les jardins ont peu de dattiers, mais beaucoup de nopals, d'oliviers, de nabka et de tamariscs. Près de la ville les collines sont nombreuses; plusieurs faubourgs sont même bâtis sur des *koum*; les rats y sont aussi abondants que les hérissons dans les champs. Pendant que je faisais ma promenade, il soufflait un vent de sud chaud et humide; le ciel était voilé d'une vapeur grise déchirée seulement à l'horizon : aux climats plus septentrionaux ou à la montagne, ce vent et ces nuages doivent donner de la pluie.

18 novembre.

Gaza, déjà fameuse au temps des juges par la conquête de Josué et les exploits de Samson, appartenait aux Perses lorsqu'Alexandre vint l'assiéger. La longue résistance qu'elle lui fit éprouver l'irrita au point qu'il fit subir au commandant vivant le supplice qu'Achille avait infligé au cadavre d'Hector. Il le traîna autour des remparts, attaché par les pieds à son char de guerre. Nous qui avons confondu, sous le nom commun d'humanités, les études classiques, la pitié et la charité pour le prochain, de quel œil pouvons-nous juger une barbarie pédante, inspirée à Alexandre par son admiration pour Homère et pour son héros!

Le roi asamonéen, Alexandre Jannée, assiégea encore plus longtemps Gaza, défendue par Apollodote, général grec confédéré avec Arétas, roi de l'Arabie syrienne. Apollodote ayant été assassiné par son frère Lysimaque, Alexandre s'empara de la ville où il commit tant d'atrocités que plusieurs des habitants tuèrent de leurs propres mains leurs enfants et leurs femmes pour les soustraire à la rage du vainqueur. Les sénateurs, au nombre de cinq cents, s'étaient réfugiés dans le temple d'Apollon, où Alexandre les poursuivit et les égorgea; il ne quitta pas la ville sans l'avoir totalement ruinée.

Gaza, un peu avant les croisades, était connue en Europe par les vins que son territoire fournissait. L'expédition française venant d'Egypte en Syrie, sous les ordres de Bonaparte, rencontra l'armée d'Abdallah en avant de Gaza : une action s'engagea, et les Français en poursuivant les

Musulmans qui fuyaient dépassèrent la ville, dont les principaux habitants se hâtèrent de venir faire leur soumission. Le général se hâta d'y créer un divan chargé d'organiser le pays dont Gaza devait être le chef-lieu. Le gouverneur-général devait y séjourner. Bonaparte avait nommé à ces fonctions Menou, qui s'était débaptisé pour se faire musulman et s'appeler Abdallah. Cet homme singulier, qui finit par faire perdre l'Egypte à la France, et à qui il ne manqua que la bravoure folle pour rappeler Richard, ne se rendit jamais à son poste.

19 novembre.

Le vent tourné à l'ouest a donné de la pluie même à Gaza : c'est triste à voir, c'eût été ennuyeux à essuyer au milieu de la campagne. Les chameliers n'ont pas paru ; hier ils ont emporté leurs arrhes en promettant de revenir le soir même et de nous faire partir aujourd'hui de grand matin. Les courtiers et patrons disent tranquillement attendez, ils viendront, vous partirez plus tard ; la pluie sera passée, il faut se résigner et profiter de la petite abondance du marché de Gaza. Le ramadan des Arabes a commencé hier : le désert nous imposera un carême pire, car il sera de nuit et de jour.

Nous avons reçu la visite de l'intendant sanitaire : il a un gendre cordonnier au Qaire ; lui exerçait peut-être le même état en Italie ; ici, mêlé à la santé publique, on le croit capable de soigner la santé privée ; il pratique la médecine, il demande aux Européens des conseils et des médicaments en échange de la façon paternelle dont il exerce les devoirs de sa place. Nous étions installés depuis longtemps dans le Kkan, près du marché, au beau milieu de la ville, lorsqu'il est venu vérifier une espèce de patente nette qu'on nous avait délivrée à Jaffa : c'est plus confiant et aussi utile que les grossières façons de Tibériade ou de Saint-Jean-d'Acre.

20 novembre.

Les chameliers sont enfin arrivés hier soir; nous partons à dix heures, après cinq heures de préparatifs. Le temps est incertain; le paysage est toujours beau, mais moins accentué : les montagnes du Levant ont disparu, les dunes laissent parfois voir la mer; la steppe est toujours herbeuse. Après deux heures de marche, nous passons l'*Ouady-Gaza*, le torrent Sihor des anciens, qui, grossi par les pluies d'hier et de la nuit dernière, roule des flots rougeâtres. A quatre heures, nous campons au sud de Khan-Jounis, l'ancien *Jénisus*, gros bourg à physionomie égyptienne, entouré de jardins bien verts et détachés sur une zône de dunes rousses. Les chameliers et les chameaux nous plaisent plus que ceux de Jaffa : les bagages sont solidement attachés; on finit par s'accoutumer au roulis et au tangage de l'allure du chameau que l'on a eu tant de raisons d'appeler le vaisseau du désert. Quelques-uns de nous sont sur une espèce de selle perchée sur la bosse, d'autres sont équilibrés avec des paquets ou un compagnon dans deux berceaux suspendus aux deux côtés et protégés contre le soleil ou la pluie par un dais. Ces berceaux bien garnis de coussins s'appellent *chebriè*; avec un peu d'habitude on y peut dormir presque aussi commodément que dans une voiture, et quand les chameaux vont au pas sur un terrain plein, il n'est pas impossible de lire et même d'écrire quelques notes.

21 novembre.

Les tentes, parfaitement dressées par nos Egyptiens et par les chameliers, nous ont garantis d'une forte pluie qui est tombée toute la nuit : la matinée est froide, mais jolie; la brume de l'orient a ces reflets de laque et de safran si admirables dans ce pays. La steppe où nous avions assis notre camp semble dérobée à la rive du Nil; les sycomores ou gommiers y abondent, les tringa fauves et blancs à ailes éperonnées y font retentir leur voix criarde. Nous continuons à côtoyer la mer à une distance moyenne de trois ou quatre lieues; la steppe devient dune; l'herbe véritable cesse et est remplacée par quelques plantes grasses ou épineuses des plages salées. Après sept heures et demie de marche nous atteignons *Sahel*, village composé d'une vingtaine de tentes bédouines.

Ici nous devons prendre notre provision d'eau : je suis curieux de voir la fontaine où on la puise : je fais une grande lieue et j'arrive à une mare habituellement jaune, mais à présent rougie par les dernières pluies. Un peu de terre glaiseuse retient les eaux pluviales dans un bas-fonds, voilà la source où nous remplissons les outres, et où les chameaux iront s'abreuver demain matin pour huit jours. Dans les outres, l'eau s'imprégnera d'un goût de goudron et de cuir; elle se teindra de la couleur rouge du tan; et cependant les outres sont de meilleurs véhicules que les barils, ceux-ci, frappés du soleil et continuellement cahotés, putréfient l'eau promptement et risquent de se rompre; l'évaporation continuelle de l'eau à travers les pores du cuir, fait de l'outre une sorte d'*alcaraza*, où le liquide conserve une certaine fraîcheur. Aussitôt que les chameaux sont déchargés, on remplit quelques bouteilles où l'eau dépose ses troubles en peu de temps; on décante et l'on a un liquide clarifié dont on peut masquer le mauvais goût par quelques gouttes d'alcool ou par l'eau-de-vie anisée si commune dans tout l'Orient.

22 novembre.

Nous avons dormi au bruit des moulins à bras où les bédouines moulaient l'orge et le blé. Nos chameliers avaient leurs provisions à faire, leurs familles à fêter, leurs compagnons à recruter; la caravane n'a été en marche qu'à neuf heures; elle était grossie d'autres voyageurs venant de Khalil et se dirigeant vers l'Egypte par *Elarich*. Vers les quatre heures, les tentes ont été dressées dans un bas-fonds. Cet emplacement a l'avantage d'abriter du vent et des indiscrets; en plaine ou sur les hauteurs les feux sont aperçus la nuit à de très-grandes distances, et les maraudeurs peuvent être tentés de s'en approcher. Le bas-fonds est ordinairement choisi au voisinage de quelques broussailles qui puissent servir de combustible, et de quelques herbes que les chameaux puissent brouter.

Chaque chameau a un homme pour son service, tous deux marchent habituellement au pas, de façon à faire une demi-lieue à l'heure. On profite du moindre prétexte, d'une apparence de dérangement dans les bagages, pour faire agenouiller l'animal; et quand le désordre vrai ou supposé est réparé, le chamelier s'assied sur une malle, sur un matelas, comme sur une selle de femme et se laisse enlever avec le chameau qui repart. Quand il n'y a pas de halte et que le conducteur se sent fatigué, il redouble sa fatigue en courant à cent pas en avant de la caravane: là il se couche et ferme les yeux pendant un quart-d'heure, après quoi il lui faut de nouveau presser le pas pour nous atteindre, quand il ne craint pas d'éreinter son chameau il grimpe derrière en saisissant la queue et s'appuyant sur les jarets, ou saute par devant en prenant le pli du cou pour étrier.

Ces hommes sont des Arabes croisés d'Egyptien et de Nègre. Quelques-uns ont le masque du beau Mamelouck placé par Girodet dans son tableau de la révolte du Qaire, mais le type dominant est arabe: l'œil cave, le nez saillant, la chevelure ondoyante, le teint ferrugineux, la taille grêle. Les femmes que nous avons vues sans voile à *Sahel* sont affreuses comme la plupart des Bédouines vivant en plein air.

Les belles femmes comme les beaux fruits sont un produit de l'industrie humaine, surtout dans les climats ardents. Le grand air et le gros soleil emprisonnent le sexe féminin dans une peau noire et rude. La marche et le travail lui donnent des pieds et des mains d'hommes; les sentiments grossiers, l'intelligence en friche laissent tomber la partie mobile des traits de sa figure, rendent sa bouche large et ignoble comme celle des brutes; il faut étioler la peau par l'ombre des vêtements et des maisons, reposer les mains et les pieds par la paresse, stimuler le cœur par les passions, l'esprit par la culture et la circonspection pour ennoblir les traits et affiner les lèvres, encore faut-il une série de générations, pour que tous ces résultats se dessinent, et que la femme, traduise par la beauté telle que nous la comprenons, la sève âpre et forte que lui transmirent ses aïeux.

On sent que l'influence, trop longtemps continuée, doit finir par dégrader la femme comme elle fait dégénérer le fruit. La civilisation est une serre chaude : il faut que l'un des deux parents, au moins, continue la vigueur primitive du type sous peine de voir les produits se rabougrir, la stature s'abaisser, la peau prendre une teinte maladive, les bras maigrir par le repos, les traits se ruiner par le souci. Aussi l'idéal de la beauté féminine se rencontre précisément sur les limites de la vie sauvage et de la vie raffinée : dans la Circassie, la Géorgie, la Mingrelie, l'Arménie, le Khorassan, le Caboul, le Kachemire, pays où le froid a imposé des vêtements et des abris solides, mais où l'homme a continué les habitudes fières de pasteur ou de guerrier. Dans les colonies d'Amérique, les générations métives au second ou troisième degré ont la délicatesse des femmes européennes, affermie par la vigueur des parents africains;

les belles dents, les yeux d'escarboucles et les admirables humerus des négresses.

Nos conducteurs ont les vêtements du monde primitif : un turban, une blouse ou chemise de serge, une ceinture de cuir qui soutient une hache, un coutelas ou un pic. Une ou deux peaux de mouton forment un surtout ou manteau suspendu par quelques bouts de ficelle. Pendant le froid de la matinée, une peau couvre les épaules; l'autre, la laine en-dedans, est ramenée pour réchauffer la poitrine; la nuit, toutes deux servent de coucher. Quand le soleil a acquis de la force, et il en a encore beaucoup dans le milieu du jour, les peaux sont dépouillées et accrochées aux bagages. Aussitôt l'étape finie et les tentes des maîtres dressées, on creuse un trou dans le sable, où l'on fait un bon feu de broussailles; le boulanger de la troupe détrempe dans la grande gamelle d'Omar un peu de farine de froment ou d'orge, et vient placer la pâte sous la cendre du feu, que l'on active par quelques nouvelles brassées d'arbrisseaux. Le cuisinier a débrouillé avec de l'eau et de l'huile un gâteau fait de pulpe de dattes. Ce mets passe pour très-délicat et très-nutritif. On en mange à deux ou trois reprises pendant la nuit pour pouvoir mieux supporter l'abstinence diurne du ramadhan. Quand tout est prêt, on charge les pipes et l'on guette le déclin du soleil. Aussitôt que le dernier rebord de son disque a disparu sous l'horizon, on dit : *bismillah*, et l'on fait une longue accolade à l'outre pour étancher sa soif. La faim a son tour; mais après la pipe, qui est un besoin, ce semble, plus impérieux.

23 novembre.

Partis au soleil levant, nous nous dirigeons toujours à l'ouest en compagnie des chameliers de Khalil, qui nous quittent au bout de deux heures en vue d'un marabout qui fait la limite occidentale du plateau du désert..... En bas sont les collines et la plage d'Elarich ; ses jardins se découpent sur l'ocre des sables et sur l'azur de la mer. De ce point nous changeons de direction ; nous allons plein sud au milieu d'un plateau au niveau du marabout. La route ordinaire de Syrie au Qaire passe par Elarich, Salahièh et Belbèis. Le désert d'Elarich à Salahièh est plus court et moins sec que le grand désert de Syrie, mais un grain de poussière de celui-ci sera plus neuf pour la science que tous les blocs de granit de celui-là, cent fois décrit par les voyageurs.

Quand nous commençons à perdre de vue le marabout d'Elarich, nous rencontrons plusieurs flaques d'eau pluviale retenue par de petites digues artificielles comme celle de *Sahèl*; un de nos hommes se baigne dans cette eau pendant que ses camarades courent à un bois de Tamariscs couper des bâtons et des manches de hache. Ce bois longe un ravin qui ramasse les eaux de la plaine. Serait-ce là l'origine du *torrens egypti* que toutes les cartes enfoncent droit au sud d'Elarich? Nous avons déjà coupé le méridien de cette ville sans rencontrer autre chose qu'un plateau élevé et sec. Deux heures après avoir quitté les voyageurs d'Elarich, la route, signalée par quelques pierres dressées, tourne à l'ouest ; le terrain s'accidente et devient rocheux. Nous avons approché de deux chaînes que nous apercevions ce matin de loin ; l'une, au nord, est sablonneuse ; l'autre, au sud, plus haute, plus déchirée, est de grès jaune et rouge fort solide. Les débris de cette roche, qui sont semés dans le désert, sonnent métalliquement quand le pied des chameaux les pousse. Les végétaux sont maintenant pour la plupart des polygonées aborescentes ; les oiseaux ont disparu ; quelques alouettes et deux grands corbeaux noirs nous avaient suivi jusqu'au milieu de l'étape. Les tentes se dressent à quatre heures et demi par une manœuvre que l'expérience a déjà rendue précise et rapide. Le sable fin et propre forme aux couchers un appui souple et excellent; un retranchement de ce même sable, appuyé en-dehors contre la base de la tente, rend celle-ci impénétrable au vent et au froid de la nuit.

Le sommeil du voyageur est court et réparateur. J'étais levé à trois heures, et, enveloppé de mon manteau, je faisais quelques pas, je m'asseyais près d'une touffe de renouées où j'écoutais gémir le vent, où j'espérais surprendre la gazelle, où je pensais avec de délicieuses terreurs à quelque embuscade bédouine, mais surtout je m'enivrais de la beauté ineffable de ces nuits de l'Idumée et de la Chaldée qui firent les premiers poëtes et les premiers astronomes. Je plaignais les hommes qui ont négligé de tremper leur âme par ces grands spectacles. Je m'étonnais que le paysage fût une conquête si récente de la peinture, le drescriptif une trouvaille plus récente de la littérature.

Ce fut probablement le contre-coup de la physique, conquête moderne aussi, et qui, comme un autre Nouveau-Monde, a mis en campagne les aventuriers positifs et spéculatifs. La mauvaise physique a fourni d'aussi belles pages à Bernardin de Saint-Pierre que la vraie en a dictées à la magnifique rhétorique de Buffon. Bernardin est avec Rousseau le véritable aïeul du descriptif moderne. Avant eux, les talents les plus complets, les plus coquets, n'y pensaient pas. Tous les jardins de Télémaque se ressemblent comme les couchers du Soleil, les Aurore aux doigts de roses et les terres qui semblent fuir au départ des vaisseaux. La physique homérique et les expressions consacrées par elle avaient régné jusqu'alors. Poussin a mis des dieux payens dans des paysages chrétiens par leur pompe ascétique, à-peu-près comme les littérateurs de l'Encyclopédie et de l'Empire mêlaient Mars, Vénus et les Muses aux scènes de leur temps. M. de Chateaubriand trouva le moyen d'être homérique par les procédés mêmes d'Homère, en regardant la nature et sachant la physique de son temps.

Le monde extérieur, par les causes finales qu'il révèle au raisonnement et par les impressions qu'il produit sur le cœur, est un instrument puissant de morale ; les rapprochements qu'il fournit au monde moral sont une mine inépuisable d'images, sont l'arsenal de toute la poésie. Quand le roman historique devint le mont sacré où se réfugia l'indépendance littéraire, on put dire de lui, selon le mot d'Horace, qu'il était comme la peinture : c'était un grand paysage, non pas seulement à cause de la multiplicité des actions que son champ comportait, mais encore à cause de la complaisance particulière avec laquelle il reproduisait les grandes scènes de la nature. Dans Walter Scott, l'Ecosse nous intéressa autant que les Ecossais ; dans Cooper, les forêts vierges, les immenses rivières, les déserts, les océans, nous charmèrent bien plus que les hommes qui s'y mouvaient. La nature toute seule agit sur l'imagination du lecteur dans les descriptions purement scientifiques. Je l'ai senti en lisant le haut Nil de Caillaud, je l'ai senti dans cent pages de Humboldt ; un lever du soleil sur les Alpes tel qu'on les voit de Lyon, et la description du saut du Niagara sous la plume sèche et économiste de M. Simon, m'ont presque redonné l'émotion du désert des Natchés secouant sa chevelure de forêts !

Avec un pareil goût on doit aimer les voyages, d'abord comme une source immédiate de jouissances pour soi, et subsidiairement dans l'espoir de rendre à autrui, une partie des émotions que l'on trouva dans les contre-épreuves artistes de cette belle nature ! Une fois reconnu que ses ressources sont inépuisables, qu'elle inspire même en étant superficiellement regardée on peut arriver à la pensée d'une observation minutieuse dans l'espoir d'une inspiration plus féconde ; j'employai ma matinée à tracer une ébauche qui n'est pas certainement l'unique travail de ce genre. Les levers et couchers du soleil si uniformes dans les livres sont les spectacles les plus variés, ce n'est que par une étude détaillée, par un constatement de leurs phénomènes successifs que les grands paysagistes écrivains auront pu obtenir la diversité. Le procès-verbal suivant est l'équerre et le compas qu'ils auront fait disparaître après s'en être servis pour composer le tableau.

---

5 heures du matin thermomètre Réaumur 9 1/2 au-dessus de zéro, ciel serein, quelques filets de nuages sombres à l'orient, obélisque pâle sur l'azur de la nuit et sur les étoiles; —l'obélisque devient pyramide, le vent qui gémit dans les arbustes à feuille de filaos, la voix des grillons sont les seuls bruits qu'on entende; Cassiopé rase le sol à gauche de l'ourse qui est haute et touche au levant;—le bleu clair se rouille un peu près de la terre, les arbres y découpent leur profil ; —la base de la pyramide a gagné un quart de l'horizon sans monter ni faner les étoiles de sa pointe première; —les filets bruns s'éclairent en se rouillant comme le fer à la forge; — une nue brune à deux couches comme un onix se forme à dix degrés au-dessus; —l'horizon et les nuages rouillés se teignent d'un rouge pâle et safrané; — les petites étoiles sont effacées de la moitié du ciel ; tout le cadre de l'orient est empourpré sans ombre ; — le profil de l'horizon terrestre tout entier est visible; un peu pâteux à l'ouest, il est parfaitement détaché à l'est; — Nakarat chaud, puis par degrés pâlissant mais plus lumineux; — toutes les étoiles ont disparu; — le bleu azuré est partout excepté à l'est; — tous les nuages légers sont empourprés même au couchant; — ceux du levant sont blanc éclatant

comme hermine, l'azur de la montagne se dore à l'est ; — l'air bout au-dessus, le disque de feu paraît à 7 heures deux minutes.

Après que nous fûmes partis le ciel s'embruma un peu et le soleil pâlit ; ce qui n'empêcha pas que vers le milieu du jour marchant toujours au sud-ouest nous n'aperçussions à l'est un grand lac glauque et agité qui baignait et réfléchissait les monticules et les arbustes clair semés à ce côté de l'horizon. Nos chameliers appelaient cela la mer du diable ou le *Sérab*. Les physiciens d'Europe lui donnent le nom de mirage. La route suivit toute la journée une immense plaine de sable et cailloux, bornée de quatre côtés par des chaînes de grès rougeâtre, rutilant et même d'un rouge noir. La chaîne à droite s'appelle Meghara, celle de gauche Hellal ; nous abritâmes nos tentes tout près de celle-ci que les rayons du soleil couchant inondèrent d'un feu violacé pareil à une coulée volcanique.

25 novembre.

La route coupe la petite chaîne que nous avions devant nous : du haut de mon chebrié les roches m'en parurent de véritables laves noires ; ensuite la plaine devient onduleuse, plissée de dûnes et de fonds : les dûnes charmantes de profil et de moire sont comme une grande draperie de soie, leur couleur rappelle le ventre des gazelles qui y ont laissé leurs traces. Un jeune pâtre armé d'un fusil à mèche nous demande des nouvelles de ses chameaux échappés : il y a plus de six heures que nous les avons rencontrés. J'ai oublié de noter hier soir deux petits évènements de notre halte ; nous avons vu reparaître les deux corbeaux et nous avons rencontré des moines grecs venant d'Hébron et allant au mont Sinaï ; ils se sont joints à notre caravane et ont campé hier soir avec nous près de la fontaine *Elhemmé*. Cette soi-disant fontaine est un puits creusé dans le sable, d'environ quinze pieds, il est rond comme un poêlon, la queue est représentée par le chemin taillé en pente par lequel ont atteint le fonds.

Les eaux pluviales filtrant à travers le sable, arrivent jusqu'à une couche argileuse qui les retient. Dans les plages du midi de la France, ce fait est fort connu: les Languedociens et Provençaux de la première campagne d'Alger s'en souvinrent aussi quand il fallut chercher de l'eau douce à Sidi-Ferruch. Seulement à *Elhemmé* l'eau pluviale rencontre une proportion assez forte de sel marin répandu dans tout le désert Arabique aussi bien qu'au désert Libique et l'eau que nous y puisons est plus saumâtre que celle de Gaza. Les chameliers la trouvent préférable à celles de nos outres. Les papas grecs qui ont déjà épuisé leur provision crient *Kakos* à l'une comme à l'autre. Ce soir il me vient à l'idée de déclouer une des caisses tombées près de Jaffa; la plupart des bouteilles de vin sont rompues; mais plusieurs cruches remplies de l'eau du Jourdain sont intactes. J'y avais mêlé de la poussière de charbon pour préserver le liquide de la putréfaction. En un instant je fabrique un filtre que j'établis sur un entonnoir et l'eau du Jourdain renouvèle pour quelques chrétiens le service rendu aux Hébreux par la fontaine de Moïse.

Pendant que les corbeaux becquetaient les excréments des chameaux et les miettes tombées de nos tables, je sortis du creux de notre campement, et traversant quelques dunes semées d'arbustes fort maigres, quelques plaques de sable cailouteux, j'atteignis des collines de grès luisant, sonnant et compact comme du verre; sa ressemblance parfaite au grès des vases cuits par un haut degré de chaleur, doit faire croire à une vitrification de ces roches, soit à l'époque de la fusion des granits, soit par l'action plus bornée et plus récente des volcans. Du haut de cette colline la vue s'étendait sur un grand paysage de sable et de rochers. Cette désolation embrasée des feux du soleil couchant, a un aspect infernal; toute l'Arabie-Pétrée et surtout le mont Sinaï, offrent deux fois par jour la même physionomie.

26 novembre.

Nous avons suivi ou plutôt repris la plaine de laquelle quelques collines nous avaient distraits: de petites pyramides de cailloux jalonnent la route. Après sept heures de marche nous descendons un ravin tout plein de gros galets et déchiré entre deux chaînons calcaires entremêlés de grès blanc comme du sel égrugé. Quelques rognons de quartz pyromaques sont semés dans ce fond blanc. Il n'a pas plu ici depuis longtemps, car ce ravin profond est sans eau, et une végétation un peu moins rare et moins maigre que celle du désert, annonce que l'eau doit y séjourner: *Wadi-Fetaïs* est son nom, il peut avoir trois lieues d'étendue; vers le milieu on rencontre un petit marabout, et une demi-heure après un sycomore vieux et rabougri mais très-vert.

L'endroit où nous campâmes était occupé par une petite colonie d'Egyptiens émigrés de *Ras-el-Ouadi*, village du bassin des lacs amers. Ils allaient s'établir comme cultivateurs à Gaza, emmenant avec eux, femmes, enfants, chameaux, ânes, chèvres et poules. Ils ont quitté Ras-el-Ouadi depuis quatre jours; ils nous promettent Suèz pour demain. Les questions qu'ils nous adressent sont principalement relatives à la ligne que nous avons suivie et aux points où nous avons aperçu de l'eau. Ils tariront tous les puits et toutes les flaques avec la soif de leur famille et de leurs bestiaux; mais la pluie qui doit rendre la vie au désert, est attendue chaque jour, alors les ravins seront des ruisseaux, le sable deviendra une steppe herbeuse, le grand arbuste à racines rouges et traçantes, démesurément longues, pourra montrer aux botanistes ses feuilles, son genre et son espèce; mais Dieu sait combien cet heureux événement peut être encore retardé. Les pluies du printemps ont manqué tout-à-fait : le voyage d'Akaba et de Pétra est devenu impraticable pour les touristes anglais.

27 novembre.

Sortis de Wady-Fétaïs en deux heures, nous rencontrâmes une grande plaine de sable un peu onduleuse et se relevant par degrés, charpente osseuse qui soulève et troue la peau fauve de ce désert. Les sommets les plus élevés de cette chaîne sont appelés *Roous-el-Amiani*; elle est orientée E.-O. A gauche, la grande chaîne du Hellal, courant toujours du N. au S. va se perdre dans la presqu'île de Sina; la mer Rouge est voisine, on peut l'apercevoir du haut de *Roous-el-Amiani*, mais nous ne la vîmes que quatre heures après comme une langue métallique au pied du Mokatam égyptien. Nous nous dirigions perpendiculairement à sa ligne magistrale et non vers sa pointe au N.-O., prenant par conséquent l'inverse de la route de Moïse. Le chef chamelier m'assura qu'il n'entendait pas passer la mer comme le grand prophète hébreu; seulement une fois le bord atteint, il remonterait vers la pointe pour tourner ensuite vers Suèz. Dans un désert où chaque caravane peut tracer sa route à volonté, et surtout en présence d'un point de mire vers lequel on peut se diriger à vol d'oiseau, il serait ce semble plus rationnel d'aller droit au but : lunette, boussole, argumentation géométrique tracée sur le sable avec la tête d'un courbach, rien ne pût ébranler sa conviction : « Je suis la route que tous les chameliers suivent. » Autorité toute-puissante de la tradition et de l'exemple; première et dernière ressource des peuples jeunes et des peuples déchus! demain, grâces à cette logique, nous risquons encore de coucher dehors: nous nous dirigions d'abord vers les lacs amers, puis nous avons rebroussé au S. jusqu'en vue de la mer Rouge; ils n'en savent pas plus long. Un chameau de la caravane grecque est malade et revient avec son maître vers son pays, Suèz était plus près, mais ce n'est pas son pays : toujours la même logique !

28 novembre.

Après trois heures de marche on distingue Suèz comme une écume blanche sur le bord de la mer. On se dirige toujours droit sur la ville, malgré la mer à passer ou le détroit à tourner. Les jours s'allongent sensiblement à mesure qu'on avance vers le sud. Nous étions déjà partis à six heures; vers les neuf heures nous nous approchâmes d'une grande mare où un peu d'eau restait encore au centre d'une zône de boue. Quelques chameaux que l'on ne retint pas à temps s'enfoncèrent dans cette boue en voulant s'approcher de l'eau.

Pendant qu'on s'occupait à les relever, nous entendîmes des gémissements et des paroles faiblement articulées. Un pauvre Arabe couché sur quelques herbes, et la face toute boursoufflée de variole, avait été abandonné depuis quatre jours par une caravane qu'il n'avait plus la force de suivre. Un peu de pain et un fragment de vase avaient été laissés à ses côtés : il avait mangé le pain; l'eau de la mare, d'abord à portée de son bras, s'en était graduellement retirée par les progrès de l'évaporation. Avec l'affliction de Job, il paraissait en avoir la patience; il ne raillait pas l'ancienne hospitalité arabe si vantée; il ne maudissait pas les compagnons qui l'avaient ainsi délaissé; il avait eu confiance en Dieu et dans l'arrivée de quelques êtres compâtissants. Nous lui donnâmes quelques provisions et fîmes promettre à notre conducteur de venir le chercher le jour même.

De dix à onze nous traversâmes une série de dunes de

sable fin et mouvant, fleur mordorée de la farine jaune du désert, accumulée ici par les vents capricieux : les chameaux y enfonçaient jusqu'au ventre en les montant. A la descente, elles étaient assez abruptes pour faire craindre la chute à chaque pas; de là jusqu'à quelques toises de la mer, pendant près de quatre heures de marche, on traverse une avant-plage totalement dépeuplée de végétaux. Une bergeronnette verte et plusieurs corbeaux de ces parages s'approchèrent des corbeaux nos compagnons comme pour leur faire des compliments d'hospitalité. A trois heures nos chameaux s'agenouillèrent enfin au bord tant désiré, et la grosse voix du chef chamelier, aidée de gestes énergiques, appela les matelots d'un *sambouk*. Le sambouk est un grand bateau qui transporte bagage et voyageurs d'une rive à l'autre; c'est plus court que de faire quatre lieues pour tourner la pointe du détroit.

Je compris enfin l'obstination des chameliers à marcher droit sur la mer Rouge et leur affirmation qu'eux-mêmes ne devaient pas la passer : leur finesse se moquait de notre manière défectueuse de formuler la question; la tradition qu'ils suivaient était vraiment bonne, et, plus que nous ne l'avions imaginé, amie de la ligne droite. Dès que nos bagages furent déchargés, chameaux et chameliers partirent au grand trot vers les premières montagnes de la presqu'île : là est la fontaine de *Ghor-Djéda*, d'où deux fois par jour arrive une caravane chargée d'outres qui vont abreuver Suèz.

La mer Edomite, mer de la race de Cham, la première école de la navigation de l'homme, la mer de l'Abyssinie, de l'Égypte, de la Sabée, du mont Sinaï, d'Esiongaber, sera toujours saluée avec émotion par les amis de la science. Après les grands souvenirs de la religion et de l'histoire, ils penseront à cette découverte récente de nos compatriotes, qui donna un démenti apparent à la loi du nivèlement des liquides; mes compagnons pensaient tout cela en observant les laisses de la marée, les algues, les coquillages, si différents de ceux de nos côtes. Quand les matelots eurent transporté sur leur dos nos personnes et nos bagages, on poussa la curiosité jusqu'à goûter l'eau que le mouvement de la marée trouble toujours un peu dans les bas-fonds du détroit. Sa salure est plus franche et moins mêlée d'amertume que celle de nos mers. Il fallait ce point de comparaison pour trouver potable l'eau de *Ghor-Djéda* qu'on nous servit à Suèz.

29, 30 novembre, 1 et 2 décembre.

Celui qui vit Suèz il y a un an et qui le revoit aujourd'hui pourrait à peine le reconnaître. Les rues étaient un désert comme ses environs; quelques carcasses de bâtiments pourrissaient dans le port ou sur les chantiers. Maintenant le port est animé; des bâtiments arrivent, partent, se gréent, s'achèvent; des caravanes de chameaux portent des bois, des fers, des cordages, du goudron; les places sont peuplées, les rues agitées, les marchés pourvus; les quais semblent se ressouvenir des Vénitiens qui les bâtirent, car les costumes européens sont aussi abondants que les robes turques, égyptiennes ou bédouines; mais la plupart de ces Européens viennent eux-mêmes de l'Asie.

L'Angleterre a mis un pied sur la mer Rouge pour protéger sa colonie indienne. L'Inde a fait deux pas vers l'Occident pour accélérer ses relations avec sa métropole. Ces nababs, riches et malades, entourés de domestiques parlant bengali ou indoustani; ces palanquins, avec lesquels ils traverseront demain le désert qui les sépare du Qaire; le *steamer*, qui fume encore, mouillé là-bas vers le cap *Aïtha*, les a portés de Bombay en vingt jours. Des spéculateurs compatriotes sont accourus de Londres, de Bristol, de Liverpool pour les abreuver de porter, pour les régaler de jambon, de chester¹, de beefsteaks, pour les écorcher, comme il convient à leur rang, dans des auberges improvisées.

Le temps que nous perdions à décharger nos chameaux, à passer le bras de mer dans le *Sambouk*, à déménager nos effets de cette barque au quai de la douane, était un temps fort précieux. A chaque minute les prix des comestibles haussait dans les marchés; et quand nous nous présentâmes aux hôtels pour y loger, nous trouvâmes la moitié des appartements occupés par les Anglais arrivant de l'Inde, l'autre moitié retenue pour les Anglais qu'on attendait du Qaire et que le retour du bateau à vapeur devait emporter à Bombay. La moindre chambre, avec la nourriture, le vin non compris, coûtait une demi-guinée par jour à l'hôtel Hill, entrepôt direct et officiel de la Compagnie des Indes. La dépense accessoire du vin, etc., emportait la guinée entière. Un certain Waghorn, jadis fonctionnaire de cette Compagnie, aujourd'hui agent rival pour le transport des lettres et des passagers, a établi à Suèz une maison qu'il ne permet pas qu'on appelle une auberge, car il y donne le logement gratis; seulement quand Hill prend une guinée pour la table, le vin et le logement, Waghorn fait payer une guinée pour la table toute seule. Les khans arabes s'associent jusqu'à un certain point aux prétentions des hôtels, et ils ont triplé le prix des chenils qu'ils louent aux voyageurs modestes ou attardés; les chameliers imitent les khans; et tout le temps qu'un vaisseau anglais est ancré dans la baie de Suèz, ils demandent, pour les transports de Suèz au Qaire, autant que pour le voyage inverse. Celui-ci est toujours fort cher, car tous les chameaux du Qaire sont en perpétuelle réquisition pour le transport des charbons anglais.

Il fallut attendre trois jours avant que la fournée des nababs fût évacuée ; nous les employâmes à visiter les environs de la ville, les ruines de l'ancien Colsoum, les traces du canal de *Nekao*, de Darius, des Ptolémées et du khalife Omar ; à chercher vainement au nord, vers les lacs amers, le granit ciselé d'inscriptions cunéiformes que Rozieres et Devilliers découvrirent et que personne n'a pu retrouver depuis ; il aura été recouvert par les sables que le vent soulève. Nous visitâmes aussi la fontaine *Ghordjéda*, creusée dans les premières collines de l'Arabie-Pétrée ; nous allâmes aux fontaines de Moïse, où quelques puits saumâtres, d'autres sulfureux, et un seul presque doux, permettent d'arroser quelques plantations de dattiers, vignes, aubergines, tomates, choux et pastèques, et fournissent les seuls fruits et légumes qui arrivent frais à Suèz.

Ouioun-Moussa n'est qu'à un mille du bord de la mer ; nous pûmes donc faire, en bateau, la plus grande partie du chemin. Nous avions vu fumer le bateau anglais le matin à notre passage par son travers ; quand nous retournâmes de notre excursion, la fumée avait augmenté, et les marins arabes nous affirmèrent qu'on chauffait pour partir. En approchant, nous aperçûmes plusieurs *sambouk* chargés de passagers et de leurs effets. Mêler notre barque à la flotille et monter à bord avec les premiers Anglais, fut l'affaire d'un instant. La mousson de sud nous poussait vers la côte égyptienne ; c'est près de là, par cinq brasses de fonds, que le *Hugh-Lindsay* était mouillé. Je ne sais comment les deux midshipmen de service sur la dunette se doutèrent que nous n'étions ni Anglais, ni passagers, toujours est-il qu'ils nous demandèrent assez sérieusement ce que nous venions faire ; et sur notre dire que nous demandions la permission de visiter le vaisseau, ils répondirent qu'il fallait la permission du capitaine qui était à terre ; puis, appelant un contremaître, ils nous firent un geste dédaigneux qui signifiait qu'ils nous accordaient eux-mêmes la permission que le capitaine seul pouvait accorder. Il y a dans la marine de la Compagnie des Indes plusieurs jeunes gens de bonne maison, et ceux-là multiplient la morgue aristocratique par l'orgueil colonial. Les traditions brutales des marins de Smollet ne sont pas entièrement perdues sur les vaisseaux anglais. C'est probablement à ces deux sources que s'était trempé le caractère des aimables dandys qui nous accueillaient. En leur tournant le dos, notre admiration commença.

Le vaisseau nous apparut comme une ruche immense dans laquelle tout bourdonnait, mais tout travaillait avec discipline; aux écoutilles cinq ou six palans hissaient en un clin d'œil des colis sans nombre, à l'avant les forgerons battaient le fer pour les besoins des chaudières qui mugissaient déjà dans l'entre-pont. Des cypayes vêtus de rouge étaient seuls immobiles au port d'armes à l'entrée de la grande chambre. Ces figures noires, sérieuses et résolues, cet uniforme bien porté, ces armes bien tenues, nous parurent une nouveauté piquante dans un pays où les tentatives d'armée disciplinée sont encore à leur enfance; où des soldats en haillons, sans souliers, tiennent leur fusil comme un manche à balai.

L'activité anglaise a ainsi remanié à son profit l'Asie et l'Afrique. Des échantillons de tous leurs royaumes, des hommes ramassés dans tous les coins de la terre sont réunis ici. Le Portugais de Goa, l'Indien de Mirzapour, de Madras, de Céylan, le Malais, le Chinois, l'Arabe de Mascate, le nègre, l'Abissin sont ici habillés de vestes et pantalons, actifs, intelligents comme l'Irlandais et l'Ecossais comme le Normand, le Gascon et le Provençal ; car ces trois races françaises envoient au moins un représentant à toute agglomération d'hommes aventureux.

Nous vîmes embarquer des tonneaux et nous demandâmes si c'était de l'eau de Suèz, le guide nous dit en soupirant qu'on n'en trouvait pas de meilleure d'ici à Gèdda, mais que pour la toilette et le thé, on avait toujours la ressource d'une eau parfaitement douce qui provient de la vapeur des chaudières et qu'un appareil particulier recueille constamment en voyage. Le bêlement de plusieurs chèvres nous apprit que la sollicitude des Anglais pour leur boisson favorite, avait assuré pour le thé une provision suffisante de lait ; nous vîmes sur les côtés de la poulène plusieurs caisses pleines de terre végétale où des graines de moutarde donnent au bout de quelques jours sous ce ciel chaud et serein, une petite récolte de salade. Nous revînmes vers la poupe et entrâmes dans la salle à manger : une aiguille établie en face des convives, marque sur les deux faces d'un cercle gradué les oscillations du roulis. La chambre particulière du capitaine P... était classiquement ornée de baromètres, de cartes, du portrait de la reine et des silhouettes de Mrs. P... et de ses huit enfants. Les chambres des passagers où l'on ne met jamais moins de deux personnes, sont peu spacieuses, mais le Hugh-Lindsay est le plus petit des Pyroscaphes indobritanniques. Grands et petits le prix du passage est le même, aucun voyageur ne paie pour sa demie, moins de 80 livres sterling et plusieurs cabines privilégiées se paient double, les pour-boire des Steward et autres domestiques sont en proportion de ce tarif.

Au moment où nous rentrions dans la salle à manger qui sert aussi de salon de compagnie, elle était envahie par un groupe de passagers arrivés en société du capitaine, nous n'avions pas besoin de nous enquérir de leur nom et de leur rang : M. P... déclinait l'un et l'autre en graduant ses égards selon leur importance respective, entrez capitaine Carpenter, prenez un siége major Mackensie ; asseyez-vous M. le chevalier Dussumier. Le propriétaire de ce nom si connu à Bordeaux et au Jardin des Plantes portait sa décoration dans le désert, il va pour la deuxième fois aux Grandes-Indes dans les intérêts du commerce de son pays et dans ceux des collections du Museum.

Général Ventura, ce fauteuil est pour vous. Ce nom de Ventura redoubla notre attention. Un homme d'une cinquantaine d'année, d'une taille moyenne, replet, musclé en athlète, la face un peu allumée et à moitié couverte de moustaches et de gros favoris grisonnants, s'était avancé avec une aisance un peu fière, je me rappelai tout-à-coup le général Allard que j'avais rencontré dans les rues de Marseille suivi de cinquante curieux ébahis de sa gloire et de son riche déshabillé de voyageur : polonaise chamarrée de croix et brandebourgs, pantalon rouge brodé d'or sur toutes les coutures, bonnet hongrois de fourrure et de velours rehaussé de broderies et torsades. Son compagnon de fortune avait un déshabillé plus simple : sa casquette seule rappelait le général asiatique, quoique les broderies sous lesquelles disparaissait le drap bleu dessinassent la branche de chêne, attribut classique des généraux et maréchaux français. M. Ventura est Modenois, mais comme il a longtemps servi dans nos armées, il a la louable ambition de vouloir être Français comme ses camarades Court et Allard ; il parlait anglais, français, indoustani, tout excepté italien ; cependant sa suite était si nombreuse que l'italien lui-même y était employé au moins par les domestiques arabes venus d'Alexandrie. Nous entendîmes cet italien levantin bien différent de celui de la Crusca estropié sur tous les tons pendant l'embarquement de l'immense bagage du général de Rungit-Sing. M. Allard emporta avec lui quatre cent cuirasses pour armer trois escadrons. M. Ventura en emporta quatre cents autres pour compléter un régiment de cuirassiers. Le guerrier bardé de fer prend décidément faveur en Asie. Nous avons vu un régiment ainsi équipé dans l'armée syrienne d'Ibrahim-Pacha.

Quatre cents cuirasses font au moins cent colis à ajouter aux malles, aux meubles, aux cantines du général, sans compter une belle et grande calèche fabriquée aux Champs-Elysées par Touchard, et dont le vent n'a pas encore effacé l'empreinte sur le sable qui sépare Suèz du Qaire. C'est la seconde fois qu'une voiture européenne a circulé dans ce désert. Les roues vont retracer tous les jours l'ornière de la civilisation. Hill vient de faire construire une douzaine de fourgons qui feront le service de Suèz à la place des chameaux. Trois stations-relais sont déjà désignées dans le désert pour la poste de la Compagnie des Indes. On nous dit que l'une d'elles a déjà une maison à moitié bâtie, et comme ses fenêtres sont rouges, les Arabes ont ressuscité pour elle le magnifique nom d'*Alhamra*. Les deux autres stations ne sont encore occupées que par des tentes de coutil; les cuisines et écuries y sont en plein vent; le mobilier intérieur se compose de nattes et de lits en *djerid ;* on y dort fort bien.

Nous en jugeâmes au teint reposé des dames que l'étiquette coloniale n'introduisait et ne faisait asseoir qu'après les hommes titrés. Les modes féminines de Londres viennent toujours de Paris, et pour notre bonheur, ces modes unissent en ce moment la simplicité à l'élégance. Quel charme pour nos yeux rassasiés de costumes levantins, de prunelles noires, durcies encore par les cosmétiques, de faux cheveux teints en rouge, de pieds nus, de mains zébrées de henné, de colliers de sequins, de diadèmes de diamants éteints par la monture d'or, lourdes et sauvages parures; quel charme de retrouver tout-à-coup l'éducation, la grâce européennes, représentées par quelques-uns de ses plus heureux échantillons; des anglaises du plus beau type, grandes, sveltes, les yeux célestes, les traits nobles, une chevelure blonde exubérante, une conversation pleine d'instruction, de finesse, de dignité; telles nous apparurent Mrs. Carpenter, Mrs. Mackensie!

Nous oubliions le temps en pensant à Gédda, à Mokha, à Bombay, à l'Inde, aux Pagodes, au Gange, à l'Indus que, nous aussi, nous irons peut-être voir dans quelques mois; et plus immédiatement en pensant aux compagnons que nous aurions eus à bord de ce pyroscophe qui commençait ses manœuvres d'appareillage, qui chargeait son canon de départ. Les deux midshipmen reparurent comme pour diminuer nos regrets : ils nous montraient le reïs arabe de de notre sambouk. Le vent était contraire pour regagner Suèz, mais la marée qui avait encore près d'une demi-heure à monter faisait un courant en notre faveur et dont il fallait profiter.

Quand nous nous rapprochâmes de la ville, nous cherchâmes vainement le grand banc de sable où notre barque s'était échouée deux ou trois fois le matin. Les lagunes n'étaient plus entrecoupées de lignes de terre et de boue. Elles étaient devenues une mer véritable, s'étendant à plus de trois lieues au nord de Suèz, large de près d'une lieue. Les bâtiments en construction et en radoub étaient presque mis à flot. Les quais étaient submergés. C'était le 2 décembre; la lune était pleine et la Sizygie avait produit une marée de six pieds, capable de submerger un autre Pharaon qui, par ignorance, ou un autre Bonaparte qui, par curiosité, se serait aventuré sur les bancs de sable, aujourd'hui comme au temps de Moïse, secs à certaines heures du jour.

Avec de pareilles marées et le travail de quelques pontons, le port de Suez, ou au moins sa rade, seront praticables pour des vaisseaux de plus grand tonnage que les merkeb, que les sambouk et même que les barghl de Mokha et Gedda; et ces pontons, les Anglais les construiront ou les amèneront bientôt; ce travail, ils ne tarderont pas à le faire; leur intelligence, leur activité, les menaces même dont leur grande colonie vient d'être l'objet en répondent. La mer Rouge est aujourd'hui pour leur poste la route abrégée de l'Inde; demain elle peut l'être pour leurs armées. Qui sait si leurs intérêts n'exigeront pas que leur puissance, de fait, s'y établisse après leur prépondérance? Ils font tout ce que leurs intérêts exigent, et leur prépondérance y est déjà largement établie. Socottra porte leur pavillon souverain; ils viennent de s'emparer d'Aden; Mokha est le siège d'un résident anglo-indien qui a un régiment pour sa garde particulière. Gedda, Cosseïr, Suakem, Mokha, Suez, voient battre au vent de leurs moussons la bannière des consuls anglais, des agents de l'Inde. Les guinées sont plus connues, plus estimées sur la mer Rouge que les talaris de Marie-Thérèse; les sequins de Venise, la colonate espagnole sont détrônés; un habit franc s'appelle un habit anglais; parole anglaise veut dire parole inviolable; parole d'honneur!

Et nous qui, depuis les croisades, avions donné le ton à l'Orient; nous dont la parole, l'habit, le nom étaient le type de la dignité, de la force, de la science européennes, que faisons-nous pour prendre notre part de ce mouvement commercial, pour nous poser dans cette politique qui peut changer la circonscription des états, pour écrire de nouveau notre nom qui s'efface de ces pays où il retentit tant de fois avec gloire? dans ces déserts, dans ces ports, dans ces murs que nos rivaux exploitent, transfigurent maintenant à leur bénéfice? Une voix me répondit : c'était une voix anglaise : le tonnerre de la caronade [du *Hugh-Lindsay* ricochait ses échos du Mokattam au mont Sinaï.

3 décembre.

J'ai trouvé ici des lettres de l'Inde où j'étais appelé par des affaires de famille; ces affaires sont encore peu avancées et ma présence ne pourrait en hâter la solution; des parents et des amis les surveilleront jusqu'à ce qu'il soit temps d'effectuer la seconde moitié de mon voyage, selon son plan primitif. Je devais me rendre à Calcutta, puis remonter le Gange jusqu'à Delhy, d'où j'aurais atteint, à travers des terres encore inexplorées par la science, la vallée du Nourboudha et les monuments de l'architecture indoue; de Bombay, un vaisseau m'aurait porté à Bassorah, d'où j'aurais étudié les vallées du Tigre et de l'Euphrate. J'ai profité de mes causeries avec les gens qui connaissent ces lignes pour recueillir quelques renseignements dont d'autres pourront profiter avant moi.

Le steamer anglais ne venant qu'une fois par mois à Suèz, et ne touchant pas toujours à Cosseïr, les voyageurs pressés par le temps ou éloignés par la curiosité de voir Thèbes, peuvent tourner leurs regards vers la navigation à voiles de la mer Rouge. A Suèz, on trouve des *merkeb* ou des *baghl*, grosses barques qui ont la figure donnée au dauphin par le blason : la queue pointue et relevée formant la proue, la poupe arrondie et renflée en une grosse tête. Ici est une cabine assez grande dont le prix est de soixante à soixante-dix talaris pour Gèdda. A Cosseïr, on trouve les mêmes vaisseaux, et la cabine pour la même destination se paie quarante talaris. Les patrons arabes ne fournissent que de l'eau et du bois; il faut se pourvoir de tout le reste. A Gèdda, on trouve assez souvent des vaisseaux indiens de Bombay ou Calcutta; mais on en rencontre davantage à Mokha. De Gèdda à Mokha, les communications sont journalières et peu dispendieuses; de Gèdda, ou plutôt de Mokha à Bombay ou Calcutta, le prix des cabines varie de cent à deux cents talaris, selon leur qualité et selon les autres avantages dont on jouit. Les bâtiments sont aménagés et disciplinés à l'anglaise; le confortable y est au moins égal à celui des bons bâtiments de la Méditerranée, mais inférieur à celui des bâtiments de la Compagnie des Indes. Pour profiter des moussons favorables, il faut être à Gèdda avant la fin de juillet et même en juin s'il est possible; à Mokha, le 15 d'août au plus tard. A Bombay et Calcutta, on trouve un certain nombre de vaisseaux qui vont à Bassorah pour acheter des chevaux des races arabes et persanes; ils partent de l'Inde vers la fin de l'hiver et quittent Bassorah vers le mois de juin. Comme il y a peu de passagers sur cette ligne, les cabines sont à bon marché.

Le *Schot-el-Arab*, ou rivière formée par le confluent du Tigre et de l'Euphrate, est ordinairement débordé pendant juillet et août. Alors la navigation, même pour les grands bateaux, est praticable sur l'Euphrate comme sur le Tigre. Les Anglais viennent d'organiser un service qui portera leurs dépêches de Bombay à Bassorah et Bagdad pendant les deux mois de cette inondation, qui coïncide avec le temps où la mousson rend la mer Rouge très difficile. De Bagdad, des courriers portent en huit jours la malle à Damas et Beyrout, où le steamer anglais arrive à point pour la prendre. Le haut Euphrate est navigable en toute saison pour des bateaux de moyenne grandeur. Au-dessous de Hella, le pays est plat, et la rivière, peu encaissée, s'embarrasse de sables. Le Tigre, dans la ligne parallèle, est plus profond, aussi les Anglais, dans leur projet de navigation mésopotamienne, paraissent-ils préférer cette artère, qui aurait en outre l'avantage d'associer au mouvement nouveau une ville considérable encore, et qui pourrait reprendre son ancienne splendeur. Bagdad, la cité des khalifes abassides, a encore cinquante ou soixante mille habitants. De là un ancien canal, creusé par les khalifes et peut-être par les rois d'Assyrie, établirait la communication du Tigre à l'Euphrate, que l'on remonterait jusqu'à Bir, où commencerait la route carrossable d'Antioche.

4 décembre.

" Pendant que les premières collines du Sinaï sont encore si près de moi, pendant que mon œil suit encore dans la lumière poudreuse du ciel les cimes gigantesques de l'Horeb, qu'il me soit permis de décharger mon âme du fardeau qui l'oppresse, de répondre à un procès suscité au christianisme par le viel orgueil juif. C'est dans le couvent de Sainte-Catherine, assis sur le granit même où Dieu donna sa loi à Moïse, que je voulais jeter les notes qu'on va lire. Personne ne respecte et n'admire plus que moi les véritables titres de noblesse du genre humain, et je conviens tout d'abord de l'éminence et de l'ancienneté de ceux de la nation hébraïque. Sur le mont Sinaï, dans la nue qui mouilla le manteau de son législateur, qui voila peut-être la face de Géhova, j'eusse été plus ému sans doute. Mais partout je saurai être juste et envers les Hébreux anciens, nos frères aînés en religion et en civilisation, et envers les Hébreux nouveaux, vinssent-ils envelopper d'un commun doute la révélation de Moïse et celle de Jésus-Christ.

Le dernier livre de M. Salvador se trouva à Jaffa dans un paquet qu'on m'avait expédié de Marseille. Je le lus avidement à Jaffa, à Gaza, et surtout au milieu de ce même désert où ses aïeux errèrent quarante ans, et dont la physique actuelle ne me paraît pas encore capable d'expliquer les miracles bibliques. Les notes que je pris pendant la lecture se sont grossies depuis en lisant quelques journaux de Paris et en causant avec quelques personnes instruites à Rome. L'auteur, qui a été deux fois mon condisciple, ne m'a rien appris par ses livres sur son caractère, que je connaissais pour sérieux...... J'étais préparé aussi au savoir qu'il a déployé, à la patience et à l'habileté de ses déductions.

Mais son érudition a abrégé la tâche de ses adversaires ; d'autres que moi ont trouvé dans les faits mêmes qu'il a colligés, dans les conséquences qu'il en tire, des motifs pour ne pas être de son avis. M. Granier de Cassagnac a redressé, avec beaucoup de science et de raison, un grand nombre de faits altérés par les préoccupations de l'auteur. (Dans la *Presse* des 13, 22, 27 mai, 3 juin 1839.)

Je vais changer l'optique de l'examen : au lieu de procéder par détails et analyse, je vais synthétiser en quelques propositions la pensée de M. Salvador. Il ne serait pas impossible que, sous cette nouvelle forme, elle effrayât son auteur lui-même; on ne s'avoue pas toujours les concessions qu'arrache l'évidence. Bien des Juifs, moins avancés que M. Salvador, auront discerné l'admiration qu'il laisse chatoyer au milieu de ses préjugés de caste, et, nouveaux Moabites, se seront indignés contre ce Balaam qui est forcé de bénir quand il avait reçu mission de maudire.

« L'existence de Jésus-Christ est un fait historique incontestable. Jésus fut un enthousiaste mystique, et pourtant intelligent, des tendances de son siècle et des livres de sa nation. Il s'arrangea pour s'appliquer à lui-même les conditions annoncées pour la venue d'un messie; peut-être se crut-il messie, de bonne foi; en tout cas, il ne recula pas devant le sacrifice de sa vie pour sceller sa doctrine du sacrifice et de l'importance de la vie future.

« Mais sa mort prématurée laissa incomplète sa doctrine dont le développement ultérieur subit les phases de toute spéculation humaine, les transformations et les contradictions dépendantes du caractère particulier de chacun de ses nouveaux propagateurs, naïve et grossière sous Pierre, ambitieuse et politique sous Paul, imaginative et poétique sous Jean.

« La doctrine était tellement humaine qu'elle chercha des appuis même là où les autres grandes spéculations de la philosohie religieuse avaient jusques là dédaigné d'en prendre. La femme, être faible physiquement et moralement, fut intéressée au succès de la secte nouvelle qui lui promettait égalité politique et morale avec l'homme; l'imagination, faculté bien inférieure au jugement, fut stimulée par la promesse d'une vie future.

« La doctrine de Jésus, si l'on veut à toute force soutenir sa beauté et sa nouveauté, n'était pas autre chose qu'une fleur portée par la plante hébraïque. Belle fleur, fruits plus beaux et plus riches, mais tous dus à la plante qui les élabora et les mûrit. Jésus, de la race des rois et des pontifes, est par conséquent un Juif; tous ses apôtres sont des Juifs comme lui, tous enfants du sang et de la pensée de Moïse. Le nazaréisme ne fut, sous un autre nom, que l'essénianisme, une des nombreuses sectes juives, plus intelligente, plus éclairée, plus sympathique aux idées étrangères, plus fortunée, plus bruyante que toutes les autres, mais enfin juive. Donc le mosaïsme, qui a été la première grande spéculation religieuse et politique du monde, en a été en même temps la plus originale et la plus féconde ; l'humanité tout entière avec ses plus grands développements intellectuels, sa plus colossale puissance politique, s'en sont évolués, après y avoir été pressés, condensés en germe.

« Bien plus, les aberrations de cette pensée, de cette puissance, sont surtout le fait du nazaréisme ; ses corrections, ses amendements, le progrès tel qu'on l'entend et le définit aujourd'hui, sont un retour pur et simple au mozaïsme primitif. On veut le gouvernement de la démocratie et de la raison. Israël voulait dire le peuple, Géhova n'est qu'un mystère de la raison. Le protestantisme applique la raison même au dogme et à la discipline religieuse ; les rois de tous les pays séparent le pouvoir civil d'avec le pouvoir religieux, s'occupent des intérêts matériels ; c'est encore, c'est plus que jamais la pensée mosaïque ! Moïse a été principalement, peut-être même exclusivement, occupé du bonheur terrestre pour son peuple : la loi qu'il a fondée n'est pas une théocratie, comme on l'a supposé sans la connaître. »

Félicitons d'abord M. Salvador de sa clairvoyance historique. L'existence de Jésus-Christ, acceptée comme un fait par ceux-là mêmes qui ont pourtant le plus grand intérêt à la nier, doit annihiler à plus forte raison toutes les interprétations mythologiques de Jésus-Soleil. A cela près, M. Salvador est un philosophe du dix-huitième siècle ; il répugne à l'admission, à l'intelligence d'une idée complexe comme celle de la double nature de Jésus-Christ. Cette idée est indispensable pour reconnaître la liberté du Dieu limitée, emprisonnée dans la fatalité de l'homme. Mais que l'accomplissement des prophéties dans la personne de Christ soit fatalité, ou habileté, toujours est-il que la concordance eut lieu, et que si M. Salvador faisait un moment trêve à son doute de philosophe pour reprendre sa foi d'hébreu, la reconnaissance de cette concordance, au lieu de lui montrer l'adroit énergumène, le forcerait à saluer le Messie.

La doctrine de Jésus et ses développements ultérieurs par ses disciples doivent participer aussi de la double nature. La lumière est une, est pure, mais peut se teindre de la couleur de ses réflecteurs. Jésus était un homme et un Dieu; ses disciples sont des hommes privilégiés, mais enfin des hommes. La doctrine nouvelle n'est pas oppressive de l'individualité : elle est si large, si parfaitement calculée pour toutes les faces de l'organisation et de l'âme humaine, que chaque caractère, chaque esprit peut la refléter à sa guise et avec des chances nouvelles de succès jusqu'à son entier développement. Dans la prédication comme dans toute œuvre humaine, la division du travail est une condition de fortune : avant de devenir des adeptes, les juifs et les gentils sont des hommes incomplets; le verbe de Dieu se simplifie à leur usage, se modifie selon les auditeurs, selon leur classe, selon leur nombre, la portée première et les progrès de leur esprit. Pierre exploite le peuple, Paul les grands et les habiles, Jean fondera l'école de l'imagination et de l'art chrétien. M. Salvador ne s'est pas prononcé sur le développement artiste, spécial au christianisme. Serait-ce pour ne pas comparer son temple juif, à St-Pierre de Rome, avec ses Michel-Ange, Raphaël, et Pergolèse? Au Tasse, à Milton, à Klopstock, il opposerait sans doute David, s'il professait quelque estime pour les poètes. Dans notre Bossuet qu'il a la meilleure volonté d'imiter, c'est surtout le grand logicien qu'il estime. Dans M. de Chateaubriand, il a le malheur de ne pas apercevoir la science sous les fleurs de la poésie. Lui-même, cependant, a pu sentir depuis la publication de ses livres et des jugements que la critique a portés sur leur forme, que l'école artiste de saint Jean n'est pas dédaignée par tout le monde autant que par lui, et que les écrivains, par exemple, compromettent le sort des thèses les plus sérieuses en prenant la lourdeur pour la gravité.

J'hésite à relever le reproche adressé à Jésus et à ses disciples, touchant leur sympathie pour la femme, les encouragements donnés à la tendresse autant qu'à l'imagination. En principe, c'était justice que de relever une moitié de l'humanité, traitée jusqu'alors en esclave, dégradée par le manque d'éducation et de dignité. En fait, l'homme a-t-il été abaissé par cette rivalité que la femme a été appelée à lui faire dans ses prérogatives sociales? Son courage y a-t-il perdu quelque chose? Les martyrs du cirque, les guerriers des légions chrétiennes et des croisades peuvent répondre.

La famille y a gagné tout. Car les deux épouses légitimes permises au Juif, n'ont jamais exclu les concubines esclaves ou servantes, et le Juif a été, peu s'en faut, au niveau de la polygamie musulmane. Moïse en imposant silence au cœur et à l'imagination n'a-t-il pas étouffé une importante portion de l'âme humaine? En négligeant la femme, n'a-t-il pas volontairement oublié une moitié de l'humanité, n'a-t-il pas compromis le sort de la famille? Nous verrons bientôt quels fruits cette politique virile a rapportés à sa nation. J'ai vu dans l'Orient beaucoup d'Hébreux qui ont encore, comme Jacob, Rachel et Lia, Zelpha et Bala dans leur ménage. Mais j'en connais de plus intelligents et de plus dignes qui subissent sans murmure la loi politique et chrétienne du pays où la femme est épouse et mère sans rivale. L'homme qui fait la loi et qui bâtit le harem peut s'imaginer que la femme s'accommode d'un amour partagé. L'histoire des harems protesterait, au besoin, contre cette prétention. La jalousie est la sentinelle avancée de l'amour maternel. La femme frémit d'être marâtre en même temps que mère. Le nom de cette parenté de deux femmes a été singulièrement défiguré par quelques voyageurs irréfléchis. En arabe, c'est *dhourra* : ils l'ont traduit par perroquet, ce qui ne signifie rien. Ils auraient dû le traduire par malheur, désolation ou misère, ce qui est très-significatif.

Malgré les différences radicales qu'il reproche au christianisme, M. Salvador veut à toute force le rattacher à Moïse, à son sang, à sa pensée : fort bien! Nous allons le suivre sur ce nouveau terrain. Moïse, le plus grand homme qui ait jamais existé et l'un des plus vieux du monde, procède-t-il de Dieu, qui lui donna la loi sur le mont Sinaï? En cas de réponse affirmative, nous sommes recevables à reconnaître une ère nouvelle, une race régénérée à une autre révélation, plus immédiate, puisque son propagateur est Dieu lui-même. Moïse n'est-il qu'un homme inspiré, un génie, un philosophe? Il a eu des éducateurs qui vont le dépouiller de son originalité précisément comme vous voudriez spolier Jésus et les apôtres. Les acquisitions récentes de la science permettent de donner consistance à ces représailles. Quelques mystères des hiéroglyphes sont pénétrés, et il n'est plus douteux que la civilisation égyptienne n'ait été assez haute pour former un élève tel que Moïse (1). Esdras, qui fut le régénérateur des Hébreux, après la captivité, était lui-même élevé par une civilisation étrangère, perse, assyrienne ou chaldéenne. J'en dirai autant de Moïse Maimonide, qui vécut parmi les Sarrasins et fut disciple d'Averroës. De ces trois astres du judaïsme, le premier et le plus grand nous a été récemment présenté comme un protestant de l'orthodoxie pharaonique (2), et Jehova et Elohim seraient des restes d'une trinité pour laquelle le

---

(1) Les Actes des Apôtres, ch. VIII, v. 21, disent de Moïse : *Eruditus est i sapientiâ egyptiorum.*
(2) Buchez, Bouland, Charles Lenormant.

peuple hébreu avait plus de sympathie que son législateur porté au déisme, comme les protestants de toutes les grandes religions organiques. M. Salvador fait de Jehova l'être panthéistique, prétention réfutée par la signification du second mot de la Bible, *bara*, qui veut dire positivement créer, tirer du néant, et qui distingue Dieu du monde, la créature du créateur, la cause de l'effet.

Malgré ces graves objections, nous accorderons à Moïse l'originalité et le génie qu'on réclame pour lui; il a synchrétisé d'autres doctrines, d'autres civilisations, il a ouvert une ère nouvelle, donné fortune et vie à des dogmes préparés avant lui par la loi de l'humanité ou la prévision de Dieu; mais à faits pareils, justice pareille : Jésus et Paul ont fait leur exode de l'essénianisme comme *Moschè* et *Jehosehua* de l'Egypte; mais Rome a été autre chose que Jérusal. Le monde chrétien avec ses trois cent millions d'habitants a surpassé en grandeur la Palestine qui en eut à peine quatre millions dans sa plus grande prospérité. Réduite à l'enceinte des murs de Jérusalem, elle résista courageusement à Rome, maîtresse du monde alors connu; aussi nous sommes préparés à voir les neveux de Jean de Gischala soutenir la suprématie pratique de leur race, comme la suprématie de leur doctrine religieuse et politique; voyons.

A peine en possession de Chanaan, les Juifs sont emmenés en servitude par Cuschan, roi de Mésopotamie; seconde servitude sous Eglon, roi des Moabites; troisième, sous Jabin, roi de Chanaan; quatrième, sous les Madianites; cinquième, sous les Philistins et les Ammonites; sixième sous les Philistins; total : 101 ans de servitude entre Josué et Samuel, c'est-à-dire 329 ans. Je pourrais compter aussi les malheurs des royaumes d'Israël et de Juda, aboutissant finalement à la captivité d'Assyrie et de Babylone ; les malheurs de la lutte des Asamonéens contre les Grecs, du vasselage romain et de la dispersion finale.

Les trônes éphémères fondés par des Hébreux fugitifs en Abyssinie et dans l'Yémen, n'ont pas donné un démenti aux prophéties, d'abord, puisqu'ils ont été éphémères, ensuite, parce qu'ils étaient hors de la terre de Chanaan ; les Bagratides, Juifs d'origine, ont régné en Géorgie, mais sur des trônes chrétiens.

Ce qui a empêché le judaïsme de périr après la dispersion, est précisément ce qui l'avait empêché de s'étendre, de grandir ; l'inimitié de l'étranger, auquel il est défendu de s'allier par le sang, d'enseigner sa doctrine parce qu'il n'est pas sorti du peuple de Dieu ! orgueil de caste, principe d'hostilité qui impose le mépris de l'étranger faible, qui appellera sa persécution de la part de l'étranger puissant ! La persécution fait durer l'orgueil et les traditions que la tolérance énerverait et finirait par noyer comme la race dans la masse étrangère. La fraternité propagandiste a fait la fortune et la gloire du christianisme ; la répugnance infraternelle, le mur d'airain élevé entre soi et l'étranger, a limité la famille de Jacob à elle-même. Je ne vois pas plus de ressemblance dans les dogmes que dans les résultats.

M. Salvador, qu'aucune difficulté n'arrête, a pris le parti de nier dans la doctrine, ce quiétisme méprisant ou hostile. Il était plus difficile de le nier dans ses résultats, aussi, ayant à toute force besoin de conquêtes, et la pointe de David sur Damas et l'Euphrate, ne suffisant pas à ce besoin, il rattachera l'islamisme à l'arbre judaïque et lancera sur le monde la Tora remaniée dans le Qoran de Mahomet. M. Salvador qui a voulu réaliser le livre fabuleux attribué à l'empereur Frédéric II, et qui paraît accepter l'exactitude de son titre odieux, *de tribus impostoribus* prépare l'histoire de Mahomet après celle de Moïse et de Jésus-Christ.

La propagande guerrière de l'idée mosaïque aura ainsi été confiée aux Arabes qui sont effectivement des Iduméens, s'ils ne sont pas des Hébreux ; mais Omar, lieutenant de Moïse et d'Esdras, sera un anachronisme beaucoup plus plaisant que le marquis de Bonaparte, lieutenant-général de Louis XVIII.

La propagande sociale et artiste est toujours confiée à la Tora remaniée dans l'Evangile, le développement le plus éminent de la pensée sociale ; le dix-huitième siècle, qui a fondé la démocratie, et ruiné l'autorité du prêtre, est par ces deux côtés un retour à la loi d'Israël ; une recrudescence historique avait déjà eu lieu dans l'œuvre de Luther et de Calvin, deux prophètes qui avaient mis en lumière les droits du peuple et les droits de la raison.

M. Salvador a défié l'exégèse de trouver un seul texte à l'appui de ce préjugé qui a appelé thérocratie le gouvernement des Hébreux. Il triomphe contre Volney qui haïssait Samuel comme un pontife, bien qu'il ne fût qu'un juge. Le dogme de la vie future a été oublié comme celui de l'autorité divine, et Moïse, élève des Egyptiens, ne pouvait pas ignorer l'un plus que l'autre, c'est ce qui a fait croire à certains critiques, que les traditions formaient à la loi écrite, un cortége qu'il n'était pas permis de négliger ; l'histoire du peuple juif fait un commentaire plus certain et plus long. Si Moïse, descendant du mont Sinaï la loi à la main, si Samuel sacrant David, ne font pas le métier de pontifes, le pontife ceint incontestablement la couronne sous les Asamonéens. D'ailleurs, la raison que M. Salvador intronise à la place de Dieu et au nom de laquelle tout se faisait dans Israël, s'appelait Jéhova, et beaucoup de Juifs auront comme nous pris cette autorité et ce nom pour Dieu lui-même.

Si M. Salvador n'avait pas pris Voltaire pour le dernier

mot de l'humanité et n'avait voulu à tout prix mettre le Pentateuque à l'optique du dix-huitième siècle, il aurait eu plus beau jeu à chercher dans le tabernacle l'expérimentation sociale élaborant son résumé le plus sage et le plus conservateur sous la sanction de l'autorité divine : unité dans l'exécution, quand on ne peut plus l'avoir dans le principe de l'autorité ! L'abus de l'examen est l'exercice légitime du droit d'examen ; mettre tout en question est le dernier terme du droit d'y mettre quelque chose ; mais au moins si la tradition du pouvoir temporel, juge, roi, pontife, sanhédrin est contestée, que la tradition religieuse soit vénérée et inviolable ! Cette ancre de salut pourra sauver la société du naufrage ; par là pourra encore revenir la discipline indispensable à son existence (1) !

Le protestantisme, que M. Salvador réclame comme hébreu par excellence, est le contrepied de la doctrine de l'autorité. Il doit dissoudre l'état après avoir dissous l'église, multiplier les schismes politiques comme les schismes religieux, faire de chacun son propre roi comme il en a fait son propre prêtre, mettre des millions de *moi* à la place d'un Israël unique ! S'il ne le fait pas, il s'arrête dans l'exercice de son droit d'examen ; il tempère par le sens pratique le terrible principe qu'il adopta ; il rebrousse vers la doctrine de l'autorité, il redevient catholique.

Un protestant doit vouloir que son fils discute librement les dogmes de la foi ; qu'il soit parfaitement libre d'en prendre, d'en laisser ce qui conviendra à sa raison, libre de choisir telle forme de gouvernement comme telle forme religieuse, telle patrie, telle langue plutôt que telle autre. Les plus logiques d'entre les protestants, les Anabaptistes, recevaient le baptême à l'âge adulte, pour que le principal

---

(1) Michel Chevallier, Lettres sur les Etats-Unis d'Amérique.

intéressé pût librement consentir et répondre en connaissance de cause dans ce sacrement ; pour qu'il pût aussi refuser le baptême si par cas il avait quelque fin de non-recevoir.

Mais la plupart des pères protestants préjugent la solution du problème, imposent à leurs fils une patrie, une langue, une religion, une éducation qui, non-seulement, forme la raison de l'enfant, mais l'enveloppe d'engagements, lui fait prendre parti dans des préjugés contre lesquels il pourra difficilement s'insurger.

Le père catholique, au contraire, peut et doit croire bons pour son fils la patrie, la langue, les livres, l'éducation, le gouvernement et la religion que son père jugea bons pour lui-même. Lequel des deux est inconséquent ? Tous deux respectent et appliquent le sens pratique ; c'est la traduction populaire de l'autorité.

Est-ce la peine de divorcer un instant avec cette autorité pour revenir implicitement à elle par le mysticisme. Strauss, luthérien allemand, reproduit les idées de Dupuis et Volney sur le Christ, dont cependant il reste disciple. Voilà, certes, une rêverie fort opposée au positif mosaïque.

Le peuple, émancipé comme la femme par la fraternité et la tendresse chrétienne, arrive à l'aisance par le travail, et par l'aisance à l'éducation. Dans ce travail de tous les esprits réunis dans la ruche chrétienne, le progrès n'a-t-il pas des portes assez largement ouvertes pour qu'il faille tous les jours briser la maison, reconstruire la ruche ! Dieu merci, le catholicisme que la persécution n'éteint pas plus que le judaïsme, sait mieux que lui revivre et grandir sous l'influence de la liberté. Voyez l'Angleterre et les Amériques, regardez dans quelques années la Turquie émancipée par le hatty-schérif de Ghul Khané, et cherchez au monde un ressort d'une énergie vitale, d'une puissance comparable à celle-là.

La famille catholique a dans ses traditions un abri large et solide : voilà tout le secret de la sécurité, de la force et de la gloire de son travail. Son activité subjugue la matière, mais ne se borne pas là; la matière devient comme la pensée éducatrice de l'âme. Au bout de ce monde périssable et éphémère, elle voit un monde meilleur et éternel; elle a pu chercher à adoucir l'épreuve, mais non pas prendre le moyen pour le but. Cette destinée préoccupe non-seulement l'être tendre et faible, la femme, l'être rêveur, l'artiste, mais l'être viril, positif par la force de corps et par la pensée!

Si Moïse se fût principalement, à plus forte raison, exclusivement occupé du bonheur de ce monde; s'il n'avait rien vu au-delà; s'il avait pris le moyen pour le but, comme le lui prête M. Salvador, nous demanderions de plus belle : Qu'y a-t-il de commun entre lui et nous!

FIN DU PREMIER VOLUME.

www.ingramcontent.com/pod-product-compliance
Lightning Source LLC
Chambersburg PA
CBHW060518230426
43665CB00013B/1563